U0788463

金融街10号丛书

The Series of No.10 Financial Street

金融街10号丛书
The Series of No.10 Financial Street

含英咀华 债市精粹

《债券》十佳文章（2012—2022）

·下 卷·

ChinaBond Top Ten Articles of the Year (2012—2022)

中央国债登记结算有限责任公司◎主编

全国百佳图书出版单位
APGTIME 时代出版
时代出版传媒股份有限公司
安徽人民出版社

目录

国债：现代金融体系的基石

王永钦　刘红劭

摘要：国债不仅是政府融资工具，更是现代金融体系的基石。国债最核心的功能源于其安全资产属性。美国通过为全球提供安全资产获得了巨大收益。在发达国家主导安全资产供给的背景下，全球安全资产短缺影响经济金融稳定，安全资产供给不足是包括中国在内的新兴市场经济体许多经济和社会问题产生的根源之一。提高国债规模占比、健全以国债为主导的基于抵押的货币政策、推动以国债为连接点的货币政策和财政政策的协调，对于促进中国经济发展和提升中国的国际影响力具有重要意义。

关键词：国债　安全资产　现代金融体系　货币政策

在《浮士德》中，歌德描写了一个著名的魔鬼“梅菲斯托”，他“引诱”君主印制法钞，为其战争赤字融资。在公共讨论中，各方通常倾向于抵制“梅菲斯托”的引诱，约束政府举债的冲动，认为一国国债规模与其国内生产总值(GDP)的比值不宜过高，否则债务不可持续。但实际上如果考虑国债的金融功能就会发现，国债是现代金融体系的基石，国债规模占比不宜过低。国债最核心的金融功能缘于其安全资产属性,在现代金融范式转变、安全资产持续短缺的大背景下,国债对缓解经济摩擦、维护现代货币市场运行、支持货币政策调控的重要性日益凸显。充分运用国债的金融功能是提升国家治理能力、防范金融风险的重要基础,也是治理全球经济失衡和维护全球经济金融稳定的必要条件。

全球安全资产需求与美国国债供给

近几十年的历史表明,美国为全世界提供安全资产实际上是以其主权信用为抵押,撬动起了全球的资源。所谓的"安全资产",是指在各种状态(包括系统性风险冲击)下均能维持稳定价值的资产。根据戈登(Gary-Gorton)、霍尔姆斯特朗(Bengt Holmstrom)和邓志伟(Tri Vi Dang)合作开展的研究,金融资产的抵押品信息在交易者之间的不对称程度越低,其流动性就越强。交易者不需要关注和担心安全资产背后的抵押品价值,将其用于交易或储藏的逆向选择问题小,当负面消息传来时,此类资产不会由于交易者自发的信息搜寻和抛售而贬值,即安全资产具有"信息不敏感"的特点。政府制造的安全资产主要是国债和货币(包括央行存款准备金),它们的抵押品是国家税收。对于交易者来说,一个法制健全、主权信用水平高、财政能力强、金融体系发达的国家发行的国债和货币是最好的安全资产,它们简单、透明,依靠的抵押品(税收)信息高度对称,并且由于这个国家具有良好的信用和成熟的制度,市场上其他交易者也会认可其发行的安全资产,从而产生一种"信念加强"(策略互补)的效果。在过去的几十年里,全球安全资产的最主要提供者是美国,其次是其他发达经济体。所以美国的"特权"并不只体现在美元,还体现在美国国债上:第一,为了满足全世界的需求,美国国债规模与其经济规模的比值长期保持在32%左右,即便如此,美国国债依然供不应求,这促使美国私人部门也制造了规模巨大的“类安全资产”(见图1);第二,基于国债,美国还可以发行美元,美国国债和美元的发行量是同步上升的;第三,美国国债增强了美元的吸引力,美国国债的价值(美国国债利率)和美元的价值(汇率)大体上也是同步变化的(见图2)。“制造”安全资产的能力使美国获得了巨大的经济利益。如果把美国看作一家公司,那么在其资产负债表上,负债端主要是低利息的主权信用债务,资产端则是大量的外国股权、外国直接投资(FDI)等收益较高的风险资产。1952年以后,美国每年从国外资产负债净头寸中获得的收益约占其GDP的2%(Gourinchas and Rey,2007)。

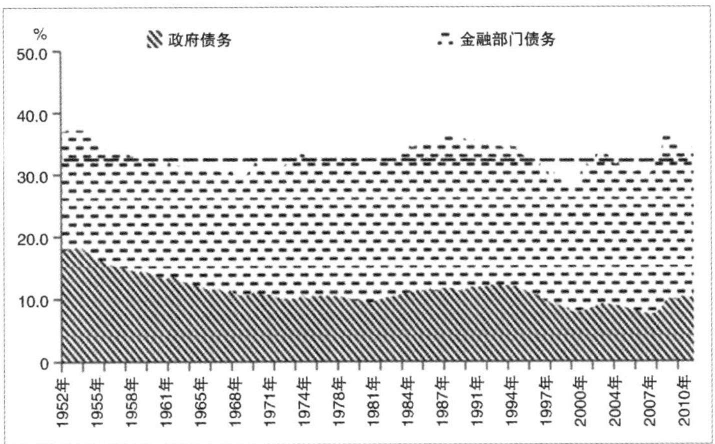

图1 美国安全资产的份额

资料来源:Gorton, Lewellen and Metrick(2012)

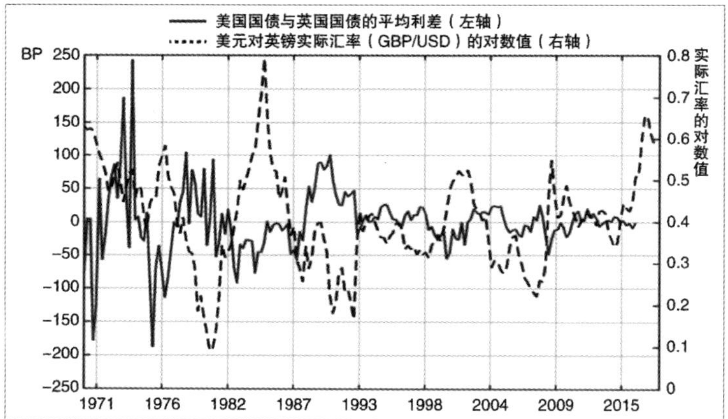

图 2　美国国债与英国国债的平均利差及美元对英镑的实际汇率的对数值

注:国债利率已经过标准化处理

资料来源:Jiang, Krishnamurthy and Lustig(2021)

全球安全资产短缺的长期影响

更深入地看,安全资产长期供给不足,导致了全球经济金融不稳定和其他许多经济、社会问题。由美国等少数发达国家供给的安全资产难以满足全球对安全资产的需求,原因很直观:发达国家的经济增速低于发展中国家(安全资产的主要需求者)。安全资产短缺的影响深远。为了弥补公共安全资产的缺口,美国的金融部门通过证券化技术创造了大量的类安全资产,复杂的影子银行体系掩藏了很大的不稳定性。“二战”之后直到 20 世纪 70 年代中期,美国私人部门创造的安全资产主要是银行存款,但在 20 世纪 70 年代之后,随着美国金融去管制化和美国货币市场的迅速发展,机构替代个人成为主要的安全资产需求者,机构对批发融资的需求推动了资产证券化,逐渐形成庞大的影子银行体系。与国债不同,影子银行体系创造的安全资产往往期限短、结构复杂,没有正式的主权信用保护(如存款保险),容易引发挤兑风险。更重要的是,私人部门创造的安全资产无法真正对冲宏观尾部风险,最终美国雷曼兄弟公司倒闭引发的影子银行挤兑事件引发了2008年国际金融危机。

安全资产短缺也是无风险利率长期下降的重要根源。在2008年国际金融危机之前,无风险利率下降的趋势相对缓慢,因为危机之前低主权信用国家发行的国债和金融部门创造的类安全资产部分吸收了全球对安全资产的需求。此次金融危机之后,私人部门创造的高评级资产和意大利等国家的主权债券不再被视为安全资产,安全资产的供给减少了;同时,在价值储存需求、危机后的监管要求和人口老龄化等因素的影响下,全球安全资产需求增加,其结果是无风险利率快速下降并接近零下限。卡巴雷罗(Richard Caballero)和法希(Emmanuel Farhi)等学者将这一情形称为"安全性陷阱"(safety trap)。之所以叫"陷阱",是因为在安全资产短缺的情况下,安全资产供需达到均衡所需的实际利率降到了零以下,由于名义利率触及零下限,经济体只能通过内生的商品需求不足、产出和收入下降、安全资产需求下降这一连串的调整恢复均衡。因此,安全资产不足将经济体拖入衰退的"陷阱"。

在新冠肺炎疫情暴发前的10年里,许多发达国家一直采取紧缩的财政政策。财政政策和货币政策缺乏协调,使安全资产短缺和低利率的状况进一步加剧。这是因为,在安全资产供给有限、政策利率触及零下限的环境下,央行调控利率的能力受到限制,于是央行采取了非常规的货币政策,例如量化宽松、长期再融资操作(LTRO),这类操作的一个共同点,是央行将现金与银行持有的安全资产以及部分风险资产交换,在此情况下,虽然市场上的现金增加了,但高质量的抵押品减少了,安全资产稀缺的问题变得更加突出,导致利率持续处于低位,而经济发展缺乏动力。由于低利率放大了富裕阶层的财富(Greenwald et al.,2021),不平等现象变得更加严重,加剧了一系列社会问题(例如民粹主义抬头)。此外,垄断问题也变得更加严重。因为在低利率环境下,行业头部大企业加大投入、巩固行业地位的收益被放大,中小竞争者获取企业竞争领袖地位的成本被放大,进而可能导致大企业的竞争动力超过中小企业,使得大企业获得更大的市场势力(Liu et al.,2020)。从这个角度看,新冠肺炎疫情发生后,全球主要国家的主权债务规模被迫扩大,实际上部分缓解了安全资产不足的矛盾。

安全资产不足是中国现实困境的根源之一

中国的许多问题也与国债供给不足息息相关。对中国这样一个经济长期高速增长但法律、产权制度发展并不成熟的国家来说,经济活动对抵押品的需求与抵押品不足的矛盾较为突出。相较于美国,中国的国债规模一直较小,2020 年中国名义 GDP 总量占全球 GDP 的份额达到 17%,中国名义 GDP 与美国 GDP 之比约为 67%,但中国国债规模与美国国债规模的比值只有 13.5%[①]。美国固定收益市场中的国债规模占比超过 40%,但我国债券市场中的国债规模占比不到 17%,地方政府债券和信用债的规模都超过国债,地方政府债券和国债的合计规模才达到债券市场规模的 40%左右。面对全球安全资产的需求,美国内在应对方式的产物

① 根据万得(Wind)、证券业和金融市场协会(SIFMA)的统计,2020 年末中国国债的总托管量为 19.5 万亿元人民币,约折合 2.827 万亿美元(按照 2020 年美元对人民币的平均汇率 6.8974 折算),美国 2020 年末的国债余额为 20.973 万亿美元。

是影子银行体系。在中国,面对公共部门提供的抵押品不足的问题,经济体的内在应对方式是“银行的影子”体系崛起,其实是让房地产额外承担了保值手段、投资工具和抵押品的功能。

中国适当提高国债规模占比的好处

(一)化解房价泡沫,缓解融资约束

首先,国债作为安全资产所具有的抵押品功能或许可以帮助剥离房地产的金融属性,化解房地产泡沫,并缓解私人部门的“摩擦”,提高融资效率。许多国家的经验显示,提高国债占比有助于降低私人部门的融资成本。从美国来看,美国政府债务与 GDP 的比值越低的年份,其 Aaa 级公司债与国债的利差(融资成本)越高,这是因为国债基于其类货币的属性(moneyness),具有便利收益(convenience yield),在国债短缺时期,国债的便利收益更高,体现在价格更高、收益率更低,而公司债的融资利差更高,中国也有类似情况。

(二)维护现代货币市场运转

在当前的金融体系中,货币市场规模和批发融资规模巨大,对国债抵押品有很高的需求。在美国,基于无抵押交易的联邦基金市场交易规模越来越小,批发融资大多在基于抵押交易的回购市场进行,联邦基金市场成为联邦住房贷款银行储备额外资金和大型银行进行联邦储备金利率(IOR)套利的场所。而在美国回购市场上,以国债作为抵押品的交易占比为 70%。中国货币市场的主要交易类型也是回购交易,2020 年中国银行间市场债券回购成交量为 959. 8 万亿元,规模远超同业拆借规模

(147.1万亿元),回购交易中的大部分抵押品是国债和政策性金融债。2021年之后,拥有50年历史的伦敦银行间同业拆借利率(Libor)将退出历史舞台,基于抵押的融资利率将成为新的基准利率,这一基准利率在美国是有抵押隔夜融资利率(SOFR),在中国是银行间存款类金融机构以利率债为质押的7天期回购利率(DR007)。供给更多的国债来维护货币市场运转既是因为货币市场抵押融资已成为金融体系的基础,也是鉴于美国影子银行发展的历史,需要警惕和防止私人部门过多自发创造安全资产,埋下系统性风险的隐患。

(三)有利于形成自主、畅通的基础货币投放机制和货币政策传导机制

由于金融范式出现变化,货币政策框架也出现了较大的转型,如今抵押品对基础货币管理、货币政策的执行和传导都十分重要。这一情况在美国和中国有所不同。美国的货币政策有几个突出的特征。第一,传统的基于联邦基金利率的调控政策逐渐失效,因为金融体系的主要融资利率不再是联邦基金利率。第二,量化宽松政策和收益率曲线控制(YCC)都属于美联储的货币政策工具,美联储可以直接调节市场上的国债和其他证券的数量与价格。第三,由于美国国债是货币市场的主要抵押品,其价格波动将对回购市场折扣率和利率产生连锁影响。有鉴于此,美联储不得不考虑将回购利率纳入目标利率,并为主要交易商开放最后交易商的权限。美国货币政策需要寻求多方面的平衡,包括为市场提供流动性和维持市场抵押品充足之间的平衡、维持货币政策目标与财政融资之间的平衡。

抵押品对中国货币政策的意义有一些不同,这与中美货币政策体系

大背景的差异有关:我国的基础货币管理体系处于从以外汇(主要是美元)为抵押的外汇占款基础货币发行体系向以国内资产为抵押转型时期,并且值得注意的是,中国的利率政策空间比美国充裕,实行结构化货币政策更多是为了优化货币政策而非迫不得已。从管理基础货币的主要方式看,可以分为三个阶段。第一个阶段是在 1998 年以前,我国管理基础货币主要是基于再贷款的模式;第二个阶段是 1998—2014 年,我国管理基础货币是基于外汇资产模式;第三个阶段是 2014 年之后,我国的货币政策向结构化货币政策转变,结构化货币政策很大程度上接近以国债为基础的货币发行模式。图 3 显示了央行资产端主要项目的变化趋势。在 2014 年以前,外汇在央行资产中占有绝对比重,央行实际上以外汇为抵押品发行人民币。这种模式的弊端明显:人民币发行受国际经济和我国国际收支变化的影响,央行对基础货币的调节较为被动,央行往往需要通过发行中央银行票据、上调存款准备金率等方式对冲过多的基础货币。例如,财政部曾在 2007 年发行 1.55 万亿元特别国债,用于购买外汇,以此减轻央行对冲流动性的压力,这也在一定程度上体现了基于国债而非外汇的货币供给方式的灵活性。

2014 年至今,央行创设了以中期借贷便利(MLF)为代表的一系列结构性货币政策工具,MLF 的创新已充分体现基于抵押的货币政策的优势。在管理基础货币方面,MLF 比外汇模式更加主动、灵活。在货币政策的执行和传导方面,MLF 比存款准备金和利率政策更易于做到“精准滴灌”。结构性货币政策工具的余额、公开市场操作与再贷款再贴现等业务形成的余额都进入央行资产端的“对其他存款性公司债权”科目。截至 2021 年 7 月末,该科目余额为 12 万亿元左右(见图 3),几乎完全填补了外汇储备下滑规模。在 MLF 操作中，支撑基础货币管理的抵押品是金融机构向央行提供的金融资产，包括国债、地方政府债券和一些信用债。

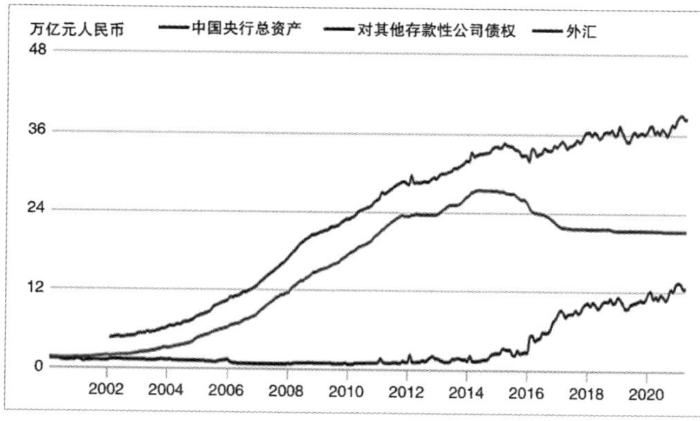

图 3　中国央行资产的走势

数据来源：中国人民银行

MLF 类似于以国债等国内金融资产为基础发行、调控基础货币的模式，但仍有一些局限性。其一，在外汇储备下滑的大背景下，MLF 操作仍有一定的被动性；其二，在基于外汇的货币投放模式下，央行的资产端总值会因人民币汇率上升而下降，从而可能损害央行资产负债表，在 MLF 模式下，央行资产端吸纳的风险资产仍有此类问题，如果主要基于国债，则能充分保证央行自身的稳健；其三，在 MLF 模式下，货币政策与财政政策协调不足，实际上还是无法解决经济体中安全资产不足的问题，央行通过 MLF 操作向市场投放流动性的同时，也在从市场中吸收抵押品，尤其是国债等优质抵押品。如果货币发行更多地基于国债，货币政策与国债发行相配合，那么货币政策调控、财政融资、市场安全资产需求这三方面需求或许能同时被更好地满足。

（四）助力人民币国际化与对外开放

从中国寻求进一步对外开放和提升国际地位的角度看，发行更多国债、为全球提供更多的安全资产也是必要的。这一方面可以提升人民币的国际影响力,另一方面可以利用国债吸引的较低利息的资金投资于国外股权、FDI 等资产,获取一定的风险溢价。要实现这一目标,我国需要对财税体制进行改革,当前地方政府债券规模较大而国债规模偏小,实际上是过度利用了地方政府信用,而没有充分利用信用水平更高的主权信用。

值得注意的是,提高中国国债在全球的接受程度既包括提高中国国债的国际投资接受度,也包括提升其在“全球金融管道”(global financial plumping)中作为抵押品的接受度。目前发展中国家整体在全球抵押品市场中所占的份额很低,亚洲证券业与金融市场协会(ASIFMA)和国际资本市场协会(ICMA)在 2020 年开展的调查显示,在欧洲交易商进行回购交易使用的抵押品中,日本抵押品的占比为 6.4%,日本以外亚洲国家抵押品的占比仅为 1.6%;在日本以外亚太地区进行的国际回购交易中,中国抵押品的占比为 3.8%,日本、澳大利亚、美国抵押品(主要是国债)的占比最高。发展中国家证券用作国际抵押品的主要阻碍包括发展中国家市场基础设施不完善、关于抵押品和交易的法律规定存在不足、市场流动性较差、债权人保护不足等,从这些方面看,我国近些年国债市场的发展其实已经为国债用作国际抵押品打下了较好的基础,并且已经在推动这类业务展开。

不过,为全世界提供安全资产也有成本,因为这相当于为其他国家提供保险。外国投资者愿意持有一国国债,是因为在遭遇全球经济冲击时该国国债价值能维持稳定。为此,发行国需要承诺维持国债背后的抵押品价值稳定,即承诺本国征税稳定,这使本国利用税收减免对冲经济下行的空间受限。实际上,也只有风险应对能力足够强的国家才能为世界提供安全资产。

参考文献:

[1]DANG T V, GORTON G, HOLMSRROM B. Ignorance, Debt and Financial Crises [R]. Yale University and Massachusetts Institute of Technology, Working Paper,2020.

[2]GORTON G, LEWELLEN S, METRICK A. The Safe-asset Share [J]. American Economic Review,2012,102(3):101-06.

[3]GOURINCHAS P O, REY H. From World Banker to World Venture Capitalist: US External Adjustment and The Exorbitant Privilege [M]//G7 Current Account Imbalances: Sustainability and Adjustment. University of Chicago Press,2007:11-66.

[4]GREENWALD D L, LEOMBRONI M, LUSTIG H, et al. Financial and Total Wealth Inequality with Declining Interest Rates [R]. National Bureau of Economic Research,2021.

[5]J CABALLERO R, FARHI E. The Safety Trap [J]. The Review of Economic Studies, 2018,85(1):223-274.

[6]JIANG Z, KRISHNAMURTHY A, LUSTIG H. Foreign Safe Asset Demand and The Dollar Exchange Rate[J]. The Journal of Finance,2021,76(3):1049-1089.

[7]KRISHNAMURTHY A, VISSING-JORGENSEN A. The Aggregate Demand for Treasury Debt [J]. Journal of Political Economy,2012,120(2):233-267.

[8]LIU E, MIAM A, SUFI A. Low Interest Rates, Market Power, and Productivity Growth [R]. National Bureau of Economic Research,2020.

作者单位:复旦大学中国社会主义市场经济研究中心

复旦大学经济学院

(本文原载于《债券》2021年9月刊)

基于安全视角的国债市场金融基础设施模式选择与发展建议

郭　栋

摘要：本文以国债市场金融基础设施为研究对象，聚焦国债托管结算制度，介绍了美国国债市场金融基础设施现状，分析了其特点，并对比我国国债市场金融基础设施现状，总结了我国的后发优势，最后以国家金融安全为视角，对我国金融基础设施的发展提出了几点建议。

关键词：国债市场　托管结算　穿透式监管　金融安全

当前中国债券市场规模已处于世界前列。在人民币国际化背景下，中国国债成为国际上重要的金融产品。对我国而言，国债市场的发展关乎我国金融稳定乃至经济安全。下文将对国债市场基础设施模式和制度进行比较研究，以期为我国金融基础设施的建设和国债市场的稳健发展建言献策。

美国国债市场金融基础设施现状

美国拥有全球最大的债券市场，美国国债收益率对于全球金融资产定价具有重要意义。如图 1 所示,美国国债市场的交易流程主要包括交易、清算、结算和支付四部分。根据国际清算银行支付结算体系委员会和国际证监会组织于 2012 年 4 月共同发布的《金融市场基础设施建设原则》,提供清算、结算、支付的机构属于市场的金融基础设施。

(一)清算

国债市场通常包括场外交易市场(OTC)和交易所市场,美国 90%以上的国债交易是在 OTC 实现的。在交易指令下达后,美国国债交易的清算包括买卖双方的双边清算和中央对手方(CCP)清算两种模式。

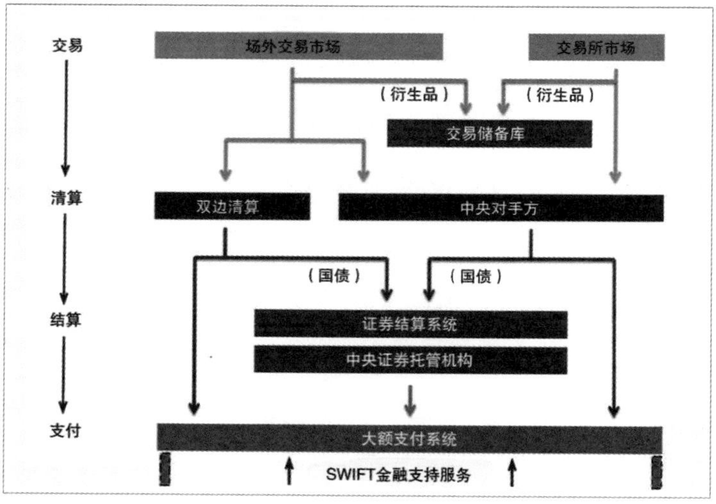

图 1 美国国债市场交易结算流程

资料来源:作者整理

美国主要 CCP 有如下几家:一是国家证券清算公司(NSCC),主要清算股票、公司债券和市政债券等;二是固定收益清算公司(FICC),主要清算国债和政府机构债券;三是芝加哥商品交易清算所(CME),主要清算期货和期权产品;四是洲际交易所信用清算机构(ICC),主要的清算产品为信用违约掉期等；五是伦敦清算所（LCH），主要清算利率掉期产品。前四家是美国政府指定的金融系统性重要机构（DFMU）。

（二）结算

美国国债结算主要包括国债及对应资金的所有权转移事项，涉及的金融基础设施包括证券结算系统（SSS）和中央证券托管机构（CSD）两部分。具备上述两项基础设施职能的机构有美国联邦储蓄银行的电子证券簿记系统（Fedwire）和全美证券托管公司（DTC）。Fedwire 由美联储运营，主要托管结算的证券包括美国政府发行的债券（如美国国债）、政府支持机构债券和特定国际金融机构债券等；DTC 是由全美证券托管结算公司（DTCC）运营，主要托管结算的证券包括股票、公司债券、市政债券和货币市场操作工具。

其中，美联储通过运营 Fedwire 实现 SSS+CSD 功能。一是券款对付（DVP），主要属于 SSS 功能。一手交钱、一手交券的 DVP 结算方式是防范结算风险和纠纷的国际通行做法，美国的 DVP 在一定程度上是由美联储提供结算担保的。在结算业务中，Fedwire 承担着中央结算职能，既负责债券的交割，又进行资金的支付。二是付息兑付。Fedwire 充当了政府的债券簿记系统，参与的金融机构必须是美联储储备账户持有人。在 Fedwire 开立一级托管账户的机构是与之联网的直接客户、经纪公司及托管机构。

美国的市政债券、公司债券等 DTC 集中托管，由 NSCC 办理结算。DTC 于 1973 年成立，提供证券托管服务。NSCC 于 1976 年成立，整合了纽约证券交易所、美国证券交易所和纳斯达克证券交易所的中央对手方功能，提供统一的清算服务。1999 年，美国又将 DTC 与 NSCC 进行纵向整合,形成证券托管结算集团(DTCC)。据不完全统计,美国证券市场有70余个电子交易系统,DTCC与其中8家交易所、9个电子平台直接对接。中央托管机构的集中托管提高了投资者跨市场、跨平台的交易效率,促进了市场流动性的提升。

(三)支付

美国国债的支付系统包括大额支付系统(LVPS)和零售支付系统(RPS),二者均是由美联储运营的机构实体。LVPS是Fedwire的重要组成部分,资金一旦过户就是最终性和不可撤销的。与Fedwire的托管结算功能相配合,该系统可以为政府债券的交割提供DVP结算。

1997年底,美国将Fedwire的信息传输格式转换成环球金融电信协会(SWIFT)格式,使美国市场与国际市场惯例接轨。SWIFT是美元全球网络的报文服务系统,虽然不支持账户登记和结算支付的功能,但是通过该系统可以为银行和金融市场主体提供金融支持服务。SWIFT成员涵盖了从事美国国债交易的主要大型金融机构和金融市场基础设施。

人民币国债市场金融基础设施概况及优势

(一)清算、结算概况及优势

在金融基础设施建设上,我国具有显著的后发优势。

我国的债券托管结算机构包括中央国债登记结算有限责任公司(简称"中央结算公司")、上海清算所(简称"上清所")和中国证券登记结算有限责任公司(简称"中国结算")。其中,中央结算公司和上清所负责银行间债券市场的托管结算,截至2021年6月底,银行间债券市场托管量占债券市场总托管量的 86%。中央结算公司具体负责的品种包括国债、地方政府债、企业债、信贷资产支持证券等。上清所具体负责的品种包括短期融资券、中期票据等。中国结算负责交易所证券的结算。

我国银行间债券市场的清算机制主要分全额清算和净额清算两种类型,每种清算类型对应相应的结算机制。其中,全额清算是指对交易双方所有交易进行逐笔清算,净额清算可进一步分为双边净额清算和多边净额清算。双边净额清算是指对交易双方达成交易的余额进行轧差,多边净额清算是指证券清算结算机构作为 CCP,轧差计算各交易对手的应收应付资金、证券净额。中央结算公司托管的债券全部采用全额实时逐笔 DVP 结算方式,可以最大程度消除结算风险,保证安全与效率;上清所和中国结算采用全额+净额两种结算方式。

从国债结算效率来看,自中央结算公司成立起,我国银行间债券市场利用安全高效的中央登记托管制度和现代化的电子化处理系统,2004 年就已实现 T+0 结算,显著优于美国的国债结算效率。相较而言,美国现行国债多级托管模式的执行效率取决于最低效的层级,经过数次改进,从 1995 年的 T+5 日不断缩短,但至今结算周期仍需要 T+2 日。同时,中央结算公司采用的国债托管模式为一级托管、直接持有,即由中央结算公司为最终投资者直接开立债券账户,投资者被直接列示在证券持有人名册上,并对证券享有完整的所有权。

(二)支付模式与跨境交易支持

人民币国债的国内支付系统完全满足大额支付和零售的需要,境外人民币国债的跨境交易可通过人民币跨境支付系统(CIPS)进行,其与美元跨境清算系统(CHIPS)功能相同。2018 年,CIPS 二期已正式投产运行,运行时间基本覆盖全球各时区的工作时间,支持全球的支付与金融市场业务,其网络成员覆盖范围仍在发展中。

基于金融安全思维的策略与建议

(一)间接持有体系的隐患

美国国债市场金融基础设施具有典型的间接持有体系(IHS)特征。回溯金融史,在20世纪60年代,美国爆发了证券市场的纸处理危机(paper work crisis),IHS作为应对方案取代了危机前证券市场的直接持有体系(DHS),由此美国构建了中央证券托管机构、中介机构(intermediaries)和实际持有人三者间分层且交叉的复杂证券登记托管结构,即多级持有结构。该结构在历史的特定阶段实现了证券结算“非移动化”(immobilisation)和“无纸化”(dematerialization)的改革目标,通过金融效率优化成功化解危机(Donald,2007、2012)。其中,非移动化演进的历史贡献在于推动CSD在全球的发展,早在1989年国际30人小组(G30)就提出倡议:每个地区应在1992年或以前建立高效和发展完善的CSD。

在2008年次贷危机之后,各主要金融市场注意到IHS的制度缺陷,尤其是由多级持有结构引发名义人登记(nominee registration)和混合账户(omnibus account)管理的问题,具体表现在:一是中介机构成为法定证券所有人,投资者成为实际受益人,投资者与发行人之间的法律链条被切断了,无法直接向发行人主张权益;二是投资者要承担中介机构的信用风险,尤其在中介机构进入破产程序时,法律可能不支持投资者取回所购证券;三是投资者面临中介机构挪用证券的风险(刘戈,2010)。上述三种表现对金融危机的爆发具有一定的解释性:表现一从法理的视角明确了危机发生的根源;表现二导致在危机爆发后出现投资者资产亏空、血本无归的恶果;表现三使中介机构利用客户资产放大投资杠杆成为可能。

要想消除上述隐患,需要改变复杂的持有结构[①],提高透明度,提升监管的有效性。美国国债市场金融基础设施存在两条改革路径:一是体系放弃,由 IHS 回归 DHS。二是技术修复,通过金融科技的应用对现有体系进行修复。已有部分学者和金融监管机构提出通过区块链技术应用建立证券交易的数字化认证管理体系,探索消除制度缺陷的方法。但路径二在解决旧问题的同时存在产生新风险的不确定性,短时间内通过嵌入数字化系统改革金融基础设施的可能性不大。路径一的回归理念更具可行性,其发展方向在于提升透明度而非简单地直接持有。对此,欧盟的相关研究存在观点共识:一是数据回归。无论采用 IHS 还是 DHS,都应通过技术手段将证券的登记托管数据传递到 CSD。二是法理回归。中介机构不能作为持有人登记,要采用符合欧盟标准(EU level)的直接登记(direct registration)方式,确保证券成交后台管理(post trading)更加透明。

(二)基于金融安全思维的预警

国债具有国家信用以及准货币属性,国债利率作为无风险利率,是一国金融市场定价的基准,国债市场的健康稳定关系国家经济安全。

在人民币国际化和金融市场开放背景下,人民币国债境外持有比例持续增加,一方面体现了境外投资者对人民币资产的信心,另一方面也给我国带来跨境资金异动的风险。在国际贸易摩擦不断的背景下,部分大国之间的非军事冲突表现为金融制裁扩大化等趋势,如美国在对俄罗斯

① 当前美国存在三种证券持有形式,即直接持有纸张证券(physical holding)、以"街名"(street name)登记方式间接持有和通过直接登记系统(Direct Registration System,DRS)持有。

进行金融制裁时,就将以卢布计价的国债作为打击对象,禁止美国企业购买首次发行的俄罗斯国债。这种打击容易引发市场投资者恐慌,并破坏金融市场的稳定性。

为有效识别跨境资金流动风险,对国际制裁措施进行有效应对,建立穿透式监管体系具有重要意义。为增强监管功能,国债市场金融基础设施应选择穿透式托管体制(transparent system),以及时掌握人民币国债的持有人信息及动向。增强穿透式监管功能应成为当前和未来金融基础设施建设的前提条件和安全标准。

(三)策略与建议

1. 充分认识我国金融基础设施建设的后发优势,通过互联互通在国际上推广中国范式,树立中国标准

随着我国金融市场的不断开放,人民币国债在国际市场的保值、投资等功能不断增强,我国需要建立与国际互联互通的金融基础设施生态系统。我国国债金融基础设施建设晚于主要发达经济体,后发优势显著,托管结算效率处于国际前列。因此,人民币国债金融基础设施的跨境联通应考虑推广中国模式,树立中国标准,彰显中国效率。

2. 对在岸国债市场需进行穿透式监管,将金融稳定与市场开放置于监督视野之内

当前人民币国债已成为境外机构进行人民币资产配置的重要品种,境外投资者在境内持有我国国债比例约为10%,债券市场开放同时带来了机遇与风险。习近平总书记在2019年中共中央政治局第十三次集体学习时指出:“适时动态监管线上线下、国际国内的资金流向流量,使所有资金流动都置于金融监管机构的监督视野之内。”国债市场金融基础设施

应通过穿透式监管掌握市场参与机构和资金动向，需要具有风险防范功能，发展模式和技术支持要满足穿透式监管的基本要求。

3. 建设金融跨境支付基础设施以支持人民币国际化

人民币国际化进入新的发展阶段，人民币国债成为境外投资者认可的高质量流动资产，这有助于人民币国际储备功能的发挥。国债市场开放需要建立与之相匹配的人民币跨境金融支付系统，发展的重点应包括 CIPS 和人民币跨境收付信息管理系统（RCPMIS①）等。

参考文献：

[1]刘戈. 证券登记结算制度中的法律问题研究[D]. 长春：吉林大学，2010.

[2]Donald D C. Heart of Darkness: The Problem at the Core of the US Proxy System and its Solution[J]. Social Science Electronic Publishing, 2012(10).

[3]Donald D C. The Rise and Effects of the Indirect Holding System-How Corporate America Ceded its Shareholders to Intermediaries[J]. Social Science Electronic Publishing, 2007.

[4]Georgios P, Kouretas. Shareholding in EU: Is "Indirect Holding" Approach Appropriate in Achieving Financial Integration? [J]. Journal of Financial Regulation and Compliance, 2014, 22(1).

作者单位：国家开发银行资金部

（本文原载于《债券》2021 年 8 月刊）

① RCPMIS 用于采集所有跨境人民币业务的信息，同时实现对跨境人民币业务的管理、监测和统计分析等功能，并为商业银行开展人民币跨境收付业务提供必要的信息支持。

信用利差和国债收益率相关性研究

——以中美两国为例

黄文涛

摘　要:本文通过选取中美两国的样本数据,来研究信用利差和国债收益率的相关性,结论认为在大多数情况下二者表现为相对稳定的反向运行关系,并对未来信用利差的走势及其与国债收益率的相关性做出预测。

关键词:信用利差　国债收益率　相关性

信用利差是用以向投资者补偿基础资产违约风险的、高于无风险利率那部分的溢价。

从内在属性上讲信用利差主要由两个因素决定:债券的违约风险和流动性。其中,债券的违约风险主要取决于企业的信用风险,而企业信用风险又与外部宏观经济、货币环境密切相关,同时,宏观经济和货币环境预期亦会影响市场的风险情绪,作用于整个债市的景气程度和市场对于信用债的需求,从而影响信用利差。而国债收益率综合隐含了市场对于宏观经济状况、货币环境等变量的预期。两者由于都受到宏观经济和货币环境等第三方变量的影响,或许会呈现出某种相关性。

目前对于信用利差和国债收益率之间的关系主要存在两种理论解释:一种解释是,国债收益率下行通常预示着经济增速的滑落,而经济下行通常伴随着企业盈利状况恶化,信用风险上升,违约概率加大,从而信用利差上行,因此两者将呈反向变动趋势;另一种解释则认为,国债收益率是无风险利率,可以看作贴现率,国债收益率下行表明贴现率下行,从而使得企业折现价值提升,企业信用风险降低,违约概率降低,信用利差下行,因此两者同向变动。国外的实证研究普遍得出的结论是:信用利差和国债收益率呈反向变化。

下面我们将分别选取美国 1996—2006 年、中国 2003—2012 年的相关数据作为样本数据,来研究上述结论是否同样存在,以及在不同的经济阶段两者的相关性是否会有所变化。

美国信用利差与国债收益率之间关系的研究

在美林投资钟理论中,根据两个维度——经济增长和通货膨胀,经济周期被划分为四个阶段:衰退、复苏、过热、滞胀。其中经济增长用产出缺口衡量,通货膨胀用 CPI 同比数据衡量。在此理论框架之下,基于美国在 1996—2006 年期间完整地经历了经济复苏、过热、滞胀、衰退四个阶段,我们选取这一期间的数据作为样本数据进行研究。

(一)复苏期

1996 年 12 月—1998 年 4 月、2003 年 4 月—2004 年 3 月这两段时期的共同点是美国 GDP 产出缺口由负转正,经济增长向上,通胀趋势性走低。根据美林投资钟的理论,将其定义为复苏期。

1. 1996 年 12 月—1998 年 4 月

对于相同期限不同评级的债券,信用利差走势保持很高的一致性;除 1998 年 1 月信用利差集体出现一次大幅拉升并随后迅速回落外,其他时间走势均保持相对平稳;短期信用利差波动较大,中长期则相对平稳;复苏期后期,所有品种信用利差波动中枢均有所提升。

货币环境通过两个因素作用于信用利差:一是通过影响企业的资金成本来影响企业的盈利状况和抗风险能力,进而影响公司自身的信用状况;二是通过整个市场的流动性影响信用债需求。该时期的货币环境相对紧张,联邦基准利率处于 10 年相对高位区间[5%,6.75%]。理论上基准利率会通过直接影响流动性成本,进而影响到公司的信用状况,但在这段时期信用利差变动独立于基准利率变动。货币供应量 M1、M2 同比分别在 1997 年 3 月和 4 月触底回升,10 年期信用利差对此并未做出反应,仍旧维持窄幅震荡;而 1 年期信用利差对于货币供应量的触底反弹则出现明显的下行态势。

这期间国债收益率和信用利差呈现很强的负相关性。该时期 1 年期的国债收益率和 AAA、BBB 信用利差的相关系数分别是-62%、-65%,而 10 年期的国债收益率和 AAA、BBB 的相关系数分别是-61%、-73%。

2. 2003 年 4 月—2004 年 3 月

这期间经济刚走出滞胀,缓慢复苏,CPI 下行,经济增长势头向上,产出缺口由负转正,信用利差符合预期,从高位开始下行,低评级信用利差下行持续时间及幅度均明显高于高评级。这段时期货币环境宽松,10 年期的国债收益率和 AAA 级信用债利差呈微弱负相关,和 BBB 级信用债利差相关性仍然较强,达-42%。

（二）繁荣期

1998 年 5 月—2000 年 6 月与 2004 年 4 月—2006 年 6 月期间的特点是经济增速向上，通胀向上，将其定义为繁荣期。

1. 1998 年 5 月—2000 年 6 月

理论上经济向好，企业盈利增加，违约概率降低，风险溢价降低，信用利差应减小。但这段时期里各期限、各评级的信用利差却全线向上，对于相同评级的，期限越长，利差增幅越大。而黑天鹅事件的发生，如 1998 年 5 月亚洲金融危机等，则刺激信用利差短期走高。

国债收益率和信用利差的反向变动规律并没有贯彻始终。1998 年 5 月—2000 年 6 月，1 年期的国债收益率与 AAA、BBB 信用利差的相关性为 33%、22%，10 年期的国债收益率与 AAA、BBB 利差的相关性则分别为 36%、13%。但两者负相关性在繁荣初期仍然较强。截至 1999 年 4 月，1 年期的国债收益率与 AAA、BBB 利差的相关性分别是-86%、-45%，10 年期的国债收益率与 AAA、BBB 利差相关性分别是-87%、-88%。而在繁荣期的下半阶段，两者负相关性逐步降低，最终演变为正相关。

2. 2004 年 4 月—2006 年 6 月

这段时期和上一个繁荣期存在差异，即 CPI 是在震荡中逐步走高，而非趋势性走高。在该时期，货币环境显得比较紧张，基准利率从 1%以下水平趋势性走高至 5%，基准利率提升 5 倍，以遏制过热经济；且从 2004 年 11 月起，货币供应量增速同比大幅下滑，但信用利差仍然维持震荡走势，没有形成明显趋势。在这段时期，国债收益率和信用利差并没有呈现负相关性，经济过热使得市场对于企业信用风险担忧大大降低，大部分时期呈现为较弱的正相关性。

（三）衰退期

2000 年 7 月—2002 年 6 月：特点是经济增速、通胀均趋势性向下，将其定义为衰退期。根据美林投资钟理论，债券是这段时期的最佳投资标的，10 年国债收益率出现趋势性下行。在此期间，除了 2001 年“911”事件冲击带来信用利差的大幅快速上行外，其他时间段信用利差波动处于相对平稳的状态。

联邦基金利率从 2001 年 1 月开始大幅度趋势性下滑，从 2000 年 7 月最高的 7.125%一路下行至 2002 年 6 月的 1.75%。M2 同比持续上行，在 2001 年底触顶回落，但总体增速均维持在正常区间内；M1 同比在 2000 年 12 月触底反弹，同比增速在 2001 年 9 月达到最高。但从整个信用利差走势看，其对货币环境的变动敏感性仍然不明显：信用利差并没有明显对货币供应量的拐点和基准利率变动做出相应反应。

但国债收益率和信用利差的负相关性比较显著，低评级信用债利差对国债收益率的敏感性明显高于高评级的，短端敏感度高于长端。其中，1 年期的国债收益率和 AAA、BBB 信用利差的负相关性分别为-85%、-94%；10 年期的国债收益率和 AAA 呈微弱负相关，和 BBB 利差负相关较强，为-59%。

（四）滞胀期

2002 年 7 月—2003 年 3 月：该期间特点是经济增速向下、通胀向上，将其定义为滞胀期。由于滞胀经济特征的复杂性，这段时期债市难以形成一个明确的趋势性走势。AAA 级信用利差和国债收益率走势在整个区间保持了比较稳定的反向关系，BBB 级信用利差稳定性相对较差。

从美国的数据看，在复苏期、衰退期和滞胀期，高评级、低评级短端信用利差与国债收益率均表现出了较强的负相关性,走势相背。而在繁荣期,两者的负相关性则受到了货币政策预期变动的冲击,在繁荣后期有所减弱,并逐步转变为正相关。

中国信用利差与国债收益率之间关系的研究

考虑到中国政策市的特点,当经济过热或衰退时,较之美国,政府有更多的自主能力出台政策,且中国的基准利率并未实现市场化,央行对于整个货币环境的调控度仍相对较高,以下我们将考察美国的经验是否同样适用于中国。我们选取了中国2006—2012年数据作为研究样本。

(一)繁荣期

2006年9月—2008年2月和2009年7月—2009年12月:这两段时期的特点是产出缺口向上,通胀向上,将其定义为繁荣期。

1. 2006年9月—2008年2月

这段时期是债市大熊市,10年期国债收益率从约3%一路往上到4.5%后,在[4.1%,4.7%]波动,信用利差先下后上,短端利差波动大于长端。这段时期货币供应量M1、M2同比增速则相对稳定,而基准利率逐步攀升。总的看来,该期间国债收益率和信用利差反向运行的关系仍然比较稳定。

信用市场的扩容主要是从2009年下半年开始,在此之前,相较于国债,信用债的供给很小,此时信用债流动性较差,当资金面趋紧的时候,信用债流动性溢价快速上升。但是随着信用债市场规模的扩大,信用债流动性转好,资金面对两者负相关关系的冲击效应也不再显著。

从长端看,在2007年的6、7、9月,长端的国债收益率和信用利差表现为同向变动。5、6月CPI连续超预期走高,9月央行在公开市场发行1500亿元定向票据,使得整个市场的加息预期非常强烈。CPI的超预期及加息预期影响长端,是因为在通胀大背景下,市场对于企业名义资金成本上升预期强烈,加息预期同样使得市场预期企业贴现率持续上行,这使得企业折现价值降低,企业信用风险上升,信用利差扩大。也就是说,在通胀压力大和升息背景下,国债和信用利差的贴现率理论的解释力度将增强,国债和信用利差反向运行的关系削弱,两者变为同向运行。

2. 2009年7月—2009年12月

这段时期经济刚刚从衰退中走出来:产出缺口触底反弹,CPI虽趋势向上,但绝对值维持在2%以下,货币供应量同比增速位于相对高点,长端利差波动明显高于短端。从整个走势上看,短端的国债收益率和利差走势相反的关系仍是十分稳定。而长端除9—10月外(2009年下半年开始信用债供需矛盾突出),其他时间两者是稳定的反向走势。

(二)滞胀期

2010年1月—2010年8月:这段时期的特点是产出缺口向下,通胀向上,将其定义为滞胀期。短端、长端的国债收益率和信用利差趋势相反的态势非常清晰,关系很稳定。但同样需要注意的是,在2010年,从年初一直到2月下旬,市场对于通货膨胀管理的预期非常浓厚,具备较强的加息预期,直到3月份才逐步修正预期;同时在3月,CPI亦出现了超预期,但货币政策预期和基本面数据预期的改变并没有影响两者的反向走势关系。

(三)衰退期

2008年3月—2008年12月和2011年7月—2012年7月:这两段时

期的特点是产出缺口向下，通胀向下，将其定义为衰退期。

1. 2008 年 3 月—2008 年 12 月

货币政策先紧后松。M1 同比增速持续下滑，M2 同比增速稳定，在 15%—20%波动；从 4 月 30 日至 7 月底，央行 3 次提高存款准备金率；从 9 月起，随着次贷危机的加深，进入降息通道，3 个月内 4 次降息。在这段时期短端两者反向变动的趋势仍然是很稳定的，但是从长端数据看，信用利差和国债收益率大部分时候仍是保持稳定的反向变动趋势。但是有两个时期例外：一是 2008 年 10 月上旬，继 9 月下调存款准备金率和贷款利率后，央行又再度进行下调，市场预期央行进入降息周期；二是 11 月下旬经过漫长等待，央行再次宣布大幅降息举措，降息周期得到确认，二者同步走势持续了 13 天。降息周期的开启，使得企业未来资金成本的大幅下行可预期，企业折现价值升高，信用风险降低，“贴现率理论”再度占据主导作用。

2. 2011 年 7 月—2012 年 7 月

国债收益率和信用利差走势并没有表现出明显的反向运行，在大部分时期表现为相互独立或同向波动。究其原因，主要是系统性的信用风险事件和供需矛盾的冲击。首先，在 7—10 月，由于云南城投债的黑天鹅事件对整个市场的系统性冲击，使得市场对于信用风险忧虑情绪大幅提升，信用风险重新定价，同时由于缺乏交易对手，流动性溢价系统性上升，综合表现为信用利差持续走高，走势独立于国债收益率，随后信用市场开始修复，表现为信用利差开始逐步走低。

从 2009 年经验得出，在中国市场，供需关系对信用利差变动的影响非常大，而从 2012 年年初开始，市场逐步形成了统一预期，即在资产的选择上,优先看好中低评级信用债,其次是高评级信用债,最后是国债,信用债成为今年上半年债券型基金和债券型理财产品的主要投资标的。我们可以清晰地看到,从2012年初至5月,AA级、AAA级短端信用利差都只是趋势性地往下走,这正是市场对信用债追捧所致,交易型机构对于短端信用债需求非常旺盛,而在6月后,市场气氛开始逐步趋向谨慎,在央行首次降息利好迅速消化完后,交易性机构普遍选择去杠杆,获利了结,信用债的供需矛盾推动信用利差再度缓慢上行,与国债收益率同向。

从长端看,长端信用债的需求方主要为银行、保险等配置型机构,所以长端AA信用债的交易较为冷清,其代表性意义较弱。而从10年AAA信用利差看,其在3月即见底回升,主要原因在于3、4月企业债整体供应量迅猛增大,但由于短端需求旺盛,使得在信用债收益率整体下行的过程中,长端信用利差率先见底回升。而从6月开始,整个信用市场的供应量更是迅猛增加,一级市场上信用债的发行量稳定在3000亿元以上,而从6月起,交易性机构在逐步去杠杆,配置性机构需求逐步下行,供需的矛盾继续冲击信用利差和国债收益率的反向运行关系。短端国债和利差继续表现出同向性,长端信用利差则稳定在一个较小的区间内波动。从未来看,随着供给冲击的逐步降低,国债收益率和信用利差之间预计将再度表现为反向运行。但由于目前市场已逐步进入一个风格转换期,信用债由低评级偏好向高评级偏好转移,低评级信用债将逐步被市场抛弃,在此背景下,低评级信用利差或将持续扩大,独立于国债收益率。

研究结果分析

结合国内外研究机构的实证结果,我们认为在大多数情况下,国债收益率和信用利差都表现出一个相对稳定的反向运行关系。由于这两者反向运行,当国债收益率趋势性上升时,企业债收益率上行速度慢于国债,投资企业债将优于国债,而在国债收益率下行趋势的背景下,企业债收益率下行速度慢于国债,则投资国债更优。但是市场系统风险和信用债的供给关系会影响这个反向关系。当重要信用事件爆发,对整个市场信用风险评估造成系统性冲击时,由于国债属于无风险资产,该冲击将独立作用于信用利差,国债收益率和信用利差的反向走势也将消失。同时,信用债供需关系将影响利差变动,从而影响到国债收益率和信用利差反向运行的趋势。

2009 年之前,由于信用债市场规模较小,当资金面非常紧张时,短端信用债的流动性溢价将快速上行,表现为信用利差快速上行,独立于国债收益率。但随着 2009 年信用债市场的扩容,信用债流动性转好,资金面对两者的冲击效应不再显著。而从长端看,货币政策预期的影响作用非常大,当市场对于货币政策预期改变的时候,国债收益率作为贴现率的代表,其隐含的对企业折现价值的影响作用将逐步放大,将会降低国债收益率和信用利差之间反向变动关系的稳定性,两者转变为同向运行。

信用利差未来走势预测

预计明年信用利差将趋势性大幅上行。首先,虽然从同比数据看,三季度是经济的一个底部,但我们认为三季度形成的底部将是一个“假底”,明年经济形势将更为严峻,而通胀将继续走低,甚至不排除出现通缩。根据美林投资钟对经济周期的划分,明年属于衰退期,国债收益率将趋势性走低。随着经济的进一步走低,信用风险将逐步释放出来,预计明年或将爆发中国债券史上第一单实质违约事件，如若发生，该事件将会对整个信用市场造成不小冲击，信用利差将顺势上行。同时，随着供给冲击的逐步降低，两者将再度表现为反向运行，这将大大利好利率产品。而信用利差则将趋势性上行，企业债下行速度将慢于国债。相较企业债，明年国债将是一个更好的投资选择。虽然，在降息周期得到确认之前，当降息预期高企时，国债收益率和信用利差或将表现为同向变动，但是我们预计降息周期预期高企至确认的时间间隔不会太长，所以两者同向变动亦不会持续太长时间。

作者单位：中信建投证券

（本文原载于《债券》2012 年 12 月刊）

基于 Nelson-Siegel 模型预测中债国债收益率曲线形态

郭济敏　张嘉为

摘要：本文探讨了基于 Nelson-Siegel 模型拟合中债国债即期收益率曲线的有效性问题，并分析了模型参数的经济意义；通过对比多个收益率预测模型，发现基于 Nelson-Siegel 模型的预测效果要好于单纯的随机游走和时间序列模型。最后，本文依此方法对 2016 年 6 月至 12 月的中债收益率曲线形态和关键期限的月收益率进行了预测。

关键词：Nelson-Siegel 模型　国债收益率曲线　模型拟合

国债收益率曲线反映了某一时点上国债到期收益率与到期期限之间的关系，是无违约风险利率水平的集中体现，因此也是一国金融产品定价的基准。在发达金融市场，国债收益率曲线还可以作为预测未来利率、经济增长和通胀趋势的工具，因而有利于更好地发挥货币政策的调控效果。

本文采用 Nelson & Siegel（1987）①（以下简称 N-S）的参数法来拟合国内的国债收益率曲线。该方法的优点在于：参数数量少，而且每个参数

① Nelson, C. R., Siegel, A. F. Parsimonious Modeling of Yield Curves [J]. Journal of Business, 1987, 60 (4): 473-489.

都有相应的经济含义,因此,该模型不仅使用方便,而且能够在实际应用中发挥较好的指导作用。本文参考 Diebold & Li(2006)[①]的研究框架,即先基于 N-S 法拟合收益率曲线,然后通过构建 N-S 模型中的参数预测模型,并在此基础上基于 N-S 法预测整条收益率曲线。

目前,国内学者在对国债收益率曲线建模时,通常选取市场上各种国债的成交数据,本文则采用中债国债即期收益率曲线数据。原因如下:一是中债国债即期收益率在计算时,对市场交易数据中的噪声进行了有效的过滤。有研究[②]表明其在可靠性、公允性、稳定性和精准性方面均好于实际市场交易数据;二是银监会将中债收益率曲线作为银行业金融机构市场风险管理及监管部门进行市场风险监管的计量参考基准,证券业协会则将中债收益率曲线和由此推算的债券估值作为证券基金投资银行间市场债券的公允价值。

N-S 模型介绍

Charles Nelson 和 Andrew Siegel 在 1987 年提出用参数模型来描述即期收益率曲线的动态变化,具体函数形式如下:

$$y(t)=\frac{1}{t}\int_0^t r_t(x)\,dx=\beta_1+\beta_2\left(\frac{1-e^{-\lambda t}}{\lambda t}\right)+\beta_3\left(\frac{1-e^{-\lambda t}}{\lambda t}-e^{-\lambda t}\right)\qquad(1)$$

其中,t 表示到期时间,β_1,β_2,β_3,λ 均为待估参数。

(1)当 t 趋于无穷时,$\lim_{t\to\infty} y(t)=\beta_1$,故 β_1 称为水平参数。其中,β_1 的变动将改变收益率曲线的高度。

① Diebold,F. X. ,Li,C. Forecasting the Term Structure of Government Bond Yields [J]. Journal of Econometrics,2006,13(2):337-364.

② 张旭,李怀定. 债券市场中的执行利差[D]. 国信证券固定收益研究报告,2010 年.

(2)当 t 趋于零时，$\lim_{t\to0}y(t)=\beta_1+\beta_2$，则有 $\beta_2=y(0)-\beta_1=y(0)-y(\infty)$，因此，$\beta_2$ 被称为斜率参数。等式右边第二项中的$\frac{1-e^{-\lambda t}}{\lambda t}$在 t 趋向于无穷时等于 0，意味着第二项主要对短期限收益率产生影响，故称其为短期因素。

(3)当 t 趋于零或者无穷时，等式右边第三项中的$(\frac{1-e^{-\lambda t}}{\lambda t}-e^{-\lambda t})$均等于 0，这意味着 β_3 的变动对短期和长期收益率的影响较小，其主要对中期收益率产生影响，故第三项称为中期因素。同时，β_3 影响曲线的曲率，故称为曲率参数。

(4)λ 称为比例参数，通常先验给定，与时间频度有关，频度越高，λ 值越小。λ 决定了等式第三项中$(\frac{1-e^{-\lambda t}}{\lambda t}-e^{-\lambda t})$的极值对应的到期时间，从而决定了曲线的鞍部位置，也决定了长期和短期利率随时间变化的速度。通常来说，中期因素$(\frac{1-e^{-\lambda t}}{\lambda t}-e^{-\lambda t})$在 1~3 年时达到最大，对应 λ 取值在 0.05~0.15。Diebold & Li(2006)取 $\lambda=0.0609$，并在 30 个月时，中期因素达到最大。

基于 N-S 模型拟合中债国债收益率曲线

(一)λ 的选取

考虑到参数 λ 对拟合效果影响很大，故首先选取最优 λ。具体做法如下：以 2002 年至 2015 年中债国债收益率曲线日度数据为样本；同时，考虑到我国 10 年以上期限国债的流动性较差，收益率曲线定价偏差较大,因此仅采用 1 至 10 年期限的国债收益率数据。λ 的遍历区间取(0.005,0.15),间隔 0.001,基于给定的 λ,建模给出样本区间内每日的参数 β_{1t},β_{2t},β_{3t} 及对应的拟合值,并计算全样本的日均绝对误差,最终选择使得日均绝对误差达到最小的 λ 作为最优值。具体结果如图 1 所示,当 λ=0.088 时,模型拟合的日均误差达到最小,这意味着大约在 21 个月时,中期因素达到最大。

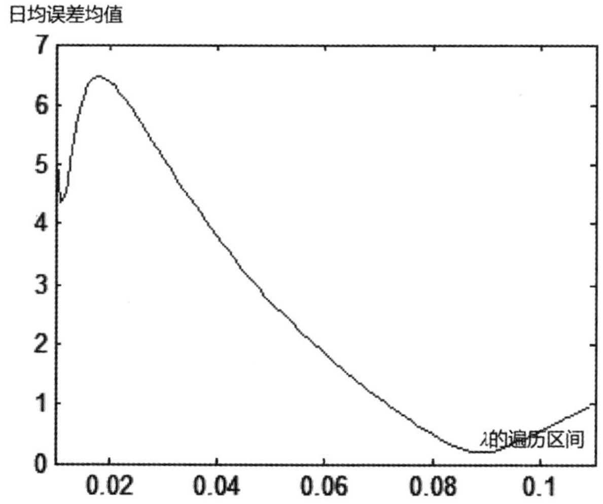

图 1　不同 λ 对应的日均误差均值

(二)模型拟合情况

基于 2006 年 3 月至 2015 年各关键期限国债收益率的日度数据,首先,采用 N-S 模型逐日进行回归,得到日度参数值 β_{1t},β_{2t},β_{3t} 及相应的全样本均值;然后,将参数 β_{1t},β_{2t},β_{3t} 的历史全样本均值代入公式(1),得到各期限收益率的全样本拟合值,并与全样本实际均值进行比较。表 1 列示了关键年限国债收益率实际值和拟合值的对比结果。表中显示,模型拟合值与历史均值的误差在 0~6BP,这意味着采用 N-S 模型来拟合中债收益率曲线是可行的。

表 1　最优 λ 值下国债收益率各期限实际值、拟合值及其误差

时间(月)	12	24	36	48	60	72	84	96	108	120
实际值	2.65	2.87	3.05	3.21	3.32	3.47	3.55	3.63	3.69	3.74
模型拟合值	2.66	2.83	3.05	3.23	3.37	3.48	3.56	3.62	3.67	3.71
误差(BP)	1.5	-4.6	-0.7	1.97	5.1	1.07	1.2	-0.9	-1.8	-2.8

(三)参数解释力的检验

在 N-S 模型中,β_1 为水平参数、β_2 为斜率参数、β_3 为曲率参数。本文用"10 年期国债收益率"代表收益率曲线的实际水平值;"1 年期国债收益率-10 年期国债收益率"代表收益率曲线的实际斜率;"2×3 年期国债收益率-1 年期国债收益率-10 年期国债收益率"代表收益率曲线的实际曲率。然后,分别计算上节拟合得到的 β_{1t},β_{2t},β_{3t} 与曲线实际水平值、斜率、曲率的相关性,结果分别为:0.934、0.805、0.923(如图 2 至图 4 所示)。

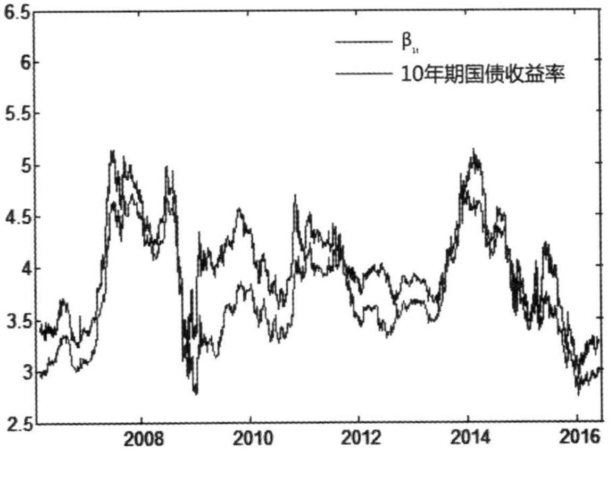

图 2　β_{1t}与 10 年期国债收益率走势对比(单位:%)

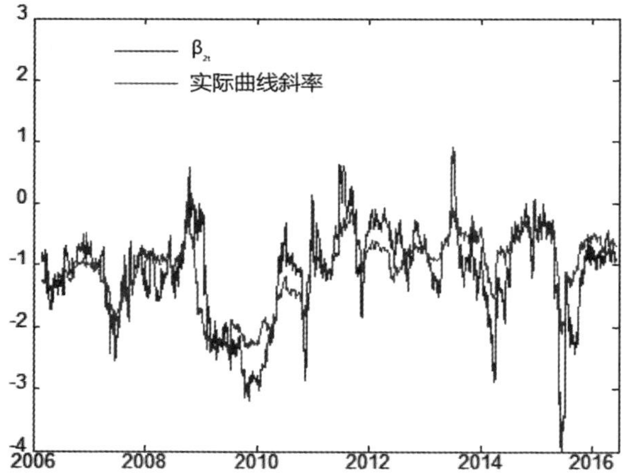

图 3 β_{2t}与实际曲线斜率(1 年期国债收益率-10 年期国债收益率)对比

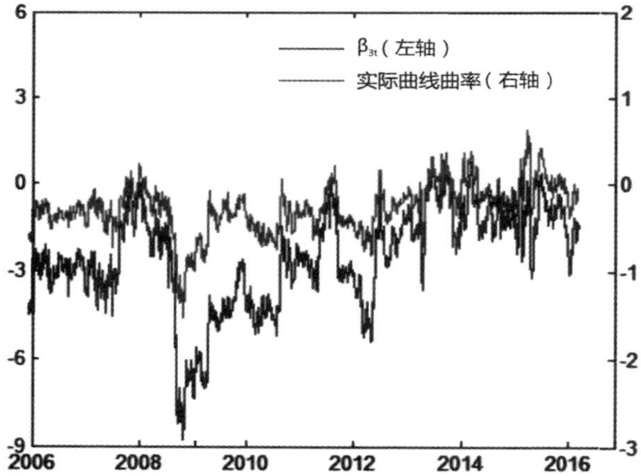

图 4 β_{3t}与实际曲线曲率

[2×3 年期国债收益率-(1 年期国债收益率+10 年期国债收益率)] 对比

(四)模型参数与宏观经济指标的关系

影响债券的宏观因素主要是两个:经济增长和物价。工业增加值是衡量经济增长的高频指标,物价则选用 CPI 同比增长率。这两个指标均有月度数据可供使用。

本文将模型拟合得到的 β_{1t}、β_{2t}、β_{3t} 月均值分别与 CPI 和工业增加值月同比增速进行当期相关和时差相关分析。结果如表 2 所示。

表 2　模型参数与宏观经济指标的当期相关和时差相关关系

		β_{1t}	β_{2t}	β_{3t}
CPI	相关系数	0.41	0.32	0.35
	T 值(P 值)	4.96(0.0000)	3.60(0.0005)	3.99(0.0001)
工业	相关系数	0.22	-0.22	-0.13
	T 值(P 值)	2.47(0.0150)	-2.47(0.0149)	-1.43(0.1560)
CPI 时差相关	相关系数	0.44(+3)	0.50(-5)	-0.41(+10)
	T 值(P 值)	5.28(0.0000)	6.22(0.0000)	-4.841(0.0001)
工业时差相关	相关系数	0.22(0)	-0.33(+7)	-0.59(+10)
	T 值(P 值)	2.47(0.0150)	-3.77(0.0001)	-7.87(0.0000)

注:时差相关分析中,+表示宏观变量领先于参数,-表示宏观变量滞后于参数。

由表 2 可知:(1) CPI 同比增速与同期的 β_{1t}、β_{2t}、β_{3t} 都是显著正相关。但是工业增加值同比增速与同期的 β_{1t}、β_{2t}、β_{3t} 不存在显著的相关性。(2) CPI 同比增速分别领先于 β_{1t},β_{2t}3 个月和 10 个月,但与 $\beta_{1,t+3}$ 是显著正相关;与 $\beta_{3,t+10}$ 是显著负相关。(3) CPI 同比增速滞后 β_{2t}5 个月,并且两者之间是显著正相关。(4) 工业增加值同比增速分别领先于 β_{2t}、β_{3t}7 个月和 10 个月;并且都是显著负相关。

基于 N-S 模型对中债国债收益率曲线的预测

(一)预测模型的选择

基于 N-S 模型预测国债收益率曲线的关键,是确定模型中三个参数 β_{1t},β_{2t},β_{3t} 的月度预测模型,本文主要考虑 AR 和 VAR 预测模型。鉴于之前的研究结论显示 CPI 与多个参数具有较强的相关关系,因此,本文还考虑在上述模型中加入 CPI 作为解释变量。在确定参数预测模型时,为充分利用数据信息，本文采用日度数据。在选取日度收益率作为样本时，首先拟合得到日度参数值，然后计算得到相应的月均值。至此，基于 N-S 的预测模型一共包括以下几种：AR-NS，VAR-NS，AR（CPI）-NS，VAR（CPI）-NS。

构建预测模型采用的样本期是 2006 年 1 月至 2013 年 12 月；外推预测期是 2014 年 1 月至 2015 年 12 月。外推预测采用两种方法，一是外推 1 个月法；二是外推 12 个月法。为了更好地评价 N-S 模型的预测效果，本文引入随机游走模型（模型假定本月收益率等于上月）及直接预测收益率的 AR、VAR 预测模型等作为对比基准模型。最终预测结果见表 3 和表 4，表中分别列示了外推 1 期和外推 12 期的 1~10 年各关键期限月收益率预测误差。

由表 3 和表 4 可知：（1）基于 N-S 的国债收益率曲线预测模型的预测效果要好于随机游走模型和单纯预测收益率的 AR 和 VAR 模型，特别是在外推 12 期预测中。（2）在不同预测样本期，基于 N-S 的不同预测模型表现略有差异。其中，在外推 12 期的预测中，AR-NS 模型在 2014 年的预测误差最小，为 17BP；VAR（CPI）-NS 模型的预测误差为 18BP，与其相差不大。VAR（CPI）-NS 模型则在 2015 年的预测误差最小，为 18BP，显著好于其他模型；在外推 1 期的预测中，其与 AR-NS 模型预测误差相差无几，但在外推 12 期预测中，则显著好于 AR-NS 模型。

表 3 外推 1 个月预测误差

外推1月	模型	1y	2y	3y	4y	5y	6y	7y	8y	9y	10y	排名	平均误差
2014	随机游走	0. 22	0. 19	0. 17	0. 14	0. 13	0. 15	0. 14	0. 15	0. 14	0. 14	5	0. 1561
	AR	0. 22	0. 18	0. 15	0. 12	0. 10	0. 13	0. 12	0. 13	0. 13	0. 13	3	0. 1408
	VAR	0. 26	0. 23	0. 20	0. 18	0. 15	0. 17	0. 15	0. 15	0. 16	0. 15	7	0. 1803
	AR-NS	0. 19	0. 17	0. 16	0. 13	0. 11	0. 14	0. 10	0. 11	0. 11	0. 11	1	0. 1324
	VAR-NS	0. 21	0. 18	0. 19	0. 17	0. 16	0. 17	0. 13	0. 13	0. 13	0. 13	6	0. 1610
	AR(cpi)-NS	0. 20	0. 16	0. 15	0. 13	0. 12	0. 16	0. 12	0. 12	0. 12	0. 12	2	0. 1407
	var(cpi)-NS	0. 22	0. 18	0. 17	0. 13	0. 15	0. 15	0. 13	0. 12	0. 12	0. 14	4	0. 1513
2015	随机游走	0. 21	0. 15	0. 11	0. 11	0. 12	0. 12	0. 13	0. 13	0. 13	0. 12	6	0. 1316
	AR	0. 19	0. 14	0. 11	0. 10	0. 12	0. 12	0. 12	0. 13	0. 13	0. 13	5	0. 1300
	VAR	0. 19	0. 13	0. 10	0. 10	0. 10	0. 10	0. 11	0. 12	0. 12	0. 12	2	0. 1205
	AR-NS	0. 18	0. 12	0. 10	0. 11	0. 12	0. 11	0. 11	0. 13	0. 15	0. 16	4	0. 1290
	VAR-NS	0. 23	0. 15	0. 14	0. 13	0. 14	0. 12	0. 12	0. 14	0. 16	0. 17	7	0. 1488
	AR(cpi)-NS	0. 18	0. 12	0. 09	0. 10	0. 12	0. 10	0. 11	0. 12	0. 14	0. 16	3	0. 1239
	var(cpi)-NS	0. 17	0. 12	0. 09	0. 10	0. 11	0. 10	0. 11	0. 12	0. 13	0. 14	1	0. 1185

表 4 外推 12 个月预测误差

外推1月	模型	1y	2y	3y	4y	5y	6y	7y	8y	9y	10y	排名	平均误差
2014	随机游走	0. 77	0. 92	0. 78	0. 73	0. 64	0. 72	0. 61	0. 59	0. 55	0. 49	7	0. 6812
	AR	0. 49	0. 64	0. 44	0. 36	0. 26	0. 36	0. 26	0. 26	0. 25	0. 22	5	0. 3540
	VAR	0. 94	0. 83	0. 50	0. 29	0. 22	0. 23	0. 15	0. 17	0. 16	0. 16	6	0. 3642
	AR-NS	0. 26	0. 21	0. 16	0. 11	0. 13	0. 17	0. 13	0. 17	0. 17	0. 16	1	0. 1679
	VAR-NS	0. 37	0. 31	0. 22	0. 12	0. 13	0. 14	0. 12	0. 15	0. 15	0. 13	4	0. 1843
	AR(cpi)-NS	0. 30	0. 24	0. 18	0. 12	0. 09	0. 17	0. 13	0. 17	0. 17	0. 16	2	0. 1737
	var(cpi)-NS	0. 32	0. 30	0. 24	0. 14	0. 15	0. 15	0. 11	0. 15	0. 15	0. 14	3	0. 1842
2015	随机游走	0. 77	0. 62	0. 47	0. 44	0. 45	0. 37	0. 33	0. 33	0. 33	0. 33	7	0. 4430
	AR	0. 67	0. 54	0. 40	0. 38	0. 38	0. 34	0. 31	0. 33	0. 35	0. 36	6	0. 4046
	VAR	0. 36	0. 27	0. 15	0. 13	0. 12	0. 14	0. 16	0. 18	0. 20	0. 21	2	0. 1930
	AR-NS	0. 45	0. 34	0. 29	0. 31	0. 32	0. 28	0. 27	0. 30	0. 33	0. 35	5	0. 3237
	VAR-NS	0. 48	0. 32	0. 25	0. 26	0. 27	0. 22	0. 22	0. 25	0. 27	0. 29	4	0. 2827
	AR(cpi)-NS	0. 34	0. 24	0. 19	0. 22	0. 25	0. 22	0. 22	0. 26	0. 29	0. 31	3	0. 2551
	var(cpi)-NS	0. 29	0. 18	0. 12	0. 14	0. 16	0. 14	0. 16	0. 18	0. 21	0. 23	1	0. 1812

在实际预测中,考虑到 CPI 作为外生变量本身存在的预测误差,我们在外推 1 期预测中仅采用 AR-NS 模型;在外推 12 期预测中,则同时采用 VAR(CPI)-NS 和 AR-NS 两个模型并对比各自的结果。

其次,本文采用 AR-NS 模型外推 1 期预测收益率曲线的水平值、斜率和曲率。结果显示模型预测值的走向趋势与实际值大体一致(如图 5 至图 7 所示)。分项看,2014 年、2015 年曲线水平值的年平均预测误差分别为 12.67BP、16.27BP;斜率的年平均预测误差分别为 17.54BP、25.77BP;曲率的年平均预测误差分别为 9.61BP、14.89BP。

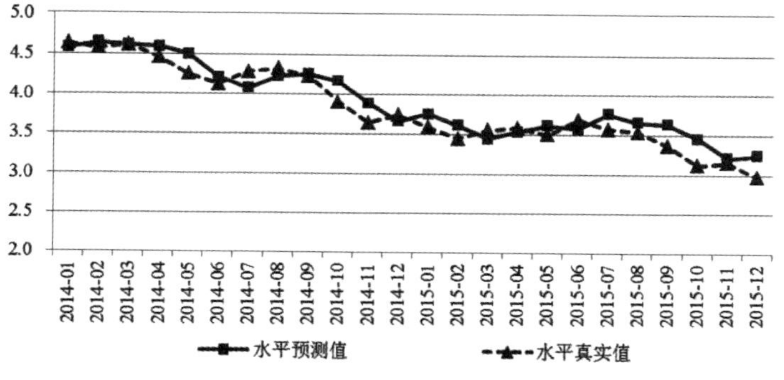

图 5　AR-NS 模型外推 1 期的水平值预测值与真实值(单位:%)

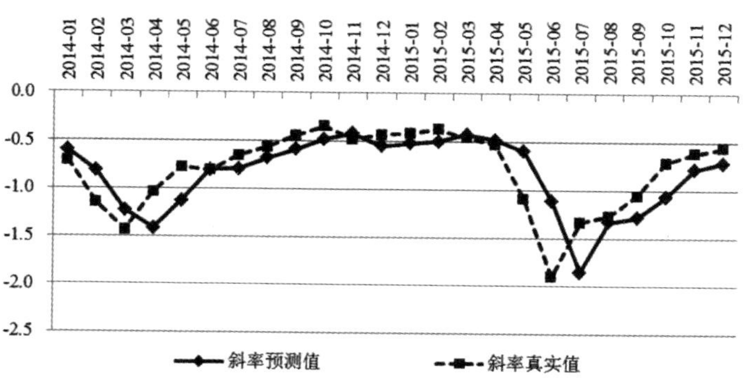

图 6　AR-NS 模型外推 1 期的斜率预测值与真实值

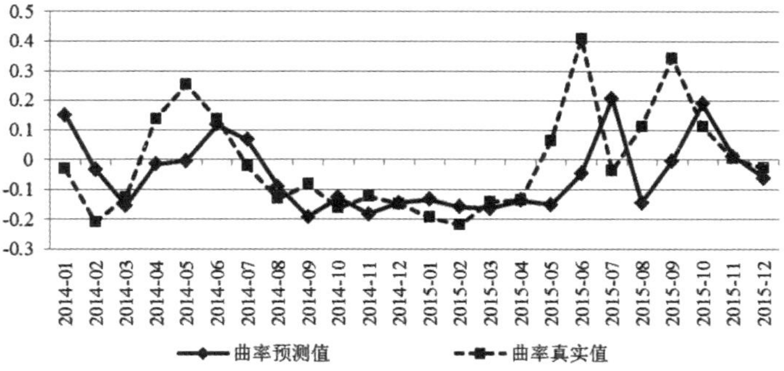

图 7　AR-NS 外推 1 期的曲率预测值与真实值

最后，本文采用 AR-NS 模型和 VAR(CPI)-NS 模型，外推 12 期预测收益率曲线的水平值、斜率和曲率。结果显示，模型预测值的走向趋势与实际值大体一致(如图 8 至图 10 所示)。

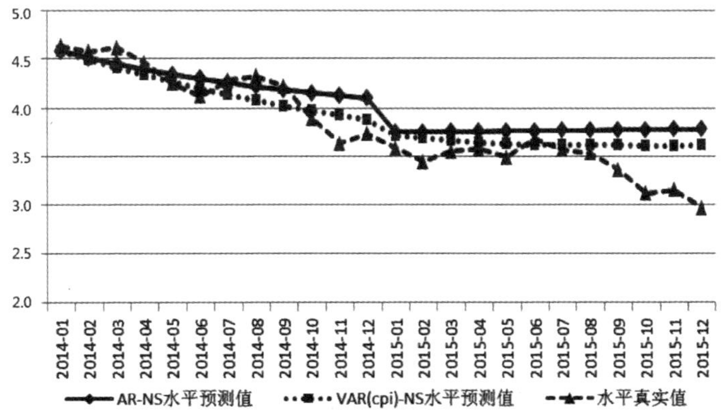

图 8　外推 12 期的水平预测值与真实值(单位:%)

分模型看，AR-NS 模型在 2014 年、2015 年曲线水平值的年平均预测误差分别为 15.82BP、34.70BP；斜率的年平均预测误差分别为 32.89BP、26.97BP；曲率的年平均预测误差分别为 11.35BP、12.56BP。VAR(CPI)-NS 模型在 2014 年、2015 年曲线水平值的年平均预测误差分别为 13.81BP、22.77BP；斜率的年平均预测误差分别为 34.17BP、35.37BP；曲率的年平

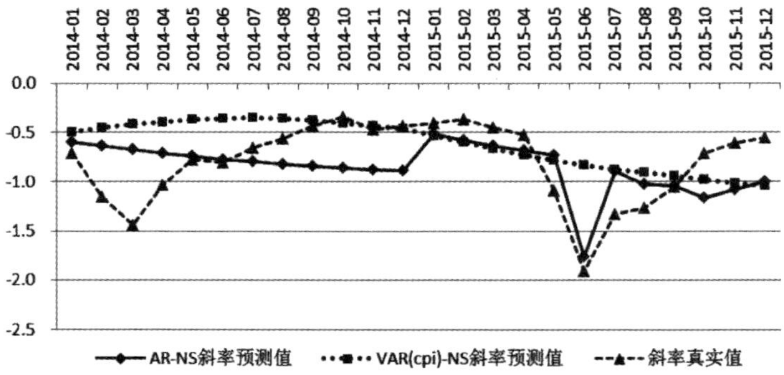

图 9　外推 12 期的斜率预测值与真实值

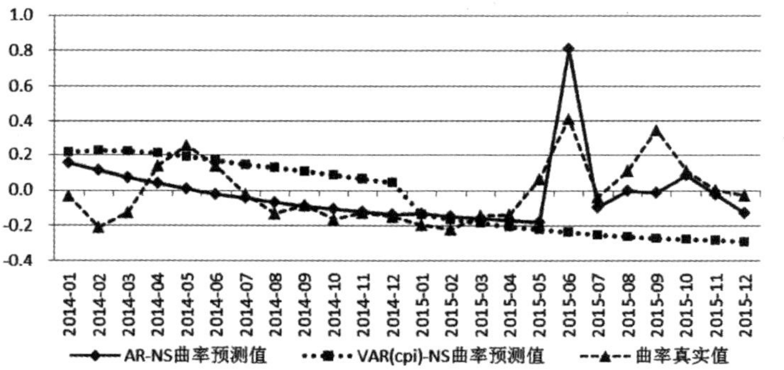

图 10　外推 12 期的曲率预测值与真实值

均预测误差分别为 20.24BP、27.32BP。从测试结果来看，VAR(CPI)-NS在水平值预测中更优，而 AR-NS 在斜率和曲率预测中更优，故本文在外推 12 期预测中，依然同时综合参考两个模型的预测结果。

(二)对 2016 年中债国债收益率曲线的预测

本文基于 2006 年 3 月至 2016 年 5 月各期限中债国债即期收益率数据，构建 AR-NS 模型和 VAR(CPI)-NS 模型，并用两种模型分别预测 2016 年 6 月至 12 月的 β_1、β_2、β_3 参数值及各期限债券的收益率。其中，VAR(CPI)-NS 模型中的 CPI 采用 Wind 资讯宏观预测中机构调查的均值。2016 年 6 至 12 月，CPI 的预测均值分别为 1.9%、1.8%、1.6%、

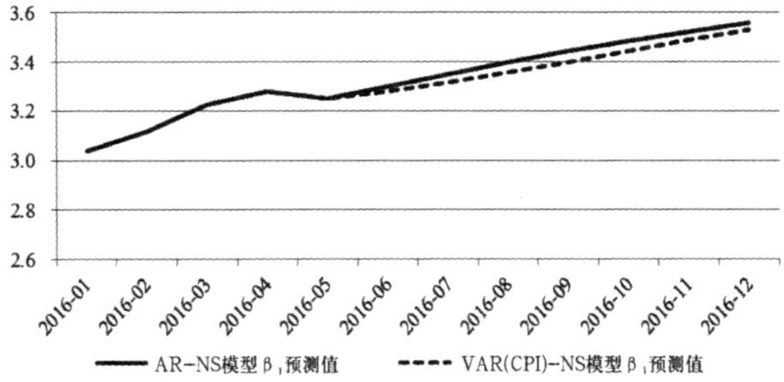

图 11　对 2016 年中债国债收益率曲线 β_{1t} 的预测值（单位：%）

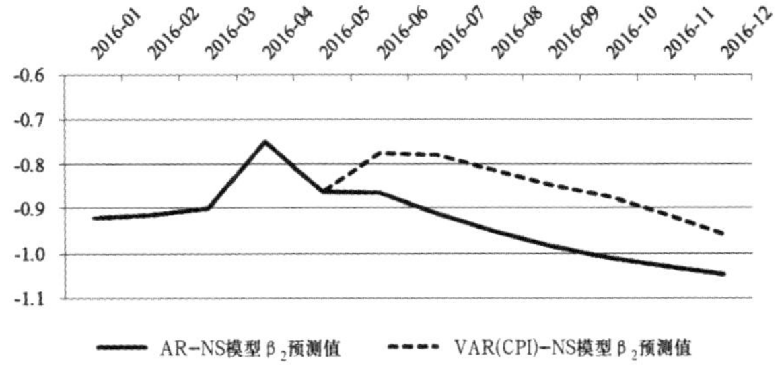

图 12　对 2016 年中债国债收益率曲线 β_{2t} 的预测值

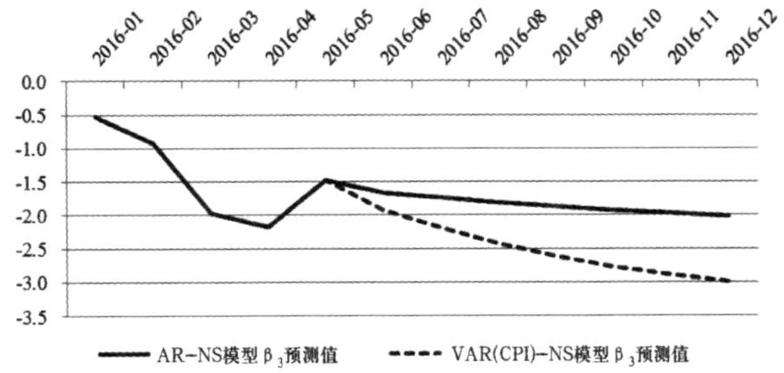

图 13　对 2016 年中债国债收益率曲线 β_{3t} 的预测值

1.8%、2.1%、2.0%、2.0%。

两个模型的预测结果为：（1）在 2016 年 6 月至 12 月，两模型预测趋势基本相同：β_1 呈上升趋势，而 β_2、β_3 呈下降趋势，即水平参数逐步上升，斜率和曲率参数逐步下降。说明 2016 年全年收益率曲线整体呈逐月上升趋势,并且期限利差呈逐步扩大的态势。(2)各关键期限国债收益率即期利率水平的月均值以及波动区间如表5所示。由于VAR(CPI)-NS引入了CPI的预测值,且目前市场机构对2016年CPI预测均值处于历史较低水平,故VAR(CPI)-NS的整体预测结果低于AR-NS模型。

表5　主要期限国债2016年6月至12月收益率预测结果(单位:%)

	AR-NS		VAR(CPI)-NS	
期限	预测均值	预测区间	预测均值	预测区间
1年	2.34	[2.31,2.37]	2.19	[2.13,2.29]
3年	2.66	[2.60,2.72]	2.48	[2.46,2.55]
5年	2.91	[2.83,3.00]	2.78	[2.76,2.80]
7年	3.06	[2.95,3.15]	2.95	[2.91,3.00]
10年	3.17	[3.05,3.27]	3.08	[3.03,3.16]

作者单位:中国银河证券

(本文原载于《债券》2016年7月刊)

美国储蓄国债核心要素与我国现实选择

——基于上海市储蓄国债投资者问卷调查的研究

申　琳

摘　要：美国储蓄国债经过多年的发展变迁已趋于成熟，很多做法值得我国学习借鉴。摸清美国先进经验在我国储蓄国债投资者中的接受程度，对于下阶段我国储蓄国债的改革与发展显得尤为重要。本文在总结美国储蓄国债四个核心要素的基础上，利用国家金库上海市分库在2016年开展的储蓄国债问卷调查数据，研究上述核心要素在我国储蓄国债投资者中的接受程度，最后有针对性地提出政策建议。

关键词：美国　储蓄国债　核心要素　问卷调查

美国现代意义的储蓄国债始于20世纪三四十年代，经过近百年的发展变迁，特别是进入新世纪以来经过一系列顺应互联网金融发展、推进普惠金融的变革和调整，日趋成熟完善。美国储蓄国债在产品设计、发售管理等方面的先进经验值得我们学习，通过强制推行相关制度的变革能够加速我国储蓄国债的发展进程，前提是这些“强制的变迁”必须是“好”的、有“群众基础”的。因此，事先研究我国储蓄投资者对美国储蓄国债经验的接受程度,对于利用美国经验完善我国储蓄国债改革和发展,将起到事半功倍的效果。

本文遂以此为出发点,在大量搜集整理相关资料的基础上,研究美国储蓄国债先进经验,提炼其核心要素;接着,利用国家金库上海市分库在2016年储蓄国债发行期间开展问卷调查的相关数据,结合中国储蓄国债发售现状,讨论美国储蓄国债的核心要素在我国的适用性;最后,有针对性地提出政策建议。

美国储蓄国债的核心要素

(一)在"财政部直销"官网直销储蓄国债

"财政部直销"(Treasury Direct)原先是1986年上线的可交易国债簿记系统,是美国财政部推行"向公众直销国债"这一长期政策的产物。2000年后,随着无纸化电子储蓄国债的问世,同时也为适应互联网快速发展带来的"零售革命",该系统于2004年设立同名官方网站(www.treasurydirect.gov),成为全美唯一的向个人、机构投资者出售、拍卖各类国债的专业金融服务网站,目前由财政部下设的财政服务局(Bureau of the Fiscal Service)直接管理。现在"财政部直销"更多地是作为线上国债直销网站为美国公众所熟知。2012年,美国完全实现储蓄债券无纸化改造后,个人投资者只能通过注册、登陆TreasuryDirect,在线购买、管理和兑取储蓄国债。

"财政部直销"官方网站提供"7天×24小时"在线服务,用户体验友好。网站结构清晰、要素明确,注册、登录入口明显,为首次注册个人提供内容详实的操作指南;在每一种产品目录下设置"经常问及问题(FAQs)"

栏目,为投资者答疑解惑。在联系方式上,不仅留有电话、电邮等联系方式,还配有脸书(Facebook)、推特(Twitter)等时下热门网络社交的链接,方便投资者互动咨询。此外,该网站还特别为儿童开设动画专版,储蓄国债宣传教育从娃娃抓起。

（二）通过非对称复合利率形成机制实现 I 债券通胀指数化

1998 年 9 月引入的 I 债券(I Bonds)是通胀指数化债券(Inflation Indexed Bonds),它为美国投资者提供一种完全对冲通货膨胀的储蓄策略。该债券采取半年调整一次的"固定利率+浮动利率"设计,按期调整利率。美国财政部会在每年的 5 月和 11 月公布接下来 6 个月内将要发行的 I 债券的固定利率(fixed rate)和半年度通胀率(semiannual inflation rate)。固定利率在每期 I 债券的存续期内保持不变。TreasuryDirect 官网还会公布当期和之前每期 I 债券在当期的复合利率(composite rate)。在 t 期前 j 期发行的 I 债券在 t 期的复合利率为:

复合利率 t-j,t=固定利率 t-j+2×半年度通胀率 t+固定利率 t-j×半年度通胀率 t

其中 j=0,1,2,……计算出的百分数保留两位小数,半年度通胀率则是当期城市消费者物价指数(CPI-U)对于上期值的变动,5 月、11 月新利率公布时使用的 CPI-U 通常为 3 月和 9 月的数值,且未经过季节调整。如果出现通货紧缩,半年度通胀率可能为负,甚至可能使计算出来的复合利率为负,但美国财政部规定 I 债券的复合利率不能小于零。这种非对称的设定使该债券在通缩时期具有更高的实际收益。

（三）锁定 EE 债券初始发行期结束后的长期收益

美国目前在售的储蓄国债除了 I 债券,还包括固定利率的 EE 债券。

EE 债券的最终存续期(final maturity period)由两段时间组成:第一段时间为债券的初始发行期(original maturity period);剩下的时段被称为扩展期(extended maturity period),一个标准化的扩展期通常为 10 年。投资者持债满初始发行期才可获得较高的固定收益;而在扩展期,债券利率往往会根据当时市场交易国债平均收益率进行调整。

目前在售的电子 EE 债券(EE Bonds)的初始发行期为 20 年,投资者只要持债满 20 年即可实现初始投入的翻倍。若投资者持债满 5 年但不到 20 年,则按照购买 EE 债券时定下的固定利率(小于 3.5%),按月计算应计利息,每半年复利,于投资者兑换债券时一次性还本付息;若投资者持债满 1 年但不到 5 年,还要再扣除三个月的利息作为惩罚。美国财政部通过持债满 20 年投资翻倍的做法,保障了持债人的长期投资收益,鼓励投资者长期持有 EE 债券。

(四)运用诸多新做法推广储蓄国债普惠金融

纵观美国储蓄国债的演变,特别是进入新世纪以来,美国政府更加注重让更广泛的社会公众更容易买到其尽力提供的储蓄国债投资工具,以获取稳定、保值的收益。这是美国政府向民众提供普惠金融的重要途径之一,具体的新做法主要包括:

1. 关闭储蓄国债的传统柜台认购渠道,仅保留互联网购债通道

美国财政部为了提高自身与居民和商业实体电子交易数量的目标,同时出于降低发债成本的需要,于 2011 年 12 月 31 日宣布关闭储蓄国债发行的柜台销售渠道,自 2012 年起在 TreasuryDirect 直销储蓄国债,大大拉近储蓄国债产品与潜在投资者的距离。

2. 调低储蓄国债的认购上限，尽量为社会公众提供储蓄国债投资机会

自1947年起，美国纸质储蓄国债每人每年的认购上限一直保持在30000美元。在2002年10月电子I债券、2003年5月电子EE债券推出后，其每人每年的认购上限与其纸质版本合并统一为30000美元。2008年1月，每人每年认购上限调减至5000美元，这一限额分别针对电子的、纸质的EE债券或I债券。2012年1月，个人针对两类无纸化电子储蓄国债的认购上限调升至每年10000美元。此外，投资者还可以通过税收返还的方式，购入额外的、上限为5000美元的纸质I债券。

3. 扩大工资薪金储蓄计划受众，推动雇员购债投资便利化

工资薪金储蓄计划（Payroll Savings Plan）从20世纪30年代开始就给身为雇员的投资者提供了定期购买储蓄国债的选择，让雇主在发放工资薪金时，用事先与雇员确认的一部分工资额度为其购买储蓄国债，但一直以来中小企业的雇员被排除在该计划之外。直到2004年美国财政部在电子“财政部直销”核算系统中对工资薪金储蓄计划进行调整，允许全社会几乎所有的雇员能够通过自动扣除工资购买储蓄国债。

4. 取消储蓄国债固定发售面额，以便投资者充分利用闲散资金

无纸化储蓄国债发售以后，投资者购买电子储蓄国债的金额可以精确到“分”，这是不同于纸质储蓄国债发售的重要区别之一，有利于投资者将账户中的闲散资金用到极致。

美国储蓄国债核心要素在我国的现实基础

显然，与美国储蓄国债核心要素的现状相比，我国储蓄国债诸多方面

的发展还相对滞后,尤其是在发挥储蓄国债的普惠金融功能方面。能否在我国储蓄国债的产品设计和发售管理中借鉴美国的相关做法,需要相当的公众基础。本部分将以国家金库上海市分库在2016年开展的储蓄国债问卷调查为基础,对美国储蓄国债核心要素在我国的适用性展开研究。

(一)问卷设计与发放

问卷的设计同时考虑美国储蓄国债的核心要素和我国现实情形,将问题设定为四个环节,绝大多数为选择题。一是关于网络购买储蓄国债,具体涉及是否听说过网银购买储蓄国债、是否尝试通过网银购买储蓄国债、若尝试操作是否方便、若不方便原因为何,同时还设问如果政府将储蓄国债网银销售渠道统一为一家官方网站是否会去购买。二是关于储蓄国债认购上限,即是否需要设定较低的个人购债上限,若需要,金额为多少。三是关于储蓄国债的利率,设问是否希望购入的储蓄国债计息利率能够浮动,若回答"是",则希望多久浮动一次。四是关于储蓄国债定投计划,即如果推出"每月定期投资计划",是否参与。

国家金库上海市分库组织辖内24家代销机构在2016年储蓄国债发行期间向储蓄国债投资者发放调查问卷,问卷的发放严格遵循分层抽样的原则,要求每家代销机构在中心城区(内环内)和非中心城区(内环外)分组随机抽取发行网点,每个网点的问卷量不能超过5份。问卷计划发放800份,实际回收786份,剔除回答逻辑错误的问卷,得到有效问卷664份。

(二)问卷调查结果解读

1. 关于网上购买储蓄国债

76.7%的受访对象知晓可以通过商业银行网银渠道购买储蓄国债,

但只有34.8%的受访者表示曾通过商业银行网银渠道购买储蓄国债，其中绝大多数认为购买过程便利。仅13%曾经通过网银渠道购买储蓄国债的受访者认为网络购债存在不便，其中43.3%认为储蓄国债代销银行的网站体验不好，56.7%认为代销银行网站没有显著的购债提示。

针对如果政府将所有商业银行网银销售渠道统一为一家官方网站，受访者是否愿意登陆购债的提问，66.3%表示愿意接受。针对不愿意接受的受访者，追加提问“如果购买、兑取、提前赎回储蓄国债，都可以通过政府设置的唯一官网，并且提供7天×24小时操作，是否会考虑接受通过该官网直接购债”时，这些原本不愿意接受的受访者中有46%的人表示愿意接受。因此，如果政府统一储蓄国债网银销售渠道，完善购债网站用户体验，可能高达81.8%的投资者愿意接受通过政府指定唯一官网购债。

2. 关于储蓄国债认购上限

当问及“政府是否应该在每期发行储蓄国债时设定一个较低的个人购买上限，以便能够让社会大众更容易购买”时，36.7%的受访者表示应该如此。在受访者提供的购债上限金额中，3万元及以下的占比为9.8%，3万元至5万元（包含5万元）的占比为14.6%，5万元至10万元（包含10万元）的占比为26.8%，10万元至25万元（包含25万元）的占比为10.6%，25万元至50万元（包含50万元）的占比为18.3%，50万元至100万元（包含100万元）的占比为11.4%，100万元以上的占比为8.5%。总体来看，填报金额在10万元及以下的人数占接受设定购买上限总人数的51.2%。

在这些支持设置储蓄国债购买上限的受访者中，52.4%的人来自中心城区、47.6%的人来自非中心城区。在3万元及以下的选择中，62.5%的受访者来自非中心城区;相反,在100万元以上的选择中,69.4%的人来自中心城区。显然,来自中心城区的受访者更倾向于设置更高的购债上限。

3. 关于储蓄国债利率浮动

我国目前尚无针对个人投资者的浮动利率储蓄国债,因此投资者对储蓄国债利率浮动的概念也较为陌生。调查中有33.4%的投资者希望能够买到浮动利率的储蓄国债。当继续问及储蓄国债的利率如果能够根据物价上涨情况进行调整、其调整频率应该为多少时,16.7%选择按月调整,38.3%选择按季度调整,25.7%选择按半年度调整,19.4%选择按年度进行调整。

当然,在调查中考虑到填写难易程度和时间等因素,没有具体解释储蓄国债利率如何浮动以及浮动后能够带来的收益,而这会影响受访对象的选择,结果就可能低估浮动利率储蓄国债(特别是通胀盯住国债)的公众接受度。

4. 关于储蓄国债定投计划

相当意外的是,当问及如果储蓄国债推出"每月定期投资计划",即每月通过签约银行自动扣取不超过一定数额(通常不超过每月工资薪金)的固定金额作为定期投资,是否会考虑这种储蓄国债购买方式时,64.9%的受访对象表示愿意接受。相对于前面调查的一些新做法而言,这一做法在被调查对象中的接受程度大幅提高。很显然,即便是对新鲜事物接受程度较低的中老年投资者,对于免去排队、在储蓄国债每期发行时能自动购债的购买模式也是相当支持的。

结论与政策建议

本文依据储蓄国债问卷调查数据研究美国储蓄国债部分核心要素在我国的公众接受度,结果显示:(1)近八成受访对象知晓储蓄国债网银销售渠道,但实际通过网银购债的仅仅超过三成,如果政府整合网银购债入口、优化网站购买体验,或将有更多的投资者选择网上购债;(2)近四成被调查对象支持设置较低储蓄国债购买上限,5万至10万元为较合理区间,中心城区居民倾向于设置较高限额、郊区民众则相反;(3)近四成被调查者支持发行浮动利率国债,且更倾向于利率每季度或每半年浮动一次;(4)近七成受访对象支持储蓄国债定期投资自动购买模式。

整体而言,美国储蓄国债的部分先进做法在我国储蓄国债投资者中有着不错的支持度,尤其是在储蓄国债互联网购买和投资便利化方面。

通过对美国储蓄国债的核心要素及其在我国适应性的讨论,就今后我国储蓄国债的发展和完善,本文提出四点建议:一是整合现有网银销售渠道,提升网站购债体验,加快推进储蓄国债网络直销进程。二是增设浮动利率储蓄国债,配合有效宣传,丰富我国储蓄国债产品种类。三是创新储蓄国债发售方式,在发行前期设置认购上限,发售后期再行放开,在不影响储蓄国债整体销售的同时让更多公众能够买到储蓄国债。四是试点储蓄国债定期投资计划,便利投资者购债,增强储蓄国债的普惠金融力度。

参考文献

[1]巩方强.欧美储蓄国债的历史变迁与特点[J].债券,2013(11).

[2]申琳.美英储蓄国债的发售与启示[J].中国金融,2016(17).

[3]阎慧.英美储蓄国债发行对我国储蓄国债的借鉴和启示[J].经济视角(下),2010(10).

[4]朱岩.美国储蓄国债的“财政部网络直销”方式借鉴[J].中国财政,2009(06).

作者单位:中国人民银行上海总部

(本文原载于《债券》2017年3月刊)

美国市政债务管理与市场之考察、体会及启示

周成跃　韦士歌

摘要：本文首先介绍加州政府债务管理的集中化和纽约市政府债务管理的分散化特征，其次概述美国市政债券市场运行碎片化和公开化现象，最后概括美国市政债务管理"正周期"特点和债券市场"当地化"特点之体会，并提出"开好"我国地方政府债务管理"正门"和建立完善地方政府举债筹资机制的几点启示。

关键词：美国市政债务　地方债务　债务管理　国外经验

我们通常所说的地方政府债务，在美国被称为"州和地方政府债务"，从债券市场角度又称为"市政债务"。美国州和地方政府债务，并非只有州和地方政府财政部门才能举借。实际上，各级各类筹资平台多种多样，2011年末债券发行人接近44000家。州和地方政府债务绝大多数是以债券为载体，鉴于资金主要用于各类大中小城市公共服务设施方面的资本项目建设，州和地方政府债券常被投资者称为"市政债券"（Municipal Securities）。2011年末美国市政债券余额3.74万亿美元，在美国债券市场总额中占10%左右，居于国债市场（28%）、公司债券市场（23%）和按揭债

券市场(22%)之后,规模不大;平均每只债券余额大约300万美元,远远不足1亿美元,流通筹码明显偏少。

美国市政债务管理:集中化或分散化

(一)加州政府市政债务管理

加州政府不仅是美国市政债券市场上规模最大的州级政府债务管理主体,而且在所有债务管理主体中也是规模最大的债务管理主体,是集中管理政府债务的典型代表。其中,加州政府债务仅指加州州本级政府债务,不包括加州以下县市及乡镇等地方政府债务。事实上,县市政府及乡镇政府均是独立的债务管理主体,单从债券市场角度来看并不从属于加州政府。比如,目前洛杉矶市政府一般责任债券的信用评级明显高于加州政府一般责任债券。

加州政府债务主要由以下五类债券构成:(1)一般责任债券(GOBs),需由全州选民在大选中简单多数票通过,资金用于基础设施建设项目,2013年2月初余额729亿美元。(2)租赁收益债券(LRBs),需由州议会和州长批准,资金用于高教设施、监狱及州政府办公场所的租赁,2013年2月初余额117亿美元。(3)收入预测债券(RANs),在州议会批准预算后即可发行,必须在财政年度结束之前到期,属于短期债券、保证现金管理需要,2013年2月初余额100亿美元。(4)项目收益债券(SRBs),由州政府有关筹资平台负责举借,偿债资金来自项目本身收益,2012年12月末余额320亿美元。(5)代发收益债券(CRBs),州政府专设筹资平台为地方政府或非政府单位代发的收益债券,偿债资金来自地方政府或非政府单位的项目本身收益,2012年12月末余额249亿美元。

加州州库局(State Treasurer's Office)负责集中管理州本级政府债务。州库局长为民选官员,州库局设有三大职能处室:支付处、投资处和债务处,分别有55人、18人和57人的人员编制。其中债务处集中管理政府债务,主要体现在三方面:(1)一般责任债券、租赁收益债券和收入预测债券等三类债务均由州库局负责举借和偿付。(2)一般责任债券规模较大,占政府债务总额(不含两类收益债券)的77%,即便考虑项目收益债券因素,其占比为58%,也明显高于其他州。(3)项目收益债券和代发收益债券的债券发行事务均由州库局统筹协调,州库局局长在众多项目收益债券和代发收益债券筹资平台机构的委员会或理事会中要么担任主席,要么是其重要成员。

2006年以来,经加州选民投票表决同意,一般责任债券授权规模获得大幅度增加;经议会批准,租赁收益债券授权规模也有大幅度增加。这使得一般责任债务及租赁收益债务等实际余额从2006年7月初448.5亿美元跃升到2013年2月初864.5亿美元,以致一般责任债券仍有319亿美元授权规模尚未发行,租赁收益债券也有72亿美元授权规模空间。2009-2010年一般责任债券和租赁收益债券的发行筹资总额达到350.7亿美元,规模之大[①]前所未有;2011—2012年两类债券发行筹资总额缩减到80亿美元,同期还发行了58亿美元借新还旧债券,目的是用低成本新债替换旧债,节约利息支出。

2011年加州政府偿债率为7.9%,债务余额占居民收入的6.0%,债务余额占州GDP的5.07%,人均债务余额2559美元。在美国人口最多

① 与2009—2010年美国财政部鼓励各州和地方政府发行"建设美国债券"(Build America Bonds)有直接而密切的关系,参见下文"美国市政债券市场:碎片化与公开化"。

的10个州中,加州政府债务指标仅比纽约州稍好一些,但债券信用评级要差于纽约州。

(二)纽约市政府市政债务管理

就美国县市级政府债务管理而言,纽约市政府是市政债券市场上规模最大的债务管理主体,而在所有债务管理主体中其规模也仅仅小于加州政府,比纽约州本级政府债务的规模还要大。在州和地方政府债务管理主体中,纽约市政府是积极运用筹资平台即分散管理政府债务的典型代表。纽约市是市政债券市场上最早的发债主体。1812年纽约市政府为修建运河发行了美国历史上最早的市政债券,也是最早的一般责任债券。

纽约市政府债务不仅规模很大,而且结构复杂,表现为主要依靠设立筹资平台公司发行债券为资本项目筹资。2012年6月末市政府债务余额771.9亿美元,其中一般责任债务422.9亿美元,占54.8%,其他四类债务均为筹资平台举借。其一,教育筹资平台债务262.7亿美元,占34%,包括用个人所得税偿付的债务209.6亿美元和州教育补助偿付的债务53.1亿美元。教育筹资平台债券被三家评级公司评为Aaa、AAA、AAA的最高级别,高于一般责任债券Aa2、AA、AA评级。其二,烟草筹资平台收益债券化债务12.5亿美元。其三,零售筹资平台用销售税偿付的债务20.5亿美元。其四,租赁收益债务和代发收益债务53.3亿美元,由哈德逊开发公司等10多家公益公司举借。

上述四类筹资平台债务中,除用个人所得税偿付的教育筹资平台债务规模,从2009年7月开始与一般责任债务一样受法定限额约束以外,其他类型筹资平台债务均不受纽约市法定债务限额约束,但要统一计入政府债务余额。还有一些筹资平台依靠发行债券为资本项目筹资,不过债务没有计入政府债务。其中,两个最大筹资平台是水利筹资公司和交通筹资公司,2012 年 6 月末债务分别为 283. 8 亿美元、315 亿美元,合计 598. 8 亿美元,偿债资金来自纽约市民的专项付费。如考虑这两大筹资平台债务,2012 年 6 月末纽约市债务余额达到 1370. 7 亿美元。

纽约州宪法规定,纽约市政府一般性债务余额不得突破全市应税房地产市值五年滚动平均估值 10%,其中一般性债务包括一般责任债务和用个人所得税偿付的教育筹资平台债务。2012 年 7 月 1 日,纽约市法定债务限额为 768. 5 亿美元,一般性债务实际余额 526. 8 亿美元,尚有 241. 7 亿美元发债空间。市主计局(Office of the Comptroller)负责管理政府债务,主计长是民选官员,是市首席财政官员。主计局有 700 多人,其中债务处 60 多人,负责制定债务政策及与市预算管理局协调,履行债务组合管理职责以便降低成本及控制风险,以及组织一般责任债券、教育筹资平台债券及水利筹资平台债券的发行及风险管理等。

2011 年纽约市人均债务 8919 美元,属于美国人均债务最高的城市,是美国排名第 2 的芝加哥市人均债务的 1. 48 倍,是纽约州府小城奥尔巴尼市的 4. 07 倍。不过,从人均债务增幅来看,2000—2011 年期间纽约市人均债务增幅为 81. 2%,比人口规模大、密度也大的美国十大城市(除纽约市以外)的平均增幅 135. 2%要低一些。

美国市政债券市场:碎片化与公开化

21 世纪以来,美国市政债券一级市场比较活跃,年度发行活动在 15000 次以上,年度发行规模从 2000 年的 2500 亿美元左右增长到 2007

年的4700亿美元左右。2008年金融危机爆发以后,一级市场发行活动明显萎缩。2009—2010年受美国财政部鼓励发行"建设美国债券"(财政部须为州政府及市政府发行的建设美国债券支付35%利息补贴)政策影响,美国市政债券一级市场重归活跃,2010年发行债券达到16848次,发行规模达到4990亿美元。2011年受建设美国债券不再获准发行,各州和地方政府财政紧缩及预算压力加大,以及50个州中有超过一半以上的州长换届等多种因素影响,2011年市政债券发行次数仅有13463次,发行规模降到3550亿美元,平均每次发行规模为2637万美元。

美国市政债券发行具有明显的地域性、分散性,发行市场呈现典型的"碎片化"特征。2011年市政债券余额3.74万亿美元,大约由120万只债券构成。2011年公司债券余额11.5万亿美元,明显高于市政债券,只数却不足5万,远远低于市政债券。市政债券碎片化特征可见一斑。原因是:其一,发行活动分布在全国各州、市县及乡镇,发债主体众多,既有政府财政债务管理部门,又有筹资平台公司。其二,债券工具多种多样。市政债券通常根据资本项目特点决定其偿债资金来源、利息是否免税、债信是否增级、是否提前兑付等债务要素,兼顾投资者要求决定是否附带利息、利息是否固定、发行是否溢价等市场要素。如其中一种要素不同,债券工具自然不同。其三,综合考虑项目建设周期、收益回收周期及均衡偿债负担等多种因素,通常单次发行三种债券,每种债券往往又是自成一"串"(Serial),一串债券的到期日通常分布在十多个年度,最长期限为30年。

市政债券大多通过承销机制发售,即一个或多个券商或银行(俗称"承销商")直接从发行人处购买债券,再将债券卖给投资者。承销机制主要包括议价承销和竞价承销,2011 年议价承销的次数及面额占全年市政债券发行的比例分别为 54.4%、69.5%,竞价承销占比分别为 42.4%、26.3%;另定向发售占比分别为 3.2%、4.2%。议价承销是一种常用的承销机制,指发行人选定一个或几个承销商担任主承销商,由发行人及主承销商议定承销商家数、代销或包销方式,并根据市场条件相机决定和及时调整债券发售价格。竞价承销类似于债券拍卖,指各承销商在规定时间内单独投标,或分成两组或几组按组投标,利率成本最低的单个或一组承销商按投标价格从发行人处买入债券,再按市场价格(通常高于投标价格)卖给投资者。

二级市场也有典型的"碎片化"特征。2006—2011 年市政债券年度交易额从 6.08 万亿美元降到 3.28 万亿美元,而年度交易次数从 847 万次升到 1039 万次,平均每次交易额从 2006 年 71.8 万美元降到 2011 年 31.5 万美元,碎片化特征日趋显现。其一,交易以券商或银行的自营(俗称"自营商")为主,几乎不做买空卖空交易;以自营商之间的电话经纪或电子交易为辅,参与者仅限于自营商而非个人。其二,持有者以个人或零售投资者为主,特点为买入并持有到期,2011 年占比为 75.2%;1986 年税改政策大幅降低银行持有免税债券的税收优惠后,银行持有市政债券的占比从 1972 年 51%高点大幅降到 2011 年 7.6%。其三,流动性较低,平均每天交易 113 亿美元,明显低于公司债券(每天交易 206 亿美元);交易非常集中,一是集中在新发债券,老券很快退出流通,二是集中在少数自营商,前十大自营商的交易额占 1800 多家自营商交易总额的比例高达 75%。

为保护投资者合法利益,美国市政债券市场的监管重点是信息"公开化”，严防欺诈行为。主要包括以下五个方面：

其一，发行人须遵守“反欺诈”条款。1933 年《证券法》和 1934 年《证券交易法》反欺诈条款规定，严禁任何人虚假发布重大事实或遗漏重大事实。市政债券发行人需按此条款披露信息，但不受其他条款约束。

其二，以承销商、自营商和经纪商为监管对象。受市政债券市场发展快、零售投资者广泛参与等影响，1975 年制定《证券法》补充条款，要求市政债券从业机构必须向证监会登记，并以承销商、自营商或经纪商角色接受监管。

其三，以信息披露为监管内容。1989 年制定《证券交易法》补充规定，要求承销商在债券卖给投资者前，应当尽早得到、核对及发布发行人的披露文件，以便投资者准确及时地获得披露信息；1994 年进一步规定，承销商在发债前要承诺做好债券上市交易后的信息持续披露。

其四，以自律形式制定市政债券规则。1975 年市政债券自律委员会(MSRB)依据《证券法》补充条款成立，主要负责制定市政债券承销及交易规则，目的是防范欺诈垄断行为，促进公开公平交易。2008 年自律委员会按证监会授权建立了全美统一的市政债券信息披露电子系统，方便所有市场参与者、投资者及社会公众查询。

其五，分业多头监管。市政债券自律委员会仅负责制定市政债券承销及交易规则，不负责监管。从事市政债券业务的券商及从业人员由证监会监管，券商自律委员会(FINRA)协助证监会监管；银行及从业人员由联邦存款保险公司、联邦储备委员会和财政部货币局(OCC)监管。

考察美国市政债务管理及市场的体会及启示

通过考察加州集中管理政府债务和纽约市分散管理政府债务两个具体案例,以及总结美国市政债券市场碎片化和公开化两大特征,我们对美国市政债务管理的正周期特点和市政债券市场的当地化特点有了初步体会,对“开好”我国地方政府债务管理“正门”和建立完善地方政府举债筹资机制也有了初步思考。

体会之一:美国市政债务管理具有“正周期”特点,州政府财政政策缺乏“逆周期”调控机制,地方政府财政管理更是没有调节本地经济的效力。

其一,各州各地政府债务涵盖范围不尽一致,但是债务统计口径均比较明确,而且前后一致,如债券资金是否纳入资本预算、偿债资金与预算资金关系、资金用在什么项目、偿债资金来源、偿债先后次序等,均于发债时对外发布。制度的公开透明为约束政府发债限制等提供了保障。

其二,各州各地举借债务通常受到本州本地债务指标限值的约束,如负担率(债务余额占居民收入的比值)、偿债率(还本付息占预算收入的比值)等,政府债务管理部门据此测算偿债负担和借债空间,为资本预算编制及审批提供依据。

其三,如遇经济危机或衰退,居民收入和预算收入明显减少,负担率和偿债率将明显升高,乃至突破限值。这将迫使政府采取紧缩性财政措施,要么削减资本项目,要么增加财政收入,甚至削减财政支出,或者几项措施并举。如债务规模过大,地方政府债务借新还旧都可能难以为继,本轮金融危机期间发生过少数几起市县政府不得已申请破产保护的案例。

概言之,州和地方政府没有逆周期调节本州本地经济波动的能力,而联邦政府承担着逆周期调节经济职责,这与接下来将要谈到的各州和地方政府仅负责本州本地资本项目而联邦政府承担着跨州项目筹建职责[①],成为美国各州和地方政府债务总额(及支出总额)明显小于联邦政府国债规模(及支出规模)的重要体制原因。

体会之二:市政债券市场具有"当地化"特点,分布在各州各地的债券市场主要是为当地市政项目建设提供筹资服务。

其一,市政债券市场尤其是一级市场具有典型的"当地化"特点,不仅分散在各州各地,而且在当地也分散于各个发行人或筹资平台,投资者主要分布在当地,二级市场也主要在当地。

其二,市政债券具有显著的项目化特征。一个市政项目筹资是发行一般责任债券还是项目收益债券或代发收益债券,取决于其公益化程度及预期收益能否涵盖债务还本付息,也受财政收入状况影响;发行几串债券、每串债券最长期限及还本付息年度分布,取决于项目建设周期及项目资产寿命。注重项目管理而非市场建设是市政债券市场的独特之处。

其三,大州大市大县市政项目建设任务较重,筹资规模及负债率高于小州小市小县;跨州项目通常由联邦政府负责筹建,跨市跨县项目由州政府负责;破产案例极少,市县政府一旦申请破产保护,州政府接管其公共服务,不代还债务。借债需要证实有能力偿债,破产也不能违约(1994 年加州橙县政府破产时债务也得到偿付),这是市县政府乃至筹资平台需要直接面对的市场环境约束。

---

① "无论是单一制国家还是联邦制国家,在政府间事权划分方面都有大致的框架:中央政府是宏观经济稳定和收入再分配职责的主要承担者;资源配置(提供公共服务)虽然主要是州、地政府的职责,但全国性公共产品以及具有大范围规模经济和空间外溢的活动仍然需要中央政府承担或参与。"参见楼继伟:《中国政府间财政关系再思考》,中国财政经济出版社 2013 年版,第 267 页。

启示之一：是否授权地方政府继续实施逆周期调节经济的财政政策，是我国建立健全地方政府债务管理体系必须优先解决的重大认识问题。与美国州和地方政府债务规模不到联邦政府债务规模的四分之一，即州和地方政府债务规模远远小于国债规模相比，近几年来我国地方政府债务规模增长较快，尤其是地方政府筹资平台债务呈现快速增长态势，地方政府债务规模甚至大于国债规模。这种现象在主要发达国家乃至新兴市场国家中比较少见。究其原因，与地方政府依靠筹资平台举债配合中央政府实施积极财政政策有一定关系。从经济学原理及美国、德国、日本等大国中央和地方政府间财政关系分析，促进宏观经济持续健康发展是中央政府职能，为此中央政府需要实施逆周期调节经济的财政政策，以及中央银行实施逆周期调节经济的货币政策；地方政府没有促进宏观经济稳定发展职责，不宜实施逆周期调节本地经济的财政政策。当前我国建立健全地方政府债务管理体系应当以合理界定中央和地方在实施逆周期财政政策方面的事权为重要前提，逐步强化中央政府在逆周期财政政策方面的职责，相应弱化地方政府的逆周期财政职责，促使地方政府接受正周期财政管理约束。

启示之二：以疏导为主、开好正门，并以地方财力及财政偿债能力为基准，在政府债务指标上限以内按照相对稳定的“债务比例”（而非债务额度）核准地方政府及筹资平台的发债规模，应当成为我国建立健全地方政府债务管理体系的重要内容。纽约市主计局副局长凯罗尔·科斯蒂克（Carol Kostik）女士曾经指出，“纽约市设立筹资平台的宗旨是为了规避举借一般责任债务的严格限制，搞好市政项目建设及维护”；美国其他县市及各州设立筹资平台的初衷也是如此。目前，我国地方政府债务构成是以不够规范的筹资平台债务(即地方政府性债务)为主,规范的地方财政部门举借债务(以省级政府发行的地方政府债券为代表)为辅;而筹资平台债务构成是以向银行借款为主,发行债券为辅。建立健全地方政府债务管理应当以合理界定中央和地方政府间事权和支出责任为前提,相应增加经中央核准的地方政府自行发债额度,逐步化解筹资平台公司的公益性债务,做到以疏导为主;按照财力与事权相匹配原则,合理划分地方政府财力,以地方财力及偿债能力为基准科学选定债务指标(如财政偿债率或债务负担率等)及确定指标上限,并在指标上限以内按照相对稳定的"债务比例"核准地方政府及筹资平台的发债规模,即经济越发达偿债能力越强、核准的发债规模就越大(应不同于转移支付机制),相应地对近年实施的地方政府自行发债"债务额度"核准模式予以调整,着力构建地方政府债务管理的主体地位,"开好"地方政府债务管理"正门"。

启示之三:探索建立地方政府发行债券制度,妥善处理地方政府债券与市政项目建设债券的关系,建立完善地方政府债券市场运行机制,为中国特色新型城镇化服务。目前我国地方政府债券采取财政部代还方式,以财政部代发及将省区市发债额度集中招标(即代发代还)为主,部分省市试点自办发行、单独招标(即自发代还)为辅,朝着探索建立规范的地方政府举债筹资机制迈出重要一步。随着市场监管重点从现场监管逐步转向信息披露,建议自发代还试点省市在本省市招标发行债券,突出地方政府债券"地方"特色,更及时、更便利地服务于当地资金需要;稳步扩大自发代还的试点范围,坚持债券集中登记托管,结合财政信息公开化进程,研究建立地方政府债信评级及风险权重评价制度,逐步从自发代还转为"自发自还",回归地方政府债券"地方"本色。市政项目建设债券类似美国项目收益债券或代发收益债券。根据《国务院机构改革和职能转变方案》关于处理好政府与市场、中央与地方的关系，以及谁投资、谁决策、谁收益、谁承担风险的原则，应当清晰界定市政项目建设债券与地方政府债券的关系，明确地方政府债务的涵盖范围和口径，合理评估市政项目建设债券对地方政府偿债负担及借债空间的影响，进一步提高地方政府债务透明度；加快建立完善地方政府债券市场运行机制，适当下放及放开市政项目建设债券审批事项，推进市政项目（或筹资平台）债务“债券化”，以及债券“项目化”（债券要素设计尽量符合项目筹资及建设需要）进程，以较低的筹资成本和市场风险，更好地服务于中国特色新型城镇化建设及城乡发展一体化需要。

本文作者　周成跃，财政部国库司副司长

韦士歌，财政部国库司国债管理处处长

（本文原载于《债券》2013 年 6 月刊）

地方政府债务规模、结构与风险化解路径探讨

李　衡

摘要：地方政府债务风险是当前我国经济运行中需重点关注的风险之一。本文通过对地方政府债务规模的测算和债务结构的分析，认为未来化解地方政府债务风险的重点是化解国有商业银行不良贷款风险，进而结合当前政策环境及地方债状况，提出化解地方政府债务风险的路径。

关键词：地方债　国有商业银行风险　化解路径

目前，关于我国经济面临风险的讨论很多，比如房地产泡沫风险、影子银行风险、地方政府债务风险等。笔者认为这些风险的最终指向是系统性金融风险，更具体地说，是国有商业银行风险。房地产泡沫一旦破裂，除了房地产企业贷款、信托、债券引发违约风险之外，更重要的是地方政府重要的收入来源——土地出让收入将大幅下降。这将进一步引发地方政府债务风险和影子银行风险（目前银行理财产品的最终投向主要是房地产和基建领域）。地方政府债务风险一旦爆发，国有商业银行可能将受到强烈冲击。根据国家审计署公布的数据，2010 年末，省市县级（不包括乡镇）地方政府债务余额 10.7 万亿元，其中银行贷款 8.5 万亿元，占比

79%。尽管2010年6月,国务院发文限制平台贷款的投放,但银行贷款仍在地方政府债务中占据绝大部分。因此,分析地方政府债务结构,有利于找到化解地方政府债务风险的路径。

地方政府债务规模及其分布

笔者在进行地方政府债务规模分析时,将地方政府债务分为两部分:一是可以根据公开数据测算的显性债务,主要包括平台贷款、城投债、信托以及中央代发地方债;二是公开数据不可获得、难以统计的隐性债务,包括垫资施工、建设—转移模式(BT)、建设—经营—转让模式(BOT)、融资租赁、售后回租、发行理财产品、私募、违规集资和养老金隐性债务。

从显性债务看,2012年末,平台贷款余额为9.2万亿元,城投债余额2.5万亿元,基础产业资金信托余额1.7万亿元,中央代发地方政府债券余额0.7万亿元,地方政府显性债务余额大约为14.1万亿元。隐性债务难以统计,但可根据国家审计署今年所发布的《36个地方政府本级政府性债务审计结果》(审计署2013年第24号公告)中的数据做间接推算。

根据国家审计署上述公告,经审计抽查发现,2011—2012年,36个地方政府中,有6个省本级和7个省会城市本级通过信托贷款、融资租赁、售后回租和发行理财产品等方式融资1090.10亿元;12个省会城市本级和1个省本级通过BT和垫资施工方式实施196个建设项目,形成政府性债务1060.18亿元;3个省本级和3个省会城市本级的部分单位违规集资30.59亿元,以上各项合计2180.87亿元,占这些地区两年新举借债务总额的 15.82%。按照这一比例推算,2011—2012 年,全国各级地方政府新增隐性债务 4905 亿元(由于养老金隐性债务测算比较复杂,本文不予考虑)。2012 年末,全国各级地方政府(包括乡镇一级政府)全部债务余额为 14.5 万亿元,其中银行贷款(平台贷款)占比 63%。具体测算方法和测算数据可参见公式(1)、(2)、(3)和表 1。

表 1　2012 年末地方政府债务余额测算(单位:亿元)

年份	平台贷款余额	城投债余额	中央代发地方债余额	基础产业资金信托余额	地方政府显性债务	地方政府隐性债务	地方政府全部债务
2010 年债务余额	91000	9444	4000	9946	114390	0	114390
2012 年债务余额	92000	25490	6500	16502	140492	4905	145397
两年新增债务	1000	16046	2500	6556	26102	4905	31007

资料来源:国家审计署、银监会、信托业协会、Wind 资讯、民生证券研究院
注:平台贷款余额是银监会口径数据

地方政府显性债务=平台贷余额+城投债余额+中央代发地方债余额+基础产业资金信托余额　(1)

地方政府隐性债务=信托贷款、融资租赁、售后回租、发行理财产品债务余额+BT 和垫资施工债务余额+违规集资余额　(2)

地方政府全部债务=地方政府显性债务+地方政府隐性债务　(3)

需要注意的是,笔者无法测算 2010 年末地方政府隐性债务规模,上述结论(14.5 万亿元)低估了地方政府债务规模。根据笔者分析,国家审计署公布的 2010 年末 10.7 万亿元地方政府(不含乡镇)债务余额中,并未包括 BT、施工垫资等隐性债务。如表 1 所示,本文测算的 2010 年末地方政府显性债务余额为 11.4 万亿元,比国家审计署公布的 10.7 万亿元

多出7000亿元,原因在于使用的平台贷款余额数据是银监会口径,包括乡镇一级政府的贷款。2010年末平台贷款余额9.1万亿元,比国家审计署公布的8.4万亿元多出6300亿元。由此可见,如果考虑乡镇一级地方政府债务,测算的2010年末地方政府债务规模和审计署数据比较接近。由此可推断,审计署公布的2010年末10.7万亿元地方政府债务余额数据并未包含垫资施工、BT等隐性债务。由于今年6月初公布的36个地方政府债务审计中,已经涉及隐性债务,所以预计在8月1日国家审计署启动的新一轮政府债务审计中,将会审计垫资施工、BT等隐性债务。

从债务率(债务余额与地方政府综合财力的比率)角度来看,国家审计署抽样调查的地方政府的债务风险大体反映了全国的平均水平。国家审计署《36个地方政府本级政府性债务审计结果》显示,在36个地方政府本级中,有10个地区2012年政府负有偿还责任的债务率超过100%;如加上政府负有担保责任的债务,有16个地区债务率超过100%。根据笔者测算,2012年末,全国各级地方政府的总体债务率为102.1%(见表2)。

表2 2012年末地方政府债务率(单位:亿元)

项目	金额
①地方本级财政收入	61077
②中央对地方税收返还和转移支付收入	45383
③地方政府性基金本级收入	34204
④中央政府性基金对地方转移支付	1179
⑤地方国有资本经营收入	602
⑥地方政府综合财力(① + ② + ③ + ④ + ⑤)	142445
⑦地方政府债务余额	145397
地方政府债务率(⑦/⑥)	102.1%

资料来源:财政部、民生证券研究院

从地方政府债务结构来看,尽管2011—2012年平台贷款余额增加较少,但2012年末平台贷款仍占据地方政府债务余额的绝大部分比重,占比高达63%(图1)。

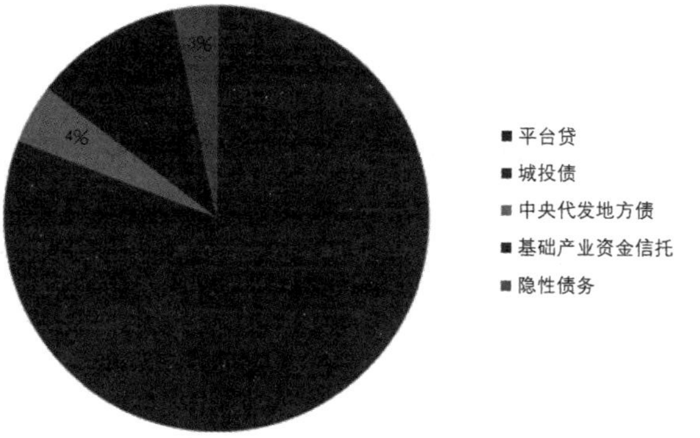

图1　2012年末平台贷款仍占据地方政府债务余额的绝大比重

资料来源:民生证券研究院

从地区分布来看,东部沿海地区的地方债务规模总体超过中西部地区,这与东部沿海地区的经济发展水平和融资能力是一致的。但部分省市的融资平台发展与其经济发展水平背离较大,其风险值得关注。从对全国31个省市自治区的地方融资平台数量和经济规模的比较来看,浙江、四川、福建、云南、贵州、江西平台公司相对比较密集,风险相对较高(见图2、图3)。因此,从目前地方政府债务状况及已出台的各项政策措施、酝酿出台的政策来看,未来化解地方政府债务风险的重点是化解国有商业银行不良贷款风险。

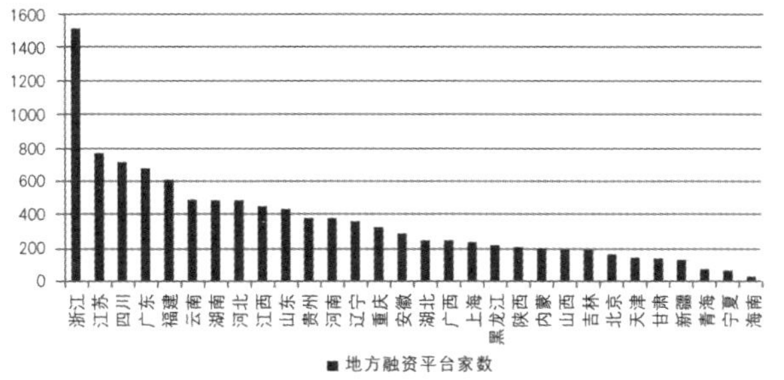

图 2　2012 年末全国各省市自治区地方融资平台数量分布（单位:家）

资料来源:民生证券研究院

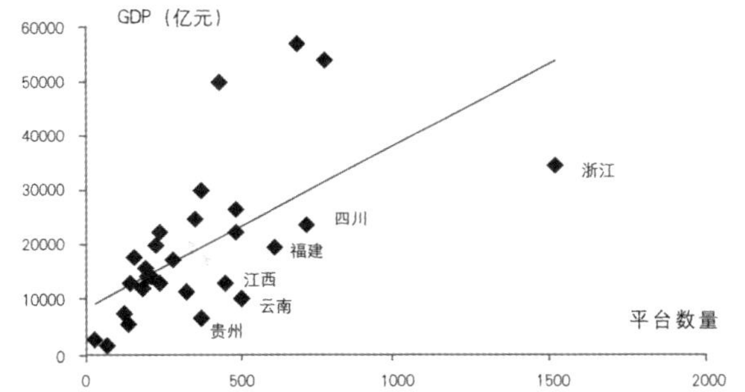

图 3　浙江、四川、福建、云南、贵州、江西平台公司风险相对较高

资料来源:民生证券研究院

化解地方政府债务风险的路径

(一)信贷资产证券化

据《中国证券报》报道,监管层正酝酿相关细则,落实《国务院办公厅关于金融支持经济结构调整和转型升级的指导意见》中提出的“逐步推进信贷资产证券化常规化发展”。细则出台后,银行的信贷资产可以作为资产证券化(ABS)基础资产向券商转让。此举既有利于提高商业银行的信贷投放能力,又分散了商业银行的风险。如果未来由地方政府债务风险导致银行不良贷款增加,银行可能将部分不良贷款通过资产证券化的方式打折出售,虽然承担一定损失,但是资产证券化增强了银行资产的流动性,大大降低银行的风险。

(二)成立地方资产管理公司

借鉴1999年中央成立四大资产管理公司处理四大国有商业银行不良资产的经验,地方政府也设立地方资产管理公司,处理地方金融机构的不良资产①。地方资产管理公司的注册资本金来自地方财政、地方国资企业。据《21世纪经济报道》,江苏正在筹备成立全国首家地方版、省级资产管理公司(AMC),注册资本50亿元,注册地放在无锡。

(三)贷款展期

贷款到期后,在地方政府无力还本的情况下,银行可能只能对贷款展期。根据英国《金融时报》报道,2012年中国大约有3万亿元平台贷款展期。这一数据尽管无法得到证实,但是贷款展期无疑是推后地方政府债务到期时间的重要手段。

(四)发行长期限城投债

相对于贷款展期而言,发行长期限的城投债是将地方政府债务到期时间大幅推延的更佳选择。2012年以来,各地方政府发行了大量7年甚至更长期限的城投债。截至2013年8月,城投债的偿债高峰期已经推后至2018—2020年(见图4)。

---

① 2012年财政部联合银监会发文《金融企业不良资产批量转让管理办法》,明确"各省级人民政府原则上只可设立或授权一家资产管理或经营公司","上述资产管理或经营公司只能参与本省(区、市)范围内不良资产的批量转让工作,其购入的不良资产应采取债务重组的方式进行处置,不得对外转让"。

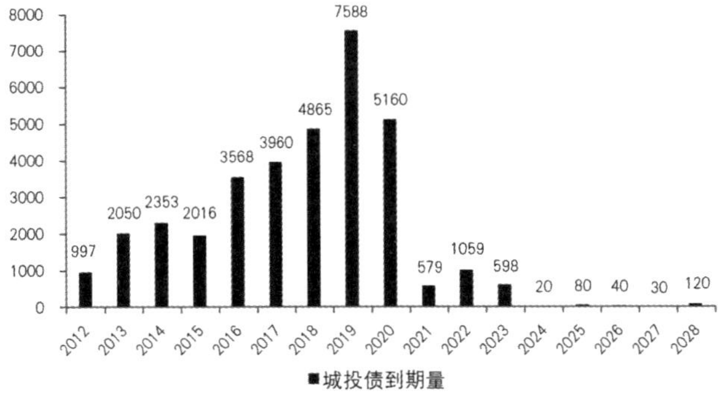

图 4 城投债偿债高峰期已推延至 2018—2020 年(单位:亿元)

资料来源:Wind 资讯、民生证券研究院

(五)设立民营银行

今年 6 月 19 日,国务院常务会议提出,“探索设立民间资本发起的自担风险的民营银行”。民营银行的设立一方面引入竞争,提高资金使用效率,降低企业融资成本;另一方面则可以在一定程度上置换国有商业银行的贷款,分散国有商业银行风险。

(六)出售地方国有资产,偿还地方政府债务

这是盘活存量的一个举措,也是不得已而为之的办法。由于各地区、各级地方政府所拥有的国有资产规模差异很大,因此,偿还债务压力较大的地方政府未必拥有充裕的国有资产。

(七)中央发行特别国债兜底

为了避免发生系统性金融风险,可由中央发行国债,兜底地方政府债务。根据笔者测算,目前中央和地方政府的广义债务余额大约占 GDP 的 60%左右,中央政府在举债方面仍然有很大的空间。

上述方案中,方案 1、2、5 是债务在空间上的置换,是一种风险转嫁。

方案3、4、7是债务在时间上的置换,延后债务到期时间,而由中央兜底则使偿债主体发生变化,是一种转移支付。从1999年成立的四大资产管理公司的经验来看,成立地方资产管理公司在一定意义上也是债务在时间上的置换。一旦未来5到10年内经济重回景气区间,现有的不良资产很有可能转化为优良资产。方案1、2、6是盘活存量。

总体而言,上述方案多数是不得已而为之的举措。化解债务危机的根本之道还是转变发展方式,提高发展效率,增强经济活力,增强企业的盈利能力;转变政府职能,增强地方政府债务的预算硬约束。

作者单位:中国社会科学院研究生院政府政策与公共管理系

(本文原载于《债券》2013年9月刊)

金融危机与政府债务管理改革的国际经验

巩方强

摘要:政府债务是把“双刃剑”,管理审慎的政府债务能够加快一国经济的发展,管理不善的政府债务则会延缓经济发展。本文首先探讨了政府债务管理的重要性,然后总结了20世纪八九十年代各国政府债务管理改革的内容及欧洲主权债务危机所引发的反思,最后介绍了国际货币金融组织对改善政府债务管理的建议。

关键词:金融危机　政府债务　债务管理　国际经验

政府债务是把“双刃剑”,管理审慎的政府债务能够加快一国发展,增进人民福祉,同时为金融市场繁荣奠定坚实的基础;管理不善的政府债务则会延缓经济发展,降低人民生活水平,并且成为经济金融不稳定因素。2008年以来的主权债务危机印证了后者。

政府债务管理的重要性

(一)管理审慎的政府债务是加快经济金融发展的催化剂

一是加快一国经济社会发展速度。例如,良好的政府债务管理是18

世纪英国超过法国的重要原因①。光荣革命后的英国建立了代议制政府，由于国债投资人在议会有自己的利益代表，国债管理较为透明，显性违约风险大幅降低；同时英格兰银行保证货币兑换为黄金，减少了政府通过通货膨胀对国债进行隐性违约的风险，这使得英国政府与法国相比，能够以更低的利息借到更多的资金，从而加快了英国经济社会的发展速度。

二是促进一国金融发展。国债市场是金融市场中的核心市场(core financial market)，对金融发展具有强烈的外溢效应②。国债是金融市场中最基础的产品，在一国国内不含信用风险溢价、标准化程度高、流通量大、期限完整。金融产品通过在国债收益率基础上增加风险溢价而进行定价，利率风险通过对国债及其衍生品的买卖而对冲，资金融通通过对国债的质押而实现。要保持金融市场的长期稳定健康发展，必须夯实作为基础的国债市场。

(二)管理不善的政府债务是危及经济金融稳定的风险源

管理不善的政府债务会加剧一国经济金融的脆弱性，甚至引发政治动荡。高度积累的债务风险会降低民众对政府的信任，压缩财政政策、货币政策的实施空间；国债无风险地位的丧失，会使得广泛持有国债的金融机构资产负债表迅速恶化，相关交易萎缩，金融市场流动性濒临枯竭。

国际组织对政府债务管理政策与财政政策的区分

按照国际货币基金组织关于政府债务管理的框架，政府债务管理政

① Ferguson, Niall (2001). The cash nexus: money and power in the modern world, 1700-2000.

② 2. BIS, Committee on the Global Financial System(1999): How should we design deep and liquid markets? The case of government securities.

策是与财政政策、货币政策并列的政策。

财政政策管理的重点是政府收入、支出对宏观经济变量的影响及税收、消费政策对资源分配、各生产部门、个人的微观影响，赤字或盈余是财政政策的结果。

政府债务管理的对象是政府债务的结构与变化，重点是成本与风险。由于借新还旧的需要，当年财政赤字仅是政府债务管理部门融资任务的一部分，对于政府债务规模较大的国家而言，甚至不是主要部分。政府债务管理部门通过管理发行结构、调整存量结构、发展国债市场、建立风险管理框架等方式，实现中长期以较低成本和风险满足政府融资的需求，降低国内外各类经济金融冲击对政府资产负债表产生的影响。

在相互独立的基础上，财政政策与政府债务管理政策紧密联系，财政收支缺口积累决定政府债务规模，财政政策制定者和政府债务管理政策制定者在政府债务管理的基本原则上具有共同理念，如按时还本付息、保持债务水平可持续、采取措施管理与或有债务相关的政府资产负债表风险。

20 世纪八九十年代的政府债务管理改革

（一）20 世纪八九十年代，发达国家、发展中国家均有加强政府债务管理的迫切需求

20 世纪 80 年代前，各国政府发行国债通常基于政治动机的筹资需求，较少考虑风险；债务管理职责局限于发行与偿还，及在政府部门间（包括央行）分割，并非在系统了解债务组合结构的基础上进行决策。

20 世纪 80 年代，发达国家采取了放松要素、产品市场管制等经济综

合改革措施，但在国债负担率超过 75%，还本付息超过税收 20%，国有企业、地方政府债务、从各个渠道形成的政府或有债务累积的背景下，发达国家认识到，低质量的政府债务管理增加了政府资产负债表的整体风险，制约了综合改革。为此，自 20 世纪 80 年代末 90 年代初起，发达国家对政府债务管理体系进行了较大力度的改革。

此外，从 20 世纪 70 年代末起，发展中国家多次发生具有全球影响的债务危机，致使其对债务管理的认识不断提高。许多发展中国家学习发达国家的先进经验，特别是 1998 年亚洲金融危机后，对本国政府债务管理体系进行了改革。

（二）20 世纪八九十年代政府债务管理改革的主要内容[①]

1. 改变债务管理从属于财政政策、货币政策的局面，加强债务管理职能的专业性。许多国家在财政部、央行内部或另单独设置了债务管理办公室或类似部门。

2. 借鉴现代金融组合管理理论，债务管理职能由单纯的发行、兑付转变为实现政府债务组合成本—风险综合平衡。政府债务已经是许多国家政府资产负债表中最大的金融组合，债务组合还本付息的规模远超过每年为赤字而发行的新债。

3. 加强对政府债务的集中管理。把政府债务作为一个统一的有机整体进行管理，考虑各类政府债务之间的相关性。

4. 区分债务风险与财政风险。尽管债务风险与财政风险密切相关，但从原则上看，由债务规模、财政赤字等历年或当年预算产生的风险是财

---

① 2001 年国际货币基金组织、世界银行在总结发达国家政府债务管理改革实践基础上发布的《公共债务管理指引》（*Guidelines for Public Debt Management*），可以视作对本轮改革的总结。

政风险。债务风险主要是与成本相关的风险,如市场风险,即市场利率、汇率等波动引起债务还本付息成本增加;再如再融资风险,即无法以合理利率借新还旧的风险。

5. 实现债务管理目标的主要手段是调整债务组合的结构,如期限结构、利率结构、币种结构等。

6. 把或有债务纳入债务组合管理范畴。危机国家及 20 世纪 80 年代发达国家政府债务规模迅速扩大,在很大程度上就是为了救助国企、银行系统以及地方政府。

7. 从组织上加强风险控制能力,特别是在执行部门中按照前、中、后台分离的原则进行设置。

8. 以信息系统、计量技术等为基础进行债务管理战略的设计与控制。

9. 发展国内政府债券市场。1998 年亚洲金融危机后,发展中国家认识到,发展国内政府债券市场对于降低政府债务成本与风险极其重要。

欧洲主权债务危机所引发的广泛反思

欧洲主权债务危机发生后,部分国家政府债券在很短的时期内由投资者眼中的优质债券变为垃圾债券,政府很快丧失了从金融市场进行长期融资的能力。虽然冰岛、爱尔兰、葡萄牙已经恢复长期国债发行能力,但欧洲主权债务危机的以下特征引起各国政府债务管理部门的广泛反思。

(一)债务危机本质上是财政风险的暴露

不稳健的财政状况使得风险更易放大。历次债务危机都是由多种因素综合引起,任何单一指标对债务风险的解释能力都不令人满意。例如,日本国债负担率超过 200%,金融市场却很少担心其债务风险。然而,毫无疑问,持续赤字、高企的债务负担使得一国经济、金融、政治在突如其来的内外部冲击下更加脆弱,更易受到投机资本影响。希腊加入欧元区后,享受了欧元区低利率的好处,大幅借债。2000—2007 年,希腊 GDP 年均增长率达到 4.2%,成为欧元区经济增长最快的国家;同期希腊中央政府债务余额由 1391.84 亿欧元增长至 2396.58 亿欧元,年均增长 8.1%(见图 1)。金融危机后,以造船、旅游为支柱的希腊经济受到严重冲击。然而,直接引爆债务危机的是希腊总理揭露前任隐藏赤字,金融市场对此的反应是抛售希腊国债,希腊国债收益率大幅走高,1 年半后希腊丧失通过长期国债借新还旧的能力。

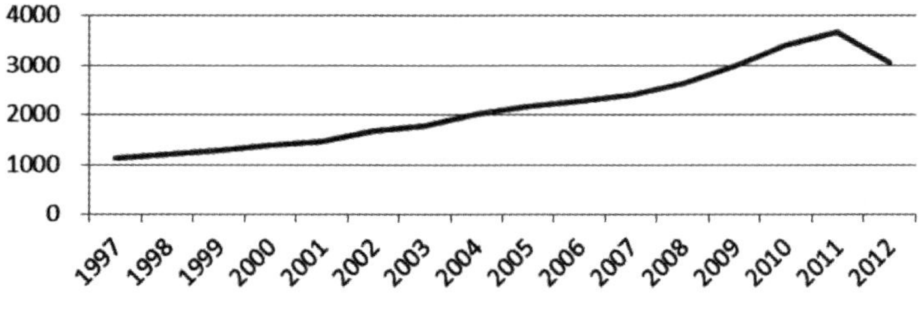

图 1　1997—2012 年希腊中央政府债务余额(单位:亿欧元)

数据来源:希腊财政部

(二)或有债务转变为直接显性债务引起财政状况急剧恶化

1978 年以来,各国政府主权债务增加在很大程度上是由于中央政府筹资营救地方政府、金融机构、国有企业等引起,历次债务危机几乎都与或有债务风险爆发相联系。近两年广受关注的高债务风险国家,大部分由于 2008 年后政府为向金融系统注资而发行大量国债,进入赤字率高于 3%且国债负担率高于 60%的区域(见图 2)。特别是冰岛、爱尔兰、西班牙在金融危机前均为财政盈余,受金融系统拖累,冰岛、爱尔兰先后爆发债务危机,西班牙成为投机者博弈的对象。截至2010年底,冰岛政府用于存款保险和银行重组的财政成本高达GDP的70%;爱尔兰政府向银行系统注入的资本约占GDP的28%,向银行提供的债务担保约占GDP的16%[①];西班牙政府于2010年建立"银行秩序重组基金"。

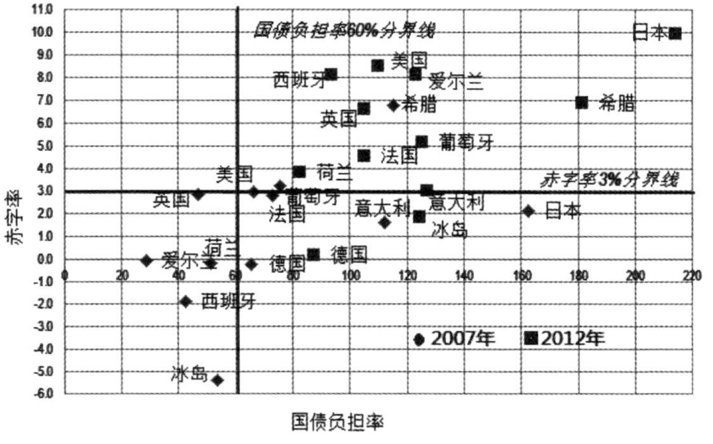

图2 2007、2012年部分国家赤字率与国债负担率(单位:%)

数据来源:OECD数据库

(三)债务危机表现为再融资风险

考虑到经济增长,很难做出大多数发达国家未来收入无法偿还债务的判断。但是,受经济周期等因素影响,偿债风险可能在某一时点集中爆发。政府无法以可接受的成本滚动发行新债偿还旧债的风险,称之为再融资风险。再融资风险的一个主要衡量指标是国债平均待偿期,平均待偿期越长,债务余额中每年需要滚动发行的部分就越小。2008年末,希腊约48.3%的政府债务待偿期低于5年,约占2008年GDP的46.2%。

① IMF(2011). Managing Sovereign Debt and Debt Markets through a Crisis—Practical Insights and Policy Lessons.

而英国国债平均待偿期约 14 年,2008 年其再融资需求仅约 1700 万英镑,约占 GDP 的 1.3%。为缓解短期内的再融资压力,欧元区国家采用换券等方式平滑政府债务到期结构。爱尔兰于 2012 年将 2013、2014 年到期的 3 只国债转换为 2015、2017、2020 年到期的 3 只国债,降低 2013、2014 年融资需求约 45 亿欧元,约占 2013、2014 年到期债券的 35%。意大利、葡萄牙也进行了类似操作。

(四)欧元区国家面临货币政策约束

以本币发行债券的国家可以依靠增发货币缓解短期偿债压力。例如,2008—2011 年,美联储持有美国国债增长约 1.2 万亿美元(见图 3)。而欧元区国家是以单个国家不能直接控制的货币发行国债,无法实现债务管理政策与货币政策协同;而且由于使用共同货币,危机容易在货币联盟内传染。在希腊、爱尔兰、葡萄牙仍陷于主权债务危机的情况下,2011 年 4 月至 11 月,欧洲央行连续两次加息累计 50 个基点。2012 年上半年,投资者对部分欧元区国家偿债能力的担忧演变为对欧元的担忧,恐慌情绪向欧元区多个国家主权债券漫延。直至 2012 年 9 月,欧洲央行推出直接购买成员国国债的 OMT 计划,虽至今未使用,但有效稳定了市场信心,重债国国债利率显著回落。

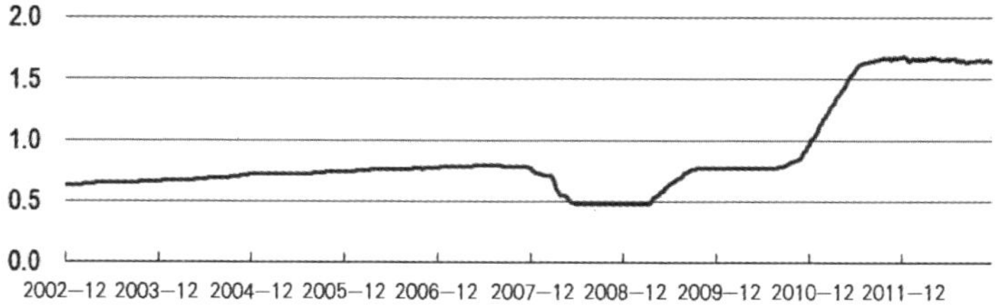

图 3 美联储持有美国国债数量(单位:万亿美元)

数据来源:OECD Sovereign Borrowing Outlook 2013

(五)投资者情绪常以非理性方式表现

在投资者信心脆弱的市场环境中,任何消息面上的风吹草动都可能引起金融市场的剧烈波动,大幅增加新债发行成本,使金融市场情绪更加恐慌。例如 2011 年 7 月、11 月,短短几周内,在西班牙基本面没有显著变化的情况下,西班牙 10 年期国债收益率经历了大起大落(见图 4)。

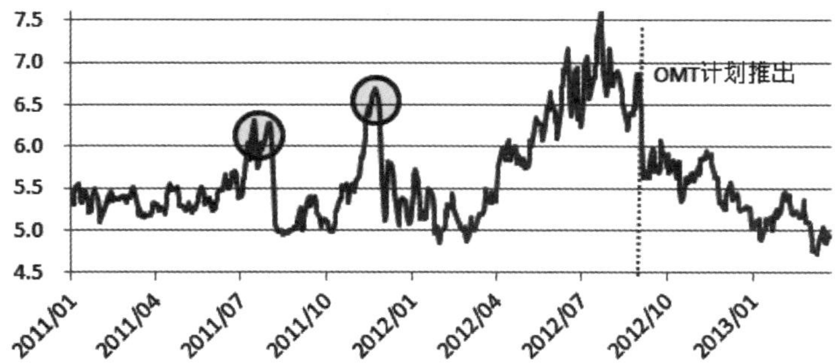

图 4　2011 年以来西班牙 10 年期国债收益率走势(单位:%)

数据来源:彭博资讯

国际货币基金组织对改善政府债务管理的建议

向稳健的中期财政回归是改善发达国家债务状况的根本途径。同时,主权债务危机后,进一步加强政府债务管理成为发达国家共识,国际货币基金组织有关报告集中体现了这些共识。

(一)“斯德哥尔摩原则”[①]

在总结主权债务危机教训基础上,2010 年国际货币基金组织发布了“斯德哥尔摩原则”,有针对性地对《公共债务管理指引》进行了补充。该

① IMF Forum(2010):Stockholm Principles: Guiding Principles for Managing Sovereign Risk and High Levels of Public Debt.

原则强调,政府债务管理的范围应当包括任何金融资产、或有债务对政府债务组合的影响;制定中长期债务管理战略时,需要考虑的因素应当与最广义的政府债务相一致;政府债务管理政策、财政政策、货币政策、金融监管政策应当在保持独立的基础上加强沟通;政府债务管理部门应当与投资者持续、有效沟通,及时了解投资者策略变化;政府债务组合风险应当保持在审慎水平;应当保持市场操作的灵活性,支持国债市场价格发现功能和二级市场流动性。

(二)具体建议措施[①]

一是改善成本—风险管理框架。重点关注或有债务转为直接债务的风险,金融部门风险与主权风险的相互关系,货币、汇率等宏观经济政策对政府债务管理的影响。各国政府债务管理部门普遍使用成本—风险分析框架筛选最优债务结构,但未将宏观经济脆弱性与债务结构的相互关系充分纳入框架,而且基于历史数据的模型对债务危机等极端情况的分析能力较弱。各国压力测试多由政府债务管理部门、金融监管部门、主权基金等独立进行,应当综合考虑各种因素在共同冲击下的全盘影响,进行多部门联合压力测试。

二是提高债务结构在宏观经济冲击下的弹性。延长债务期限,降低再融资风险和流动性风险。通过建立宏观稳定基金或主权财富基金等方式,在筹资困难的情境下为政府资产负债管理(asset and liability management),对政府资产负债表的金融资产和负债进行联合分析,充分考虑各种风险源之间的关系,为压力测试提供真实、自然的情境,更有效率地实

① IMF(2011):Managing Sovereign Debt and Debt Markets through a Crisis—Practical Insights and Policy Lessons.

现期望的资产负债表风险敞口水平。

三是保持操作灵活性。保持采用多种发行技术的空间，使用买回、换券等操作支持二级市场流动性，提高市场价格发现能力，降低市场异常波动。具有系统重要性的主权债券发行人，需要特别警惕不成功的市场操作可能对更广泛的金融市场造成影响。

四是加强与投资者沟通。更好地了解投资者构成及其投资行为，以及监管政策对投资者的影响，引导投资者正确理解宏观经济基本面和政府债务管理理念，识别并降低投资者需求突然消失的风险。

作者单位：财政部国库司国债发行兑付管理处

（本文原载于《债券》2014 年 1 月刊）

地方政府融资平台的发展阶段、矛盾特征及转型模式

大公国际资信评估有限公司课题组

摘要：本文在研究地方政府融资平台起源的基础上，揭示了其产生的根源及特征，以及由此发展演化出的各种矛盾。本文认为，各种矛盾的复杂运动决定了地方政府融资平台的发展路径，也在很大程度上预示着其未来的发展规律。近期地方政府债务管理方面的政策变动，在某种程度上根源于上述各类矛盾发展导致的风险因素，融资平台未来也将因此出现较大的转型。

关键词：地方政府融资平台　信用风险　基本矛盾　双重性特征

地方政府融资平台（以下简称融资平台）指由地方政府或其所属机构出资设立，从事政府指定或委托的公益性或准公益性项目的融资、投资、建设和运营，拥有独立法人资格的经济实体。本文所研究的融资平台侧重于业务围绕城市土地开发、基础设施建设等活动展开，营业收入主要为通过地方政府获取的土地出让收入或项目建设收入的城市融资平台公司（少量省级平台也涉足城市基础设施建设投资，但由于省级融资平台运作方式与城市融资平台有较大不同，故本文的研究对象未包含省级平台）。

融资平台的历史起源

融资平台是中国特殊的财政和政府融资体制下的产物,实质是地方政府的融资代理人,其产生与发展的根源是中国地方政府融资增长过程中出现的"两对基本矛盾"。

(一)基本矛盾一:快速增长的地方政府投资需求与相对不足的财政资金供给之间的总量性和结构性矛盾

一方面,地方政府是实施地方基础设施建设项目的主体,地方基建投资在全社会固定资产投资中占有较大比重。2008 年以来,我国全社会固定资产投资保持每年 20%以上的增速,其中地方政府项目投资大部分年份增速超过 30%。由于投资增速远高于财政收入增速,地方政府扩张性支出所造成的资金缺口无法通过自身财政收入的增长予以弥补,出现了总量性的矛盾。另一方面,自 1994 年实施分税制以来,地方财政收入所占份额有所下降,而政府经常性支出和民生类支出在地方财政支出中的占比不断提高,地方政府仅依靠自身当期财政实力难以支持大规模的基建投资,出现了结构性矛盾。

(二)基本矛盾二:地方政府丰富的信用资源与相对狭窄的融资渠道之间的矛盾

地方政府拥有城市土地使用权、公用设施、矿产资源、行政事业单位资产、地方国有企业资产等形式的大量有形资源,拥有通过各类行政权力及其代表的权威性所形成的不可替代的无形资产,拥有包括地方财政收入在内的相对稳定的财富创造能力。总体而言,地方政府具备很高的潜在融资能力和偿债能力。在大多数国家的资本市场中,地方政府及其所属机构都属于优质债务人。然而,在融资平台出现并发挥融资功能之前,受法律制度和行政体制的约束,中国地方政府主要的融资途径是通过所属部门和机构,以及部分公共事业单位获得银行信贷资金以及财政部代理发行的地方政府债券,使得地方政府信用资源的使用渠道及规模均比较有限,且这类融资受到国家财政政策和信贷政策的严格控制,属于半计划性的资金供给。地方政府通过融资获得的资金供给未能与其拥有的信用资源相匹配,从而整体处于信用开发不足状态。因此,地方政府丰富的信用资源与相对狭窄的融资渠道之间产生了不可调和的矛盾。

由此,在上述两对矛盾的作用下,融资平台作为我国地方政府融资渠道的重要补充得以出现并逐步发展,成为中国特殊国情下的必然产物。

融资平台的发展阶段

(一)20 世纪 90 年代初期至 2000 年的起步阶段

在这一阶段,部分大城市开始组建融资平台。融资平台主要是作为地方政府融资功能的延伸,其对外融资功能基本局限于银行信贷体系内。其中,也有个别融资平台尝试发行债券,如上海市城市建设投资开发总公司发行浦东建设债等。

(二)2001 年至 2008 年的缓慢发展阶段

在这一阶段,各地开始普遍成立融资平台。但是,融资平台融资渠道仍主要局限在银行信贷体系内,尤其是用以承接政策性贷款,城投债(包括企业债、短融、中票、非公开定向债务融资工具等)的增长趋势相对比较缓慢。其中,一些主要城市的融资平台开始经历转型和调整,形成了特定的发展模式,如重庆市建立了行业性平台体系等。

（三）2009 年至 2012 年的快速发展阶段

在这一阶段,全国各地融资平台的设立已经非常普遍,同时为应对国际金融危机及随之而来的经济下行,我国实施积极的财政政策并出台 4 万亿投资计划,融资平台开始迅速增加融资,银行贷款、城投债的规模均大幅增长。

（四）2013 年以来的调整发展阶段

在这一阶段,地方政府债务及融资平台发展过程中产生的问题导致政策调整较为频繁,融资平台运作模式受到相应的限制。虽然融资平台从银行获取贷款受到严格监管,但由于城投债、信托等其他融资方式的发展,融资平台对外融资规模整体增长的趋势未变。

融资平台的历史地位和作用

（一）融资平台破解了制度制约,创造性地解决了中国城市建设发展中的资金瓶颈问题

融资平台是由计划经济向市场经济过渡过程中的重要载体,在市场和政府之间起到推动市场化发育的作用,在公用事业市场化改革、城市公共资源和土地资源的市场化中均扮演了重要角色。融资平台的历史性贡献体现在两个方面:一是打破了生产关系的制约,把原有制度约束下不便于市场化的部分通过创建新的规则实现了市场化;二是打破了生产力的发展瓶颈,通过自身的创新行为,推动新的市场化和专业化的形成,提高

了劳动生产率水平。由融资平台催生的一个新的经济增长点在中国由此形成,从而推动了城市建设的发展,创造性地解决了城市化发展进程中的资金瓶颈问题。

(二)融资平台举债是地方政府信用扩张的主要途径,进而对地方基建投资形成有力支撑

作为地方政府的融资代理人,融资平台最主要的价值是弥补地方政府在信用开发过程中的缺口,帮助地方政府在现行法律框架下和行政结构内充分利用其信用资源,在信贷体系内实现信用资源的进一步挖掘,在资本市场上创造多种形式的信用交易,从而形成地方政府的信用扩张,进而在全社会资金供给体系中逐渐占有较大的、与地方政府自身功能相匹配的信用份额。由此,地方政府借助融资平台的形式,能够在最大程度上实现信用资源的有效开发,使得平台融资已成为继税收、土地出让金之外地方政府的又一主要资金来源。根据审计署的审计结果,截至 2013 年 6 月末,由融资平台举借的债务合计 7 万亿元,占全部地方政府债务的 39%,加上国有独资或控股企业后,合计占比 57%,成为地方政府债务的主要组成部分。特别是融资平台既能够与银行对接获得贷款,又能够通过发行债券进行直接融资,还能够通过信托公司、保险公司、证券公司等金融机构融资,从而极大地扩充了地方政府的融资渠道,成为地方政府信用扩张的主要途径,进而对地方基建投资形成了有力支持。

融资平台的"双重性特征"及由此而产生的新矛盾

(一)融资平台的地方政府融资代理人基本特征

融资平台作为地方政府融资代理人,通过银行及资本市场获取资金,

进而将资金投向地方基建项目，满足地方政府的资金需求。从这个角度来说，大多数融资平台是一类特殊的企业，其作用并非面向城市公众提供公用品，而是向地方政府提供用于项目建设及后续管理服务的资金，这类项目包括土地一级开发、拆迁安置房及保障房建设、城市交通基础设施建设、公用事业类基础设施建设和各类市政工程建设等。融资平台是资金由金融机构或资本市场向地方投资项目流转的重要中间环节，其设立依附于地方政府，在运作过程中实际形成了地方政府公共职能的延伸，创造了较高的社会公共效益；地方政府具有出资权、人事权、财务权、资金使用责任、项目所有权和管理权等，与融资平台构成了复杂联系，所投资项目的资金回收往往由地方财政支出来覆盖，因此，融资平台的债务偿付一般同地方政府的财政支出形成连带偿还责任（见图 1）。

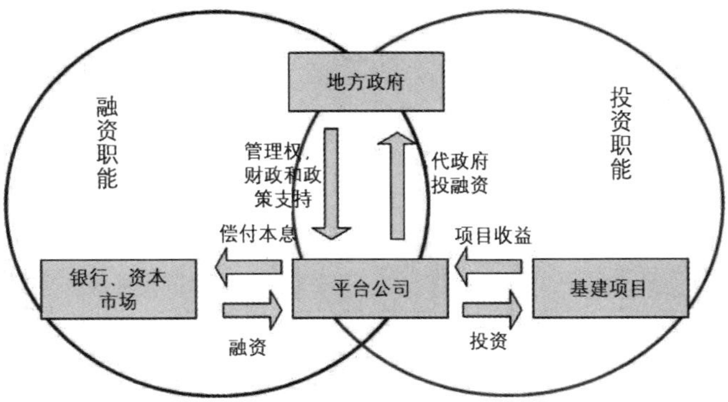

图 1　融资平台与地方政府在资金流转过程中的关系

资料来源：大公国际整理

（二）融资平台的独立企业法人基本特征

融资平台是作为独立的企业法人而设立的，在产权和组织结构方面与一般的国有企业没有太大区别。在经营过程中，因其资产的复杂性，部分公益性业务本身即存在产生收入和形成利润的条件，如土地开发出让、水热气经营、交通设施收费等。同时,融资平台自身也存在扩大规模经济和范围经济的内在动力。在得到地方政府外部支持的条件下,部分融资平台逐渐将业务扩展至房地产开发等竞争性领域,从而获取相应的利润。但从整体上看,融资平台因其自主经营活动所形成的财富创造能力较小、稳定性较差,受地方政府政策和资金拨付周期影响较大,远不足以形成对其债务的良好支撑。同时,由于融资平台业务及债务的复杂性,并不意味着所有债务都能获得政府连带偿还责任的有效支撑,从而导致债务的安全性下降。

(三)融资平台“双重性特征”产生的新矛盾

融资平台作为地方政府融资代理人,促进了地方政府信用资源的利用,扩大了地方政府的融资渠道和融资规模,有力地支持了地方基础设施建设投资。但当旧有矛盾解决之后,在“双重性特征”的作用下,又产生了若干新的矛盾。

1. 地方政府对平台债务既有的连带偿还责任与平台获得地方政府信用支持缺乏可靠法律依据之间的矛盾

融资平台是为了绕开法律障碍扩大融资而设立的,是以独立企业法人形式对地方政府职能的延伸。虽然融资平台与地方政府具有天然的紧密联系,但是目前地方政府对债务偿还的保障是按照既定形成的正常模式运作,违约时从融资平台逆向追溯地方政府的债务责任则缺乏可靠的法律支持,从而使得极端条件下融资平台获得地方政府信用支持仍存在不确定性。

2. 平台业务发展和债务风险外溢之间的矛盾

融资平台既是地方政府的融资代理人,又是独立的企业法人,具有双重身份。政府代理人的身份决定了其业务职能具有很强的公益性,经营必须服从政府指令;而独立法人的身份又要求其应当按照企业的规律发展,不断扩大经营。由于融资平台企业性质的复杂,其业务发展呈现出纵深化、多元化趋势,部分融资平台开始脱离单一区域的公益性业务,而逐渐扩展至其他区域,并涉足经营性甚至竞争性的业务。由于融资平台企业性质和业务的复杂程度逐渐加深,融资平台债务与地方政府债务形成了互有重合,却不互相包含的两个集合,地方政府债务中的很大一部分并非融资平台举借,而融资平台的债务也并非全部对应于公益性项目(见图2),由此造成了地方政府债务管理困境:本质上由于融资平台承担政府职能,因此任何一笔债务违约都会变相形成政府违约,这实际上等于扩大了地方政府的信用责任范围。2010年以来,国家发展改革委、银监会等部门要求对平台债务逐包打开,事实上就是关注到了平台债务复杂性造成的风险溢出,而试图从债务分类的角度进行解决。但由于地方融资结构的限制,融资平台对于地方政府的重要作用暂时无法被取代,仍需继续融资,各类债务的交叉日益加深,融资平台业务发展和债务扩张之间的矛盾也就无法消除。

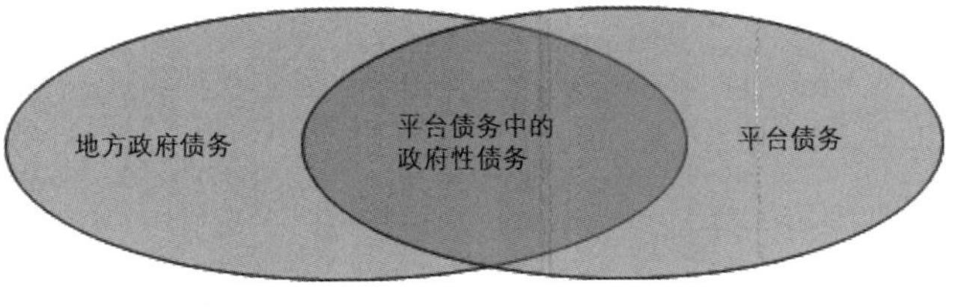

图2　平台债务与政府债务的关系

资料来源:大公国际整理

3. 债务刚性兑付与偿债来源不稳定的矛盾

近年来,融资平台债务增长很快,且原有债务将陆续到期,存在债务刚性兑付压力。但是,从融资平台内部来看,与经营性业务相关的财富创造能力不足以支撑平台偿债,债务保障仍主要依靠地方政府承担连带偿还责任;而从地方政府角度来看,特定时期内能够用以偿债的资源难以获得准确划分和计量,而现阶段作为直接偿债来源的国有土地出让金在一定周期内存在较大波动,这不利于融资平台形成长期稳定的偿债能力。因此,融资平台产生了债务刚性兑付与偿债来源不稳定的矛盾。

近期政策变动及融资平台的未来转型方向

融资平台作为中国特殊历史阶段和体制背景下的产物,对过去十年中国城市建设的高速发展发挥了资金供给方面的基础性功能,对下一阶段城镇化发展规划的全面实施也仍将起到重要支撑作用,其重要的经济和社会价值均不容忽视。同时,平台机制自身固有的多种复杂矛盾在其扩张发展过程中逐渐扩大,信用风险逐步暴露,进而成为影响地方政府债务安全的重要因素。近年来为缓解因平台融资造成的地方政府债务风险,国家有关部门多次进行政策调整,尤其是在地方政府独立发债的制度设计方面,近期已迈出了重要步伐。2014 年 5 月,在财政部主导下,部分省市开始地方政府债券自发自还试点;8 月,人大常委会表决通过新预算法,以法定的形式赋予地方政府发行债券的权力;10 月,国务院出台国发 43 号文对地方政府融资机制和债务管理提出了明确要求,财政部随后拟定《地方政府性存量债务清理处置办法(征求意见稿)》,对政府性存量债务的分类清理和融资平台的转型处置提出了细化方案,之后又公布了《地方政府存量债务纳入预算管理清理甄别办法》,对于政府性存量债务的清理甄别提出了指导实际操作的技术规范,并强调了大力推广政府与社会资本合作(PPP)模式。

从政策趋势来看,未来地方政府债务管理的改革方向已经较为明朗,地方政府性项目的债务融资将逐步分化为两个较为清晰的层次：一是纯公益性、缺乏盈利能力的项目主要依靠地方政府一般债券融资；二是公益性和盈利能力兼备的项目主要通过专项债券或 PPP 等模式支持；三是以盈利为主的项目则应逐步退出地方政府及融资平台的债务融资范畴。政策方向的主要内涵是明确债务责任和偿债来源，一方面要求控制融资平台业务和债务扩张导致的对政府的风险溢出，以及由下而上的风险传导；另一方面则要求规范债券等投资品种，提高投资的透明度，促进市场的健康发展。

在政策变动的大环境下，除部分融资平台可能经清理而消失外，鉴于其已积累的大量资源和运作基础，我们认为大多数融资平台仍然具备继续存在的条件和意义，但未来必然面临转型。转型方向之一是成为市场化运作的国有企业，甚至进一步实现产权社会化。目前，一些运作较为成熟的融资平台已经具备了这类转型的基本条件。而大部分现有平台可能会选择另一类转型方向，即成为专门项目的融资服务管理者，继续充当政府与市场中间人的角色。政府与市场的边界需要厘清，但并不意味着两者应该切断联系，相反随着经济的升级发展，两者之间需要更为成熟健康的紧密关系，这其中中间人的角色不可或缺。根据市政债发行较为成熟的西方国家的经验，政府专项债券或项目收益债券的发行人包括政府所属部门，也包括各类专门机构、公司或组织。这一类融资项目性质较为复杂，涉及资金体量较为庞大，若全部由地方政府承担并不现实，也不符合债务管理改革中厘清风险的初衷。与此同时，现有融资平台已经具备了较为完善的组织架构和运营能力，未来转型成这类专门机构的条件比较成熟。转型后的新机构与以往的融资平台将有明显区别，主要体现在债务责任的划分和偿债来源将更加清晰，业务边界也将受到严格限制。

现有的地方政府债务管理改革,可以说是在对以往经验总结基础上的较好选择,但改革过程需要各类参与者的共同努力。无论从融资平台发挥的历史作用还是从其现有运作条件来看,都不适宜进行一刀切的简单处置,而应考虑更适合发挥其作用的制度设计。同时,债务管理改革需要一定过渡期,在这一过程中存量债务安全的保证应是首先考虑的要素,而对地方政府实际资金需求的规模和供给的灵活性也需要进行更为细致的评估。根据其他国家的经验,未来地方政府债券规模可能会占到 GDP 的 15%以上。这一庞大资金体系将主要由地方政府的信用支撑,而围绕其周边的各类专门机构也非常重要。在可以预见的一段时期内,现有融资平台及其转型后的继承者,仍将在地方政府基建项目、融资和债务管理等领域发挥非常重要的作用。

冰冻三尺非一日之寒,政策变动早已酝酿多年。融资平台的发展必须适应这一趋势,其生存模式必然发生改变。研究如何推进转型,最终找到较为合适的定位,是融资平台及制度设计者下一阶段的重要工作。因此,对融资平台及其后继者的信用风险进行研究,也仍将是信用评级机构的重要课题之一。

参考文献

[1]关建中.改革国际评级体系　推动世界经济复苏[M].北京:人民日报出版社,2012.

[2]关建中.大公信用评级原理[M].北京:人民日报出版社,2014.

作者单位:大公国际资信评估有限公司

(本文原载于《债券》2014 年 11 月刊)

我国地方政府信用风险评价及债务限额估算方法探讨

杨忠俭

摘要:针对地方政府信用风险评估问题,本文从地方政府信用风险水平评价和地方政府债务限额估算两方面展开,对所使用的信用评分模板和项目评估法分别做了详细介绍,并对 31 个省(区、市)及 5 个计划单列市的相关数据统计进行了探讨分析。

关键词:地方政府债务　信用风险　债务限额　风险评估

2018 年的《政府工作报告》明确提出,要打好防范化解重大风险攻坚战。其中,地方政府债务风险是重中之重。防范化解地方债务风险,守住不发生系统性风险的底线,其基础是科学、合理地评估地方政府债务风险。从风险计量的角度看,地方政府风险评估应重点关注地方政府信用风险水平和地方政府债务限额两个核心问题。

地方政府信用风险水平评价:信用评分模板

根据国内外金融业的实践经验,地方政府信用风险水平可通过主体评级模型进行评估,而通用的评级模型包括专家判断模型、评级模板模型和统计模型。统计模型可以准确评估出信用风险水平,即违约概率,但因我国地方政府违约样本不足,不满足构建违约概率模型的数据充分性要求,无法准确地估算出地方政府信用风险水平的绝对值。相比而言,结合专家经验构建的评级模板(即信用评分模板)对数据要求较低,可以依据专家经验确定评级模板的评价维度、评价指标和指标权重,从而得出地方政府的信用评分,确定地方政府信用风险水平的相对排序。

(一)基本原则

地方政府信用评分模板的目标是根据专家经验建立地方政府基本情况和行为特征与违约之间的函数关系,从而预测未来的违约行为。因此,在设计评价维度和指标时,应紧密围绕着能否对地方政府还款、履约能力进行预测这一目的,遵循“POWER”原则:一是有预测力(Predictive),评价维度和指标应具备经济意义,且与地方政府还款、履约能力存在比较强的线性关系,能进行有效的预测;二是客观性(Objective),指标尽量客观和定量化,且保证数据可获得性,提高科学性和可操作性;三是重要性(Weighted),地方政府履约能力的影响因素多种多样,指标设计时既要考虑评价因素的全面性,更要从中挑选出核心的要素;四是专家经验(Expertise),评分模板的基础是专家经验,需要业务专家结合丰富的实践经验提供合理依据;五是代表性(Representive),选取有典型性、代表性的指标,建立最优的且指标最少的评分模板来评估地方政府的信用风险水平。

(二)评价体系

地方政府评价体系由政府治理、经济发展、财政实力、财政管理和债务管理5个风险维度、20项风险指标构成,综合评价地方政府的治理能力、系统重要性、经济实力,以及财政的充足性、平衡性、稳定性和可持续性等方面，评估出政府信用评分，从而得出地方政府信用风险的排序。

一是政府治理。地方政府实际上是“类企业”，利用政府治理的结构和机制，协调诸多利益相关者的关系，主要包括上级政府、本级政府部门、企业、居民等主体的关系，明确不同利益相关者的权利、责任和影响，对这些利益关系的处理影响着地方的发展方向和绩效，地方政府治理能力越强，一定程度上其偿债能力越强。政府治理的评价指标包括经济管理、宏观税负率、行政效率、政府透明度和系统重要性。

二是经济发展。地区经济发展和地方财政息息相关。一方面，财政收入是以经济发展为基础的，财政收入参与了国民收入的再次分配，而国民收入则是通过经济发展实现的。另一方面，财政会影响经济发展，地方财政政策通过财政支出与税收政策等来调节总需求，提高经济效率，促进经济增长。经济发展的评价指标包括经济实力、经济增长、城镇化率和产业结构。

三是财政实力。财政收入是地方政府可以直接支配的资源，是财政实力最综合、最直接的体现。评估地方政府的财政实力，既要静态地考虑财政收入的绝对水平，也要动态地考虑财政收入的相对变化，其评价指标包括人均财政收入、财政收入增长前景和收入稳定性。

四是财政管理。财政管理是地方财政一项经常性的重要工作，涉及对财政活动的全过程进行决策、计划、组织、协调和监督，能否保证财政良性循环地运行，有效保障财政收入合理增长，确保财政收支平衡，直接反映出地方财政的风险水平，其评价指标包括财政自给率、收入结构和支出弹性。

五是债务管理。债务管理涉及地方政府债务的数量、期限、偿债能力等方面,评估指标包括负债率、债务率、偿债率、流动性和债务期限结构。负债率是债务总额和经济规模的比率,反映对外债的依赖程度,国际安全标准是欧盟《马斯特里赫特条约》确定的 60%。债务率是债务总额和财政总收入的比率,反映债务负担的大小,国际货币基金组织确定的债务率控制标准参考值为 90%~150%。偿债率是未来一年地方政府应偿还的债务与财政总收入的比率,反映的是地方政府短期偿债压力的大小,国际安全标准是 20%。

根据风险维度和风险指标的设计原则,确定绝对权重(见表 1),然后根据评价内容,对各指标进行打分,范围 1~10 分,分数越低,风险越低,加权平均后得到地方政府综合风险评分。

表 1 地方政府信用评价指标体系

风险维度	维度权重	风险指标	指标权重	评价内容
政府治理	15%	经济管理	3%	预算支出/GDP
		宏观税负率	3%	税收收入/GDP
		行政效率	3%	公共服务支出/GDP
		政府透明度	3%	地方政府透明度指数
		系统重要性	3%	综合考量政治、经济、社会、文化等方面的重要性
经济发展	20%	经济实力	7%	GDP/ 总人口
		经济增长	5%	GDP 增长率
		城镇化率	4%	城镇人口/ 总人口
		产业结构	4%	地区第三产业产值/ 地区生产总值
财政实力	15%	人均财政收入	5%	财政总收入/ 总人口
		收入增长前景	5%	财政总收入增长率
		收入稳定性	5%	近 5 年财政总收入增长率的波动率
财政管理	20%	财政自给率	8%	预算收入/ 预算支出
		收入结构	6%	税收收入/ 预算收入
		支出弹性	6%	经常性支出/ 预算支出

续表

风险维度	维度权重	风险指标	指标权重	评价内容
债务管理	30%	负债率	5%	债务余额/GDP
		债务率	8%	债务余额/财政总收入
		偿债率	6%	未来一年应偿还的债务/财政总收入
		流动性	6%	地方政府在金融机构的日均存款余额/地方政府债务余额
		债务期限结构	5%	债务期限分布的赫芬达尔指数(HHI 指数)

(三)评价结果

通过对 31 个省(区、市)及 5 个计划单列市的相关数据统计,从地方政府综合风险评分结果来看,呈现“东强西弱,南低北高”的区域结构特征。上海、北京、深圳 3 个一线城市稳居前三位,各个风险维度都表现优异;长三角和泛珠三角地方政府实力整体较高,风险偏低;中部和西北地区风险水平中规中矩,适度关注;东北和西南地区地方政府风险最高,其在经济发展和债务管理方面表现相对最差,应该重点关注。

从行政层级排名分布来看,直辖市和计划单列市风险水平较低,各方面评价都比较好。计划单列市虽然经济总量不高,影响经济发展维度评价,但在最主要的债务管理维度表现突出,主要由于计划单列市发债较晚,整体债务水平很低。个别直辖市、计划单列市近年来预算收入和经济发展的波动较大,甚至出现了经济统计方面的负面新闻,其风险不容忽视。

从风险水平的严重程度来看,东北和西南个别地区的风险最高,各个风险维度表现都欠佳,其债务率甚至突破了 140%,偿债率指标也提示近期偿债压力较大,整体上看应该重点关注这些地区的风险。

地方政府债务限额估算:项目评估法

地方政府债务限额,是指在一定时期内,地方政府能够偿还债务的最大值。目前,国内外金融机构通用的估算企业债务限额(亦称风险限额)的办法是基数乘数法,基数一般为所有者权益,乘数需要通过统计估算,其理论依据是企业价值期权理论,核心参数为违约概率、资产负债率和资产波动率。我国地方政府违约样本不足,且尚未编制权责发生制的综合财务报告体系,因此无法估算出违约概率、资产负债率和资产波动率,不能采用估算企业债务限额的基数乘数法。我国地方政府财政预决算体系以收付实现制为基础,偿债基础主要来自预算收入,因此可采用项目评估方法估算地方政府的债务限额,即根据平均债务期限内,地方政府主要的、稳定的、持续的财政收入中可自由支配部分的现值而确定。

(一)基本方法

在地方政府预算体系中,国有资本经营预算收入占比很小,社会保险基金预算收入则专项用于社会保险,而预算稳定调节基金专项用于一般预算的跨年度预算平衡,是非稳定的收入来源、数量有限且信息相对不透明,因此偿债基础主要来自一般公共预算收入和政府性基金收入。首先,一般公共预算是对以税收为主体的财政收入,安排用于民生、经济、国家安全、行政管理等方面的收支预算;政府性基金预算是对按规定在一定期限内向特定对象征收或以其他方式筹集的资金,专项用于特定公共事业发展的收支预算,两套预算的职能和特征差异很大。其次,从债务类型和国家管理趋势来看,也是将一般债务和专项债务区分处理。因此,计算地方政府债务限额时,应区分一般债务限额和专项债务限额,如下:

地方政府债务限额=一般债务限额+专项债务限额=

$$\sum_{i=1}^{i=n_1}\frac{\text{第 i 期一般预算可偿债资金}}{(1+r_1)^i}+\sum_{i=1}^{i=n_2}\frac{\text{第 i 期一般预算可偿债资金}}{(1+r_2)^i}$$

其中,n_1、n_2 为平均债务期限参数,r_1、r_2 为 债务折现率参数。

(二)参数估计

1. 可偿债资金

首先,在一般公共预算项下,可偿债资金=可支配财力×(1-经常性支出占比)。其中,可支配财力=近一年一般公共预算收入+税收返还+一般转移支付,经常性支出占比根据地方政府一般公共预算支出表计算,为简化处理,可假定各期可偿债资金和基期保持一致。

其次,在政府性基金预算项下,可偿债资金=可支配财力×(1-成本性支出占比)。因政府性基金预算收入波动较大,为估算相对稳定的收入,可支配财力根据近三年政府性基金预算收入的算术平均值计算所得,而成本性支出占比采用全国统一估算值。

2. 债务折现率

截至 2018 年 4 月底,有 3395 只存量地方政府债,余额共 14.46 万亿元。其中,一般债券 8.90 万亿元,专项债券 5.56 万亿元。第一步,取每只债券过往一年(250 个交易日)中债估价隐含收益率的简单算术平均值作为个券贴现率;第二步,使用个券贴现率估算每只债券的现值;第三步,分地区按一般债券和专项债券计算个券贴现率加权平均值,权重为个券现值占比。

3. 平均债务期限

计算平均债务期限时,仍用上述计算债务折现率的前两步计算个券贴现率和现值。然后,使用个券贴现率估算个券久期。最后,分地区按一般债券和专项债券计算个券的久期加权平均值,权重为个券现值占比。

4. 经常性支出占比

经常性支出是维护政府实现其职能正常需要和满足社会公共部门正常开支需要的财政支出,具有较强的刚性。对于按照功能编制的政府支出报表,经常性支出占总支出的百分比=(一般公共服务支出+外交+国防+公共安全+教育医疗卫生和计划生育+社会保障和就业+农林水事务+国土资源气象等事务+住房保障支出+粮油物资管理事务)/一般预算支出。

5. 成本性支出占比

根据财政部公布的2011—2016年地方政府性基金决算表,纳入政府性基金预算管理的基金40多项,其核心是土地收支。广义土地收入是指国有土地使用权出让收入,包括收支科目中的“国有土地使用权出让金收入”“国有土地收益基金收入”和“农业土地开发资金收入”。考虑到广义土地收入占比超过80%(见表2),同时政府性基金支出中只有土地收入相关支出列出明细,因此可根据全国土地收支估算成本性支出占比作为统一参数。

表2　2011—2016年我国地方政府土地收入分析表(单位:亿元、%)

年份	2011	2012	2013	2014	2015	2016
广义土地收入	32465.81	27744.58	40566.96	42050.05	31986.07	37007.02
其中:国有土地使用权出让金收入	31140.42	26652.4	39072.99	40385.86	30783.8	35639.69
国有土地收益基金收入	1093.53	897.32	1259.67	1413.89	1024.97	1189.57
农业土地开发资金收入	231.86	194.86	234.3	250.3	177.3	177.76
地方政府性基金本级收入	38232.31	34216.74	48030.31	50005.57	38219.95	42465.19
广义土地收入占比	84.92	81.08	84.46	84.09	83.69	87.15

资料来源:财政部

土地收入的具体支出方向大概包括成本性支出、农业农村支出、城市建设支出、教育支出和安居保障性支出等。其中，成本性支出包括补偿性支出和开发性支出，而补偿性支出包括征地拆迁补偿支出、补助被征地农民支出，以及支付破产或改制企业职工安置费等。2015 年后，土地收入相关支出明细不再列示，可根据 2011—2014 年广义土地成本占比的算术平均值估算出政府性基金成本性支出比例(见表 3)。

表 3　我国地方政府土地出让成本性支出分析表(单位:亿元、%)

年份	国有土地使用权出让金收入安排的支出				国有土地收益基金支出			农业土地开发资金支出	广义成本性支出	广义土地支出	成本性支出占比
	征地和拆迁补偿支出	补助被征地农民支出	土地开发支出	所有支出小计	征地和拆迁补偿支出	土地开发支出	所有支出小计				
2011	6775.12	602.11	1799.26	18260.64	365	110.52	669.37	146.73	9652.01	19076.74	50.60
2012	11755.36	312.95	2861.94	26337.49	529.34	217.86	1015.95	195.48	15677.45	27548.92	56.91
2013	12963.97	605.77	4885.09	25661.18	661.79	151.42	926.53	192.11	19268.04	26779.82	71.95
2014	17371.38	856.96	6610.39	34507.39	827.82	202.8	1168.21	201.52	25869.35	35877.12	72.11

(三)测算结果

根据 2017 年地方政府预算执行数据进行地方政府债务限额估算，结合 2018 年 4 月地方政府债券余额情况，分析结果如下：

1. 一般债券整体风险不大。地方政府一般债务限额为 27.41 万亿元，一般债券余额为 8.9 万亿元，限额占用率仅为 32.46%，整体风险不大。分地区来看，各地区的债务余额均在债务限额范围内，大部分区域限额占用率不到 40%，部分发达地区甚至低于 20%。

2. 专项债券风险需关注。地方政府专项债务限额为 6.71 万亿元，专项债券余额为 5.56 万亿元，限额占用率仅为 82.82%，整体风险需关注。分地区来看，42%的地区专项债券余额超过债务限额，主要集中在东北、西南、西北地区。

作者单位：中国建设银行风险管理部

(本文原载于《债券》2018年6月刊)

美国地方政府债务危机处置机制与典型案例

孙大海

摘要：在长期实践中，美国探索建立起一套地方政府债务危机处置机制。其中，底特律市和杰斐逊郡债务危机处置案例是美国地方政府债务危机处置的典型案例。美国地方政府债务危机处置机制主要遵循商业性债务关系处理原则和基本公共服务保障原则。联邦政府、州政府、联邦破产法院在危机处置中各自发挥不同的作用。近年来，美国地方政府债务危机处置的主要经验受到欧洲国家的关注，即明确建立地方政府债务危机处置机制、建立地方政府债务重组的法律体系、对地方政府债务危机坚持“先问责、再干预”的原则。

关键词：地方政府债务　处置机制　债务重组　早期干预

美国是地方债的发源地，地方债市场发展已有200年的历史。在长期实践中，美国探索建立起一套地方政府债务危机处置机制，代表了市场经济条件下地方政府债务危机处置的典型模式。2008年国际金融危机爆发后，亚拉巴马州杰斐逊郡和密歇根州底特律市先后爆发美国规模较大的两起地方政府债务危机，进一步检验和推动了美国地方政府债务危机处置机制的完善。

美国地方政府债务危机处置机制的基本框架

(一)美国地方政府债务危机处置机制的结构及其遵循的基本原则

美国地方政府(州以下)债务危机处置机制涉及地方政府、州政府、联邦破产法院和联邦政府四方主体,在危机应对过程中各方扮演着不同的角色。其中,地方政府是“当事人”;州政府是地方政府债务危机的“早期干预者”,在地方政府因债务危机申请破产前,州政府主要负责进行早期干预;联邦破产法院是地方政府债务危机的“最终处置者”,州政府的早期干预失败后,地方政府向联邦破产法院申请破产,由联邦破产法院主导进行后期最终处置;联邦政府是“旁观者”,无权以上级政府身份干预地方政府债务危机处置,但目前正从应对系统性风险的角度研究以第三方身份介入地方政府债务危机的处置和应对。

美国地方政府债务危机处置主要遵循两条基本原则。一是商业性债务关系处理原则。即按照处理债务关系的一般性商业原则处理地方政府债务危机,地方政府作为债务人应履行相应债券发行方的责任,而投资者作为债权人应承担相应的投资风险,双方应根据权益和责任等实际情况具体分担损失,不应过度保障任何一方的利益。二是基本公共服务保障原则。鉴于当地居民享有的基本公共服务权利,无论是州政府的早期干预,还是联邦破产法院处置地方政府债务危机,都应以保障基本公共服务为底线。

（二）联邦政府在地方政府债务危机处置中的作用

美国实行联邦体制，联邦权力由州权让渡而来，凡是联邦宪法中未列举的权力均属于州权。因此，联邦政府对各州及以下地方政府的举债行为和债务风险既没有监督管理权，也没有救助责任。在美国国内地方政府破产案件处置中，联邦政府基本上未进行干预或救助[①]。但自 2008 年国际金融危机爆发以来，美国联邦政府从防范系统性风险的角度出发，日益重视并研究介入地方政府债务危机的应对。底特律市的债务危机一度有扩散风险，杰斐逊郡政府在债务危机处置过程中曾经主动向美国财政部申请救助，但并未得到其救助，这使得联邦政府进一步关注和考虑干预地方政府债务风险处置。

2011 年，美国财政部首次在部内设立州和地方政府债务办公室，强化地方政府债务风险监控和危机应对处置职能，其政策研究团队也将上述职能列入主要的政策议题。初步研究认为，在现行法律框架下，联邦政府可以第三方的身份介入地方政府破产处置，包括以提供资金为条件要求地方政府进行整改、收购地方政府资产以支持重组等。在未来地方政府债务危机处置中，联邦政府必须在充分证明地方政府债务危机构成了系统性风险的情况下才可以介入危机处置，否则难以获得国会的同意。如果再发生比底特律市债务危机规模更大的地方债务危机，那么可能倒逼美国形成联邦政府干预的先例。

（三）州政府在地方政府债务危机处置中的作用

美国的州与地方的关系不同于联邦与州的关系。美国建国后，地方

---

① 迄今为止，美国联邦政府只有在波多黎各破产事件中鉴于其作为海外特别领地的特殊地位，对其提供了财政救助。

不断向州让渡权力,形成地方自治权服从于州权的局面。例如,各州有权在州内新建郡级政府,各地方的权力事项有限且采取列举的方式,而州的权力范围还包括未被列举的其他事项。因此,州政府对地方政府的财政活动具有管理监督权和救助责任。但鉴于联邦破产法院能够为破产城市的基本公共服务提供充分保障,州政府不会不计代价地投入资源进行干预,地方政府也希望诉诸破产法律程序,不愿意为换取救助而接受州政府的苛刻整改条件。因此,在实践中,各州对地方政府债务危机干预的范围和程度都非常有限,一般不实施资金救助。各州的法律框架、危机成因和后果等情况不同,其早期干预的程度也存在差异,有的甚至放弃干预。例如,在 2013 年底特律市申请破产前,密歇根州政府的早期干预较多,而在 2011 年杰斐逊郡申请破产前,亚拉巴马州政府的早期干预较少。

(四)联邦破产法院在地方政府债务危机处置中的作用

美国宪法明确规定,联邦负责制定关于破产的法律,将破产事务管辖权从各州上收到联邦。1978 年美国重新制定第五部破产法,专设第九章对地方政府和公共机构破产作出制度安排。迄今地方政府(不包含学区等政府性法人实体)整体破产案件已有 7 例。美国建立了独立的联邦破产司法体系,在各地设有几十个联邦破产法院,专职审理破产诉讼。联邦破产法院介入分为受理和审理两个阶段,程序设计均体现了商业性债务关系处理原则和基本公共服务保障原则。

第一阶段是联邦破产法院受理地方政府的破产申请。联邦破产法院在收到地方政府的破产申请后,同时启动两项法律程序。一是启动破产保护程序,冻结地方政府的所有资产、债权和债务。目的在于防止地方政府转移资产和个别官员私下交易谋求私利,同时防止债权人不当获取地方政府的资产，避免因地方政府继续偿还债务而妨碍基本公共服务的提供。二是启动破产资格审查程序，裁决是否受理地方政府的破产申请。破产资格审查主要遵循两个标准：第一，地方政府的财政状况是否已经恶化到危及最低限度的基本公共服务提供，这一标准体现了基本公共服务保障原则；第二，地方政府在申请破产前是否已经竭尽全力改善财政状况，防止地方政府恶意诉诸破产以脱责赖账，体现了商业性债务关系处理原则。联邦破产法院决定受理地方政府破产后，将指定一名法官作为主审法官进行审理，主审法官可另行指定一名法官作为独立调解人，专门负责协调市政府与债权人就债务重组方案进行谈判。

第二阶段是联邦破产法院审理地方政府破产案件阶段。进入审理阶段后，联邦破产法院的职责是主持双方按照破产法规定的谈判规则协商达成债务重组方案，法院无权直接制定债务重组方案，也无权清算处置地方政府的资产，其角色类似于体育比赛中的裁判，仅通过主持规则以确保产生公平的结果。破产法规定的谈判规则是地方政府破产机制的精髓与核心，平衡赋予地方政府和债权人的谈判权利，使双方具有平等的议价能力，确保谈判结果合理反映各方利益，防止任何一方恶意勒索对方以获取不当利益。这一套谈判规则能够基本上保证大多数破产纠纷顺利通过自主协商解决。但是谈判规则也存在失效的特殊情况：一是双方按照谈判规则仍无法达成协议，特别是某方恶意拖延要挟；二是虽然双方自愿达成协议，但债务重组方案明显未公正处置某方的利益。针对这两种情况，破产法就联邦破产法院的权力进行特殊安排，授权主审法官可视情况更积极、主动地发挥作用以破解僵局。联邦破产法院不仅享有干预谈判进程的特定授权，而且享有自由裁量权来批准或驳回地方政府与债权人达成的债务重组方案,以此为抓手有效调节谈判节奏和把控谈判结果。

审理阶段的基本程序即由上述谈判规则和法院干预构成,也充分体现了商业性债务关系处理原则和基本公共服务保障原则。审理程序具体包括三个环节。第一步是按照债权优先顺序对债权人进行分组。地方政府独享债权人分组方案的提议权,可以自由拟定将债权人细分为多少组。作为制衡措施,破产法要求每组内债权人所享有的债权类型必须相同或标准相近,同一分组内不能随意混合不同类型的债权人,否则主审法官将驳回分组方案。第二步是主审法官主持地方政府与各组债权人分别协商债务重组方案。主审法官有权选择地方政府与各组债权人分别协商的顺序,并总体掌控不同组债权人在债务重组方案中的利益分配比例。地方政府与某一组债权人的代表就债务重组方案达成初步意向后,必须由该组债权人按照少数服从多数原则投票决定是否同意该方案,防止地方政府与少数债权人代表串通并损害该组其他债权人的利益。第三步是主审法官对地方政府破产债务重组方案作出最终裁决。即使地方政府未与所有组的债权人就债务重组方案达成协议,甚至即使大多数组的债权人反对债务重组方案,但只要有一组债权人同意接受债务重组方案,并且该组债权人的债权在债务重组方案中已作减债处理,那么主审法官就有权独立裁决批准债务重组方案,方案即时生效并且对所有组的债权人具有完全约束力。上述“三步走”机制一方面限制地方政府通过操纵债权人分组从而左右债务重组方案的投票结果,保护债权人的利益;另一方面允许地方政府通过细化分组以获得至少一组债权人同意债务重组方案,从而为主审法官独立批准债务重组方案创造条件,防止债权人要挟要价。

底特律市债务危机处置案例分析

(一)密歇根州政府对底特律市债务危机的早期干预

密歇根州政府对底特律市债务危机的早期干预较多,采取了州政府警告、派驻调查组、派驻专家咨询委员会、全面接管底特律财政事务等阶段性措施。州政府于2013年3月任命财政专员接管底特律财政事务后,财政专员与各债权人协商解决债务危机没有结果,于是向州长申请并获批准,于当年7月向联邦破产法院申请破产。

密歇根州政府对底特律市债务危机早期干预较多的原因有以下三方面。一是密歇根州法律规定,州政府可直接任命财政专员,强制接管地方政府财政,且地方政府向法院申请破产前,必须获得州政府的批准。这使得州政府的干预动机较强,否则将承担不作为责任。二是底特律市债务危机后果严重。底特律市违约债务规模超过200亿美元,比排名第二的杰斐逊郡多150亿美元,并且债权人结构复杂,潜在系统性金融风险较大。三是底特律市债务危机的形成有外在的客观原因,其中一个重要原因是产业布局调整导致底特律市汽车产业衰落、人口流失和税基萎缩。鉴于产业衰落并不能归咎于底特律市政府,密歇根州政府必须承担更多的干预责任。

此外,债务危机的发生与底特律市政府主观上的失误有关。第一,政府雇员养老金管理失误。政府雇员数量与总人口数量之比高达1∶50,政府雇员享有的养老金待遇居高不下,导致政府雇员养老金缺口巨大。第二,金融衍生交易决策失误。为弥补养老金缺口,底特律市政府发行了

14.4 亿美元的市政债,并开展了利率掉期交易[1],以确保在未来利率上升时偿债成本不会上升,但 2008 年国际金融危机爆发后利率下降,底特律市政府由此蒙受重大损失。

(二)联邦破产法院审理底特律破产案

底特律破产案体现了主审法官积极主导城市破产案处置的模式。底特律市政府官员多次更迭,与债权人谈判的能力很弱,所以联邦破产法院发挥了主导作用,积极使用破产法赋予主审法官的自由裁量权和干预权,采取合理的审理策略,在坚决维护和保障基本公共服务的基础上,有效平衡债权人与市政府的利益,迅速达成了破产债务重组方案。

底特律破产案的审理分为四个步骤。第一步是联邦破产法院将具有重要公共价值的资产从破产诉讼中剥离,以保护历史文化遗产不受政府破产的影响。第二步是联邦破产法院主持底特律市与美国银行和瑞银集团就原有利率掉期交易合同达成重组协议。主审法官认为,美国银行和瑞银集团作为利率掉期交易方,与底特律市政府的利益关系清晰,易于率先达成重组协议,可以促使其他债权人尽快与底特律市政府达成协议。主审法官还从维护底特律市利益的角度出发,驳回了底特律市政府与美国银行和瑞银集团第一次达成的协议,责令双方重新谈判后达成最终协议,将市政府偿付金额从 2.3 亿美元降至 0.85 亿美元。第三步是联邦破产法院主持底特律市政府与政府雇员协商养老金问题。政府雇员社保的

① 地方债的利率掉期交易是指地方政府向购买者发售地方债后,与第三方(利率掉期交易的对手方)签订利率掉期交易合同。合同规定,无论未来市场利率如何变化,地方政府均按照约定的固定利率向利率掉期交易的对手方支付地方债的利息,而利率掉期交易的对手方则负责按照市场利率向地方债的持有人支付利息。在利率上升时,这一安排可为地方政府节省资金;但在利率下降时,地方政府必须仍按照原来约定的利率向利率掉期交易的对手方支付利息,利率降幅越大,地方政府的损失越大。

参保者和养老金的领取者坚决反对削减养老金待遇,但在美国银行和瑞银集团都同意签署协议后,政府雇员不得不转变态度同意妥协。第四步是联邦破产法院主持底特律市政府与市政债购买者达成债务重组方案。保险公司为底特律市政债的购买者提供了保险服务,代表债券购买者的利益,在债务重组谈判中要价很高、立场强硬,一直拒绝债务重组方案,但最终仍无法阻止主审法官独立判决债务重组方案生效。

杰斐逊郡债务危机处置案例分析

(一)亚拉巴马州政府对杰斐逊郡债务危机的早期干预

亚拉巴马州政府对杰斐逊郡债务危机的早期干预较少,有三方面原因。一是亚拉巴马州法律规定州政府无权强制接管地方财政,地方政府向法院申请破产前也无需获得州政府的批准,这减轻了州政府的责任。二是杰斐逊郡债务危机影响可控。杰斐逊郡从美国南方煤炭和钢铁中心成功转型为医疗健康产业中心,产业基础较好,税收来源稳定,自我恢复能力较强。三是债务危机主要由该郡政府的主观失误所致,州政府若介入过深,极易引起其他地区的不满。2000 年后,在杰斐逊郡建设污水处理项目发行市政债期间,受摩根大通的鼓动和操纵,杰斐逊郡政府以较高的利率和融资规模(超过其真实资金需求规模的四倍)发债。摩根大通不仅亲自购买了大量债务,而且提供了利率掉期交易。2008 年国际金融危机爆发后利率下降,导致杰斐逊郡政府损失惨重,引发债务危机。

(二)联邦破产法院审理杰斐逊郡破产案

杰斐逊郡破产案体现了地方政府主导城市破产案的模式。在申请破产时,新一届杰斐逊郡政府刚刚组建,没有历史包袱,采取了正确的谈判协商策略,直接与债权人就债务重组方案进行协商并达成最终协议。在此期间,联邦破产法院未作积极干预,仅着力确立谈判规则。在杰斐逊郡破产案处置过程中,该郡政府选择摩根大通作为首先协商债务重组方案的突破口。摩根大通在杰斐逊郡债务危机形成过程中犯有严重过错,所以愿意向郡政府作出较大让步,尽快达成债务重组方案。摩根大通作为杰斐逊郡市政债的主要持有者和违约掉期交易的提供者,与郡政府率先达成债务重组方案,对其他债权人产生带动和示范作用,其他债权人相继同意签署债务重组协议。在谈判过程中,郡政府官员为了获得选民支持以求连任,竭力维护和改善基本公共服务,从效率原则出发,将经营不善的公立医院和污水处理项目进行私有化处理,不仅提高了医院和污水处理项目的公共服务水平,而且改善了该郡政府的财务状况。

美国地方政府债务危机处置机制的主要经验

美国地方债务危机处置机制有其特定的制度背景,特别是典型联邦制的财政体制等。美国的有关经验对于单一制国家和非典型联邦制国家的借鉴意义不在于其具体做法,而在于其背后的若干基本处理原则。近年来,欧洲国家较为关注美国地方政府债务危机处置机制的以下三方面经验。

(一)明确建立地方政府债务危机处置机制

美国在实践中重视事先建立地方政府债务危机处置机制,特别是债务重组机制,不仅没有纵容地方政府债务风险积累增长,反而能以事先明确的处置规则消除地方政府对外部救助的不当预期,遏制机会主义行为。

（二）建立地方政府债务重组的法律体系

地方政府债务危机处置涉及各市场参与方的利益，特别是地方政府与债权人的关系较为复杂。联邦政府属于利益相关方，不宜直接参与仲裁和处理地方政府与债权人的关系，否则既容易被地方政府“绑架”，又容易提高债权人的要价期望值，不利于以较低的成本达成合理的债务重组方案，容易引发社会矛盾。通过法律手段平衡地方政府与债权人的利益、解决地方政府债务危机，可以有效提高处置效率，为联邦政府集中有限资源重点应对重大系统性风险创造条件。

（三）联邦政府对地方政府债务危机坚持“先问责、再干预”的原则

自2008年以来，美国一系列地方政府破产案件再次表明，地方政府债务危机的背后往往是地方政府的重大决策失误和严重的腐败行为。其普遍规律是，初期地方政府由于项目决策失误或项目运行机制存在财政可持续性漏洞，产生巨大的债务缺口，后期地方政府为应急弥补债务缺口冒险参与高风险金融交易，交易失败导致债务危机。在底特律市和杰斐逊郡的债务危机处置中，对债务危机成因的问责直接关系到上级政府的干预程度和力度，充分体现了“先问责、再干预”的原则。

作者单位：财政部政策研究室

（本文原载于《债券》2021年6月刊）

运用泰勒规则对无风险债券进行定价的研究

明　明

摘要：当前对无风险债券定价所参考的因素，从种类和结构来看都与泰勒规则比较吻合，因此本文探讨了能否运用泰勒规则对无风险债券进行定价。本文通过建立 VAR 模型和进行协整分析发现，3 个月央票二级市场收益率符合泰勒规则，1 年期央票和 1 年期国债虽然与泰勒规则不符，但仍可将计算得出的协整方程作为其定价参考。

关键词：债券定价　泰勒规则　研究

当前，对无风险债券（如国债、央票）的定价主要是参考 GDP 数据、通胀数据和存贷款基准利率来进行，从参考因素的种类和结构来看，与根据产出缺口、通胀目标差来确定短期利率的泰勒规则基本相符；另外，通过对泰勒规则的实证检验，发现无风险债券与基准利率、产出缺口和通胀缺口存在稳定的协整关系，因此可以运用泰勒规则计算得到符合规则的无风险债券收益率，并将其作为无风险债券二级市场收益率的参考。

文献综述

当前对债券定价的研究对象主要集中于信用债券，或者是从发行定价的角度进行研究，对无风险债券定价的研究相对较少。如杨辉和杨丰从理论和实证角度对金融系统中所蕴含的各类风险间的互动关系及其对债券定价的影响进行分析；沈炳熙对招标发行定价和簿记建档定价这两种当前主要的定价方式进行比较，指出应根据所发行债券的信用等级、发行数量、发行的难易程度等因素来对债券进行发行定价。

当前，国内外的专家和学者对泰勒规则的研究很多，研究的角度各不相同。Petra Gerlach-Kristen（2004）将长期债券利率引入前瞻性泰勒规则，认为长期债券利率反映了未来通货膨胀预期，对短期利率政策的制定起着重要作用；谢平认为泰勒规则能够为中国货币政策提供一个参照尺度，衡量货币政策的松紧；江璐认为在某种程度上，泰勒规则对我国银行间同业拆借利率的具体也有一定的指导作用，可以用于指导央行货币政策；夏斌认为，由于基础货币投放不能自主控制、货币乘数不稳定、货币流通速度下降，导致了货币供应量与物价、就业增长等宏观目标的相关性不高，因此建议放弃货币供应量目标，以盯住通货膨胀率为主；曹伟和左杨运用 SVEC 模型框架，验证了 1996 年 1 月至 2011 年 2 月期间中国人民银行所使用的多种货币政策工具与多重政策目标之间存在协整关系。

运用泰勒规则对央票利率定价的分析

(一)泰勒规则

泰勒规则是由斯坦福大学的约翰·泰勒于1993年根据美国货币政策实际经验确定的一种短期利率调整的规则。泰勒认为,央行应保持实际短期利率稳定和中性货币政策立场,当实际产出大于潜在产出和实际通胀大于通胀目标时,应提高短期利率,反之亦然。

泰勒规则具有简洁、稳健和最优的特征,为许多中央银行所接受。比如,美联储就在理论上和实践中接受并运用了泰勒规则,格林斯潘1993年和1994年关于货币政策调整的证词,都是以泰勒规则为理论依据的。同时,一些学者通过分析货币历史数据并据此估算中央银行的反应函数,表明泰勒规则对各国中央银行的货币政策操作具有重要的理论和实践指导意义。

(二)理论基础

泰勒规则是泰勒本人对1987—1992年美联储货币政策实践的经验概括,传统的研究是对泰勒规则进行实证后,得到货币政策反应函数,以验证和计算政策利率如何针对通胀和产出变化进行调整。但是由于我国货币政策仍以数量目标为主,加之利率尚未完全市场化,因此,泰勒规则的货币反应函数是否存在、如何构建仍存在争议。

从另一个角度来看,如果泰勒规则中的变量间存在稳定的协整关系,通过计算就可得到符合规则的利率水平。同时,影响无风险债券利率的主要因素是经济增速、通胀水平和实际均衡利率,在实践中,通常根据上述因素的水平和变化情况来确定市场的均衡利率水平。因此可以将二者结合起来,通过协整分析,将回归的结果作为无风险债券二级市场收益率的参考。

(三)研究框架

在研究中,我们仍然运用传统的泰勒规则公式。即:

$$i=r+h(\pi-\pi^*)+g(y-y^*)$$

其中,i 代表目标利率,r 代表实际均衡利率(存款基准利率);$(\pi-\pi^*)$代表通胀偏离度,π 是实际通胀率(季度 CPI),π^*是通胀目标(取自每年政府工作报告中的价格水平目标);$(y-y^*)$代表产出偏离度,y 是实际增长率(季度 GDP 增长率),y^*是潜在产出增长率(取自每年政府工作报告中的 GDP 增长目标)。

接下来,主要讨论公式中各变量的选取。

1. 政策目标利率

根据泰勒规则,公式中的 i 代表中央银行用作工具或政策目标的短期名义利率。但由于利率在中国目前没有完全市场化,同时因为我国货币政策仍以数量为操作目标,因此需要选取一个代理变量进行研究,并且假定这一利率为中国货币政策的工具变量。如谢平选用了拆借利率,曹伟和左杨选用了货币供给量。其中,虽然拆借利率是市场化的短期利率,但并不能代表政策目标,而货币供给量虽然是政策目标,但其是一个数量指标,与泰勒规则的含义不符。

这里我们参考 Gerlach-Kristen 的做法,将长期债券利率引入前瞻性泰勒规则,Gerlach-Kristen 认为长期债券利率反映了未来通货膨胀预期,对短期利率政策的制定起着重要作用。目前,既具有政策性质,又是市场化的利率有国债收益率和央票收益率。虽然央票的发行并不连续,央票发行利率的时间序列不完全,但是从历史平均水平来看,央票的二级市场收益率基本与发行利率接近,因此,选取3个月央票、1年期央票和1年期国债二级市场利率作为政策目标利率①。

2. 实际均衡利率

同样,由于我国利率没有完全市场化,实际均衡利率难以确定。在以往的研究中,既有选取代理变量,也有通过利率平滑计算得出实际均衡利率的研究方法。

本文中,我们仍选取存款基准利率作为无风险债券定价的基准。原因是,虽然存贷款基准利率不是市场化的均衡利率,但由于其是法定的政策利率,对金融机构的负债成本具有重要影响,而且市场在对债券尤其是无风险债券定价时,均会参考相同期限的存款基准利率。

3. 产出缺口和通胀目标

对于产出缺口的估计,关键在于对潜在产出水平的计算。目前对于潜在产出水平的研究有很多,研究方法也各异,但总体来看,估算的潜在产出水平大多在8%上下,基本上等于每年政府工作报告提出的GDP增速目标,加之长期以来政府工作报告中提出的GDP增速也是市场预期增速的下限,因此我们选用每年政府工作报告中的GDP增速目标作为潜在产出水平。

① 二级市场收益率取自中央国债登记结算有限责任公司编制发布的央票到期收益率曲线和银行间固定利率国债到期收益率曲线。回归计算中进行了月度平均。

表 1 变量平稳性检验结果

变量	ADF 检验值及检验形式(C, T, N)	结论	临界值
i1c	(C,0,10)	不平稳	
△i1c	(C,0,10)	平稳	1%
i2c	(C,0,10)	不平稳	
△i2c	(C,0,10)	平稳	1%
i3c	(C,0,10)	不平稳	
△i3c	(C,0,10)	平稳	1%
GDPc	(C,0,10)	不平稳	
△GDPc	(C,0,10)	平稳	1%
CPIc	(C,0,10)	不平稳	
△CPIc	(C,0,10)	平稳	1%

注:1. 其中检验形式(C,T,N)括号中的 C 表示做 ADF 检验时有常数项(C 为 0 时,表示不含常数项),T 表示含趋势项,N 表示滞后阶数。

2. △表示一阶差分。

3. i1c 表示 1 年期央票二级市场收益率与 1 年定存利率之差,i2c 表示 3 个月央票二级市场收益率与 3 个月定存利率之差,i3c 表示 1 年期国债二级市场收益率与 1 年定存利率之差,GDPc 表示产出缺口,CPIc 表示 CPI 与通胀目标之差。

虽然我国的货币政策并不是通胀目标制,但每年政府工作报告中都会提出当年的 CPI 目标,并由政府各部门采取措施将通胀水平控制在目标值附近。从事后的结果来看,每年的 CPI 实际增速基本也趋向于目标值,因此我们选用每年政府工作报告中的 CPI 目标作为通胀目标水平。

(四)实证分析

我们选取 2007 年 1 月到 2011 年 12 月的 60 个月度数据进行研究,其中存贷款基准利率为当月或此前最后一次调整的水平,月度 GDP 增速等于当季的 GDP 增速,二级市场收益率为当月的算数平均值(这样既可以使其符合 CPI 和 GDP 数据的频率,也可以过滤掉特殊因素导致的波动,以显示收益率的平均走势)。

1. 平稳性检验

表 1 所示的检验结果表明,各变量序列都不是平稳序列,但一阶差分

后变为平稳序列,也就是说为I(1)型时间序列。

2. 建立VAR模型

建立三个VAR模型,模型1包括1年期央票二级市场收益率与1年定存利率之差、GDPc所表示的产出缺口、CPIc所表示的CPI与通胀目标之差;模型2包括3个月央票二级市场收益率与3个月定存利率之差、GDPc所表示的产出缺口、CPIc所表示的CPI与通胀目标之差;模型3包括1年期国债二级市场收益率与1年定存利率之差、GDPc所表示的产出缺口、CPIc所表示的CPI与通胀目标之差。

根据滞后检验规则,上述模型1、2的最优滞后期均为1。模型3的最优滞后期为2。上述三个VAR模型不含单位根,均符合平稳性条件(图1、图2和图3)。

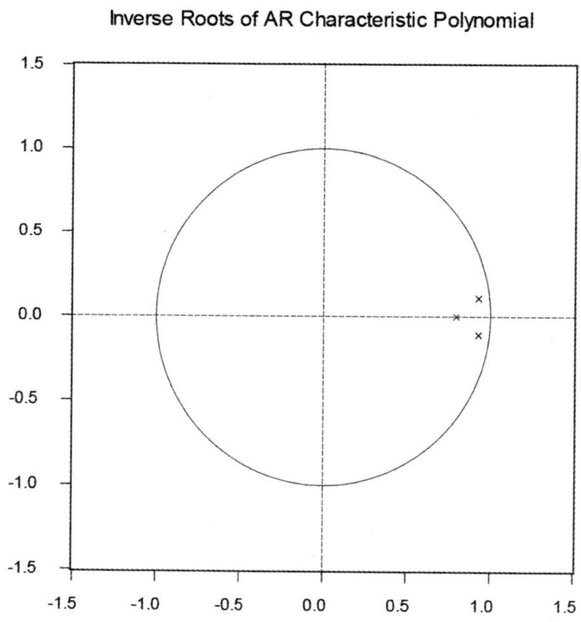

图1　模型1的检验图

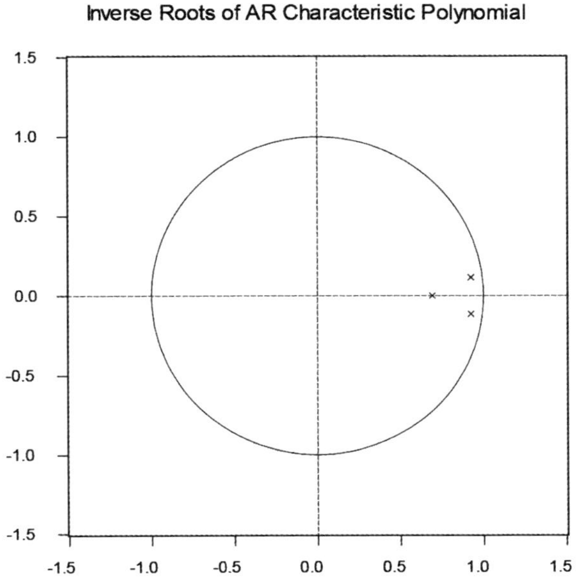

图 2　模型 2 的检验图

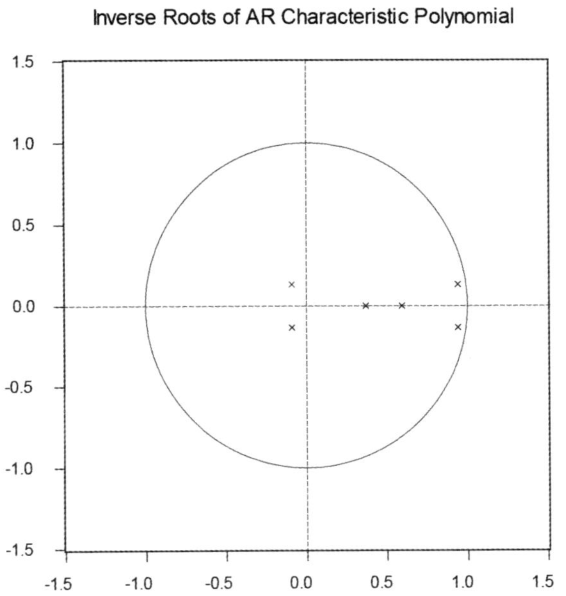

图 3　模型 3 的检验图

3. 建立协整方程

在上述三个 VAR 模型的基础上，采用 johansen 检验建立协整方程。根据泰勒规则公式的定义，选择没有时间趋势和没有常数项的 johansen 检验。另外，由于 VAR 模型的最优滞后期均小于等于 2，因此 johansen 检验中的滞后期选为 1。

根据 johansen 检验，上述三个模型均存在协整方程。

(1)模型 1 的检验结果为：

Unrestricted Cointegration Rank Test (Trace)

Hypothesized No. of CE(s)	Eigenvalue	Trace Statistic	0.05 Critical Value	Prob.**
None*	0.242343	31.14712	24.27596	0.0058
At most 1*	0.188132	15.05068	12.32090	0.0170
At most 2	0.049795	2.962499	4.129906	0.1008

Trace test indicates 2 cointegratingeqn(s) at the 0.05 level
* denotes rejection of the hypothesis at the 0.05 level

1 Cointegrating Equation(s):　Log likelihood　693.3998

Normalized cointegrating coefficients (standard error in parentheses)

I1C	GDPC	CPIC
1.000000	0.096396	-0.156906
	(0.02696)	(0.03244)

对应的协整方程可写为：

$$i1c=-0.0964gdpc+0.1569cpic$$

(2)模型 2 的检验结果为:

Unrestricted Cointegration Rank Test (Trace)

Hypothesized No. of CE(s)	Eigenvalue	Trace Statistic	0.05 Critical Value	Prob.**
None*	0.273888	35.71959	24.27596	0.0012
At most 1*	0.175535	17.15663	12.32090	0.0072
At most 2*	0.097678	5.961469	4.129906	0.0174

Trace test indicates 3 cointegratingeqn(s) at the 0.05 level
* denotes rejection of the hypothesis at the 0.05 level

1 Cointegrating Equation(s): Log likelihood 678.8687

Normalized cointegrating coefficients (standard error in parentheses)

I2C	GDPC	CPIC
1.000000	0.066343	-0.133249
	(0.02250)	(0.02708)

对应的协整方程可写为:

$$i2c=0.0663gdpc+0.1332cpic$$

(3)模型 3 的检验结果为:

Unrestricted Cointegration Rank Test (Trace)

Hypothesized No. of CE(s)	Eigenvalue	Trace Statistic	0.05 Critical Value	Prob.**
None*	0.345944	38.58057	24.27596	0.0004
At most 1*	0.188918	13.95592	12.32090	0.0264
At most 2	0.030751	1.811557	4.129906	0.2098

Trace test indicates 3 cointegratingeqn(s) at the 0.05 level
* denotes rejection of the hypothesis at the 0.05 level

1 Cointegrating Equation(s): Log likelihood 688.4859

Normalized cointegrating coefficients (standard error in parentheses)

I3C	GDPC	CPIC
1.000000	0.228768	-0.169218
	(0.02706)	(0.03255)

对应的协整方程可写为:

i3c＝-0.2288gdpc+0.1692cpic

4. 结果分析

从上述三个协整方程来看，模型1和模型3的结果不符合泰勒规则的定义，因为根据模型1和模型3的结果，当产出缺口上升时，1年期央票和1年期国债二级市场收益率与1年定存利率之差减小；模型2的结果符合泰勒规则的定义，即当产出缺口上升1个百分点时，3个月央票二级市场收益率与3个月定存利率之差上调0.0663个百分点，当CPI高于通胀目标1个百分点时，3个月央票二级市场收益率与3个月定存利率之差上调0.1332个百分点。

结论

(一)3个月央票二级市场收益率符合泰勒规则

根据模型2的协整方程，我们对历史上3个月央票利率的合理值进行了拟合，并将其与实际3个月央票二级市场收益率进行对比，发现拟合度相当高(图4)，因此3个月央票二级市场收益率既是市场合理的利率水平，也是符合泰勒规则的政策目标利率水平。

但是，需要说明的是，从产出缺口的数据来看，虽然每年政府工作报告中提出的GDP增长目标都在8%左右，但是从实际情况来看，各方面公认的潜在产出增速显然要高于8%，所以模型中选取的数据有可能高估央票利率；3个月央票利率受货币市场利率的影响较大，因此当市场资金面偏紧时，3个月央票的二级市场利率也相应上升，造成与合理利率的脱离。

综合各种情况来看，通过运用泰勒规则估算得出的3个月央票合理

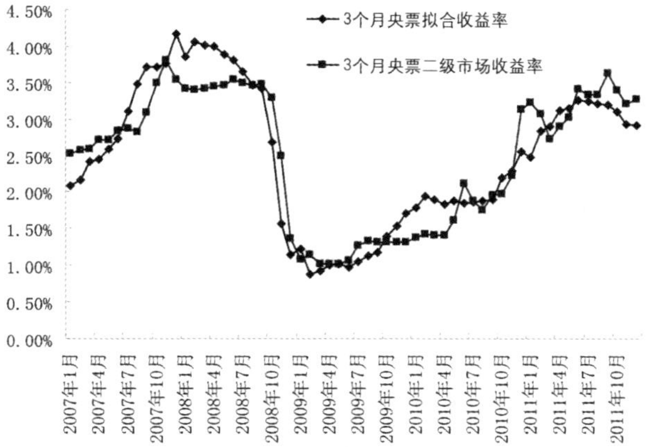

图4　3个月央票收益率拟合情况比对图

利率具有一定合理性。另外,随着宏观经济变量和市场变量的变化,分析结果也将动态变化,不过上述分析从方法论上提供了研究央票定价的有效途径。

（二）协整方程可作为1年期央票和1年期国债二级市场收益率的参考

从上述协整分析结果来看,1年期央票和1年期国债收益率不符合泰勒规则,即1年期央票、1年期国债与1年定存的利差与产出缺口呈反向关系。造成这种问题的原因有两点:一是GDP是季度数据,我们将季度数据相等地复制到各月显然与实际情况不符,所以可能造成计算的偏差;二是协整分析证明的是央票利差、产出缺口和通胀目标差之间存在稳定的同步关系,虽然从相关性来看,GDP、CPI均与债券收益率呈正相关性,但债券收益率与CPI的关系非常密切,而与GDP的关系较为复杂和微弱,因此应将协整方程中的系数符号理解为三者间的长期平稳关系,而并不意味着1年期央票和1年期国债收益率与GDP负相关。

图5　1年期央票收益率拟合情况比对图

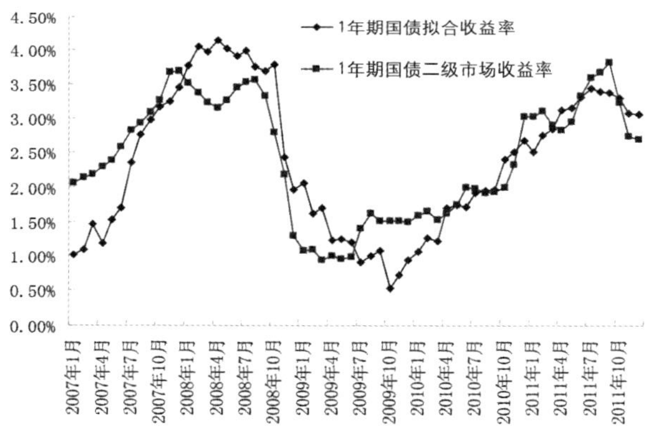

图6　1年期国债收益率拟合情况比对图

从协整结果来看,1年期央票、1年期国债与产出缺口和CPI目标差之间存在着稳定关系,虽然协整方程并不能套用泰勒规则来解释,但仍可运用这一稳定关系确定1年期央票和1年期国债合理的收益率水平。根据模型1的协整方程,我们对历史上1年期央票和1年期国债收益率的合理值进行了拟合,并将其与实际的1年期央票和1年期国债二级市场收益率进行对比,发现拟合度相当高(图5、图6),这也说明这种定价方法是有效的。

（文中观点不代表作者所在单位的意见）

参考文献

[1]杨辉,杨丰.风险互动及其对债券定价的影响——对中美债券定价的实证分析[J].农村金融研究,2010(4).

[2]沈炳熙.我国债券定价机制的形成和发展[J].货币市场,2009(8).

[3]Petra Gerlach-Kristen. Interest Rate Reaction Functions and The Taylor Rule in the Euro Area[R],ECB September 2003

[4]谢平.泰勒规则及其在中国货币政策中的检验[J].经济研究,2002(3).

[5]江璐.泰勒规则在中国的检验[J].理论与实践,2010(5).

[6]夏斌,廖强.货币供应量已不宜作为我国货币政策中介目标[J].经济研究,2001(8).

[7]曹伟,左杨.基于SVEC模型的中国货币政策效应与规则研究[J].货币银行,2011(12).

作者单位：中国人民银行货币政策司

（本文原载于《债券》2012年9月刊）

无情怀　不绿债

吴之雄

当前绿色发展上升为国家战略,绿色金融如火如荼,绿色贷款方兴未艾,绿色债券崭露头角。据我所知,目前为止,国内非金融企业公开发行4只绿色债券,国开行承销了协合风电、金风科技两只,其中协合风电是国内首只贴标的企业绿色债券;2014 年国开行还和浦发银行共同承销了中广核风电碳排放票据,这是国内绿色债券的早期探索。三个项目我都有幸全程参与,在实际操作中有些思考。

从国际看,绿色信贷占据主导地位,绿色债券是有益补充;从绿色债券内部结构看,绿色金融债券占据大头,绿色企业债券属于相对少数。从国内看,情况大致相同。2015 年全国金融机构发放绿色贷款超过 7 万亿元,同比增长 16.47%。相较之下,国内绿色债券起步较晚、规模较小。截至今年 6 月 13 日,2016 年绿色债券发行 530 亿元,其中绿色金融债 490 亿元,而非金融企业仅发行 40 亿元。

企业发行绿色债券积极性为何不及预期?

在创新试点前,国开行广泛动员潜在客户,但绝大多数企业对“第一单”更感兴趣,而不是绿色债券本身。

企业的绿色项目为什么更倾向于贷款,而不是债券?一是基于项目资产负债匹配考虑。绝大部分绿色项目投资回收期较长,而债券市场由于各种原因难以为普通企业提供大量长期限资金,贷款则可以。比如协合风电光伏发电贷款期限都在 8 年以上。二是基于融资成本考虑。对于普通企业而言,长期限融资时贷款利率显著低于债券。以某民企光伏发电项目为例,银行贷款往往采用基准利率,最多上浮 10%;而该企业发行 3 年期绿色债券的利率却超过 6%;若发 10 年期债券,利率估计至少 8%以上。

即使企业选择发债融资,为什么更倾向于选择普通债券,而不是绿色债券?我国现有绿色金融政策以限制污染为主,对企业发行绿色债券投资节能减排、清洁能源、生态环境建设项目等缺少具体、有力的激励措施。企业绿色债券仅在理念设计和资金使用要求上有别于普通债券,但在评估认证、材料审核和信息披露等方面远高于债券,特别是评估认证需企业自行付费完成,额外增加了企业融资成本和时间成本。

投资者是否会因债券的绿色特性而格外青睐?

从三只债券的询价过程看,答案是否定的。在目前国内资产配置荒背景下,资金难寻去处,很多金融机构都在不同场合表达了自己的绿色情怀和支持绿色发展的坚决态度,但并不代表这些机构会因此加大绿色债券投资力度,更不表明会因此降低投标利率。一来资本天生是逐利的;二来国内机构绿色意识总体还是不足,《银行家》2015年全球排名前25家银行中,18家采取赤道原则,而入围的5家国内银行无一采取;三是对具体负责投资的交易员而言,风险收益匹配才是王道,前几年超日、英利和天威等新能源企业债券接连违约,在投资者心中投射的阴影面积较大,加之政府补贴存在不到位、补贴政策说变就变等情况,投资者对部分绿色债券敬而远之。

怎样才能让供需双方愉快地在一起?

只有充分调动供需双方的积极性,才能避免绿色债券落入“雷声大,雨点小”的窠臼。既然依靠市场难以解决问题,那么就需要政府出马。但行政干预肯定不行,如给特定投资者下达绿色债券投资限额等,不符合市场规律;政策引导才是上策。

监管机构在各自职权范围内,尽最大可能出台了政策,比如绿色金融债券可以按照规定纳入央行货币政策操作的抵质押品范围,很大程度上提高了绿色金融债券的流动性,降低了发行成本;比如国家发展改革委明确已获准发行绿色债券的绿色项目,且符合中央预算内投资、专项建设基金支持条件的,将优先给予支持。

纵观目前政策,诚意满满,有促进作用,但还不够“解渴”:一是提高绿色通道效率,但债市在监管竞争驱动下,审批效率已经很高;二是降低发行门槛,比如绿色企业债券发行人不受发债指标限制,还放宽了绿色债券募集资金用于偿还借款等的限制,但这些限制对于公司债和债务融资工具发行人本来就不是大问题;三是扩大规模,比如资产负债率低于75%的前提下，核定发债规模时不考察企业其他公司信用类产品的规模，但公司债早已不考虑其他信用产品规模，先发其他常规产品再发公司债，就可以规避净资产对中长期限债券规模的约束。当然，政策虽然实际效用可能有限，但至少表明监管层积极的态度。

要加快绿色债券发展，关键是要解决发行人融资成本和投资者风险这两个问题。

降低融资成本方面，财税优惠是各国普遍采取的措施，包括价格补贴、贴息、减免税收等，但短期内较难落地。一是需要债券监管部门与财税部门沟通协商，而且不是财税部门一家就能确定；二是财税优惠的市场基础短期内很难具备，比如哪类绿色债券予以减免？需不需要强制认定？若由第三方认定，那么谁来给第三方发牌照，怎么监管？这些都是问题。如果搞不好，就会重走“评级泡沫”的老路，不但影响中国绿色债券市场成色，甚至会产生寻租。目前相对可行的办法，一是借鉴绿色金融债，将绿色信用债券按照不同评级标准、不同折算率纳入央行货币政策操作的抵质押品范围；二是将绿色债券投资比例或规模，作为相关机构在市场评价、准入等方面的参考指标。

降低债券风险方面，相关政策鼓励措施短期内同样较难落地。比如鼓励地方政府成立专项担保基金，仅依靠地方财力，基金规模和增信效果有限，容易造成资金浪费；但若由中央成立，又会出现前面财税优惠一样的问题和顾虑。又比如对碳排放收益权进行增信，投资者认可程度可能很有限，因为有些权益基本没有市场、没法处置。目前可行的办法，一是把既有政策更好落地，比如新能源补贴、新能源发电优先上网等；二是适度放松担保公司担保绿色债券的杠杆倍数；三是发展绿色资产证券化产品,通过资产分散化、产品结构化等方式实现内部增信。

所有新增优惠政策的前提,是相关债券必须足够“绿色”,这必须由独立的持牌第三方强制认证,而不是“鼓励”认证或由政府部门认证。因此,需要构建非常严密的认证体系,包括明确清晰的认证标准、专业客观的认证机构、严格有效的监管体系等。个人判断,在市场基础尚未成熟前,财税优惠等最有力、最直接的政策很难出台。

企业如何发行绿色债务融资工具?

在发行绿色债务融资工具过程中,一是从认识上不但要看到企业绿色债券丰满的理想,也要看到骨感的现实;不但要看到光明的前景从而增强信心,更要看到道路的曲折,这样才有长期坚持的恒心。二是发行人要了解绿色债券的真实情况,在此基础上决策“做不做”“怎么做”。三是在操作中,绿色债务融资工具与普通债务融资工具并无本质区别,主要在实务操作上附加“绿色概念”,因此在资金用途、信息披露、资金监管和第三方认证上有所差异。

首先是评估自身是否适合发行绿色债券。一是是否符合发行债务融资工具的市场条件,这主要取决于企业资质。二是进行成本—收益评估,主要是和其他融资渠道或普通债券对比。三是募集资金用途是否符合绿色债券标准,这是重中之重。目前绿色债券可用于绿色项目建设、偿还绿色项目银行贷款、补充营运资金,前提是营运资金用途是为符合绿色标准的项目提供配套,比如生产风机等,在项目建设、偿还借款、营运资金具体结构上并无限制,但相关绿色项目必须符合《绿色债券支持项目目录》的要求。

其次是开展绿色债券注册工作。绿色债券和普通债券不同之处主要有三方面：一是注册部门，普通债券为交易商协会的注册办公室，绿色债券为市场创新部。二是独立第三方机构认证，我认为原则上是必须的。但因为理论上认证不是一定有，为了节约成本，可以先上报材料，待专家初步判断募集资金用途基本符合目录要求后，再聘请第三方进行认证。在选择认证机构时，要确定其是协会会员或者符合入会条件且愿意入会。三是注册信息披露，绿色债券在募集资金用途方面更加细致，要求增加披露项目与目录对标情况、节能减排效果和资金监管等。

最后是存续期信息披露。主要新增披露募投项目建设运营情况及存续期跟踪绿色认证意见等。对于市场参与主体而言，没好处就不做，这是理性；没坏处就做，这叫情怀。目前绿色债券在很大程度上确实是“情怀债”。但毫无疑问的是，绿色债券利国利民。所以希望大家齐心合力，微观市场的参与者少点理性，多点情怀；宏观政策的制定者少点理念，多些实招。相信绿色债券这颗刚破土的小苗，终将长成参天大树，泽被千秋万代。（本文仅为个人观点，不代表所在机构意见）

本文作者吴之雄，时任国家开发银行资金局债券承销二处处长

（本文原载于《债券》2016 年 7 月刊）

久期规划策略证明及应用

——债券指数化投资新视角

秦新锋

摘　要:久期规划策略通过定期调整债券组合成份券,保持平均久期固定,可以实现在投资期限内,无论成分券的到期收益率如何波动,债券组合的平均年化收益率都会稳定地向初始到期收益率收敛,收敛过程的波动率会随着投资年限的增长而逐渐缩小。

关键词:久期规划　到期收益率　跟踪误差　债券指数

久期规划(Duration Targeting,DT)是由固定收益大师莱伯维茨博士在今年出版的新书 *Inside The Yield Book* 中提出的债券投资策略。该策略虽然简单直观,却颠覆了人们对于债券作为固定收益金融产品的传统认知:一是久期不仅可以用作衡量债券利率风险的指标,还可以作为锁定债券组合投资收益的标杆。二是债券组合的应计利息在经过一定投资年限的累积后会抵消相对应的净价变化对投资收益的影响。

在此,笔者将久期规划策略的主要理论呈现给读者,并将该策略应用于中央结算公司编制的不同类型的债券指数,通过追踪债券指数的投资收益率确实向初始到期收益率收敛，在保持投资期限内的久期稳定的条件下，验证了久期规划策略的有效性。

久期规划策略的内容及证明

债券组合的投资方式大致可以分为三类：持有至到期、久期免疫和久期规划。持有至到期以追求绝对收益为目的，回收金额和期限固定，但是债券组合在投资过程中的价值会受到债市波动的直接影响。久期免疫用于资产负债管理，主要目的在于减少由利率期限结构变化而带来的风险。二者的共同点在于债券组合的久期均会随着时间流逝而逐渐降低。与之不同的是，久期规划策略通过定期调整债券组合成分券，保持组合平均久期固定，可以实现无论各成分券的到期收益率如何波动，债券组合的年化收益率会稳定地向组合初创时的加权到期收益率收敛，并且收敛的波动率会随着投资年限的增加而逐渐减小。久期规划策略的执行可以通过设定一个债券投资组合的久期目标或者追踪一只久期稳定的债券指数实现。在下文中笔者分别通过趋势线模型以及随机行走模型对久期规划理论进行证明，并给出该策略的跟踪误差以及总波动率的衡量方法。

（一）趋势线模型（Trendline Model）

在趋势线模型中，我们假定持有平均久期为 D=5.0 的零息债券组合，且每年该组合到期收益率等量递增。如图 1 所示，该组合的到期收益率初始值为 3.0%，最终值为 5.5%，在 5 年的持有期内每年增加 0.5%。为了保持久期稳定保持在 5.0 的目标（D=5.0），我们在每年的年末对组合进行调整，卖出久期较小的旧债，购入久期较长的新债。

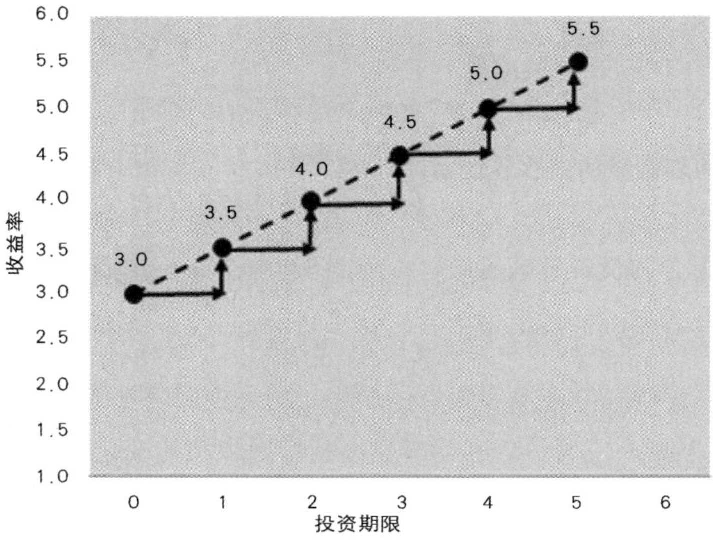

图 1　趋势线模型(单位:%、年)

对于零息债券,我们可以用如下公式近似计算其在年末投资收益率:

$R = Y_0 - (D - 1)\Delta Y$

Y_0:初始到期收益率

D:久期目标

ΔY:过去一年到期收益率的变化

R:年化收益率

在第 1 年末的时候,利用上述公式我们可以推算出第一年投收益率为:3%−4×0.5%=1%。以此类推,表 1 列出了每年进行调整后的投资回报率。

表 1　趋势线模型收益逐年变化（久期 D=5 年，投资期限 N=5 年）

投资期限（年）	初始到期收益率	到期收益率变化	最终到期收益率	久期	净价变化	年末总回报率
1	3.0%	0.5%	3.5%	4.0	-2.0%	1.0%
2	3.5%	0.5%	4.0%	4.0	-2.0%	1.5%
3	4.0%	0.5%	4.5%	4.0	-2.0%	2.0%
4	4.5%	0.5%	5.0%	4.0	-2.0%	2.5%
5	5.0%	0.5%	5.5%	4.0	-2.0%	3.0%
6	5.5%	0.5%	6.0%	4.0	-2.0%	3.5%
7	6.0%	0.5%	6.5%	4.0	-2.0%	4.0%
8	6.5%	0.5%	7.0%	4.0	-2.0%	4.5%
9	7.0%	0.5%	7.5%	4.0	-2.0%	5.0%
平均值	5.0%	0.5%	5.5%	4.0	-2.0%	3.0%

表 1 显示，债券组合在每次调整后，由于债券到期收益率增加而带来的净价损失是-2.0%，然而由应计利息累积的投资收益却在逐年递增（由第 1 年时的 3.0%增加至第 5 年时的 5.0%），但是净价损失所带来的影响还是主导了投资收益，前 5 年的平均年化收益率只有 2.0%。我们由此继续推算，当久期规划策略执行到第 9 年的时候，由不断增加的应计利息累积所产生的投资收益会抵消净价方面的损失，9 年持有期的平均年化收益收敛至该组合的初始到期收益率 3.0%。

表 1 仅描述了到期收益率持续增加的一种情形。事实上，当债券的到期收益率下跌时，在净价方面的获利会被不断下降的应计利息收益削减。表 2 描述了在 5 年的投资期限后，最终到期收益率在（-3%，3%）的区间之内，超额年化收益率（Excess Return）（等于年化收益率-初始到期收益率）与到期收益率变化的关系。

值得注意的是，表 2 中第 7 列中超额收益率与到期收益率变化的比率一直是-0.4，这个比率被称为趋势线久期（Trendline Duration）。在久期规划策略中，趋势线久期可以用代表应计利息累积因素的累积因子

(Accrual Factor)与代表投资期限因素(也可视为代表净价影响)的久期因子(Duration Factor)描述:

趋势线久期:$D_{TL}=F_{Duration}-F_{Accrual}=\frac{D-1}{N}-\frac{N-1}{2N}$

累积因子:$F_{Accrual}=\frac{N-1}{2N}$,其中 D 为久期目标,N 为投资期限

久期因子:$F_{Duration}=\frac{D-1}{N}$

表 2　趋势线模型收益和价格变化(D=5 年,N=5 年)

到期收益率变化合计	净价变化合计	应计利息累积合计	总收益合计	5 年平均年化收益率	超额年化收益率	超额年化收益率/到期收益率变化
-3.0%	12.0%	9.0%	21.0%	4.2%	1.2%	-0.40
-2.0%	8.0%	11.0%	19.0%	3.8%	0.8%	-0.40
-1.0%	4.0%	13.0%	17.0%	3.4%	0.4%	-0.40
0.0%	0.0%	15.0%	15.0%	3.0%	0.0%	-
1.0%	-4.0%	17.0%	13.0%	2.6%	-0.4%	-0.40
2.0%	-8.0%	19.0%	11.0%	2.2%	-0.8%	-0.40
3.0%	-12.0%	21.0%	9.0%	1.8%	-1.2%	-0.40

如图 2 所示,在执行久期规划策略的初期代表净价影响的久期因子对投资收益起主导作用,远高于累积因子的影响。然而,当久期因子与累积因子相等的时候,趋势线久期等于 0。此时无论债券组合的到期收益率处于何处,该组合的平均年化收益率与初始到期收益率相等。在图 2 中,累积因子与久期因子在第 9 年时相交,印证了表 1 的平均年化收益率向初始到期收益率在第 9 年收敛的结果。

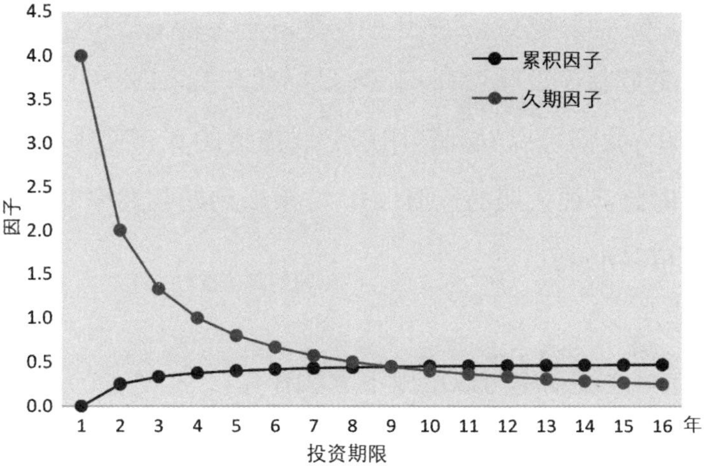

图 2　累积因子与久期因子对投资收益的影响

由此我们可以得出，当投资期限为 2 倍久期目标减 1 的时候，趋势线久期等于 0，该投资期限 N^* 被称为有效到期日（Effective Maturity），有效到期日 N^* 描述了实现收益率收敛所需的投资期限长度。

$$D_{TL}=0\Rightarrow\frac{D-1}{N}=\frac{N-1}{2N}\Rightarrow N^*=2D-1$$

（二）随机行走模型（Random Walk Model）

趋势线模型可以扩展为包含随机行走的更符合实际债市波动的模型。利用随机行走模型，我们可以估算出由债券收益率波动而带来的趋势线波动率（Trendline Volatility）与跟踪误差（Tracking Error）。在随机行走模型中，趋势线波动率与跟踪误差互相独立，共同构成了久期规划策略投资收益的总波动率（Total Volatility）。

趋势线波动率是指由最终到期收益率的随机变化而产生的波动率，也是超额年化收益率的波动率。我们假设到期收益率的变化是一个以均值为 0，年化标准方差为 1.0%（$\sigma_{yield}=1.0\%$）的随机行走过程。在 5 年的投资期限后,最终到期收益率变化的标准方差变为$\sqrt{5}\times1\%=2.24\%$,这也意味着68%的收益率变化会在±2.24倍标准方差之内。

在表2中,我们可以发现使用趋势线模型的5年期年化超额收益率等于第5年时趋势线久期的负值(-0.4)乘以到期收益率变化合计(到期收益率最终值-初始值):

$$R_{excess}=-D_{TL}\times\Delta_{yield}$$

所以,趋势线波动率可以由以下方法计算:

$$Vol_{TL}=Vol(R_{excess})=|D_{TL}|Vol(\Delta_{yield})=|D_{TL}|\sqrt{N}\sigma_{yield}$$

在图3中我们可以看到,随着投资期限的增加,趋势线波动率由第1年时的4%,快速减少到第5年的0.89%。当投资期限等于有效到期日时($N^*=9.0$),趋势线波动率为0,9年投资期限的平均年化收益率等于初始到期收益率。

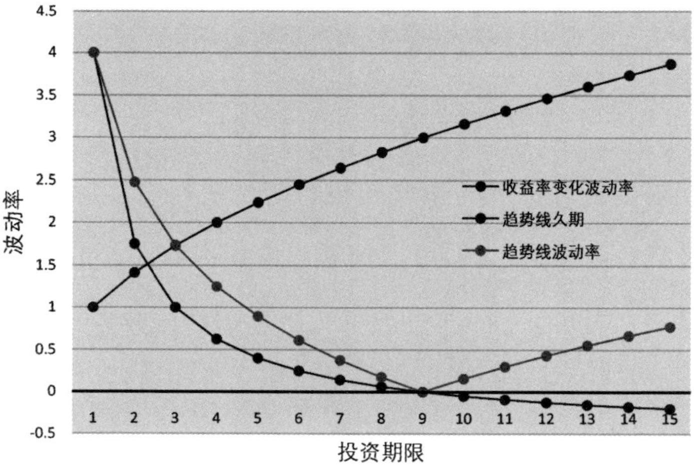

图3 趋势线波动率(D=5年,单位:%、年)

趋势线波动率描述的是最终到期收益率的随机变化情况,然而如图4所示,非趋势线路径中所产生的应计利息累积与趋势线模型的应计利息累积结果之间存在残差，跟踪误差（Tracking Error）即描述残差部分的随机变化，跟踪误差 $\varepsilon_{\text{Tracking}}$ 可以用下面的公式近似获得：

$$\varepsilon_{\text{Tracking}}=0.29\sqrt{N}\sigma_{\text{yield}}$$

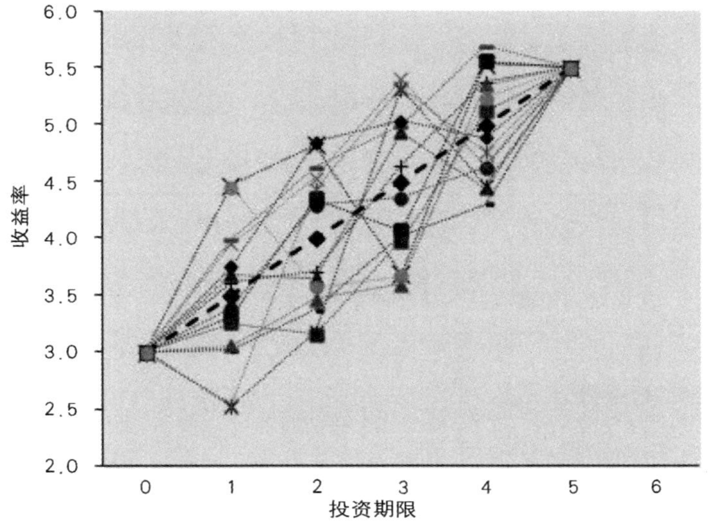

图 4　趋非趋势线路径（单位：%、年）

有了趋势线波动率和跟踪误差之后，我们可以计算出在不同的投资期限 N 时，久期规划策略投资收益的总波动率：

$$Vol_{\text{Total}}=\sqrt{\varepsilon_{\text{Tracking}}^{2}+Vol_{\text{TL}}^{2}}=\sqrt{N}\sigma_{\text{yield}}\sqrt{0.0841+D_{\text{TL}}^{2}}$$

在图 5 中我们可以看出，一个久期目标为 5.0 的久期规划投资组合的投资收益总波动率由第 1 年时的 4%，逐渐减小至第 3 年的 1.8%和第 4 年的 1.38%。在第 8 年时总波动率达到最小值 0.84%。

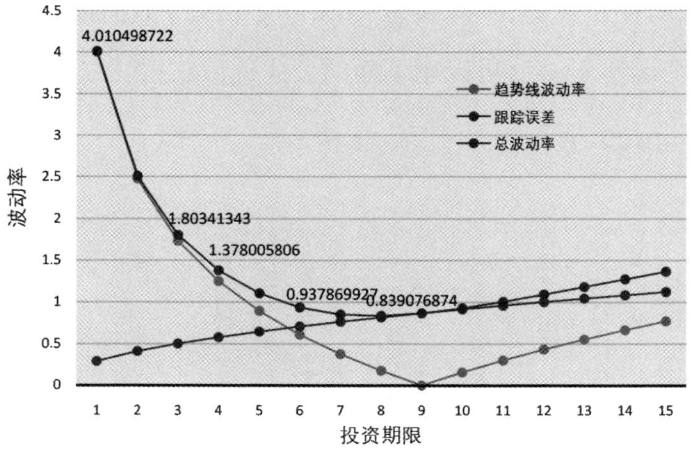

图 5　久期规划策略收益的总波动率(D=5 年,σ_{yield}=1%,单位:%、年)

中债指数的策略应用

为了验证久期规划策略在债券指数化投资中的收益率收敛效果,笔者选取了中央结算公司编制的六只债券指数进行测试:分别是中债-综合指数、中债-中短期债券指数、中债-长期债券指数、中债-固定利率金融债指数、中债-浮动利率金融债指数及中债-高信用等级中期票据指数。

(一)中债-综合指数策略应用

由图 6 中我们可以看到,中债-综合指数自 2002 年创建以来,平均市值法久期稳定在 4 左右。过去 12 年该指数的平均久期为 4.3,过去 3 年间该指数到期收益率的平均年化波动率是 1.5%。如果我们选择投资期限为 4 年,根据久期规划理论,4 年期的年化投资收益率应该向 4 年前该指数的平均到期收益率收敛,二者误差在总波动率的范围之内。

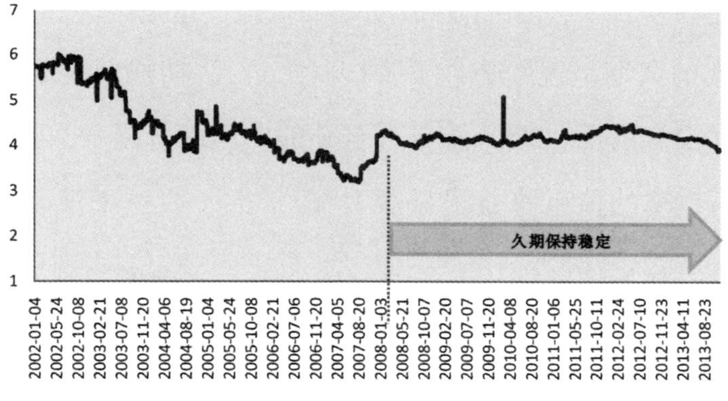

图 6　中债-综合指数平均市值法久期

数据来源:中债综合业务平台

图 7 中深色的曲线为中债-综合指数的平均市值法到期收益率从 2002 年至今的走势,浅色的曲线为从 2002 年开始投资该指数 4 年的平均年化收益率。如果我们将浅色的曲线向前挪动,使之与中债-综合指数的到期收益率曲线重叠,年化收益率确实向初始到期收益率收敛(图 8),两条曲线走势基本一致。

图 7　投资中债-综合指数平均市值法到期收益率与 4 年年化收益率

数据来源:中债综合业务平台

在图 8 中,我们可以进一步发现 2002—2008 年的年化收益率与到期收益率之间误差较大,超出了总波动率的范围。这是因为 2008 年之前中债综合指数的久期呈现趋势性下降(见图 6),久期规划策略所要求的久期稳定条件没有满足。2008 年 3 月至今的中债综合指数久期比较稳定,今年 6 月份以来的债市收益率显著上涨,扩大了收益率波动率 σ_{yield},但是投资收益与初始到期收益率的误差依然符合之前的总波动率范围(图 8 中箭头标示的区间)。

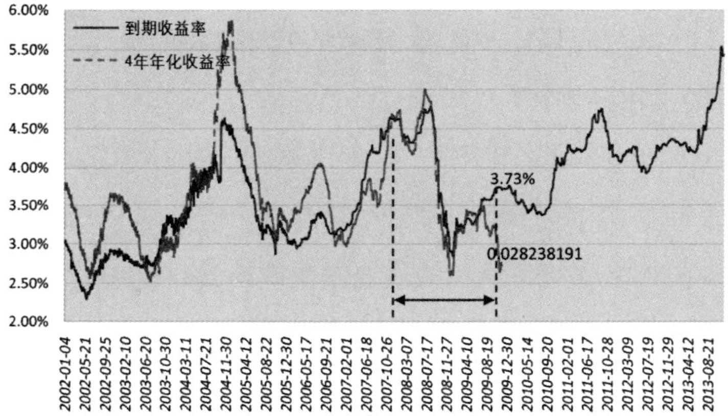

图 8　投资中债-综合指数 4 年年化收益率收敛

数据来源:中债综合业务平台

（二）中债-中短期与长期债券指数策略应用

2005 至今,中短期债券指数的平均久期为 3.90,图 9 为投资该指数 4 年的平均年化收益率向 4 年前的初始到期收益率收敛。

图 9　投资中债-中短期指数 4 年年化收益率收敛(单位:%)

数据来源:中债综合业务平台

2002 年至今,长期债券指数的平均久期为 12.16,图 10 为投资该指数 10 年的平均年化收益率向 10 年前的初始到期收益率收敛。

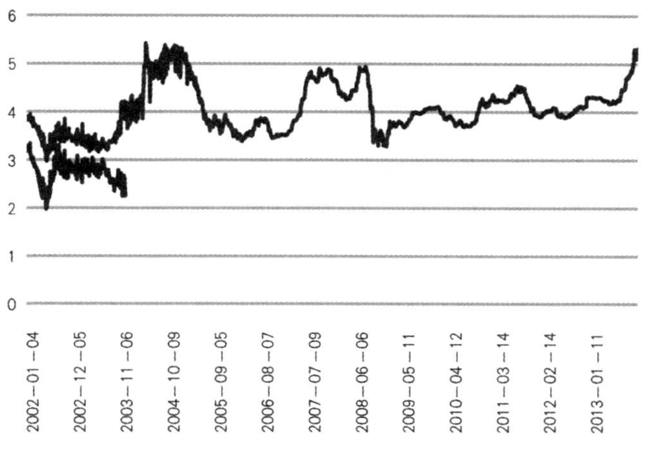

图 10　投资中债-长期指数 4 年年化收益率收敛(单位:%)

数据来源:中债综合业务平台

（三）中债-固定与浮动金融债指数策略应用

2002 年至今，固定利率金融债指数的平均久期为 5.08，图 11 为投资该指数 9 年的平均年化收益率向 9 年前的初始到期收益率收敛。在第 9 年时趋势线波动率几乎为 0，图中差别仅为跟踪误差。

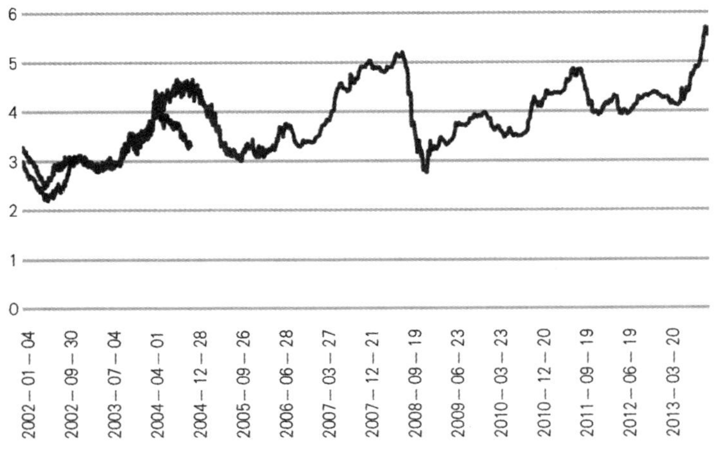

图 11　投资中债-固定利率金融债指数 9 年年化收益率收敛(单位:%)

数据来源：中债综合业务平台

2008 年至今，浮动利率金融债指数的平均久期为 3.76，图 12 为投资该指数 4 年的平均年化收益率向 4 年前的初始到期收益率收敛。由于浮动利率债到期收益率波动性较固定利率债券高，过去 3 年的浮动利率债收益率的波动率为 1.8%，而同时期的固定利率指数到期收益率波动率为 1.5%，图 12 中的收益率收敛较固定利率金融债波动性更大。

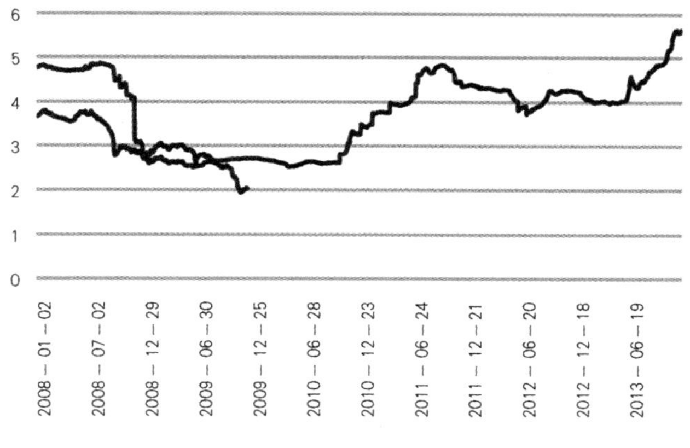

图 12　投资中债-浮动利率金融债指数 4 年年化收益率收敛(单位:%)

数据来源:中债综合业务平台

(四)中债-高信用等级中期票据指数策略应用

2008 年 5 月至今,高信用等级中期票据指数的平均久期为 2.81,图 13 为投资该指数 4 年的平均年化收益率向 4 年前的初始到期收益率收敛。

图 13　中债-高信用等级中期票据指数 4 年年化收益率收敛(单位:%)

数据来源:中债综合业务平台

从以上四个策略应用可以看出,在保持投资期限内的久期稳定的条件下,无论由何种类型债券组成的债券指数都验证了久期规划策略的有效性。

小结

债券作为固定收益金融产品,与股票等风险资产的差异在于,应计利息会随着投资期限的延长而逐年累积。因为通常对债券组合的收益/风险的分析是在较短的投资期限内,所以应计利息对于投资收益的影响被忽视。在久期规划策略中,随着投资期限的延长,应计利息对投资收益的影响不断上升,并在有效到期日后超过净价变化对投资收益的影响。

莱伯维茨博士所提出的久期规划策略在商业银行中其实已被隐性地使用,持有至到期由各种长短期限的债券所组成的阶梯型组合,并不断地在旧债到期后购买新债,持债组合的久期保持了一定程度的稳定。在实际的投资过程中,久期规划策略展现出两面性:一方面,如果投资者对当前的到期收益率满意,他无须担心未来的债市波动会对投资收益造成负面影响。另一方面,执行久期规划的债券组合可以被视为“收益率陷阱”,因为投资者即使不满意当前债券的收益率,也无法寄希望于未来上扬的到期收益率对投资收益有所改进。从这个所谓的“收益率陷阱”离开的方法就是实质上延长或者缩短债券组合的久期。

对于当前高企的债市收益率,笔者认为无论是通过久期规划策略安全地锁定较高收益率还是在未来收益率下降时实现交易性获利,债券指数化投资都不失为一种值得考虑的投资方式。但也需防范债市收益率继续上升所带来的风险。

参考文献

[1]中央国债登记结算有限责任公司.中债指数编制说明,2012.

[2]Martin L. Leibowitz. Inside the Yield Book: The Classic That Created the Science of Bond Analysis,2013.

[3]Martin L. Leibowitz. Duration Targeting: A New Look at Bond Portfolios,2012.

作者单位:青岛农商银行资金运营部

(本文原载于《债券》2013 年 12 月刊)

如何寻找国债期货最便宜可交割债券

——基于国债期货仿真交易合约的计算

周文渊　刘颖慧　朱昭霖

摘　要：本文对国债期货的仿真交易及其合约进行了介绍，并与老国债期货合约进行了比较，在此基础上，通过对国债期货定价模型的分析，对基于当前国债期货仿真交易合约下，如何寻找国债期货最便宜可交割债券，进行了计算，并得出了结论。

关键词：国债期货　仿真交易　合约

2012年2月份中国金融期货交易所开始推动国债期货的仿真交易，根据中金所披露的信息显示，推出的仿真交易为中期国债期货，期货合约的合约标的为面额为100万元人民币，票面利率为3%的每年付息一次的5年期名义标准国债。5年期国债期货合约的可交割债券为在最后交割日剩余期限4~7年(不含7年)的固定利息国债。

仿真交易合约与老国债期货合约的比较

中国国债期货的重启无论如何都绕不开"327"国债期货事件，事实上,目前中金所推出的国债期货仿真交易与20世纪90年代中期运行的国债期货有了本质的区别,包括利率市场化的环境、债券市场的发展阶段、基础设施建设、期货制度设计和机构投资者发展和法规制度方面的准备。目前推出的仿真交易与90年代试点的国债期货有本质不同,“327”国债期货的标的属于浮动利率债券,当前,我国试点的国债期货并非典型意义上的标准固定利率国债期货。

“327”国债期货事件的主角,是1992年发行的3年期国库券,该券发行总量为240亿,1995年6月到期兑付,利率是9.5%的票面利息加保值贴补率。早期发行的国库券都是一次还本付息,保值贴补率政策实际上改变了“327”国债的现金流特征。由于国债期货试点期间标的券种普遍实行保值贴补率,因此总体来看,当时试点的国债期货本质上不是典型意义上的国债期货,而是一种浮动利率国债期货,或者说是通货膨胀期货。浮动利率债券一方面本身就是对冲利率风险的工具,就浮动利率开展期货完全没有必要;另一方面其价格理论上总是等于其面值,国债期货发现价格的功能完全丧失。

国债期货的定价

(一)期货的定价

根据无套利模型,期货价格等于现货价格加上持有成本;持有成本包括储存成本加上资产的融资利息,再减去资产的收益。c为持有成本,r为融资利率(无风险利率),q为资产的期间收益率,u为储存成本的收益率水平。

$$F_0 = S_0 e^{cT}$$

$c = r - q + u$

则对于投资类资产而言,期货价格为:

$F_0 = S_0 e^{cT}$

F_0 为期货价格 S_0 为现货价格 T 为持有期限。

对于消费品,因为有些消费品存在便利收益率,因此其期货价格为 $F_0 = S_0 e^{(c-y)T}$

y 为便利收益率,其他同上。

表 1　中国金融期货交易所 5 年期国债期货仿真交易合约

项目	内容
合约标的	面额为 100 万元人民币,票面利率为 3% 的 5 年期名义标准国债
报价方式	百元报价
最小变动价位	0.01 个点(每张合约最小变动 100 元)
合约月份	最近的三个季月(三、六、九、十二季月循环)
交易时间	上午交易时间:9:15—11 :30
	下午交易时间:13 :00—15 :15
	最后交易日交易时间: 上午 9 :15-11 :30
每日价格最大波动限制	上一交易日结算价的±2 %
最低交易保证金	合约价值的 3 %
当日结算价	最后一小时成交价格按成交量加权平均价
最后交易日	合约到期月份的第二个星期五
交割方式	实物交割
交割日期	最后交易日后连续三个工作日
可交割债券	在最后交割日剩余期限 4~7 年(不含 7 年)的固定利息国债
交割结算价	最后交易日全天成交量加权平均价
合约代码	TF

(二)国债期货的定价

国债期货本质上属于金融期货,投资品;而且持有国债期货存在融资利息和持有收益,而且国债期货的储存成本机会为零,因此国债期货的定价公式为

$F_0 = S_0 e^{cT}$

也即 $F_0 = S_0 e^{(t-q)T}$

r 为融资利率(无风险利率),q 为资产的期间收益率

一般融资利率为回购利率,期间收益率为票面利率;因此如果回购利率较高,期货会高于现货;反之则低于现货。

基于中期国债期货仿真交易合约的最便宜可交割债券选择

目前中国金融期货交易所推出的 5 年期国债期货仿真交易报价与国债现货报价方式一致,也采用百元净价报价方式,报价精确到 0.01 元。5 年期国债期货合约面值为 100 万元。比如,2012 年 3 月 8 日,2012 年 3 月份合约的 5 年期国债期货合约(代码 TF1203)的报价为 ¥98.27。

(一)国债期货的转换因子

期货价格的波动取决于现货市场价格和融资利率的波动;由于试点的中期国债期货采用的是虚拟券设计,可交割债券介于 4~7 年,因此在决定期货价格的程序中较为复杂,先是要找到最便宜交割债券,而最便宜交割债券的选择又取决于转换因子和市场收益率水平。

5 年期国债期货交易实行一篮子债券交割方式,当合约到期进行实物交割时,可用于交割的债券包括一系列符合条件的国债品种,其票面利率、到期时间等各不相同,因此,必须确定各种可交割国债和期货标的名义国债之间的转换比例,这个比例就是通常所说的转换因子(conversion factors,CF)。以 TF1203 国债期货为例,其实质是面值 ¥1 的可交割债券在其剩余期限内(2012 年 3 月 14 日至债券到期日)的现金流,用 3%的标准票面利率所折算的净价。

转换因子的计算公式为:

$$CF=\left[\sum_{1}^{n}\frac{c}{(1+r)^{(d/T+n-1)}}+\frac{100}{(1+r)^{(d/T+n-1)}}-C^{*}(1-d)/T)\right]/100$$

其中c为现货票面利率,r为期货票面利率,d为结算日至下一个付息日之间的期限;T为可交割国债在相邻两次利息支付期间的实际间隔天数,n为交割月的第二个周五后的第一个星期三至债券到期日的债券付息次数。如果这天刚好是付息日,则该次付息不计算在n中。转换因子精确到小数点后4位,进位方式不采用四舍五入,而是舍位。对于给定交割月份和利率的国债期货合约而言,一种可交割债券的转换因子将是固定不变的,不会受时间改变和该债券价格变化以及期货价格变化的影响。根据转换因子计算公式,转换因子值由可交割债券的票面利率与到期期限决定。一般说来,可交割债券实际票面利率越高,转换因子就越大,实际票面利率越小,转换因子就越小。实际票面利率高于国债期货合约票面利率的可交割债券,其转换因子大于1,并且剩余期限越长,转换因子越大;而实际票面利率低于国债期货合约票面利率的可交割债券,其转换因子小于1,并且剩余期限越长,转换因子越小。当可交割债券剩余期限越短时,转换因子就越接近于1。交易所将定时公布国债期货可交割债券的转换因子,投资者只需查询交易所公告即能得到每一个可交割债券的转换因子。

(二)最便宜可交割债券的寻找和选择

因为国债期货是给予空头选择交割券种的权利,而且可选择的券种为4~7年期的国债,目前市场上共有30多只国债符合TF1203合约的交割条件,可供空方选择来进行交割。因此,空头面临的一个问题,在期货

价格 F_0 已知的情况下,选择一只最有利的债券来进行交割,也就是最便宜可交割债券。

表 2　20 世纪 80 年代末—90 年代中期保值贴补率

	1988 年	1989 年	1990 年	1994 年	1995 年	1996 年
一月		12.71%	0.90%	9.84%	11.31%	
二月		(第一季度)	1.46%	10.38%	10.83%	
三月			0.00%	1.19%	11.87%	11.29%
四月		12.59%	1.42%	1.50%	11.47%	9.00%
五月		(第二季度)	1.88%	2.70%	12.27%	7.61%
六月			0.00%	3.38%	12.92%	7.23%
七月		13.64%		4.58%	13.01%	6.24%
八月		(第三季度)		4.27%	12.99%	4.75%
九月				4.96%	12.64%	3.61%
十月	8.86%	8.36%		5.62%	12.07%	3.62%
十一月	(第四季度)	(第四季度)		6.57%	12.07%	4.04%
十二月				8.79%	13.24%	3.72%

表 3　仿真交易与老国债期货合约的比较

比较项目	仿真交易	老国债期货
标的	虚拟债券(5 年 3%)	实体债券(如 327 国债期货中的国债为 1992 年发行的三年期国库券)票面 9.5%+ 保值贴补率
涨跌幅	正负 2%	无严格限制
保证金	3%	上海证券交易所的保证金比率是 2.5%,深圳证券交易所为 1.5%,武汉交易中心规定是 1%
交割	实物交割	现金或实物交割
现货市场发展程度	存量和增量有保障 国债利率市场化	存量、增量有限 国债利率未市场化
功能	套期保值　套利　投机	投机　套利　套期保值

市场上共有 34 只国债符合 TF1203 合约的交割条件。考虑利息和到期日,可交割债券之间的区别是很大的,尽管使用了转换因子,在交割时,

各可交割债券之间还是有差异的，有些会相对贵一些，有些则相对便宜些，合约卖出方可以选择最便宜、对他最为有利的债券进行交割，该债券便是所谓的最便宜可交割债券（cheapest to deliver，CTD）。

国债期货合约和其他期货品种一样，绝大多数的投资者都没有将合约持有到期进行实物交割，而是在到期日之前选择了平仓，实物交割率一般只有1%到3%左右。面对如此低的交割率，有人可能会质疑最便宜可交割债券的重要性。虽然国债期货合约实物交割率比较低，但是正是这相对很少的实物交割和转换因子一起决定了国债期货合约的价格特征，更确切地说，是最便宜可交割债券决定了国债期货合约的价格。

国债期货的空头在交割债券的时候，应该收到现金流为：

$F_0 \times CF + AI$

其中，F_0 为期货价格，CF为转换因子，AI为应计利息（Accrued interest）；

而为了进行债券交割，空头必须在市场中进行买入债券，如果假设不是通过融资买入债券，则空头需求支付的现金流为：S_0+AI；

简单来看，空头的选择应该是：

$MIN[(S_0+AI)-(F_0\times(CF+AI)]$

进一步简化为：

$MIN[S_0-(F_0\times CF)]$

债券的现货价格：

$$S_0=\sum_1^n \frac{c}{(1+r_m)^{(d/T+n-1)}}+\frac{100}{(1+r_m)^{(d/T+n-1)}}$$

$$F_0\times CF-F_0\times[\sum_1^n \frac{c}{(1+r)^{d/T+n-1)}}+\frac{100}{(1+r)^{(d/T+n-1)}}-C\times(1-d/T)]/100$$

其中 r_m 为市场收益率水平；其中c为现货票面利率，r为期货票面利率,d 为结算日至下一个付息日之间的期限;t 为可交割国债在相邻两次利息支付期间的实际间隔天数,n 为交割月的第二个周五后的第一个星期三至债券到期日的债券付息次数。

根据:

$$\mathrm{MIN}[S_0-(F_0\times \mathrm{CF})]$$

则其实质是:

$$\min\left[\sum_{1}^{n}\frac{c}{(1+r_m)^{(d/T+n-1)}}+\frac{100}{(1+r_m)^{(d/T+n-1)}}-\left(F_0\times\sum_{1}^{n}\frac{c}{(1+r)^{(d/T+n-1)}}+\frac{100}{(1+r)^{(d/T+n-1)}}-C\times(1-d/T)\right)/100\right]$$

那么根据上述公式,可以得出下面结论:

如果 $r_m>r$ 即市场收益率大于国债期货的票面利率;最便宜可交割债券:期限越长,票面越低;如果 $r_m<r$ 即市场收益率低于国债期货的票面利率:最便宜可交割债券:期限越短,票息越高。当收益率曲线陡峭化时,口头偏好期限长;收益率曲线平坦化时,口头偏好期限短。

事实上,上述的算法是简单化后的结果,如果考虑到融资买入,还需要考虑到现货市场的融资成本。

(三)隐含回购利率法下寻找最便宜可交割债券

另外一个寻找最便宜可交割债券的方法是隐含回购利率法。所谓隐含回购利率(implied repo rate,IRR),指买入国债现货并用于期货交割所得到的理论收益率。显然,隐含回购利率越高的债券用于期货的交割就对合约空头越有利,越便宜。如果在交割日之前没有利息支付,可交割债券在时间 t 的隐含回购利率 IRR 可以表示为:

$$IRR=\left(\frac{发票价格-购买价格}{购买价格}\right)\times\left(\frac{365}{T-t}\right)$$

$$\frac{F_t*CF+AI_T-(P_t+AI_t)}{(P_t+AI_t)}\times\left(\frac{365}{T-t}\right)$$

其中，Ft 为 t 时刻国债期货的价格，Pt 为可交割债券现券净价，CF 为可交割债券的转换因子，AIt 和 AIT 分别是时刻 t 和 T 的应计利息，T 为到期日。如果在交割日之前有利息支付，隐含回购利率就是使得债券远期价格等于期货合约发票价格的融资利率。相关计算假定其间的利息支付将会以隐含回购利率进行再投资。如果其间只有一次利息支付，隐含回购利率将是以下方程的解：

$$IRR=\frac{F_t*CF+AI_T-(P_t+AI_t)+\frac{C}{f}}{(P_t+AI_t)\times\frac{T-t}{365}-\frac{C}{f}\times\frac{T-S}{365}}$$

因此，基于期货价格和转换因子以及现货市场的运行，我们是可以通过上述方法找到市场中最便宜可交割债券；但是因为市场收益率往往处于波动之中，因此最便宜可交割债券在一定时间段内可能发生逆转，这一定程度上也降低了国债期货的可操纵性。

参考书目

[1]John C. Hull. 期权、期货及其他衍生产品（第 8 版）[M]. 北京：机械工业出版社，2011.

[2]中国金融期货交易所. 国债期货合约（仿真版本），2012.

[3]GALEN D. Burghardt. 国债基差交易（第三版）[M]. 王伟，译. 北京：中国金融出版社，2011.

[4]我国利率衍生品市场现状及开展国债期货紧迫性. 中国金融期货交易所-国泰君安联合课题报告[R]. 2011.

作者单位：周文渊、刘颖慧，国泰君安固定收益部
朱昭霖，华中师范大学信息管理系

（本文原载于《中国债券》2012年4月刊）

国债期货的功能及对债券市场的结构性影响

许　辉

摘要：本文对国债期货的主要功能进行了介绍，特别是对期现套利功能以及风险对冲功能及其操作进行了理论分析，并在此基础上，对我国国债期货的未来发展提出了若干政策建议。

关键词：国债期货　结构性影响

利率期货是一种重要的市场风险对冲工具，而国债期货则是利率期货的一个主要品种[①]。国债期货（Treasury Futures）是以政府债券为标的物的期货合约，其首先产生于美国的“大通胀”时期（the Great Inflation）。这个时期美国不仅利率大幅上升，而且波动率明显增强，利率风险暴涨；同时，政府财政扩张也使得政府债券市场的规模迅速增长，债券投资人的利率风险敞口越来越大，市场急需利率风险管理工具。国债期货由此应运而生，也大大地推进了美国的利率市场化进程。

① 利率期货市场上 EURODOLLAR Future 主要对冲 Interest Rate Swap 的利率风险敞口。

国债期货在金融市场中的重要作用

首先，通过债券回购市场将本来彼此割裂的债券即期市场、远期市场和期货市场有机地联结起来。有效的国债期货市场使得央行通过调节货币市场利率间接影响中长期利率、货币市场利率和债券市场收益率，短期利率和中长期利率互相传导、互相影响，为债券市场提供有效的定价基准，使形成健全完善的基准利率体系成为可能。

其次，向金融市场提供了有效的利率风险管理工具。尤其是在我国利率市场化进程中，放松利率管制之后，市场利率可能出现大幅波动，虽然研究表明国债期货本身并不能降低市场利率的波动性，但投资人可以使用期货工具有效地对冲利率风险。

此外，期货市场也丰富了债券市场的买卖方式和投资手段。尤其是对高风险偏好的交易者来说，可以不参与现券市场，只投入少量本金，使用杠杆操作期货产品，以博取投机收益。

国债期货的主要功能及实现方式

考虑到国债期货重启初期监管部门为保持金融市场的平稳将有意识地抑制投机需求，而且目前我国债券市场尚缺乏杠杆基金、对冲基金等高风险偏好的投机主体，预计国债期货的投机需求不大，其对我国债券市场的主要影响将集中于完善市场的期现套利功能和风险对冲功能两个方面。

(一)期现套利——联结现券市场、回购市场和期货市场的纽带

由于缺乏完善的金融工具，目前我国债券市场仍然处于彼此割裂的

状态，现券和回购市场的参与者、投资习惯以及市场价格相关性不强，尤其是债券回购几乎完全等同于货币市场融资业务。可以预计在国债期货推出之后，市场参与者可以通过发掘现券市场、回购市场和期货市场的价格失灵进行期限套利。

1. 国债期货合约的基差

(1)基差(Basis)的概念

这里引入基差(Basis)来表示现货价格与期货价格的差别：

$$Basis = \text{Spot Price} - (\text{Future Price} \times \text{Conversion Factor}) \quad (1)$$

其中：

Spot Price 为每百元面值的现券即期市场净价；

Future Price 为期货合约每百元面值债券的净价；

Conversion Factor 为期货合约可交割债券的转换因子。

(2)基差产生的原因

对于国债期货而言，现货与期货的基差一般是正的，根据美国国债期市场的历史数据检验，基差也确实为正，也就是期现套利机会长期存在(Hegde & Branch，1985)。正的基差来源于以下两个方面：

一是因为收益率曲线的斜率通常是正的，也就是说对于一个持有现券多头和期货空头的交易组合来说，投资人在即期融资买入现券并持有至期货到期日交割，其持有现券的票息收益通常高于为该笔现券进行回购融资的成本。

假设有一个投资人在即期 T_0 融资买入债券 a，即期净价为 P，同时卖空同样金额的 T_1 时到期的期货合约，期货价格为 FP，转换因子为 CF，债券 a 的票面利率为 C，正回购利率为 R。在不考虑交割期权价值的前提下，期现市场不存在无风险套利机会的均衡状态应满足：

$$(P+AI_{t0})\times(1+R\times\frac{T_1-T_0}{365})=\text{Invoice Price} \tag{2}$$

其中：

即期 T_0 买入债券的应计利息为 AI_{t0}；

期货到期日 T_1 交割债券的应计利息为 AI_{t1}

期货合约到期的交割金额为 $\text{Invoice Price}=\text{Future Price}\times CF+AI_{t1}$

$$\tag{3}$$

(2)式可改写为：

$$(P+AI_{t0})\times(1+R\times\frac{T_1-T_0}{365})=FP\times CF+AI_{t0}+C\times\frac{T_1-T_0}{365}$$

得到：

$$P-FP\times CF=C\times\frac{T_1-T_0}{365}-R\times\frac{T_1-T_0}{365}\times(P+AI_{t0}) \tag{4}$$

根据定义：$\text{Basis}=P-FP\times CF$

债券持有期票息收益

$$\text{Coupon Income}=C\times\frac{T_1-T_0}{365} \tag{5}$$

债券持有期的回购融资成本

$$\text{Financing Cost}=R\times\frac{T_1-T_0}{365}\times(P+AI_{t0}) \tag{6}$$

则(4)式可以改写为：

$$\begin{aligned}\text{Basis}&=\text{Coupon Income}-\text{Financing Cost}\\&=\text{Net Carry to Delivery}\end{aligned} \tag{7}$$

就是说,在不考虑交割期权价值的前提下,现货和期货的基差是由持有债券的票息收入和为债券融资的回购成本的差决定的,也就是由债券持有期间净携带收益决定的。

二是由于期货合约的条款赋予空方交割选择权(Delivery Option),其中又包括交割时机选择权(Timing Option)和交割券种选择权(Ouality Option)。前者是指期货合约的空方有权决定在期货合约的到期月当月何时进行交割;后者是指期货合约的空方有权选择可交割债券名单中的任何一只债券进行交割。当然,一般而言,空方会选择 CTD(Cheapest to Delivery)债券进行交割。由于理论上期权的价值大于或等于零,所以期货合约往往较现货折价,这就是市场似乎总存在持续的期现套利机会的原因之一。

值得注意的是,美国国债期货沿用了商品期货的交割月规则,即在合约到期月当月都是可交割的。然而根据《中国金融期货交易所 5 年期国债期货仿真交易合约》,中国国债期货的交割为最后交易日后的三个连续工作日,这样,期货空方在交割时点上的可选择余地大大缩小,使得中金所国债期货合约空方交割期权的时间价值几乎为零。

对于期货合约空方的交割券种选择权(quality option)而言,从经济的角度考虑,空方应选择事先已知的 CTD 债券进行交割。除非交割之前收益率曲线发生波动,导致 CTD 债券发生漂移,此时交割券种选择权产生价值。由此可见,在收益率曲线不发生大幅波动的前提下,中金所国债期货合约空方的交割期权的券种选择权的价值也几乎为零。

2. CTD 债券

根据《中国金融期货交易所 5 年期国债期货仿真交易合约》,5 年期国债期货合约的可交易债券为在最后交割日剩余期限4~7年(不含7年)的固定利息国债。由于各只可交割债券的转换因子(Conversion Factor)不同,实际用于交割的成本也不一样,对于期货合约空方来说,应选择CTD债券进行实物交割。

(1)转换因子(Conversion Factor)

期货合约交易的标的是一只虚拟的票面金额为3%的5年期国债,也称为该期货合约的名义标准债券,而到期交割时,是由空方在最后交割日剩余期限4~7年(不含7年)的固定利息国债中选择一只进行实物交割。由于各只可交割债券的久期、票息等要素是不一样的,需要将可交割债券按一定比例转换为期货合约的名义标准国债。这个转换比例就是转换因子。

按照中金所国债期货合约的规则,转换因子的确定方式为:

$$\text{Conversion Factor}=\frac{\text{Theoretical Price}}{100} \tag{8}$$

其中:理论价格(Theoretical Price)为将可交割债券以期货合约标准券的票面利率3%作为到期收益率、剩余期限为期货到期交割日至债券到期日进行折现的理论净价①。

根据这个规则,我们可以大致计算一下2012年6月份5年国债期货合约TF1206的几只可交割债券的转换因子。

(2)确定CTD债券

对于国债期货的空方来说,可以在一系列可交割债券当中选择一只

① 美国国债期货的可交割券转换因子的确定原则与中金所规则相同,但其剩余期限的确定方式较为复杂,剩余期限为期货合约到期月的第一天起到该只债券到期日的季度数(取整)。

进行实物交割。而在这一系列可交割债券当中,期货空方于现货市场买入并持有至期货到期日交割给期货多方而获得的净收益最高的一只债券,就是 CTD 债券。

实际操作中,可以计算只可交割债券的隐含回购利率(Implied Repo Rate),其中隐含回购利率最高的一只债券即为 CTD 债券。其背后的逻辑是,在无套利均衡的市场条件下,空方于现货市场买入并持有至期货到期日交割给期货多方而获得的收益应该等于其融资成本,也就是回购成本。那么,隐含回购利率最高的债券的持有收益也最高。

不考虑持有期间债券付息的情况下,隐含回购利率(Implied Repo Rate)的计算方式如下:

$$\text{Implied Repo Rate}=\left(\frac{\textit{Invoice}\ \text{Price}}{\textit{Purchase}\ \text{Price}}-1\right)\times\left(\frac{365}{\textit{Days}}\right) \quad (9)$$

其中:

现货市场买入债券的清算金额为 Purchase Price = Spot Price + Accrued Interest

期货合约到期的交割金额为 Invoice Price = Future Price × Conversion Factor + Accrued Interest

期货到期交割日与现券买入日之间的期限为 Days

根据以上公式,以及 2012 年 5 月 3 日 TF1206 收盘价 97.95 元计算,可交割债券的隐含回购利率详见表 2。

表 2　以 5 月 3 日 TF1206 计算的可交割债券的隐含回购利率

可交割债券	总额（亿）	起息日期	止息日期	票面利率(%)	转换因子	Purchase Price	Invoice Price	IRR
09 附息国债 17	260.00	2009-07-30	2016-07-30	3.15	1.0057	102.45	101.24	-11.05%
11 附息国债 22	293.00	2011-10-20	2016-10-20	3.55	1.0220	103.57	102.39	-10.65%
10 附息国债 22	281.90	2010-07-22	2017-07-22	2.76	0.9887	100.09	99.30	-7.39%
10 附息国债 38	306.40	2010-11-25	2017-11-25	3.83	1.0411	104.46	104.06	-3.65%
11 附息国债 03	300.00	2011-01-27	2018-01-27	3.83	1.0423	103.67	103.51	-1.44%
11 附息国债 17	300.00	2011-07-07	2018-07-07	3.70	1.0383	104.71	105.14	3.82%
11 附息国债 21	305.20	2011-10-13	2018-10-13	3.65	1.0369	103.36	103.98	5.57%
12 附息国债 05	907.00	2012-03-08	2019-03-08	3.41	1.0246	100.50	101.25	6.94%

已知 $$Future\ \text{Price}=\frac{CTD\ \text{Price}}{CTD\ Conversion\ Factor} \tag{10}$$

得到 $$Change\ of\ Future\ \text{Price}=\frac{Change\ of\ CTD\ \text{Price}}{CTDConversionFactor} \tag{11}$$

等式两边除以 Future Price，得到：

$$\frac{Change\ of\ Future\ \text{Price}}{Future\ \text{Price}}=\frac{Change\ of\ CTD\ \text{Price}}{CTD\ Conversion\ Factor}+\frac{CTD\ \text{Price}}{CTD\ Conversion\ Factor}$$

$$=\frac{Change\ of\ CTD\ \text{Price}}{CTD\ \text{Price}} \tag{12}$$

等式两边再同时除以收益率变动的比率$\frac{Change\ of\ Yield}{Yield}$，得到：

$$\frac{Change\ of\ Future\ \text{Price}\ /\ Future\ \text{Price}}{Change\ of\ Yield\ /\ Yield}=$$

$$\frac{Change\ of\ CTD\ \mathrm{Price}\ /\ CTD\ \mathrm{Price}}{Change\ of\ Yield\ /\ Yield} \tag{13}$$

根据久期的定义,得出:

$$Duration\ of\ Future\ Contract = Duration\ of\ CTD \tag{14}$$

2. 使用国债期货合约调整投资组合久期

(1)基本原则

如果投资组合久期为 $MD_{portfolio}$,组合市值为 $MV_{portfolio}$,期货合约久期为 MD_{future},投资组合调整的目标久期为 MD_{target}。

$$\mathrm{MD\ target} = \frac{\mathrm{MDportfolio} \times \mathrm{MDportfolio} + \mathrm{MDportfolio} \times PEV}{\mathrm{MVportfolio}} \tag{15}$$

其中:

PEV 为期货合约的等效市值,

$$PEV = Number\ of\ Futures \times ¥1,000,000 \times \frac{Future\ \mathrm{Price}}{100} \tag{16}$$

根据(15)、(16)式可以计算出调整组合久期所需要的期货合约数量和交易方向。

(2)Yield β 调整

实际上,市场利率的一定幅度变动,对投资组合的收益率的影响与其对期货合约 CTD 债券的收益率的影响是有差别的,所以,使用前述公式计算的结果进行调整时,需要对期货合约的数量进行 yield β 调整。

$$Number\ of\ Futures_{adjusted} = Number\ of\ Futures \times \frac{\beta_{portfolio}}{\beta_{CTD}} \tag{17}$$

其中:

$\beta_{portfolio}$ 为收益率曲线 1bp 变动时,投资组合收益率的变动量;

β_{CTD} 为收益率曲线 1bp 变动时,CTD 债券收益率的变动量。

(3)CTD 债券漂移(Drift)带来的对冲风险

国债期货到期日之前,期货合约的 CTD 债券可能会出现漂移,主要原因包括:市场收益率大幅波动(水平变动),收益率曲线的形状发生改变(斜率变动),新债券加入可交割债券序列等等。

如果 CTD 债券改变,对冲比率将随之改变,如果不及时调整,将给投资组合带来对冲风险。一般而言,使用隐含回购利率总是可以找到 CTD 债券,除此之外,还可以使用以下两个经验法则来确定 CTD 债券:

A. 对于到期收益率相同,且都低于 3%(期货合约标准券的票面利率)的可交割债券,久期最短的债券是 CTD 债券。对于到期收益率相同,且都高于 3%的可交割债券,久期最长的债券是 CTD 债券。

B. 可交割债券久期相同时,到期收益率最高的债券是 CTD 债券。

国债期货是促进债券做市商业务发展的关键

芝加哥商品交易所董事总经理 David Boberski 曾经感慨:华尔街之所以成为今天的模样,全是拜期货市场所赐①。美国债券二级市场是完全场外市场,主要依靠做市商双边报价驱动,可以说美国债券市场的流动性提供者是十几家主要做市商,而做市商之所以能够活跃地报出双边买卖价格,满足投资人的交易需求,是因为他们持有大量的债券存货。在国债期货诞生之前,债券做市业务无法发展壮大,一个重要的原因就在于,在缺乏有效的利率风险对冲工具的情况下,做市商不愿持有大量的债券存货,

① David Boberski. Valuing Fiexd Income Futures. McGraw-Hill Inc, 2007.

也没有能力被动地持有其不愿意承担或者超出其风险承担能力的利率风险敞口。由于缺乏足够的债券存货或缺乏交易意愿，做市商很难有效地报出双边价格，或者报出的买卖价差过大，使做市的有效性大打折扣。

正是由于国债期货等衍生金融工具的出现，交易商可以方便地获得利率风险管理工具来调整自己的风险敞口，因而几乎所有华尔街银行都是债券交易商和经纪商，他们可以 24 小时不间断地对上万种债券向客户报出买价和卖价。据测算，金融危机爆发之前的 2006 年，美国债券二级市场日均交易量约为 9.417 亿美元，其中最为活跃的美国国债二级市场日均交易量约为 5.545 亿美元。按照债券二级市场交易量的 2/3 为做市商成交和做市商平均买卖价差为 2 ticks[①] 计算，全体做市商年均做市收入高达 800 亿美元。债券做市和经纪业务是固定收益部门稳定且低风险的收入来源，长期平均来看，做市和经纪业务收入要远远超过其债券自营投资和交易业务的收入。

但是目前人民币债券市场的做市商从报价券种、成交量等指标来看，债券做市业务仍不够发达，债券做市商仍有很大的发展潜力。根据交易商协会的统计数据，截至 2011 年三季度末，银行间债券市场共有做市商 25 家。2011 年三季度做市商双边买卖报价量合计 14005.95 亿元，做市成交量合计 765.82 亿元，其中国债做市成交量为 443.19 亿元[②]。从日均成交量来看，债券做市成交量仅占银行间市场现券成交量的 0.80%左右，国债做市成交量占银行间市场国债现券成交量的 8.60%左右。

国债期货推出之后，各类型做市商债券存货的持有量和交易意愿都

---

① 按照美国债券市场的报价惯例，1 tick = 1/32 美元。

② 数据来源：中国银行间市场交易商协会，http://www.nafmii.org.cn/Info/628787。

将大幅提高，从而促进人民币债券市场做业务发展，加快做市商成长，推动人民币债券市场向报价驱动的方向发展。

促进国债期货市场发展的政策建议

在现代金融市场上，跨市场、跨产品组合交易和套利交易已经极为普遍，一种金融工具的推出，需要其他配套的金融工具以及合理的交易制度的协同才能充分发挥作用。国债期货推出之后，需要加快完善人民币债券市场交易产品和交易规则。

（一）改变回购市场“重融资、轻融券”的模式，培育买断式回购市场，鼓励融券交易发展

如前文所述，目前人民币市场债券回购交易以质押式回购为主，买断式回购交易量占比极低。以 2012 年 1 月银行间债券市场交易结算量为例，1 月份银行间市场质押式回购交易量为 74413.6 亿元[①]，月末质押式回购余额为 15915.57 亿元，而同期银行间市场买断式回购交易量为 2632.97 亿元，月末买断式回购余额为 793.20 亿元；买断式回购的交易量和余额占回购交易量和余额的比重分别仅为 3.24%和 4.75%。由此看来，银行间市场债券回购交易几乎完全等同于货币市场融资业务，融券功能微乎其微。这大大限制了债券融券卖空业务的发展空间，也使得市场价格失灵持续存在，无法得到有效纠正，从而达到金融市场的无套利均衡状态。

可以想见，随着国债期货业务的展开，大量的融券卖空交易需求将不

① 本小节数据来源于中央国债登记结算有限责任公司 2012 年第 1 期《统计月报》。

断涌现,买断式回购市场的发展前景将十分广阔。

（二）建立回购交易抵押品和保证金管理制度

人民币债券质押式回购市场的制度设计可以有效避免正逆回购双方违约情况的产生。具体来看,净价打折为逆回购方留足资金安全垫,可以充分保护逆回购方的资金安全,即使在正回购方丧失资金偿还能力的极端情形下,还可以通过抬卖质押证券来偿还逆回购方。而质押券冻结制度又可以有效降低逆回购方占用债券不归还的违约风险。

但是,质押式回购市场行之有效的制度安排不适合买断式回购业务的需要。我们可以参考美国债券回购市场的抵押品管理和保证金管理制度,对抵押品的信用资质、流动性状况进行区分,并给出不同的回购利率。而且,抵押品市值和融资金额不可能完全相等,即使在回购初期二者完全吻合,随着市场价格的波动,二者也会出现偏离,从而产生信用风险敞口。交易双方应对抵押品市值进行逐日重估(Mark to Market),并计算回购双方的风险敞口,当风险敞口达到一定的阈值,以确保在回购交易的存续期内,抵押品价值和融资余额的偏离幅度在1和较窄的范围之内波动。

（三）发展债券借贷业务

债券借贷是指以某只债券为标的的短期借贷行为,债券贷出方将债券借给债券借入方以获得一定利息收入,同时从借入方收取抵押品,抵押品既可以是现金也可以是其他债券。

债券借贷主要驱动因素是:回补卖空交易的空头头寸、特殊交易策略、获得特殊抵押品、临时获得债权人投票表决权、交割需要等。目前人民币债券市场缺乏做空机制和套利机制,债券借贷业务需求极低。但是,一旦国债期货重启,期现套利和多空交易策略必然催生大量债券借贷需求。

（四）建立公司整体利率风险管理体系

目前我国金融机构的风险管理体制还偏重于按照不同金融产品、业务类型或者交易对手分条块进行管理，而现代金融市场的特点是：利率风险具有跨市场、跨产品、跨交易对手的系统性特征。这就要求我们建立公司整体利率风险管理体系，能够在公司层面，将来自不同产品、不同市场、不同交易对手的利率风险进行梳理和轧差，实时计算出净风险敞口的大小，根据公司的风险承受能力进行消化或寻找外部交易对手选择适当的金融工具将风险敞口轧平。

参考文献

[1] Dennis R. Capozza. Treasury Bill Pricing in the Spot and Futures Markets. Bradford Cornell, 1985.

[2] David Boberski. Valuing Fixed Income Futures. McGraw-Hill Inc.

[3] Sixth Edition, John Hull. Option, Futures, and Other Derivatives.

[4] Von Galen Burghardt, Terry Belton, Morton Lane, John Papa. The Treasury Bond Basis: an In - depth Analysis for Hedgers, Speculators, and Arbitrageurs, Third Edition. McGraw - Hill Inc.

[5] Martin J. Gruber, Joel Rentzler. Intra-day Tests of Efficiency of the Treasury Bill Future Market, Edwin J. Eltion. 1984.

[6] 汪先珍，王申. 国债期货深度专题之一、二、三. 国金证券股份有限公司，2012.

作者单位：中国工商银行总行资产管理部

（本文原载于《中国债券》2012年6月刊）

境内外国债期现货市场发展情况比较研究

牛广济　姚　远

摘要:国债期货是成熟的基础性金融衍生产品,在债券市场发展和金融体系建设中发挥着重要作用。2013 年以来,我国先后推出 5 年期和 10 年期国债期货产品,市场影响力日益显著。但与美国、德国等成熟市场相比,我国国债期货市场仍有广阔的发展空间。积极发展国债期货市场,丰富产品体系,推动银行、保险、境外机构等机构参与,将有助于国债期货市场更好地服务于资本市场防风险、高水平对外开放的新要求。

关键词:国债现货　国债期货　投资者结构　产品体系

国债期货是国际金融市场上历史悠久、运作成熟的基础性金融衍生产品,在各国债券市场发展和金融体系建设中发挥着重要作用。2013 年以来,中国金融期货交易所先后推出 5 年期和 10 年期国债期货产品,市场运行规范平稳,功能逐步发挥,影响力日益显著,但也存在期现货投资者结构不匹配、品种体系尚不完备等问题。与美国、德国国债期货市场相比,我国仍有广阔的发展空间。积极发展国债期货市场,丰富产品体系,推动银行、保险、境外机构等机构参与,将有助于更好地服务于资本市场防风险、高水平对外开放的新要求。

境内外国债市场比较

我国国债品种和发行频率与美国、德国相似，但发行规模、托管量和成交量低于美国。我国投资者以商业银行为主，美国以境外机构为主。

（一）一级市场比较

从品种看，全球1年期以上主要期限国债分为2年、3年、5年、7年、10年和30年，涵盖短、中、长三个期限。美国国债主要期限有6个，品种最全。德国国债主要期限有4个，分别为2年、5年、10年和30年。我国国债主要期限有4个，分别为3年、5年、7年和10年。

从发行频率看，主要期限国债均常态化发行，每月一次（见表1）。我国的2年和30年期国债尚未成为主要期限国债，发行机制还未实现常态化。2017年6—11月，2年期国债每月发行一次。全年30年期国债发行8次。

表1　主要期限国债品种及发行频率对比

		2年	3年	5年	7年	10年	30年
主要期限	美国	√	√	√	√	√	√
	德国	√		√		√	√
	中国		√	√	√	√	
发行频率	美国	每月一次	每月一次	每月一次	每月一次	每月一次	每月一次
	德国	每月一次		每月一次		每月一次	每月一次
	中国	不固定	每月一次	每月一次	每月一次	每月一次	不固定

从发行额看，我国国债发行规模小于美国（见图1）。2016年我国1年期以上期限国债发行规模约为2.1万亿元，美国1年期以上期限国债发行规模约为14.3万亿元（据美国证券业和金融市场协会SIFMA数据；

以研究成文时美元兑人民币汇率6.6折算,下同),我国发行规模仅为美国的14.7%。从具体期限看,2年期国债发行额与美国、德国发行额差距最大。2016年,我国2年期国债发行额约1168亿元,为美国发行额的5%、德国发行额的29%。

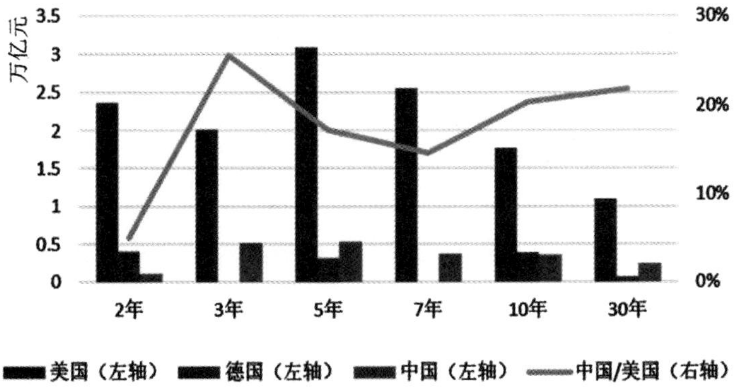

图1　2016年中国、美国、德国国债发行规模比较

注:以研究成文时美元兑人民币汇率6.6、欧元兑人民币汇率7.6折算。
数据来源:Wind资讯、GFA、SIFMA

(二)二级市场比较

从市场存量看,我国国债存量远低于美国。2016年底,我国国债存量为10.8万亿元,美国国债存量为105万亿元。

从市场发展速度看,两国国债存量增长迅速,我国增长更快(见图2)。自1997年以来,我国国债存量年均增长约26.8%,美国年均增长约为5.3%。我国国债存量占美国国债存量的比例从1997年的0.4%上升到2016年的10.22%(以原始数据计算,故与四舍五入后数据计算结果有所不同)。

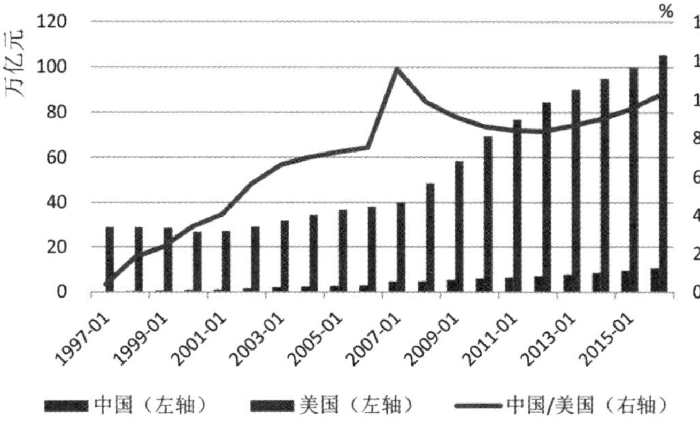

图 2　中国国债与美国国债存量比较

注:美元兑人民币汇率按 6.6 折算。
数据来源:Wind 资讯、SIFMA

从成交量看,我国国债流动性与美国国债差距较大(见图 3)。2017 年 10 月,我国国债日均成交额为 628 亿元,美国为 32357 亿元,我国日均成交量约为美国的 1.94%。而 2015 年以来,我国国债日均成交量仅为美国国债的 1.5%左右。

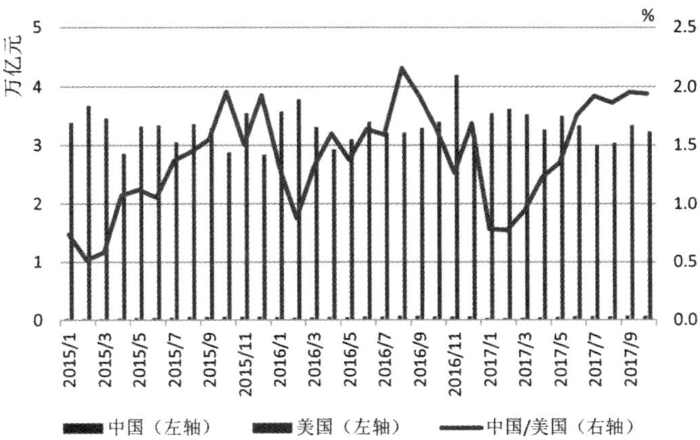

图 3　中国国债与美国国债日均成交量比较

注:美元兑人民币汇率按 6.6 折算。
数据来源:Wind 资讯、SIFMA

（三）投资者结构比较

从投资者结构看,我国国债的主要投资者为商业银行,2017 年三季度末其持有规模约 7 万亿元,占比 66.53%(见图 4)。美国国债的主要投资者为境外机构,2017 年三季度末持有规模约 40.9 万亿元(6.2 万亿美元),占比为 39.64%(见图 5)。

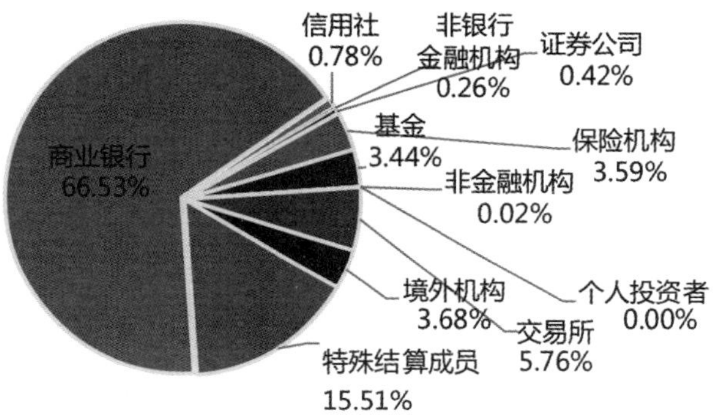

图 4　我国国债投资者结构(2017 年三季度)

数据来源:Wind 资讯、SIFMA

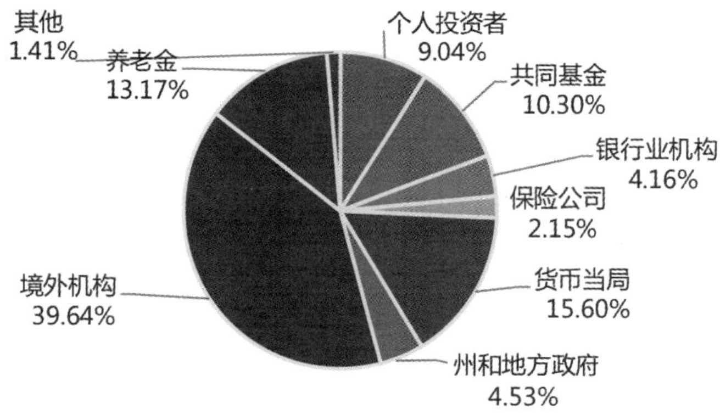

图 5　美国国债投资者结构(2017 年三季度)

数据来源:Wind 资讯、SIFMA

国债期货市场比较

我国国债期货市场发展仍处于起步阶段,与美国和德国国债期货市场相比,在品种完备性、市场规模、投资者结构上,都有广阔发展空间。

(一)产品类型比较

如前所述,全球主要国家的国债期货市场产品体系相对完备,美国、德国、英国等国家都建立起完整的国债期货产品体系(见表2),产品完整覆盖了国债收益率曲线的主要期限。我国国债期货产品体系尚在建设之中,还有很大的发展空间,短期和超长期国债期货有待陆续推出。

表2　各国国债期货上市品种比较

	2年期	5年期	10年期		长期	30年期
			10年	超10年		
美国	√	√	√	√	√	√
德国	√	√	√	—	—	√
英国	√	√	√	—	—	√
中国	—	√	√	—	—	—

注:超10年期国债期货是指距交割日剩余期限为9年5个月至10年的国债;长期国债是指距交割日剩余期限为15至25年的国债。

数据来源:CME、EUREX、LIFFE官网

(二)市场规模比较

我国国债期货成交规模远低于欧美市场(见图6)。2016年我国国债期货成交量为900万手,美国为7.5亿手,德国为4.7亿手,我国国债期货年成交量仅为美国的1.2%,为德国的1.9%。

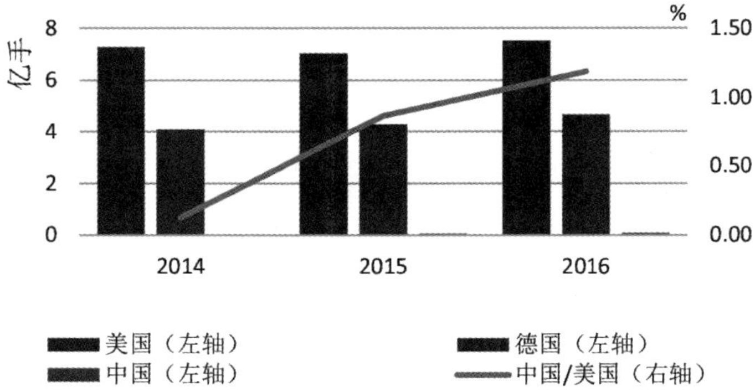

图6 中国、美国、德国国债期货年成交量对比

数据来源:WFE

我国国债期货与实体经济、现货存量的匹配度有待提高。2016年,美国国债期货名义成交额与GDP的比值为4.5,德国国债期货成交额与欧盟GDP的比值为3.7(德国国债期货实际相当于欧元区的国债期货,因此GDP、现货存量、成交量等数据选取欧盟数据),而我国这一比值仅为0.12。美国国债期货名义成交额与国债现货存量的比值为5.99,德国国债期货的名义成交额与欧盟国债现货存量的比值为4.98,我国仅为0.78(见表3)。

表3 2016年国债期货成交额与GDP、现货存量对比情况

	期货成交额(万亿元)	GDP(万亿元)	期货成交额/GDP	现货存量(万亿元)	期货成交额/现货存量	现货成交额(万亿元)	期现成交额比
美国	549.12	122.76	4.5	91.74	5.99	848.43	0.65
德国(欧元区)	306.28	82.08*	3.7	61.56*	4.98	53.73*	5.70
中国	8.9	74.4	0.12	11.46	0.78	12.30	0.72

注:1. 期货成交额为名义金额。
2. 有星号(*)标识的数据是欧元区数据。
3. 美元兑人民币汇率按6.6、欧元兑人民币汇率按7.6折算。
4. 2016年我国国债现货成交额依据中央结算公司公布的数据。
资料来源:BIS、IMF、SIFMA、德意志联邦共和国金融局官网、Wind资讯

（三）期货、现货市场发展匹配度比较

从成交量角度看，我国国债期货市场的发展与国债现货市场的发展比较匹配，有能力比较好地满足银行、保险、境外机构等机构的风险管理需求。如表 3 所示，2016 年，美国国债期货名义成交额为 549. 12 万亿元，现货成交额为 848. 43 万亿元，两者比值为 0. 65；我国国债期货名义成交额为 8. 9 万亿元，现货成交额为 12. 3 万亿元，两者比值为 0. 72。从可交割券的对比看，2017 年 10 月，国债期货名义成交额为 8770 亿元，可交割国债成交额为 4693. 5 亿元，两者比值为 1. 87。这说明期货市场发展与现货市场发展的匹配度较好，具备商业银行等机构入市的承载能力。

（四）参与者结构比较

我国与美国国债期货市场均是机构市场，美国的参与者结构更为丰富，期现货市场投资者结构相匹配，而我国现货投资者还未完全参与国债期货市场。

1. 期货市场主要参与者

2017 年 10 月，美国国债期货市场的资产管理机构持仓比例最高，多头、空头持仓量分别占全市场持仓量的 52. 77%、29. 87%。其次为杠杆基金，多头和空头持仓量分别占全市场持仓量的 21. 24%和 32. 11%（见图 7）。在我国期货市场，2017 年 1—10 月，机构投资者日均成交量占比达 38%，日均持仓量占比达 82%，其中资管产品持仓量占比达 34%，为国债期货持仓主力。

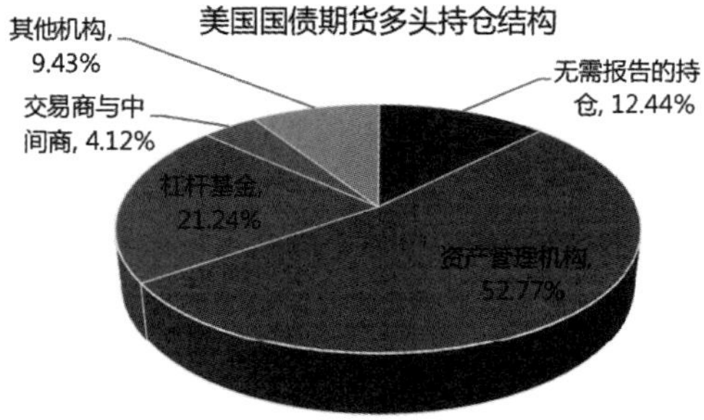

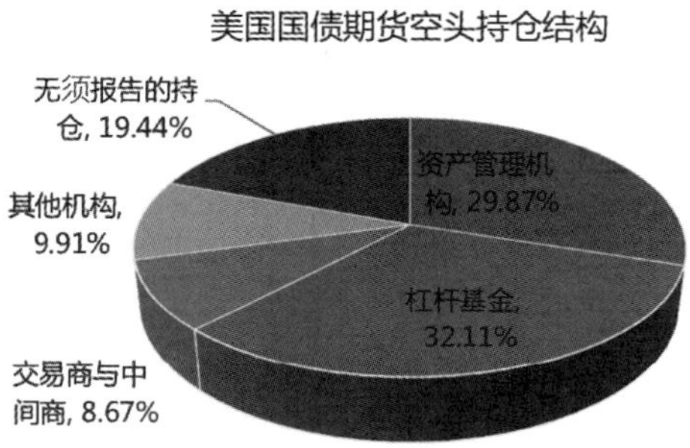

图 7　2017 年 10 月美国国债持仓结构

资料来源:CFTC 官网

美国商品期货交易委员会(CFTC)将国债期货参与机构分为四大类,即资产管理机构、杠杆基金、交易商与中间商、其他机构。资产管理机构包括养老基金、捐赠基金、保险公司、公募基金和以机构为客户的资产管理人。杠杆基金主要包括商品交易顾问(CTAs)和商品基金经理(CPOs)。交易商与中间商是指设计产品并卖给客户的机构,主要是大银行(美国和非美)和交易商。其他机构主要是指风险对冲机构,主要包括公司财务部门、央行、小银行、抵押权人等。

2. 期现货市场投资者结构匹配度

美国期现货市场投资者结构相匹配,银行、养老基金、捐赠基金、保险公司、公募基金、CTAs 和 CPOs、央行、公司财务部门等各类机构,均是美国国债期现货市场的参与者。我国国债期货市场参与者为自然人、一般法人、证券自营和大资管(包括证券公司资管计划、公募基金、期货资管、基金专户、阳光私募产品等),银行、保险公司等现货市场投资者尚未参与国债期货市场。

(五)商业银行使用利率衍生品情况比较

美国的商业银行广泛使用衍生品进行利率风险管理。学术研究成果也证实,衍生品可以减小货币政策变化(利率风险)对商业银行正常经营的影响(Purnanandam,A.,2005)。美国的商业银行使用利率衍生品有以下四个突出特点:

其一,参与主体多。美国货币监理署的数据显示,2017 年二季度 1418 家商业银行和存款机构参与了衍生品市场。

其二,持有规模大。2017 年二季度,美国商业银行和存款机构持有的利率类衍生品面值约为 922.7 万亿元(139.8 万亿美元),占其持有衍生品总面值的 75.37%。2003 年以来,这个比例一直维持在 70%以上。

其三,使用工具多。2017 年二季度,美国商业银行和存款机构持有的互换面值为 679.8 万亿元(103 万亿美元),占其持有衍生品总面值的 55.5%;持有的期货和远期面值为 262.6 万亿元(39.8 万亿美元),占其持有衍生品总面值的 21.48%;持有的期权面值为 248.8 万亿元(37.7 万亿美元),占其持有衍生品总面值的 20.3%。

其四,海外银行多。美国国债期货市场是高度国际化的市场,海外投资者参与度高。2017 年 10 月,参与美国 2 年期、5 年期、10 年期、15~25 年期国债期货交易的外国银行分别有 19 家、20 家、25 家、5 家。

同美国市场相比,我国国债期现货市场投资者结构不匹配情况比较明显。根据中央结算公司数据，2017 年 10 月，我国商业银行持有国债余额为 7.93 万亿元，占国债托管量的 66.78%，境外机构国债托管量达 5591 亿元，占比约 4.7%，但商业银行、境外机构尚未参与国债期货市场。

对我国国债期货市场发展的启示

目前，我国国债期货市场不断发展壮大，市场规模稳步增长，市场功能日渐发挥。但是与境外市场以及我国利率波动加剧背景下与日俱增的风险管理需求相比，我国国债期货市场的发展还处于起步阶段，市场的投资者结构、产品体系仍需完善。

（一）完善投资者结构，推动商业银行、保险公司及 QFII、RQFII 等境外机构入市

从国际成熟市场经验来看，国债期货市场投资者结构完善，涵盖现货市场重要的参与主体。现阶段，我国推动商业银行、保险公司及 QFII、RQFII 等境外机构参与国债期货具有现实意义。一是丰富国债期货投资者结构，增强国债期货反映市场供求关系的有效性。国债期货以机构投资者为主，但现有的参与者持有国债量占比仅为 8%，当前国债期货价格反映的市场供需关系很难具有广泛的代表性。银行、保险及 QFII、RQFII 等境外机构都是重要的持债主体，其参与国债期货交易有助于提升市场定价效率和精度，形成准确反映全市场的价格信号。二是有效管理利率风险，促进国债现券市场平稳。国债期货流动性高，价格跟踪效果好，商业银行、保险公司及 QFII、RQFII 等境外机构入市后，可利用国债期货有效对冲国债现券市场利率波动风险，增强债券持有及交易意愿，有效提高做市积极性，促进现券市场稳定发展。此外，商业银行、保险公司可借助

国债期货为理财产品保值增值,为广大客户提供更加安全、多样化的产品选择,促进机构转型发展。

现阶段,商业银行、保险及 QFII、RQFII 等境外机构参与国债期货时机成熟。一是国债期货市场不断发展,具备各类机构入市的承载能力。二是商业银行、保险公司及 QFII、RQFII 等境外机构参与利率衍生品交易经验丰富,具备参与国债期货的能力。目前,商业银行普遍参与利率互换市场,具备丰富的利率衍生品交易和风险管理经验;保险资金、QFII、RQFII 逐步参与股指期货市场,也积累了场内衍生品参与经验;其他参与银行间债券市场的境外机构在国际利率衍生品市场上具备成熟经验,同时已经能够参与我国债券远期、利率互换、远期利率协议等交易,对我国利率衍生品市场熟悉。三是监管制度日益完善,具备守住不发生系统性风险的能力。在一线监管方面,交易所制定了保证金、涨跌停板、持仓限额、大户持仓报告、强行平仓等风险管理制度,能够有效保障市场平稳运行。在行政监管方面,我国出台了《银行业金融机构衍生产品交易业务管理暂行办法》《保险资金参与股指期货交易规定》《合格境外机构投资者参与股指期货交易指引》,积累了商业银行、保险资金、QFII、RQFII 参与期货市场的监管经验。同时,其他参与银行间债券市场的境外机构的资金都是通过合规途径进入境内,由大银行托管,其资金管理和交易结算模式与 QFII、RQFII 基本相同,在境外机构使用债券投资专用资金账户条件下,不会带来资金跨境流动风险。总之,现有期现货监管制度行之有效,可以确保银行、保险、境外机构平稳参与市场,具备守住不发生系统性风险的能力。

（二）不断丰富国债期货产品体系

目前，我国国债期货市场产品体系仍不完备，缺乏中短期品种，无法满足多元化避险需求，利率期货市场功能发挥也受到限制。

结合我国金融市场发展现状，2年期利率更适合作为我国中短期国债收益率的代表，推出2年期国债期货意义重大。一是有助于健全反映市场供求关系的国债收益率曲线。上市2年期国债期货，有助于形成期限布局合理的“2—5—10”国债期货产品体系，丰富期货与国债现券之间的套保套利策略，完善国债收益率曲线的中短端定价精准度，健全反映市场供求关系的国债收益率曲线。二是有助于满足实体经济发展与风险管理需求。上市2年期国债期货，机构投资者可以使用国债期货剥离信用债的利率风险，利用国债期货流动性较好、成交快速的特点，有效对冲信用债市场的下跌风险，提升投资者买入并持有信用债的意愿和信心，促进实体企业债券融资。三是有助于金融机构创新发展。机构投资者可以2年期产品为支点，与中、长期国债期货产品相配合，构建基于收益率曲线形状变化的交易策略，进一步推动相关产品和业务创新，提高金融机构资产管理效率，提升服务实体经济的能力。现阶段，我国上市2年期国债期货的条件成熟，在市场避险需求、国际经验、现券市场基础、监管制度等方面都有扎实的根基，建议加快推出2年期国债期货。

作者单位：中国金融期货交易所

（本文原载于《债券》2018年2月刊）

超长期国债期货在国际市场的发展及经验借鉴

李昕昕　张颖薇

摘要：本文介绍了超长期国债期货产品的定义和市场功能，并对国际市场主要的超长期国债期货产品——美国和德国的超长期国债期货进行了介绍，最后在总结国际市场发展经验的基础上，建议我国应尽快推出超长期国债期货，以进一步丰富国债期货产品体系，满足市场多元化的利率风险管理需求。

关键词：超长期国债　收益率曲线　衍生工具　利率风险

随着国债现货市场的发展，美国、德国、英国等国家均已推出超长期国债期货产品，其在国债期货产品体系中占据重要位置，为资产配置型机构提供了高效的现货替代和久期管理工具。

2016 年，我国财政部开始大幅增加 30 年期国债发行量，并发布 30 年期国债到期收益率，超长期国债市场交易活跃度显著提升。然而，我国尚未推出能够有效对冲超长期利率风险的衍生工具。借鉴成熟市场国家发展经验，建议我国尽快推出超长期国债期货产品，以进一步丰富国债期货产品体系，满足市场多元化的利率风险管理需求。

超长期国债期货产品的定义和市场功能

(一)定义

从国际市场惯例来看,国债的主要发行期限通常包括2年、5年、10年、30年等。一般来说,10年(包含10年)期以上的国债被统称为长期国债(Bond),其中发行期限较长(如30年)的国债则被称为超长期国债(Ultra-Bond),以示区分。本报告所讨论的超长期国债期货是指标的为10年以上期限国债的期货产品。

从全球范围来看,美国、德国、英国等成熟市场国家均推出了以10年以上期限国债为标的的国债期货产品(见表1)。其中,以美国和德国的产品最为成功,成为仅次于10年期、5年期和2年期产品的第四大国债期货产品,2015年成交规模分别为1.01亿手和931万手。

表1　成熟市场国家10年以上期限国债期货产品

交易所	合约	上市时间	2015年成交量(万手)
美国芝加哥商业交易所集团(CME Group)	美国长期国债期货	1977年8月	7190
	美国超长期国债期货	2010年1月	2913
欧洲期货交易所(Eurex)	德国超长期国债期货	1998年10月	931
洲际交易所(ICE)	英国超长期金边国债期货	2014年3月	1.16

注:美国芝加哥商业交易所集团(CME Group)上市了两个标的为10年期以上国债的期货品种,为方便区分,分别称为美国长期国债期货和美国超长期国债期货。

数据来源:各交易所网站

(二)市场功能

超长期国债期货产品的市场功能主要体现在两方面。

一是提高超长期国债的价格发现效率,完善收益率曲线。10年以上期限国债发行量通常相对较少,且常由保险机构、商业银行配置账户长期持有,二级市场流动性相对较差。推出对应期限国债期货产品,有助于提升超长期国债交易活跃度,为市场提供更加敏锐的超长期国债价格指标,完善长端收益率曲线形态。

二是准确定位超长期利率,为配置型机构提供长久期的交易和避险工具。目前大量保险机构和养老基金持有超长期国债,需要长久期的避险工具以规避利率风险,若使用 10 年期国债期货等久期较短的风险管理工具,则存在较大的基差风险。超长期国债期货能够填补目前我国超长期利率风险管理工具的空白,准确匹配上述机构的长久期资产,满足其资产配置和风险管理需求。

国际市场主要超长期国债期货产品

从国际市场情况来看,美国和德国的超长期国债期货产品运行较为成功。超长期产品的交易持仓规模仅次于 5 年、10 年期国债期货等标杆产品,在产品体系中占据重要地位。

(一)美国 10 年以上期限国债期货产品

目前,美国芝加哥商业交易所集团(CME Group)共挂牌了两只 10 年以上期限国债期货产品,一只是 1977 年 8 月上市的美国长期国债期货(U. S. Treasury Bond Futures),另一只是 2010 年 1 月上市的美国超长期国债期货(Ultra Treasury Bond Futures)。挂牌两只 10 年以上期限产品的情形在国际市场中较为少见。

1. 现货基础

从美国国债历史发行情况来看,2 年、3 年、5 年、10 年等期限产品发行规模较大。在10年以上的期限中,30年期国债为最主要的发行期限,且发行规模自2009年起大幅增加,年均发行量达到1816亿美元,占总发行规模的8%左右①(见图1),约为10年期国债现货发行规模的55%。

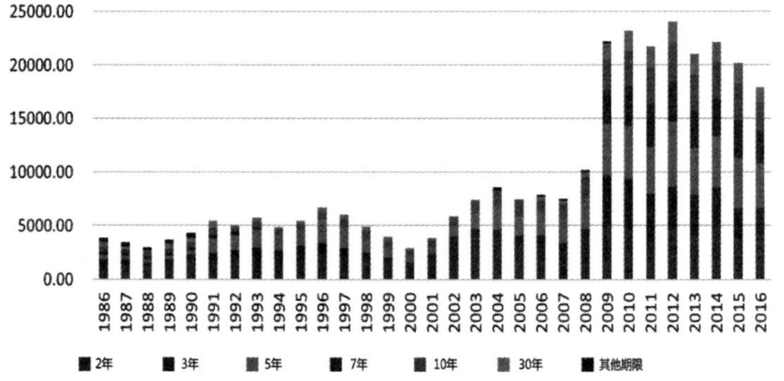

图1 美国关键期限国债年度发行量(单位:亿美元)

数据来源:汤森路透

2.合约概况

上市之初,美国长期国债期货可交割券范围设置为交割月首日剩余期限不短于15年的美国国债,2010年1月超长期国债期货产品上市后调整为15~25年。超长期国债期货可交割券范围为剩余期限不短于25年的美国国债。与美国国债期货市场中交易量最大的产品——10年期国债期货相比,长期和超长期国债期货的最小变动价位较大,是10年期国债期货的两倍,符合长久期国债价格波动大于短久期国债的特征。长期和超长期国债期货分别同时挂牌3个连续季月合约,少于10年期国债期货的5个合约(见表2)。

① 国债总发行规模剔除了发行期限为1年及1年以下的国债,下文中德国的统计口径相同。

表 2　美国长期、超长期与 10 年期国债期货合约条款

<table>
<tr><th></th><th>长期国债期货</th><th>超长期国债期货</th><th>10 年期国债期货</th></tr>
<tr><td>可交割券范围</td><td>交割月首日剩余期限为 15～25 年的美国国债</td><td>交割月首日剩余期限不短于 25 年的美国国债</td><td>交割月首日剩余期限为 6.5～10 年的美国国债</td></tr>
<tr><td>挂牌月份</td><td colspan="2">三个连续季月合约</td><td>五个连续季月合约</td></tr>
<tr><td>最小变动价位</td><td colspan="2">1/32 点</td><td>1/64 点</td></tr>
<tr><td>票面利率</td><td colspan="3">6%</td></tr>
<tr><td>合约面值</td><td colspan="3">100000 美元</td></tr>
<tr><td>交割方式</td><td colspan="3">滚动交割</td></tr>
<tr><td>最后交割日</td><td colspan="3">交割月最后一个交易日</td></tr>
<tr><td>最后交易日</td><td colspan="3">最后交割日前第七个交易日</td></tr>
</table>

资料来源：CME 网站

由于长期和超长期国债期货的名义标准券票面利率（6%）远高于当前美国国债市场收益率水平，两个产品的最便宜可交割国债（CTD）均稳定在久期较短的可交割券上，剩余期限分别接近 15 年和 25 年，且以原发行期限为 30 年期的国债为主。

3. 交易概况

从成交情况看，2015 年美国国债期货总成交 7.03 亿手，其中长期国债期货累计成交 7190 万手，占比 10%；超长期国债期货累计成交 2913 万手，占比 4%。从持仓情况看，长期国债期货日均持仓 53 万手，占比 7%；超长期国债期货日均持仓 60 万手，占比 8%（见图 2）。超长期国债期货投资者交易频率更低，投资周期更长，交易需求以替代现货进行资产配置为主。

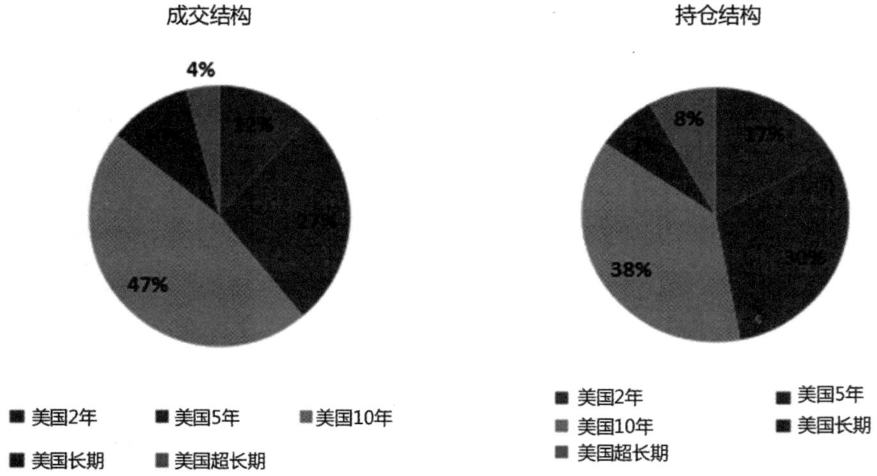

图 2　2015 年美国各期限国债期货产品成交持仓量结构

数据来源:汤森路透

(二)德国超长期国债期货产品

欧洲期货交易所(Eurex)于 2005 年 9 月上市了德国超长期国债期货,该产品是继长、中、短期德国国债期货产品后,Eurex 挂牌的第四个德国国债期货合约。

1. 现货基础

与美国相比,德国国债整体发行规模较小,发行期限集中在 2 年、5 年、10 年三个主要期限。在 10 年以上期限中,期限在 30 年左右的国债发行规模最大。2010 年以来,期限为 30 年左右的德国国债年均发行 156 亿欧元,占国债总发行量的 9%,约为德国 10 年期国债发行规模的 31%(见图 3)。

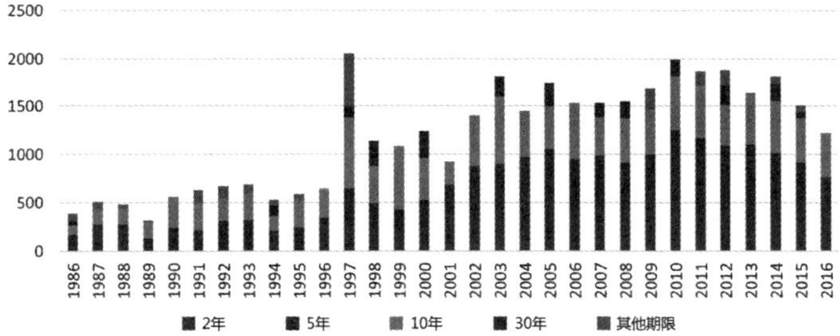

图 3　德国各期限国债年度发行量(单位:亿欧元)

数据来源:汤森路透

2. 合约概况

德国超长期国债期货可交割券范围设置为剩余期限在 24~35 年期间的德国国债。德国长期国债期货是欧洲市场最为成功的国债期货产品,与之相比,超长期国债期货的票面利率较低。超长期国债期货的最小变动价位为 0.02 点,是长期和中期产品的 2 倍,短期产品的 4 倍(参见表 3)。该产品票面利率设置在 4%,低于长、中、短期德国国债期货产品的 6%,但仍远高于市场利率水平,因此德国国债期货最便宜可交割券同样为剩余期限较短的可交割券,通常为原发行期限在 30 年左右,剩余期限接近 24 年的德国国债。

表 3　德国超长期与长期国债期货合约条款

	德国超长期国债期货	德国长期国债期货
可交割范围	剩余期限为 24~35 年的德国国债	剩余期限为 8.5~10.5 年的德国国债
最小变动价位	0.02 点	0.01 点
票面利率	4%	6%
挂牌月份	三个连续季月合约	
合约面值	100000 欧元	
交割方式	集中交割	
交割日	交割月份的第 10 个日历日,如遇节假日则向后顺延	
最后交易日	交割日前的第 2 个交易日	

资料来源:Eurex 网站

3. 交易概况

与其他三个挂牌产品相比,德国超长期国债交易规模相对较小。2015 年,德国超长期国债期货成交 931 万手,占所有德国国债期货产品总成交量的 2%;日均持仓约 12 万手,占比 3%(见图 4);日均成交持仓比为 0.31,低于中期和长期产品的 0.45 和 0.55,说明超长期产品投资者交易频率相对较低,投资周期较长。

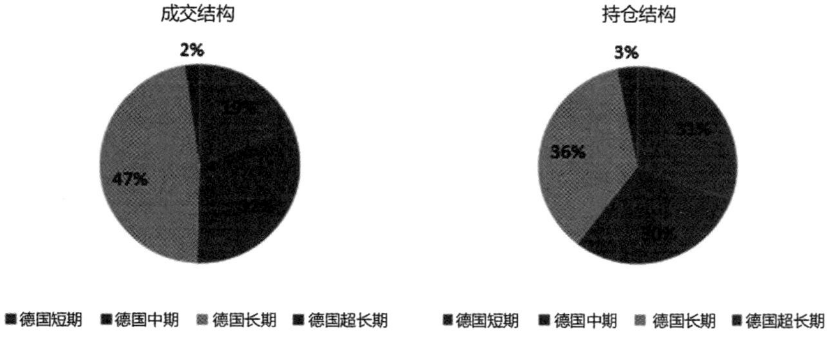

图 4 2015 年德国各期限国债期货产品成交持仓量结构

数据来源:Eurex

国际市场超长期国债期货发展经验

从国际市场情况来看,超长期国债期货产品的发展经验主要有以下几方面。

(一)超长期国债期货的发展离不开现货市场的支持

长期稳定的国债发行、充足的国债余额和良好的现券流动性,可以为国债期货市场提供稳定的可交割券源,从而大大减小国债期货的逼仓以及价格操纵风险,吸引具备套期保值需求的投资者参与,从而为期货市场的平稳运行提供有力支持。

国际市场经验表明,国债期货的发展与现券发行量密切相关。长期国债期货产品曾经是交易最活跃的美国国债期货产品,但自 2000 年起,美国财政部大幅减少了 30 年期国债发行量,甚至在 2002—2005 年停发了 30 年期国债,导致长期国债期货成交量出现大幅下跌,年成交量从 1998 年的 10924.84 万手下降至 2002 年的 5502.44 万手,缩减幅度达到 49.6%,市场规模迅速被美国 5 年期和 10 年期国债期货超越。至 2005 年,10 年期国债期货的成交量已经是长期国债期货的 2.5 倍(见表 4)。2006 年以后,美国政府逐渐恢复 30 年期国债发行,目前美国超长期国债期货市场较为稳定。

表 4　1998—2005 年美国国债发行量和国债期货成交量

年份	国债发行量(亿美元)			国债期货成交量(万手)		
	5 年期	10 年期	30 年期	5 年期	10 年期	30 年期
1998	1182.54	886.19	395.57	1649.66	2993.51	10924.84
1999	874.96	693.67	424.77	1682.53	3375.18	8801.40
2000	567.65	571.16	170.46	2327.55	4404.98	6054.77
2001	635.42	610.77	164.28	2937.34	5511.79	5611.35
2002	1003.82	919.30	0	4950.20	9319.34	5502.44
2003	1483.70	1219.19	0	7238.51	15588.20	6245.76
2004	2225.73	1455.83	0	9448.93	18782.92	6544.15
2005	1773.06	1603.82	0	11895.93	21155.15	8473.24
2006	2053.80	1279.88	263.98	12195.66	25200.47	9230.06
2007	2248.19	1347.04	380.03	16451.44	34638.47	10715.28
2008	2887.73	1988.39	480.31	15695.65	28372.93	9889.84
2009	4757.49	2908.32	1506.88	9811.43	18982.52	6221.85
2010	4933.25	3264.29	1896.64	13214.93	29371.51	8350.98
2011	4399.59	3429.35	1961.06	16951.97	31566.02	9177.84
2012	6078.50	3574.74	1982.66	13332.69	26496.98	9167.46
2013	4347.14	3460.03	1910.01	17532.56	32592.82	9796.28
2014	4701.26	3460.37	1910.47	19643.89	34164.73	9285.58
2015	4701.95	3471.49	1917.66	19070.23	32834.11	7190.06

资料来源:汤森路透

（二）超长期国债期货可以为资产配置型机构提供长久期利率风险管理工具

相比于中短期国债,超长期国债久期更长,债券价格对利率波动更敏感,市场避险需求强烈。根据国外成熟市场的经验,超长期国债期货的主要投资者为资产配置型机构。以美国为例,2015 年美国长期和超长期国债期货多头持仓占比最高的投资者类型均为资产管理人,持仓规模分别为 22 万和 38 万手,占比 53%和 72%。从空头持仓规模来看,杠杆基金在超长期国债期货合约上的持仓为 26 万手,占比 49%,在长期国债期货合约上的持仓相对较低,仅为 13%;资产管理人在长期和超长期国债期货产品上的空头持仓均在 12 万手左右,占比分别为 29%和 22%(见图 5)。

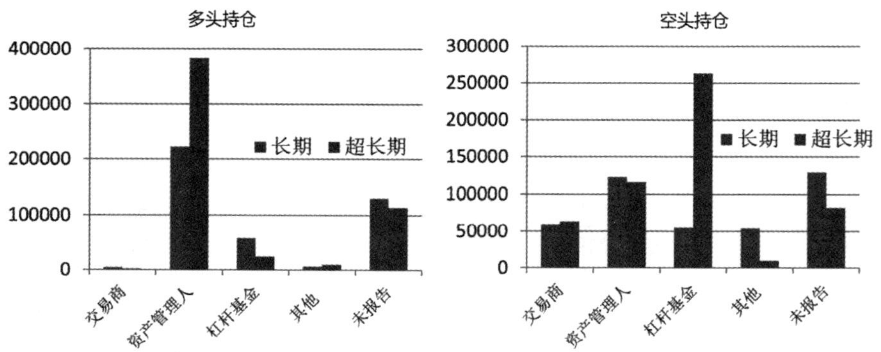

图 5　2015 年美国各国债期货产品持仓量

数据来源:美国商品期货交易委员会(CFTC)

（三）上市超长期国债期货有利于提升超长期国债现货的市场流动性,完善收益率曲线

超长期国债期货上市后,通过期现货套利交易、期货实物交割等方式实现期现货市场联动,促进了国债现货市场流动性的提高。此外,期货价格是市场对超长期限利率走势的预期,是对现货市场价格的再发现、再定

价、再校正，可为 30 年期国债收益率提供公允、高效的价格发现平台，促进对收益率曲线长端的精确刻画。

结论与建议

从国际经验来看，美国、德国的超长期国债期货均取得较大成功。与其他期限国债期货产品相比，超长期国债期货能够准确定位超长期利率风险，大大提升保险、养老基金、商业银行投资账户等配置型机构投资者的长期利率风险管理效率。

目前，我国超长期债券市场发展取得显著成绩。2016 年以来我国 30 年期国债发行量显著增加；10 月 28 日，财政部首次公布 30 年期国债收益率，确立了 30 年期国债在构建基准收益率曲线中的重要地位。另一方面，在国内外市场环境推动下，投资者对低风险资产的配置需求有所提升，30 年期国债一、二级市场更加活跃，投资者类型更加多元化。根据市场调研，资产端非标到期、地方债置换等因素引起的资产荒，使得保险、农商行等机构对 30 年期国债的配置需求有所提升。自 2016 年 6 月起，银行理财、券商和基金也踊跃参与 30 年期国债招标发行，并在二级市场中积极进行交易以获得价差收益。

与此同时，我国市场目前仍然缺少有效管理超长期利率风险的交易工具。根据我国当前国债收益率水平估算，30 年期国债久期约为 18，是 10 年期国债久期的 2 倍以上，利率风险较高。目前我国利率风险管理工具包括远期利率协议、远期交易、利率互换以及 5 年期和 10 年期国债期货。其中远期利率协议和远期交易缺乏流动性；而利率互换是基于短期货币利率的衍生工具，交易期限主要集中在 1 ~ 5 年，对冲超长期风险的效果不佳;5 年期、10 年期国债期货与超长期国债期限不匹配,套保效率较低,存在基差风险。

借鉴国际市场发展经验,建议设计推出超长期国债期货产品,有效填补超长期利率风险管理工具的空白,进一步完善国债期货产品体系,满足市场多元化的避险需求。

作者单位:中国金融期货交易所

(本文原载于《债券》2016 年 12 月刊)

国库现金管理操作及担保品管理研究

张 婷 吕尚峰 王 鹏 李易达

摘要：本文在研究美国国库现金管理操作与担保品管理机制成熟经验的基础上，分析了我国国库现金管理操作和担保品管理的现状及不足，并有针对性地提出完善建议，以期发挥国库现金管理更大的作用。

关键词：国库现金管理　担保品管理　逐日盯市

近年来，我国国库管理改革不断深化，国库现金使用效益持续提高，诸多卓有实效的举措广泛推行。2006 年，财政部联合中国人民银行印发《中央国库现金管理暂行办法》（财库〔2006〕37 号），正式开展中央国库现金管理。2014 年底，地方国库现金管理工作正式启动，财政部联合中国人民银行印发《地方国库现金管理试点办法》（财库〔2014〕183 号），明确使用国债作为地方国库现金管理担保品。2015 年 7 月，财政部发布《关于中央和地方国库现金管理商业银行定期存款质押品管理有关事宜的通知》（以下简称《通知》），将地方政府债纳入国库现金管理担保品范畴。国库现金管理的逐步完善，有效降低了库款存量，节约了财政筹资成本，提高了资金使用效益。

国库现金管理操作和担保品管理的功能

(一)国库现金管理操作的定义及作用

国库现金管理是指在确保国库资金安全、满足财政支付需求的前提下,按照市场化运作,以实现国库现金闲置余额最小化、投资收益最大化为目标的财政资金管理活动。有效实施国库现金管理,能够使国库现金余额保持在一个整体稳定水平,有益于货币政策的有效实施,维护我国市场经济健康发展。

开展国库现金管理,不仅有助于减少闲置资金浪费,提高财政资金使用效益,而且有助于提高国库管理水平,为财政部及时把握财政资金安全及风险波动情况、降低财政资金违约风险、释放国债流动性提供了途径。同时,国库现金管理是将财政政策和货币政策有机结合的重要手段,财政部可根据国库存款余缺情况,调节和稳定国库现金流量,实现与货币政策的有效配合。

(二)国库现金管理中担保品管理的定义及功能

1. 定义

国库现金管理中的担保品管理,是指财政部对参加存款商业银行所提交的作为担保品的有价证券进行有效归集和管控。这一过程通常通过专门的担保品管理系统来完成。商业银行通过担保品管理系统,完成对担保品的选择、估值、配置、交割、替换、追加等,财政部门通过系统对担保品进行风险敞口管理、质押结果查询、盯市管理、担保品报告查询等,从而实现业务开展过程中的流动性管理和风险控制。

担保品管理是一种极具创新性和基础性的金融风控制度,能将复杂的信用风险转化为较容易计量和预测的市场风险,有助于控制风险,降低管理成本。在国库现金管理中运用担保品管理,是将优秀的、经过实践检验的金融手段引入以解决财政问题。

2. 功能

(1)优质的担保品管理服务可以降低成本、提高效率。财政部门通过担保品管理系统对担保品进行统一管理和配置,节约协商合格担保品的成本,提升管理效率。

(2)担保品管理服务可帮助商业银行更有效地管理自身资产。通过此服务,商业银行可对其担保品进行合理的配置和使用,在提高收益的同时降低流动性风险。

(3)第三方担保品管理服务可以保护地方财政部门权利,降低违约风险。财政部门与中央托管机构合作,可以充分利用托管及交易信息,对其接收的担保品进行盯市、查询、担保品自动增补以及报表服务,最大程度地降低违约风险。

美国财政部门国库现金管理经验

美国财政部(具体由财务管理局负责)是管理政府现金、信用和债务收缴的主要机构,负责美国国库现金管理工作。其最大可能地将暂时闲置的国库现金以商业银行存款形式进行管理,商业银行需提交优质足额的担保品作质押。美国财政部通过发布指导性意见以及相关规章制度,帮助其他联邦政府机构提高财务管理水平,实现投资收益最大化,降低融资成本。

(一)美国国库现金管理操作经验

1.美国国库现金管理的目标和作用

在保证流动性的同时实现资金回报的最大化是美国联邦国库与州国库的共同目标。

美国国库现金管理的作用主要体现在:优化财务状况,提高政府使用公共资金的效率,从而提升公众对政府行政能力的信任度;集中管理现金余额,维护合理库存现金,既为政府日常事务提供必要的资金,又降低政府机会成本;管理国库单一账户,有效防范资金滥用和腐败行为。

2.美国国库现金管理账户体系

美国实施代理国库制。财政部在美联储开设国库一般账户(简称TGA账户),在商业银行开设特别专户——国库税收和贷款账户(简称TT&L账户)。所有的财政支出均通过TGA账户实现;政府债券及各类税收收入则通过商业银行的TT&L账户实现。当国库需要对外支付时,资金从TT&L账户划转TGA账户后流出。这样的收支流程一方面可以保持TGA账户余额的相对稳定,另一方面可以减少政府债券发行和缴税过程对市场流动性的影响。

1978年之后,美国开始实行TT&L票据计划,明确将提高资金使用效益作为国库现金管理的目标之一,在原有TGA账户、TT&L账户的基础上又新增TT&L票据账户,由此建立了美国的国库现金管理框架(见图1)。此三大账户有明确的职责划分:开设TT&L账户用于办理国库经收业务;TT&L票据账户用于接受国库资金投资,其下设有若干个子账户。为了维持TGA账户余额的相对稳定,财政部可根据需要将资金在TT&L票据账户与TGA账户之间相互划转。

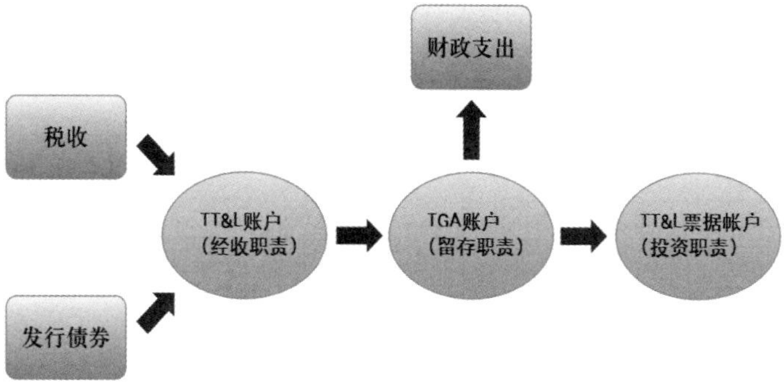

图 1　美国联邦国库现金管理示意图

3. 美国国库现金管理参与机构

存款机构是美国国库现金管理的重要参与者，可以三种方式参与：作为税收的收纳机构、持有机构或投资机构。

税收收纳机构通过电子方式或其柜台窗口，收纳其公司客户缴纳的税收，并每天把所收税款划交美联储的国库账户中。税收持有机构也收纳税款，还可将税款存放在其付息的国库存款账户中，直到国库要求提回为止（须提交足够的质押）。若存放资金超过质押品的资产价值，超出部分立刻被划转到美联储的国库账户中。投资机构除具有持有机构所有职能外，还可接受国库决定的投资，并须全额质押，同时向国库支付使用资金的利息。

4. 美国国库现金管理措施框架

（1）建立“国库单一账户”制度，为现金管理提供制度保障。建立“国库单一账户”制度的一个重要目的就是通过对账户信息的分析，预测国库资金的变化，进而按照经济原则安排收支搭配，以求把库存余额保持在低水平。

（2）对现金流入、流出过程进行管理。在现金流入过程中，美国国库可以运用三种方式缩短财政收入到达国库账户的时间:一是提前开出账单或付款通知单;二是奖励提早付款行为,同时惩罚延期付款行为;三是通过即期承兑汇票和电子转账方式接收付款。在现金流出过程中,国库通过避免提前付款或者利用卖方的折扣优惠提前付款来提高资金的利用效率。

(3)建立国库管理信息系统,及时反映现金流情况。通过国库管理信息系统,对国库现金流进行预测,提高现金使用和管理效率。美国国库管理信息系统主要是为联邦政府实施预算计划、预算执行和预算监督等职能,为议会、公众和其他信息使用者实行监督管理职能,而提供有关国库资金收支、使用情况的信息处理系统。

(4)次贷危机后的新方案。2008 年次贷危机之后,美国财政部又推出了国库现金管理的新方案。一是推出补充融资计划(SFP),财政部向市场销售特别国库券——SFP 票据进行融资。二是改变将 TGA 账户余额稳定在低水平的传统做法,为市场注入流动性,促进经济恢复与增强活力。

(二)美国财政部门担保品管理经验

1. 担保品管理机制

根据美国财政部财务管理局相关规章制度,为保证国库现金的安全,金融机构需向财政部提交优质足额的金融资产作为质押。国库可接纳作质押的资产有很多类型,但使用低流动性、低信用的资产以及市场价格波动大的资产质押需要按照较低的价值计算,质押也必须由美联储持有或由提供质押服务并得到国库认可的机构持有。金融机构质押品的价值每小时被监测(盯市)一次,当发现金融机构质押不足时,低于质押部分的国库资金将会被自动提回划入国库。如果金融机构需要置换担保品,则金融机构要先提交新的质押,以防出现质押不足的现象。

2. 担保品相关情况

根据美国财政部 2008 年 11 月生效、2010 年 12 月修订的担保品目录,财政部税收与贷款账户接受的担保品有 10 大类,包括美国政府及机构、美国政府资助企业、国际开发银行、美国州政府、美国县市政府、美国国内公司发行的债券,以及商业票据、银行承兑汇票、3A 级以上的资产支持证券和住宅担保债券等,大约有 160 个细类。

目前,不能作为担保品的有普通股和优先股、消费票据、外国货币计价的证券、共同基金、结构存款、由抵押银行发行或所属的债务、外国债务、担保债务权证、担保贷款凭证、抵押贷款支持证券、房地产抵押票据等。

根据美国财政部的担保品计值办法(见表 1),担保品按照信用级别和期限长短两个维度进行打折。信用级别越高、担保品存续期限越短的质押率越高。

表 1　美国财政部接收担保品质押率表

担保品类别		担保品存续期		
		0~5 年	5~10 年	10 年以上
美国财政部债券	短、中、长期	99%	97%	96%
	零息、本息拆离	98%	96%	92%
美国政府机构债券	短、中、长期	99%	97%	96%
	零息、本息拆离	98%	96%	92%
美国政府资助企业债券	短、中、长期	98%	96%	95%
	零息、本息拆离	97%	95%	91%
国际机构债券	短、中、长期	98%	96%	95%
	零息、本息拆离	97%	95%	91%

续表

担保品类别		担保品存续期		
		0~5 年	5~10 年	10 年以上
市政债券		98%	96%	95%
公司债券	AAA 级	97%	95%	94%
	BBB 级-AAA 级	95%	93%	92%
住宅担保债券 AAA 级		97%	95%	94%
资产支持证券 AAA 级		98%	95%	83%
抵押支持证券		98%	96%	95%
担保抵押债务 AAA 级		98%	96%	90%
个人担保抵押贷款债务 AAA 级		90%	84%	83%
银行承兑汇票		97%	—	—
商业票据		97%	—	—

美国国库现金担保品实行盯市计价。担保品按照市场价值进行估价并且定期调整。美国财政部负责及时监控、管理担保品计值波动的情况。

3. 美国国库现金管理的特点

一是担保品种类丰富。美国国库现金担保品涵盖了信用级别为投资级以上的大部分债券品种,包括高信用级别的国债、地方政府债券、国际机构债券、资产支持证券以及贷款等。

二是担保品种类、折扣持续更新。财政部会根据金融市场变化情况对担保品种类及质押比例进行定期调整,努力实现国库现金收益水平和担保品信用风险的最优组合。

三是担保品市场计值。美国财政部按市场价格对担保品进行计值,即在一个公认的市场基准上进行盯市定价,既保障了覆盖风险敞口,也能减少商业银行担保品占用成本。

我国国库现金管理现状及存在的问题

(一)国库现金管理操作现状及存在的问题

我国中央国库现金管理业务自2006年开展以来,至2015年7月底,累计开展83期操作,中央国库资金操作量达3.53万亿元。地方国库现金管理自2014年底启动以来,截至2015年7月底,北京、上海、广州、黑龙江、深圳五家试点省市已成功开办,累计开展16期操作,地方国库资金操作量达4638亿元。国库现金管理在提高财政国库资金管理效益、满足商业银行结构性存款需求等方面发挥了积极作用,并且随着操作频率和交易量的逐年增长,日益成为商业银行主动性资产负债管理的有效工具。

相比美国,我国国库现金管理起步较晚,在操作上存在着一些问题:一是对国库资金现金流量预测方面还处于起步阶段,尚缺乏较为成熟的国库现金流预测体系,只有一些零散粗略的预测,准确性不够高。二是现阶段国库现金管理监测模式较简单,国库资金监测大多侧重于事后的执行情况分析,暂未运用系统平台进行高效监测分析。三是根据实际操作情况,国库现金管理基本以商业银行定期存款为主,操作工具较为单一。

(二)国库现金管理中担保品管理现状及存在的问题

目前,地方国库现金管理的操作方式是通过中央国债登记结算有限责任公司(以下称中央结算公司)来办理中标商业银行债券质押。具体流程是:地方财政部门在中央结算公司系统中设置参与投标商业银行的资格以及可接收担保品的要求;在中标结果确定后,中央结算公司系统根据各商业银行的中标金额以及财政部门设定的可接受担保品要求,自动计算选择商业银行持有的国债进行质押冻结;待商业银行还款后,财政部门通过中央结算公司系统对担保品进行解冻。

依托中央结算公司担保品管理系统,地方国库现金管理担保品管理能够实现安全、便捷、高效的运行。但在实际操作中,由于国库现金管理尚不能科学管理市场风险,忽略了价格波动,因此质押率偏高。

此外,我国国库现金管理中担保品管理在其他方面也存在改进空间。

首先,管理模式不够精细化,需进一步改善。目前仅可使用国债和地方政府债作为担保品,商业银行特别是一些中小商业银行持有的国债、地方政府债不多,而其他大量优质债券又无法得到充分使用,不仅会影响参与银行的资产配置管理,也会影响商业银行的参与热情。

其次,在国库现金管理中,国债、地方政府债分别按存款金额的105%、115%进行超额质押,质押率偏高且管理不够精细化,一定程度上造成了国债、地方政府债资产的浪费,也不利于国债在国际市场上的信用评级。

最后,地方国库现金管理采用面值计算担保品价值,不能及时反映担保品真实的市场价值,也不能覆盖全部的风险敞口或者造成过度质押。

对国库现金管理操作及担保品管理机制的政策建议

(一)国库现金管理操作政策建议

1. 建立完善的国库现金流预测体系

国库现金流量预测是国库现金管理操作的前提和基础,其准确性和及时性至关重要。建议加强国库现金流跟踪预测工作,结合财政管理信息系统的发展,建立满足国库现金流预测要求的中央基础数据库,运用计量经济模型方法,寻找其中存在的周期性波动规律,逐步建立起完善的国库收支流量预测体系,逐步实现按日预测,为国库现金管理操作做好基础性工作。

2. 搭建业务平台,加强国库现金管理水平

建议搭建统一的国库现金管理业务平台,提高国库现金管理水平。一是满足实时监测国库账户余额、跟踪银行的国库存款余额、质押债券的监测和处置、国库现金管理市场竞标操作结果的确认、到期资金催缴收回等功能;二是实时监测国库现金存放银行提供质押债券的情况,及时收回国库资金或处置质押债券,规避国库现金管理操作风险。

目前,中央结算公司已有成熟的国库现金管理招标系统和担保品管理系统,在此基础上整合两个系统功能,可搭建统一的国库现金管理业务平台,通过该平台实现国库现金管理现金流预测、招标、监测、担保品管理的全程一站式处理。

3. 丰富我国国库现金管理工具和手段

在确保财政资金安全的前提下,除采用商业银行定期存款之外,还可考虑开展国债回购或通过发行短期国债等方式实现国库现金管理。通过不同手段的搭配使用,实现国库现金管理流动性和收益性相统一。从平衡和兼顾安全性、流动性、收益性三大原则出发,优化国库资金投资。

(二)担保品管理机制政策建议

1. 扩大国库现金管理担保品范围

根据《通知》规定,国库现金管理的担保品仅有国债和地方政府债。国债主要集中在国有商业银行、政策性银行、邮储银行、全国性股份制商业银行、城商行、农商行等参与国库现金管理的存款银行手中,其持有量

占总量近七成;地方政府债绝大部分集中在国有商业银行、政策性银行、邮储银行、全国性股份制商业银行、城商行、农商行等参与国库现金管理的存款银行手中,其持有量超过99%,其他机构持有量不足1%。

以国债为例,在参与国库现金管理的存款银行中,国债持有机构主要集中在国有商业银行,股份制商业银行、城商行、农商行持有国债明显较少,如图2所示。而且,除国债、地方政府债以外,存款银行持有量最大的为政策性金融债,占比为42%,持有其他债券近两成。

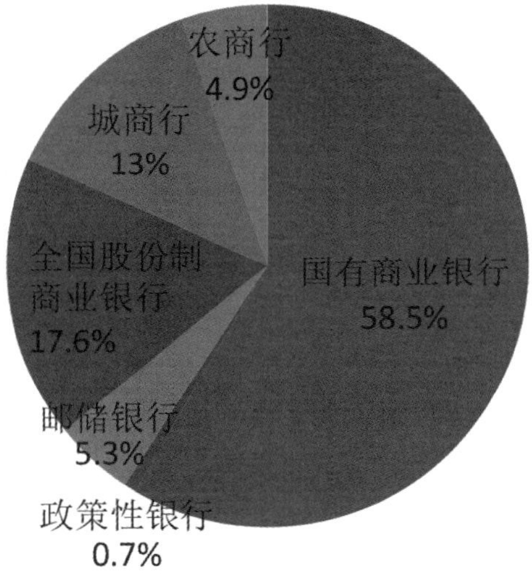

图2 各类存款银行持有国债占所有存款银行持有国债总量的比重

可见,借鉴国际成熟经验,综合考虑我国国库现金管理发展趋势和存款银行债券持有情况,可进一步放宽对担保品种类的限制,将政策性金融债等准主权类债券以及高信誉评级的债券纳入国库现金管理担保品范围。这不仅能提升国债、地方政府债流动性,发挥国债作为市场定价基准的作用,还有助于提升政策性金融债等其他债券的流动性,同时进一步提高商业银行的参与积极性。

2. 完善国库现金管理担保品质押比例

根据《通知》规定，国库现金管理的担保品采用国债、地方政府债按存款金额的 105%、115%超额质押（相当于 95.23%的国债质押率和 86.95%的地方政府债质押率）。与国际经验相比，一方面，超额质押仍然偏高，限制了商业银行参与国库现金存款业务的积极性；另一方面，质押率粗略的划分不能真实有效反映不同债券的风险水平。

因此，可借鉴国际成熟经验，考虑按照债券性质类别、剩余期限等要素对债券质押率进行更为精细的设定，每只债券总质押率等于其各分项质押率的乘积。在参考美国财务管理局和国内政府部门开展相关业务制定的质押率基础上，笔者初步拟定了国库现金管理的质押率表，见表 2。

表 2　地方国库现金管理担保品质押率表

担保品种类	担保品剩余年限		
	0~5 年	5~10 年	10 年以上
记账式国债	99%	97%	95%
地方政府债	98%	96%	94%
政策性金融债	94%	92%	90%

3. 债券担保品采用估值计值、逐日盯市、灵活增补的精细化管理

担保品价值的计算有多种选择，如面额、估值、发行价、本金值等。从国际经验来看，一般采用市场价格来计量，以反映担保品价值的真实变化水平。目前，我国明确担保品的计值是按面额计算，未能及时反映担保品真实的市场价值。建议采取市场公允价值对担保品进行计值，引入估值作为担保品计算基础。这不仅能防范各类风险，还能满足各商业银行最大限度发挥担保品内在价值的要求。

就具体操作而言，中央结算公司担保品管理系统在质押期间提供逐日盯市功能，可在每日日初根据前一工作日的估值来计算担保品价值，并

与风险敞口比较,通过相关报表向财政部门和商业银行反馈结果。中央结算公司可以根据每日盯市结果,按照财政部门对可接受担保品的要求,自动发起质押券增补。财政部门和商业银行可通过系统客户端查询增补结果。

4. 完善中央国库现金的担保品管理服务

在实际操作中,中央国库现金管理尚未使用专业的担保品管理系统对担保品进行高效、安全、全方位自动化的监测和管理。目前中央国库现金业务对于担保品的管理是以保证合同顺利达成为目的,仅局限于每笔交易中的担保品是否足额,未能有效地建立质押期间的管理,无法实时监测担保品价值变动情况,出现价值波动时不能对担保品进行及时调整。中央国库现金管理与地方国库现金管理的相关规定、管理要求基本一致,建议将中央国库现金纳入担保品管理系统统一管理,以保持政策制度标准的一致性。

作者单位:中央国债登记结算公司托管部

(本文原载于《债券》2015 年 8 月刊)

关于企业债券发行中抵押担保的法律效力探讨

李志强

摘要:本文回顾了我国企业债券增信方式的演变过程,总结了发行债券时抵押登记的主要方式,从法律的角度重点分析了先办理抵押再发行债券的抵押担保效力问题,最后,针对债券发行前无法先行办理抵押登记的问题,提出了解决建议。

关键词:企业债券　抵押担保　抵押权代理人　法律效力

抵押担保是目前国内企业发行债券的主要增信方式之一。实践中所采取的"先办理抵押登记手续再发行债券"的抵押担保模式,由于企业债券发行前债券持有人身份尚未确定,以"抵押权代理人"或者尚未确定的"全体债券持有人"名义进行抵押登记,存在被抵押登记部门拒绝或即使抵押登记部门予以办理,但抵押登记无效的潜在法律风险。那么,采用抵押担保的增信方式发行企业债券,在债券发行前就办理抵押登记是否可行?如果采取事前抵押登记,如何办理才能规避此类风险?以下笔者将结合工作实践进行深入探讨。

企业采用抵押担保方式发行债券的实践

(一)企业债券增信方式的演变

在2007年之前,企业债券发行的增信方式主要是由商业银行向债券持有人出具担保函,承诺对本期债券的到期兑付提供全额无条件不可撤销的连带责任保证担保①。

2007年10月12日,银监会颁布了《关于有效防范企业债担保风险的意见》(银监发〔2007〕75号),其中规定"即日起要一律停止对以项目债为主的企业债进行担保,对其他用途的企业债券、公司债券、信托计划、保险公司收益计划、券商专项资产管理计划等其他融资性项目原则上不再出具银行担保;已经办理担保的,要采取逐步退出措施,及时追加必要的资产保全措施"。

2008年1月2日,国家发展改革委发布《关于推进企业债券市场发展、简化发行核准程序有关事项的通知》(发改财金〔2008〕7号),明确指出"完善企业债券市场化约束机制,企业可发行无担保信用债券、资产抵押债券、第三方担保债券"。

随着上述文件的出台,国内企业发行债券的增信方式逐渐从原先较为单一的银行担保方式演变为包括无担保信用、第三方担保、抵押担保、质押担保、财政增信等方式在内的多样化担保方式。

① 也有例外情形。2006年6月份发行的2007年湖南泰格林纸集团有限责任公司8亿元10年期企业债券是国内首单以资产抵押为发债担保的企业债券。在本期债券中,建行承担了抵押资产监管和偿债专户监管的职责,成为国内首家提供此类服务的商业银行。

(二)企业债券抵押担保财产的类型

根据《中华人民共和国物权法》《中华人民共和国担保法》等法律规定,可以作为抵押担保的财产包括:(一)建筑物和其他土地附着物;(二)建设用地使用权;(三)以招标、拍卖、公开协商等方式取得的荒地等土地承包经营权;(四)生产设备、原材料、半成品、产品;(五)正在建造的建筑物、船舶、航空器;(六)交通运输工具;(七)法律、行政法规未禁止抵押的其他财产。但考虑到抵押资产的价值波动率、变现成功率等因素,不是所有依法可以作为抵押担保的财产都会成为企业发行债券的抵押担保物。

目前实践中采用抵押担保方式发行债券所提供的抵押担保财产主要有以下几种类型:一是土地(建设用地使用权)或/及其地上建筑物,这是最常见的抵押担保资产类型;二是海域使用权;三是采矿权。

(三)企业债券发行抵押担保的登记方式

目前企业发行债券采用的抵押登记方式主要有以下两种:

1. 先发行债券再办理抵押登记手续

(1)在发行本期债券前,抵押人先出具《抵押资产承诺函》,承诺将明确的抵押资产用于为本期债券的本息偿付提供抵押担保,并在本期债券发行完毕后的一定期限内完成抵押资产登记手续。同时,抵押资产相对应的政府主管部门(比如:抵押资产是土地使用权的,其对应的政府主管部门为国土局)出具有关抵押资产抵押问题的书面说明,证明抵押人对抵押资产享有完整的权利,并同意为抵押人发行本期债券的抵押资产办理抵押登记手续。

(2)发行人还要为本期债券发行聘请一家机构(一般为商业银行或证券公司)作为抵押权代理人和抵押资产监管人,由发行人/抵押人与该机构签署《抵押担保协议》和《抵押资产监管协议》。

(3)在国家发展改革委等审批机构批准发行债券后,发行人开始发行本期债券,并在本期债券发行完毕后的规定期限内办完抵押登记手续。

采用这种方式,由于本期债券已经发行完毕,债券持有人身份已经明确,办理抵押登记手续就不存在法律障碍。

2. 先办理资产抵押登记手续,再发行企业债券

由于企业债券发行前债券持有人身份尚未确定,采用这种方式发行企业债券,通常的做法是:

发行人先行为本期债券聘请一家抵押权代理人和一家抵押资产监管人(抵押权代理人和抵押资产监管人一般为商业银行和证券公司,可为两家不同机构,也可为同一家机构),由抵押人与抵押权代理人签署《抵押担保合同》,约定:抵押人应当在本期债券发行之前与抵押权人办理完成抵押资产登记手续,抵押权自登记时设立。双方应按照抵押登记机构的要求及时提供相关登记资料及文件。抵押登记机构就《抵押担保合同》项下资产抵押登记核发的他项权利证书或其他抵押登记证明文件的正本原件由抵押权人保管。在取得国家发展改革委等审批机构批准发行债券后办妥资产抵押登记手续,再按照发行计划发行债券。

采用这种方式,由于本期债券尚未发行,债券持有人身份尚未确定,因此,存在被抵押登记部门拒绝办理抵押登记的潜在风险。

先办理抵押再发行债券的抵押担保效力分析①

（一）抵押权代理人代表尚未确定的全体债券持有人登记成为抵押权人的法律效力分析

众所周知，我国实行物权法定主义原则。《物权法》第五条规定："物权的种类和内容，由法律规定。"第六条规定："不动产物权的设立、变更、转让和消灭，应当依照法律规定登记。动产物权的设立和转让，应当依照法律规定交付。"根据上述法律规定，物权法定主义原则具体体现在以下方面：一是物权的种类和内容是由法律规定的。二是不动产物权的设立应当依照法律规定登记；动产物权的设立和转让，应当依照法律规定交付。因此，作为物权种类之一的抵押权，它的设立只能依照法律规定登记。凡是与法律规定不符的抵押登记，都面临着抵押担保设立无效的潜在法律风险。

《物权法》第一百七十九条规定："为担保债务的履行，债务人或者第三人不转移财产的占有，将该财产抵押给债权人的，债务人不履行到期债务或者发生当事人约定的实现抵押权的情形，债权人有权就该财产优先受偿。前款规定的债务人或者第三人为抵押人，债权人为抵押权人，提供担保的财产为抵押财产。"根据上述法律规定，《物权法》上的抵押权项下的当事人只有"抵押人"和"抵押权人"，并没有"抵押权代理人"这一概念。换句话说，"抵押权代理人"并不属于《物权法》上抵押权的内容。同

① 基于目前我国企业债券抵押担保资产类型主要是房屋等不动产物权以及建设用地使用权、采矿权、海域使用权等用益物权，因此，本文只围绕需要办理抵押登记才设立抵押权的抵押资产类型展开讨论。对于抵押权自抵押合同生效时即设立的其他抵押资产类型，不在本文讨论范围内。

时，目前我国还没有成立办理抵押登记的统一机构，土地、房屋、林地、草原、海域等不动产抵押登记散布于各个主管机构，涉及的抵押登记规定散见于《房屋登记办法》（建设部令第168号）、《城市房地产管理法》、《动产抵押登记办法》（国家工商行政管理总局令第30号）、《海域使用权登记办法》（国海发〔2006〕28号）、《森林资源资产抵押登记办法（试行）》（林计发〔2004〕89号）等。尽管抵押登记部门不同，但抵押登记时都要求提交抵押合同，明确抵押权人。由上可见，《物权法》项下的抵押权的成立要件之一就是抵押权人的身份必须是确定的。

对于采用先办理资产抵押登记再发行债券的方式发行的债券，由于债券持有人的具体身份是在债券发行后才能确定，为了能在债券发行之前完成抵押登记手续，通常由抵押人在本期债券发行之前与抵押权代理人办理抵押资产登记手续，抵押权代理人成为抵押登记证书上的“抵押权人”，或者抵押登记证书的“抵押权人”一栏直接填写为“全体债券持有人”。同时，由发行人/抵押人与抵押权代理人签署《抵押担保合同》，约定凡通过认购、交易、受让、继承、承继或其他合法方式取得并持有本期债券的投资者，均视同自愿接受抵押权代理人代为办理抵押资产登记手续的约束。

尽管上述先抵押登记后发行债券的操作流程设计得十分详尽，但在抵押权人不确定的情况下以“抵押权代理人”或者尚未确定的“全体债券持有人”进行抵押登记，显然不符合《物权法》有关抵押权的规定。基于物权法定主义原则，这种资产抵押将面临被依法认定为无效的潜在法律风险。

（二）在债券发行成功后，先前办理的抵押登记能否在未经变更登记的情况下直接对全体债券持有人发生法律效力

如前所述，在债券持有人（抵押权人）不确定的情况下，先由债券发行人（债务人）与其选定的抵押权代表人签订相关的抵押担保合同，并将相关抵押资产登记在该抵押权代表人名下，不符合《物权法》的相关规定。一旦债券发行成功，债券持有人的身份得到确认。那么，上述抵押登记存在的法律瑕疵能否在债券持有人身份明确的情况下自动得到弥补修正？《物权法》《担保法》及其司法解释等法律对此问题都没有进行明确规定。

笔者注意到，最高人民法院曾经在《物权法》实施前，通过相关司法解释以及审判实务认可了当事人可以通过事后非变更抵押登记的补正措施来弥补先前抵押登记中存在的法律瑕疵问题。

《担保法司法解释》第四十九条第一款规定："以尚未办理权属证书的财产抵押的，在第一审法庭辩论终结前能够提供权利证书或者补办登记手续的，可以认定抵押有效。"这表明目前我国最高审判机关认可通过事后补办权利证书的方式直接弥补先前抵押登记中存在的抵押物无权属证书的法律瑕疵。

最高人民法院在审理"中国农业银行昆明市官渡区支行诉昆明策裕经贸有限责任公司及张锦、张行借款担保合同纠纷上诉案"（〔2000〕经终字第224号）和"甘肃荣达房地产开发有限公司与中国东方资产管理公司兰州办事处借款合同纠纷上诉案"（〔2005〕民二终字第64号）中，也都认为抵押人在未办理产权证的情况下将房产抵押登记给抵押权人，但事后取得抵押房产产权证的，抵押有效，无须再行补充办理抵押变更登记手续。

上述司法解释以及审判案例所体现出的最高人民法院司法审判精神，是否意味着抵押登记中存在的任何法律瑕疵问题，当事人都可以通过事后采用非变更登记的补正措施来弥补？对此，笔者持否定态度。

上述司法解释以及审判案例都是发生在《物权法》实施前，相关法律并没有明确规定抵押权应当以不动产登记簿记载的为准。而且上述司法解释及审判案例中的抵押财产所指向的对象都是确定的，只是在抵押登记时还未办理权属证件而已。然而，《物权法》出台后，明确规定："不动产物权的设立、变更、转让和消灭，依照法律规定应当登记的，自记载于不动产登记簿时发生效力。"根据这一法律规定，只有登记在不动产登记簿上的内容，才具有抵押权的效力。在采用先办理资产抵押登记手续，再发行本期债券方式发行债券项目中，抵押物的权属都是清晰、无权利瑕疵，通常情况下相关权属登记部门还会配合出具相关文件用以证明抵押物的权属状况。唯一存在的法律问题就是抵押登记簿上的抵押权人身份尚无法确定。这与上述司法解释以及审判案例所对应的背景不同。明确的"抵押权人"是抵押权项下的最为基础的一项权利内容，抵押权人身份不确定，抵押权的法律效力无从谈起。由于债券发行前办理的抵押登记中，债券持有人身份尚无法确定，抵押登记簿中并没有记载明确的债券持有人的身份信息，因此，即使债券发行成功后，债券持有人的身份得到确认，在未补充办理抵押变更登记手续，将债券持有人的身份信息记载于抵押登记簿的情况下，先前办理登记的抵押权并不能直接对债券持有人发生效力。只有补充办理抵押变更登记手续，将全体债券持有人的姓名/名称记载于抵押登记簿，抵押权才会对全体债券持有人发生法律效力。

然而，对于采用先办理资产抵押登记手续，再发行本期债券的情况，根据其他公开披露的企业债券发行文件及后续信息披露文件，笔者尚未查阅到有关债券发行成功后债券持有人补充办理抵押变更登记的信息，这不得不说是种遗憾。

债券发行前无法先行办理抵押登记问题的解决途径

企业债券发行方案设定为采用先办理抵押登记再发行债券的方式，一般是基于债券发行后兑付的安全性考虑。毕竟，如果先发行债券再办理抵押登记手续，在债券发行完毕后至抵押登记手续办理完成的这段时间内，债券持有人持有的债券实际上处于一种无担保信用的境地。一旦该期间发生意外情况（比如：发行人或者抵押人发生债务纠纷，拟抵押资产被第三方债权人申请诉讼保全；又如：抵押资产因意外情况灭失损毁，等等），将导致本期债券发行的前提条件（抵押担保）无法实现，那么，债券的兑付就存在较大风险。

为了避免因无法先行办理抵押登记而影响债券顺利发行的情况，笔者建议考虑采用下列两种变通方式：

（一）将原计划作为抵押登记的资产抵押给第三方担保公司，由第三方担保公司为债券发行提供保证担保

这是一种法律关系比较清晰的抵押担保变通方式，具体是由第三方担保公司为发行人发行债券提供连带责任保证，增加信用等级，作为担保条件，将原计划作为债券发行抵押担保的抵押资产转为抵押给第三方担保公司，作为反担保。由于第三方担保公司作为抵押权人，身份是明确的，因此，办理抵押登记手续不存在“抵押权人”身份不明确的法律障碍。

(二)第三方担保公司提供过渡性阶段担保

为了避免在债券发行完毕后至抵押登记手续办理完成期间,债券持有人持有的债券实际上没有担保信用而引发的潜在法律风险,在抵押登记部门不同意在发行债券之前先行办理抵押登记的情况下,可考虑引入第三方担保公司,为上述过渡期提供过渡性阶段担保。一旦抵押登记手续办理完成,第三方担保公司的阶段担保责任就可解除。然而到目前为止,笔者尚未查阅到已经公开发行的企业债券项目中有采用这种阶段性担保方式的情况。

需要说明的是,上述两种变通方式都会额外增加发行人的发行成本。第三方担保公司为发行人发行债券提供担保,需要向发行人收取一定金额的担保费用。这是发行人必须要权衡的一个问题。

作者单位:福建建达律师事务所

(本文原载于《债券》2014 年 12 月刊)

银行理财管理计划和银行理财直接融资工具的发展及意义

周文渊

摘要：2013 年，理财业务改革进一步深化，银行理财管理计划和银行理财直接融资工具的推出具有深远的意义。本文对该新业务的发展背景、核心要素比较、创新意义及其影响等方面进行了深入分析。

关键词：银行理财　直接融资　工具债务风险　金融创新

2008 年金融危机之后，全球经济出现超级货币宽松，以中国为代表的新兴市场国家都经历了一次主动加杠杆的盛宴，杠杆周期向上带来了债务活动的活跃和经济体债务率的迅速提升。在杠杆上升的过程之中，中国的金融格局也发生了深刻变化，孕育出新的金融产品。

推出背景及基本情况

利率市场化压制银行净息差，而表内资产扩张又受资本充足率限制，银行资产扩张增速出现明显回落，到 2013 年 6 月末，银行业金融机构总资产同比增速骤降至 13.5%，较 2012 年末 17.7%的增速下滑超过 4 个百分点。在此背景之下,国内“影子银行”体系迅速扩张。以信托公司、证券公司及其资管部门、基金公司、保险公司、金融租赁公司为代表的机构所从事的类银行贷款和债券业务,以委托贷款、商业承兑票据等金融工具为代表的银行表外业务,再加上小额贷款、民间融资工具等形式构成了外延广泛的中国影子银行体系。

银行理财的发展尤为迅速,新发产品规模从2004年的0.04万亿元,到2012年的30.36万亿元,十年间银行理财市场以年均近100%的规模增速迅速崛起。截至2013年二季度末,银行理财市场的存续规模达到9.85万亿元,成为仅次于信托业的第二大资产管理行业。理财业务的发展缓解了利率市场化对银行的冲击,提升了居民投资收益,有效支持了实体经济的发展,但银行理财业务的发展在近两年也引发了广泛的争论,包括刚性兑付问题、自营和客户资金未有效隔离、资金池业务的庞氏特征、逃避监管等问题不容忽视,更为关键的是银行理财定位和法律地位目前仍较模糊。

为规范银行理财业务发展,明确银行理财法律地位,银监会在继3月份出台《关于规范商业银行理财业务投资运作有关问题的通知》(即“8号文”)之后,开始进行银行理财业务方面的创新探索,并推出银行理财管理计划和银行理财直接融资工具。10月15日,备受关注的首款银行理财管理计划试点产品由工行正式发行,募集资金75亿元,募集日期是10月15日至20日,认购起点虽然是10万元,对象必须是金融净资产达到600万元人民币及以上的个人超高净值客户,属于非保本浮动收益(净值型)产品;在资金投向中,债权类资产部分只投资于理财直接融资工具,比例范围为0~70%。此后,交通银行、兴业银行、浦发银行的银行理财管理计划纷纷启动募集,上限金额合计约为200亿元。

银行理财管理计划所对应的具体投资品之一为银行理财直接融资工具,其定义为由商业银行作为发起管理人设立,直接以单一企业的债权融资为资金投向,在指定的登记托管结算机构统一托管,由合格的投资者进行投资和转让,在指定渠道进行公开信息披露的标准化投资工具。2013年10月23日,包括工商银行在内的11家银行试点发行的103亿元理财直接融资工具,在中央国债登记结算有限责任公司(简称中央结算公司)的理财直接融资工具综合业务平台正式报价转让,首批直接融资工具的期限在1年至3年不等。

理财直接融资工具的设立均采取注册登记制度,各家商业银行只能通过银行理财管理计划认购理财直接融资工具份额,该份额在经过登记之后,能在理财直接融资工具综合业务平台上进行双边报价及转让。单个理财直接融资工具必须与单个企业的债权融资相对应,单家银行管理的所有理财管理计划持有任一理财直接融资工具的份额比例不得超过该工具总份额的80%。银行理财直接融资工具在中央结算公司完成登记及其他操作后,相关信息将通过此前上线的中国理财网完成信息披露。在创新试点阶段,银行理财管理计划若投资理财直接融资工具份额,必须在中央结算公司单独发起设立理财直接融资工具托管账户,并在该机构完成登记,一个银行理财管理计划只能开立一个理财直接融资工具账户,同时,管理人还要为银行理财管理计划开设独立的资金清算账户,对理财直接融资工具份额的投资转让,必须通过资金清算账户完成资金划转。

该创新的核心要素比较

银行理财直接融资工具处于资产端,解决基础资产如何从非标准化债权资产(简称“非标资产”)变成标准化产品的问题;银行理财管理计划则处于资金端,实现银行理财风险隔离。

而银行在资金端资产端,分别承担不同角色,在资金端担任理财管理计划管理人,为理财客户管理风险和收益,收取管理费,有些银行根据合同还可以参与超额业绩分成;在资产端担任理财直接融资工具发起管理人的银行募集资金后投资于某一融资企业,通过管理融资项目风险和收益,以及连续报价和信息披露服务等,获得理财直接融资工具的管理费用。

(一)银行理财管理计划与传统银行理财的比较

一般来讲,银行通过设立理财产品向客户销售,从理财客户获得资金,按照比例配置交易市场中的货币市场工具、银行间交易债券等。但银行理财管理计划与传统银行理财存在明显区别。

1. 期限

存续期方面,传统银行理财产品期限主要为 30 天、60 天、90 天、180 天左右,其中以 1 个月至 3 个月的产品为主,而投资直接融资工具的银行理财管理计划则设置成开放式结构,存续期限长,定期可赎回,只要投资者在赎回当天不操作,即可自动滚入下一个期限。

2. 客户群和收益率

银行理财管理计划一般主要针对高净值客户,采用净值收益,收益率相对高于一般的同期限理财产品。如某银行的此款产品认购起点为 5 万元,首个封闭期的年化收益率为 5.18%和 5.32%。

3. 投向

资金投向中,债权类资产部分只投资于银行理财直接融资工具,比例范围为 0~70%,取代了以往投资者在产品说明书中常见的信托计划、券商资管计划、保险资管计划等基础资产。

4. 估值

银行理财管理计划更像证券市场中的债券型基金，每个交易日都有估值，而原有理财是以预期收益率来做报价，没有公开的估值，类似于短期存款产品。

5. 信息披露

银行理财管理计划需在中央结算公司登记，披露期限、净值、成立报告、管理报告、到期清算报告等信息。而传统银行理财信息披露不及银行理财管理计划。

6. 刚性兑付

按照监管的政策思路，银行理财管理计划要尽量摈弃原有理财的隐性担保，力图解决刚性兑付问题，但无隐性担保等特性可能也会限制其完全取代其他类型产品。

(二) 银行理财直接融资工具与各债券品种的比较

1. 银行理财直接融资工具并非传统意义上的债券品种

其推出的目的是为了实现银行理财投资的非标类融资的标准化，所以它在几个方面不同于一般债券品种。(1)目前来看，它的投资主体仅限于此次试点的银行理财管理计划，它的交易不能脱离银行理财管理计划独立进行。目前其理财直接融资工具至少涉及发起管理人、登记托管结算机构、作为投资者的银行理财管理计划、融资企业、评级机构、会计师事务所、律师事务所等主体。(2)对其融资主体和融资投向可能有较为严格的限制，目前具体的信息披露还不够，但预计监管机构对通过银行理财直接融资工具进行融资的资金投向会进行明确的规范。(3)期限，一般来讲,理财直接融资工具主要是替代原有的通道业务,所以预计工具的期限会以中短期为主。利率上可能因非标转标准,使得高于一般债券,低于一般非标融资利率。(4)债权融资工具具有私募性质,类似于没有交易平台的保险债权计划,但由于中央结算公司为其提供一个交易转让平台之后,则类似于为保险债权计划提供一定流动性。

2. 不能简单将银行理财直接融资工具理解为资产证券化

之前有分析认为,银行理财直接融资工具是一个 SPV,且有很强流动性,是不是变成了一种资产证券化产品?资产证券化的实质是把未来的现金流打包分级再证券化,主要是引起企业资产负债表中资产端产生变化;目前来看,理财直接融资工具发行主体是企业,具体并不对应企业进行打包分割后的某一资产或现金流,是一种企业原始债权性融资,主要是企业资产负债表中的负债端;虽然中央结算公司为工具提供了交易平台,但这种交易平台是为了发现工具的价格、提高工具信息透明度、促进理财投资的工具流动性而设的,只是提高了某项金融工具的流动性水平,并未经过再证券化过程。

推出银行理财业务创新和债权融资工具的意义

(一)降低“影子银行”风险

影子银行崛起但刚性兑付无法打破,造成金融体系“庞氏化”。影子银行体系是由国内金融体制、金融管制和债务周期波动共振而形成的,作为银行的补充,最近两三年内迅速成长,初步估算目前影子银行体系的规模超过 20 万亿元。国内影子银行体系存在一些特征。

1. 金融工具非标准

如信托计划等均不是标准金融工具,流动性较差,缺乏统一的估值规则,市场透明度不够。

2. 收益率偏高

由于缺乏流动性和交易成本较高,影子银行体系的融资成本一般高于正规融资工具,一般来讲,信托收益权收益率较同评级债券高 3~4 个百分点。

3. 运行机制不透明

如资金池类信托其内部运行机制往往不规范,特别是由于规则制度的缺乏,对影子银行体系的整体监管和风险把控不够。

4. 刚性兑付不破造成影子银行体系呈现庞氏特征

影子银行体系中的金融工具如信托计划一般都是在到期前通过续发来完成前一期兑付,这种运行机制造成对信用风险的隐形担保,加剧了风险的累计,使得金融运行庞氏化。

推出银行理财管理计划,可以使理财风险显性化、透明化,从而有助于监管层对系统风险的把控,并限制金融套利行为,降低交易成本;而投资者对收益率的要求迫使银行提高资产配置和投资管理能力。理财直接融资工具,在利率水平、流动性、估值等多个方面较非标工具有明显优势,推动企业将非标融资向标准债权融资转移,可以降低企业融资成本,减轻企业利息支付压力,提升盈利水平;也有利于规范影子银行体系,推动原有理财“非标”业务透明化、标准化,促进金融风险的缓释和化解。

(二)有利于明确银行理财的法律地位

2005 年出台的《商业银行个人理财业务管理暂行办法》对理财业务

定义做出规定,其中第9条是"综合理财服务是指商业银行在向客户提供理财顾问服务的基础上,接受客户的委托和授权,按照与客户事先约定的投资计划和方式进行投资和资产管理的业务活动。"但银行理财的法律地位仍未明确,银行理财到底是委托代理、信托关系还是债权债务关系,莫衷一是。法律地位模糊导致银行理财的发展受到明显制约。

公募基金、资产管理计划等产品,作为投资管理人的基金公司、证券公司等,一般均不负有向投资者承诺兑付本金的义务,但银行理财业务往往需要银行为其提供显性或隐性的担保,承担最后兑付责任。此次推出的银行理财计划,银行的独立管理人地位与信托公司的法律地位类似,有助于解除银行在理财业务运作中的刚性兑付义务,逐步确立在银行理财业务运营中的"卖方有责,买方自负"的理财观念,真正实现风险隔离。

(三)有利于明确银行理财的业务发展方向

目前银行理财的规模逼近10万亿元,规模很大但一直受到监管机构的规范监督,特别是2012年以来,政策出台得非常密集,银行理财在规范中不断发展,但也面临业务方向的转型。与此同时,证监会、保监会相继出台了一系列资产管理法规,为证券公司、保险公司、基金公司资产管理业务松绑,给银行理财业务造成一定竞争压力。银行理财计划和理财直接融资工具在运作中给银行理财部门更多自主权,有利于银行理财业务逐步向真主的财富管理、资产管理和综合金融服务转型,利于银行理财的长期发展。

对金融市场的影响

由于试点阶段只有200亿元的规模,眼下还不会对规模以万亿计的基金、银行理财等产品造成冲击，但长期来看，预计将对金融市场产生以下影响。

（一）对非银行金融机构通道业务造成冲击

无论是银行理财管理计划，还是理财直接融资工具，都使原有理财非标资产业务透明化、标准化，无须再通过信托、券商资管等通道绕过监管，因此将对非银行业金融机构通道业务造成冲击。

（二）对债券市场将产生正面影响

大家担心理财直接融资工具的发行可能会分流投资于债券市场的资金，事实并非如此，工具与计划的推出对于债券市场是利好。第一，从资金端看，理财管理计划的加入增加了债券市场的资金供给，因为理财管理计划除可投资工具外，还可投资其他标准化金融资产，以利于其流动性管理，实际统计结果也表明，理财管理计划目前的资金总量约有 40%投资于债券市场。第二，理财直接融资工具是多层次资本市场直接融资体系的一部分，对于融资企业而言增加了其融资来源，有利于企业改善其资产负债情况，提高其对于债券融资的还本付息能力。这正如企业发行除企业债券以外其他的债券一样，最初人们担心，如果企业发行了短融、中票、私募债、定向债务工具，将对企业发行企业债券、公司债有冲击，事实上，其它债务工具的发行，并没有缩减企业债的发行量，反而促进了企业债券发行量的提升，并使其发行更加规范化。从这一点看，理财直接融资工具的推出是我国金融市场的重要创举。

作者单位：国泰君安固定收益部

（本文原载于《债券》2013 年 12 月刊）

商业银行理财业务监管回顾、困境及建议

杨　硕

摘要：本文梳理了我国商业银行个人理财业务相关法律规范，从法律规范、发展困境和市场监管三个层次，分析当前我国银行理财市场存在一些乱象的深层次原因。最后，从法律和市场定位、商业银行发展理念、相关专业人员的培育、合规文化建设和金融消费者教育和保护等五大方面提出了一些具体建议。

关键词：商业银行　理财　发展困境　金融监管

我国个人银行理财业务始于20世纪90年代末，经过数十年的发展，业务从无到有，规模从小到大，产品从简单到复杂，市场规模也不断扩大。截至2011年末，我国商业银行年发行理财产品近千只，余额约4.6万亿元。然而，随着个人银行理财业务的不断发展，也产生了一些负面的现象，比如，理财产品成为部分商业银行监管套利工具，并存在客户投诉不断增加，各类纠纷呈现阶段性上升趋势的现象。这也使得监管部门在严格规范市场、维护消费者权益和保护理财市场发展的平衡上，处于两难境地。

商业银行理财市场发展不同阶段的监管规范情况

(一)理财市场发展早期的初步规范

2004 年以前,我国有 11 家中资银行和数家外资银行从事个人外汇理财业务,2004 年 9 月,6 家中资银行经中国银监会批复同意开展人民币理财业务,自此,我国商业银行理财业务开始进入发展的“快车道”。

为规范商业银行理财业务,也为了呵护初生的市场,2005 年 9 月,中国银监会以“规范与发展并重,培育和完善并举”为指导思想,制定颁布了《商业银行个人理财业务管理暂行办法》(以下简称《暂行办法》)和《商业银行个人理财业务风险管理指引》(以下简称《风险管理指引》),初步界定了银行理财服务的范畴,对商业银行理财产品进行分类,对其业务管理、风险管理和监督管理进行了初步规范。

(二)金融危机前后对理财产品的相关监管规范

2006—2007 年,中国银监会先后下发《商业银行开办代客境外理财业务管理暂行办法》《关于商业银行开展代客境外理财业务有关问题的通知》《关于调整商业银行代客境外理财业务境外投资范围的通知》等数个部门规章和规范性文件。这些文件的密集出台,肇因正值国际金融市场泡沫顶点,商业银行代客境外理财业务、基金管理公司的 QDII 基金等蓬勃发展,而表面繁荣之下难掩危机,主管部门因此接连发令,规范商业银行行为。

同年,中国银监会下发通知明确取消了原《暂行办法》中对商业银行发行保证收益性质的理财产品需要向中国银监会申请批准的相关规定,改为实行报告制。对《暂行办法》中要求最迟在发售理财产品前10日将相关资料报送中国银监会或其派出机构的，改为在发售理财产品后5日内将相关资料报送中国银监会或其派出机构。

2008年，国际金融危机全面爆发，QDII基金、代客境外理财等铩羽而归，中国银监会接连下发多份针对理财产品业务的通知，分别从产品设计、客户评估、信息披露、风险揭示、销售合规等多方面进行风险提示和监管规范。

2009年，中国银监会发布了《关于进一步规范商业银行个人理财业务报告管理有关问题的通知》《关于进一步规范商业银行个人理财业务投资管理有关问题的通知》，分别对商业银行个人理财业务的报告管理和投资范围作出进一步规范和限制。

(三)近年监管规范情况变化

2010年开始，随着银信合作的全面加速，商业银行、信托公司利用相关规定匮乏，部分业务处于监管范围模糊的灰色地带，在发行部分理财产品的过程中借道信托绕开信贷规模控制，将表内风险转至表外，美化业务报表和监管指标，导致银信合作风险聚集。为规范银信合作市场，中国银监会自2009年末至2011年先后下发一系列的规范通知[①]，对银信合作业务转表等进行监管和规范，挤压“影子信贷”，控制银信合作相关业务的风险。

---

① 包括《关于进一步规范银信合作有关事项的通知》《关于规范信贷资产转让及信贷资产类理财业务有关事项的通知》《关于规范银信理财合作业务有关事项的通知》《关于进一步规范银行业金融机构信贷资产转让业务的通知》《关于进一步规范银信理财合作业务的通知》《关于规范银信理财合作业务转表范围和方式的通知》《关于做好信托公司净资本监管、银信合作业务转表及信托产品营销等有关事项的通知》。

2012年,针对商业银行销售理财产品时存在诸多不规范行为,客户投诉直线上升的现实,中国银监会适时颁布《商业银行理财产品销售管理办法》(以下简称《销售管理办法》),从各个环节对商业银行开展理财产品销售活动进行规范。近期,为了防范和化解商业银行理财业务风险,规范银行理财资金投资运作,中国银监会再次发布了《关于进一步规范商业银行理财业务投资运作有关问题的通知》,以促进银行理财业务的健康、稳健发展。

对商业银行理财业务监督规范的特征

(一)注重市场培育,并根据风险状况及时调整相关规范

从对理财产品的规范和监管的回顾中可以看出,监管者采取的是“跟随”策略,谨慎观察我国商业银行理财市场发展实际,并以“管风险”为原则,根据我国银行理财市场的发展变化和风险状况及时调整相关规范。比如,商业银行理财产品的市场准入应当采用何种方式,就分别经历了批准制、事后报告制、事前与事后报告相结合制。又如,中国银监会根据国内外金融形势在2008年和2010年分别密集出台相关规定,分别对境外代客理财业务和银信合作理财业务进行规范。

(二)相关规范的法律层级较低,集中在部门规范性文件

从法律层级来看,目前直接规范我国商业银行理财市场的诸多文件中,仅有《暂行办法》和《销售管理办法》为部门规章,其余均为部门规范性文件,其优势在于灵活性,但整体法律层级相对较低。

部门规范性文件系主管部门根据相关法律法规授权,在自身职权范

围内制定的有关规范,其制定和发布流程相对较短。中国银监会因此得以根据复杂多变的金融市场和监管实际,及时甄别和预判风险并制定相关规范,维护商业银行理财市场的稳健发展。但是,部门规范性文件法律层级相对较低,从立法效力角度而言处于弱势。从法律的角度看后果有二:一是法律层级较低导致规范力度较弱;二是一旦发生法律冲突的情形,层级较低的法律规定在适用性上劣后于层级较高的规定。

当前商业银行理财市场发展面临的几大困境

应当看到,我国商业银行理财市场虽然蓬勃发展,但在资产和财富管理市场上,正面临证券投资基金、券商集合理财、信托公司信托计划等多重夹击,而商业银行理财市场自身,则面对着客户投诉不断上升,产品设计和收益形式日趋保守化的现实。从深层来看,当前商业银行理财市场现状与其面临的三个困境密切相关。

(一)法律困境

目前,在关于商业银行理财产品的各项规定中,并未对理财产品的法律属性作出明确界定。《暂行办法》仅对个人理财顾问服务和综合理财服务从业务形态上进行了界定。因而学界对于商业银行理财属于何种法律关系尚存争议,争议焦点在于商业银行理财产品作为委托理财的一种方式,其法律关系是否在实际上属于一种信托行为。

1. 支持“信托论”的主要理由

第一,《风险管理指引》指明“商业银行应当将银行资产与客户资产分开管理,明确相关部门及其工作人员在管理、调整客户资产方面的授权。对于可以由第三方托管的客户资产,应交由第三方托管”。上述规定与法律界定信托关系的核心之一——信托财产独立相一致。

第二，“信托论”的支持者认为，凡是在形式上符合《信托法》中“委托人基于对受托人的信任，将其财产权委托给受托人，由受托人按委托人的意愿以自己的名义，为受益人的利益或者特定目的，进行管理或者处分的行为”就是信托行为，换言之，只要在委托人和受托人之间形成委托契约关系，该委托理财业务即属信托行为。由此，商业银行理财、基金等产品均可以被视为具有“基于信托原理所形成的信托法律关系”。

2. 对理财产品法律界定的另一种观点

上述将理财产品归于信托关系的划分并没有考虑到我国商业银行理财服务多样化的现实，实际上，不能简单地将所有理财产品非此即彼地归类于信托或委托关系。因而目前还存在一种观点，认为应当从具体的商业行为出发分析商业银行理财业务的法律关系，主要观点如下：

《暂行办法》按是否存在资产管理行为将商业银行理财业务分为理财顾问业务和综合理财业务。理财顾问业务是指商业银行向客户提供的财务分析与规划、投资建议、个人投资产品推介等专业化服务。可见，理财顾问业务更多的是提供建议和咨询，并不涉及客户资产的管理运营，类似于咨询服务法律关系。

根据《暂行办法》第九条的规定，“综合理财服务，是指商业银行在向客户提供理财顾问服务的基础上接受客户的委托和授权，按照与客户事先约定的投资计划和方式进行投资和资产管理的业务活动。在综合理财服务活动中，客户授权银行代表客户按照合同约定的投资方向和方式进行投资和资产管理，投资收益与风险由客户或客户与银行按照约定方式承担”。所以，在综合理财服务中，因涉及银行对客户资产的管理运营，应根据具体不同的运营方式对商业银行理财产品进行区分,进而判断法律关系。

《暂行办法》根据客户获取收益方式不同,将理财产品分为保证收益型和非保证收益型两种。对于保证收益型产品,由于商业银行需要向投资者支付本金和事先约定的固定收益,该观点倾向将其认定为借款合同法律关系,对于保证收益理财产品超出保证收益部分的其他收益,由于商业银行和客户将按照事先约定分配并共同承担风险,该观点倾向于认定其为信托关系。还有一种近似的观点,认为商业银行和客户就本金形成债权债务关系,对收益部分由于客户有权享受正收益而不承担负收益的投资失败风险,相当于商业银行对客户收益做出担保,确保收益不为负,因而认为商业银行和客户就将收益部分形成一种担保的信托关系。套用同样的逻辑,该观点认为保本浮动收益理财产品的性质与之类似,即对于本金部分,为债权债务关系,对收益部分,为信托关系。

在非保本浮动收益理财产品中,由于商业银行系根据事先约定和实际投资收益情况向客户支付收益,而并不对客户本金的安全做出承诺,且对理财资金享有较大自主管理和处分的权限,与信托的“信托财产独立”和受托人权利类似,因而该观点认为这属于一种信托关系。

事实上,在探索我国商业银行理财的法律关系时,都不能不考虑我国金融业分业经营和分业监管的实际情况,只有在此框架下进行的探索,才更符合我国实际情况,有助于商业银行理财合法合规地发展。

(二)发展困境

当前,利率市场化有序推进,商业银行依靠传统信贷业务获取利润的空间受到挤压,而资产管理市场不断深化发展,百姓投资渠道日益增多,商业银行储蓄存款相应不断减少，资产负债管理革新迫在眉睫，这些都迫使商业银行探索新的发展道路，财富管理成为不少银行眼中的下一个利润增长点。

1. 理财业务中存在的一些问题

纵观当前商业银行理财服务市场，一方面商业银行迫切期望通过理财业务发掘银行中长期新利润增长点，但另一方面又存在将理财产品工具化、滥用化的短视行为，这一矛盾成为当前银行理财市场发展困境的缩影。由此，理财产品短期化、同质化现象严重，理财产品沦为揽储工具，导致银行合规风险增加；理财产品销售人员在销售产品时重收益率、轻风险提示，因销售行为不合规引发客户误解导致投诉、诉讼，银行声誉风险增加；部分金融机构借理财产品绕开信贷规模限制等监管规定，将表内风险表外化，导致实质信用风险不断聚集。

2. 造成发展困境的主要原因

第一，商业银行理财产品法律属性不明，限制了理财产品设计的创新。当前理财产品同质化严重，一方面是因为理财产品成为揽储工具所致，另一方面也由于相关法律规范尚未明确，理财产品创新存在制度障碍。

第二，商业银行尚未形成从董事会层面起自上而下重视资产管理业务的理念，理财业务存在长远发展与短期套利行为的矛盾。虽然大部分商业银行都认识到未来财富管理将成为带动利润的新增长点，但绝大多数商业银行还没有将其纳入战略层面的思考，而只是因为理财业务撬动资金的规模和带动利润增长的潜在可能而对该项业务有所重视。换言之，不少银行所谓的“重视”仅限于将理财产品视为获得短期收益的工具，因此,不论是条线力量投入,还是合规管理力度都相对较弱。例如,目前,除极个别银行外,几乎还没有商业银行单独设立财富或资产管理部门,不少商业银行的理财部门往往是金融市场部或资金管理部下属的二级部门,这样的设置一是导致理财专业人力资源投入不足,理财产品设计专业化程度不高;二是致使在行内理财业务往往沦为配合其他部门完成任务的工具,如为了发展存款,商业银行推出滚动式理财产品,或者更多地将精力放在发售和赎回时间的选择而不是产品设计上,商业银行理财产品由此已背离财富管理的初衷,成为监管套利的工具;三是不利于基层员工理解理财业务的本质,反而将其视为存款业务拓展手段,销售合规性不强,这也是近年来银行理财业务投诉和诉讼激增的重要原因。

第三,公众认识存在误区,理财市场的长期培育和正确理念的形成尚待完善。商业银行理财产品作为一种投资方式,和其他投资产品一样存在投资风险。而现在不少投资者习惯于将商业银行理财产品视同毫无投资风险的银行存款,无法接受收益低于存款利率或本金受损。这一方面和商业银行理财产品销售人员在销售过程中风险揭示不合规有关,另一方面也和投资者对自身风险承受能力认识不足,以及长期以来民众对商业银行的心理预期和消费惯性有关。

但是,必须认识到商业银行的定位有别于券商、基金公司、信托公司,"稳健"依然是商业银行安身立命之本,在纠正投资人认识误区、加强销售合规性的同时,如何设计恰当的产品,既符合资产管理、财富管理的要求,又适当控制风险,不背离商业银行应承担的角色,是商业银行理财市场发展必须考虑的问题。

（三）监管困境

首先，监管部门虽然能够按照相关法律的授权，通过部门规章或规范性文件的形式根据商业银行理财市场的实际情况进行灵活监管，但由于商业银行理财相关法律规范层级效力相对较低，监管的权威性和有效性受到一定限制。

其次，商业银行对其理财市场的发展定位尚未明确，反过来制约监管力量的发挥。如上文所述，监管部门从一开始即以“规范与发展并重，培育和完善并举”为理念，在提纲挈领地颁布《暂行办法》后，一直采取紧密观察和跟随市场、针对具体情况“点对点”及时纠正不规范行为的策略，尚未进一步制定全面规范银行理财业务的规范文件。事实上，监管部门无法也不应代替市场做出选择，用行政手段过度干预市场，市场发育的不成熟也意味着脆弱，监管部门如果无视现实下“猛药”，反而不利于市场平稳进化。

最后，监管部门必须平衡好培育市场和保护金融消费者的关系。虽然监管部门必须着眼于商业银行理财市场的起步培育，但不能否认的是，监管部门的核心职责之一即维护金融市场稳定，保护金融消费者权益，这也是中国银监会所有发布的办法、指引、通知等文件的核心指向。如何既不影响市场发展，又能充分保护金融消费者合法权利，同时做好消费者教育，普及正确的投资理念，是监管部门必须平衡好的关系。

对理财产品业务发展的相关建议

目前，我国商业银行理财面临新的发展临界点，具体而言，有五大方面的问题亟待解决，一是如何找准法律和市场定位，探索适当的银行理财产品发展之路;二是如何将资产和财富管理业务真正嵌入商业银行业务条块,使之发挥应有的作用而不是成为其他传统业务的配角;三是如何聚拢专业人才,设计出符合资产管理需要和商业银行稳健经营定位的产品;四是如何自上而下地普及贯彻银行理财产品作为资产管理条线的服务,从设计到销售各环节确保合规;五是如何做好消费者投资理念的纠正和普及,同时推动设计银行理财产品消费者保护机制,维护市场稳定。

(一)短期和微观层面

首先,制定理财产品会计处理和计提风险准备的统一标准,遏制目前利用监管空白修饰报表、美化存款数字的现象,从源头上控制理财产品成为揽储工具的可能。

其次,针对商业银行理财产品销售乱象,加强查处力度,增加违规成本,规范银行理财市场发展秩序。培育银行建立理财销售的合规文化,保护消费者正当权益。

最后,尽早建立专门的理财业务从业人员资格认证制度和持续培训机制。参照基金等专业理财的从业人员资格认证制度,提高银行理财业务人员的准入门槛,明确市场禁入等惩罚措施,并建立固定、长期的从业人员持续培训机制,从人员管理上进行规范。

(二)中长期和宏观层面

首先,早日明确商业银行理财产品的法律属性,完善相关立法,根据法律、部门规章、部门规范性文件的法律层级,建立完善多层次的规范体系。

其次,推动资本市场顶层设计,加快理财产品的设计创新。目前,我国资本创新工具有限,缺乏相应的活跃市场,相关政策和规范处于缺失状态，应当自上而下进一步加强资本市场和相应工具的完整性，促进包括银行理财产品在内的财富管理手段的进一步丰富。

再次，引导商业银行真正理解和贯彻资产和财富管理理念。鼓励商业银行探索符合本行实际情况的银行理财产品定位，而非仅仅将理财产品作为传统业务的替代工具。推动商业银行梳理和调整业务条线设置，合理分配专业人力资源，推出符合银行定位的产品，丰富我国金融市场体系，拓宽百姓投资渠道。

最后，建立专门的消费者保护机制，持续做好消费者教育工作。监管部门应承担公众教育义务，帮助投资人客观认识风险，形成正确的投资理念，研究建立银行理财产品消费者保护机制，保护金融消费者正当权益。

（本文仅代表作者个人观点，与所在单位无关）

参考文献

[1]商业银行个人理财业务管理暂行办法（银监会令〔2005〕2号）.

[2]胡云祥. 商业银行理财产品性质与理财行为矛盾分析[J]. 上海金融，2006(9):24.

[3]朱永利. 我国商业银行法律性质探讨[J]. 武汉金融，2012(3):48-50.

[4]朱小川. 论加强金融理财产品监管的制度建设[J]. 南方金融，2011(3).

[5]周荣芳. 银行理财产品的存款替代与利率市场化[J]. 中国金融，2011(15).

作者单位：中国银监会国际部

（本文原载于《债券》2013年4月刊）

对银行理财基金化的思考及路径探索

戴 娟 王强松

摘要：本文介绍了我国银行理财基金化的起源及发展现状，分析了由此带来的挑战，并对银行理财基金化的未来路径进行了思考。本文认为，从发达国家的经验来看，银行资管行业预期收益型产品和净值型产品并存，因此可以预期，我国银行理财基金化的探索之路将任重而道远。

关键词：银行理财 刚性兑付 基金化

资产管理业务的蓬勃发展已成为近年来我国金融业的一道风景。截至2015年底，我国资管行业总规模突破77万亿元人民币，连续第二年超过GDP总额；即使剔除重复计算，资管行业规模也有望超过40万亿元。这其中银行资管经过年均40%的高速增长，规模突破20万亿元，达到了23.5万亿元，占据国内资管行业的半壁江山，达到了诞生十年以来的新高度。

不过，当前国内银行资产管理业务以预期收益率型产品为主，银行出于自身声誉风险，对到期的理财产品进行“刚性兑付”，脱离了“卖者有责，买者自负”的销售初衷。同时，随着利率市场化改革的持续推进，固定收益类理财产品将受到较大冲击，理财业务产品格局也将随之重建，理财产品基金化正在成为银行理财的重要发展方向。

基金化运作模式也称为净值型模式，产品无预期收益率，实行定期开放，定期披露净值，投资者可按净值进行认购与赎回，并根据开放日的净值，计算上个投资周的收益率。目前我国基金行业的产品大多采用了这种运作模式，但证券投资基金亏损现象较普遍使客户对净值型产品缺乏信心。从发达国家的经验来看，银行资管行业依然是预期收益型产品和净值型产品并存的局面，因此可以预期，我国银行理财基金化的探索之路将任重而道远。

资管产品基金化运作的国际实践

从全球和主要发达国家情况看，银行在资产管理行业中占据重要地位。在多数国家，银行都是最主要的资管机构类型，其中既包括摩根大通银行、汇丰银行等全功能银行，也有瑞银集团、道富银行、纽约梅隆银行等资产管理专业性银行。这和银行在金融机构中所处的地位、专业能力是相匹配的，表明银行的品牌信誉、渠道网络、专业人员优势，在资管业务中一样可以发挥作用。资产管理是银行转型发展的重要业务之一。

彭博列示了 2014 年 3 月末资产管理规模(Assets Under Management, AUM)数据，其中欧美金融机构有 261 家，资产管理规模合计 52.57 万亿美元。前 10 名资产管理公司(见表 1)中，按母公司主业归类，商业银行系有 4 家(包括了道富银行和纽约梅隆银行两家专业资产管理银行)，投行类有 2 家，保险公司系有 1 家，投资公司有 2 家，还有 1 家信托公司。

表 1　2014 年 3 月末全美前 10 名资管公司

排名	名称	资管规模(十亿美元)	母公司主业
1	BlackRock	4400.92	投资管理
2	State Street Corporation	2381	商业银行
3	JP Morgan Chase	1648	商业银行
4	Bank NY Mellon	1620	商业银行
5	Morgan Stanley	1102	投资银行
6	Goldman Sachs	956	投资银行
7	Northern Trust	915.4	信托公司
8	Prudential Financial	890.9	保险公司
9	Franklin Resources INC.	886.9	投资管理
10	Bank of America	841.82	商业银行

资料来源:彭博资讯

理财产品基金化的好处在于其收益率随投资收益率而波动,公开透明,有助于打破刚兑,实现投资者风险自担。从国际经验来看,产品基金化运作确实是全球资管行业的一个主要方式。按普华统计,2012 年末全球资管产品余额中,共同基金占 42%,委托资产管理占 48%,另类投资占 10%。根据欧洲基金及资产管理协会(EFAMA)的数据,2013 年末欧洲资管行业 AUM 中 48%是投资基金,52%是委托资产管理,其中德国投资基金占比高达 82%,法国是 46%,英国是 31%,荷兰最低为 15%。

通过上述数据可以看到,全球资管产品中基金化运作比例较高,但同样面临着利润率不高的残酷现实。2014 年高盛年报显示,其财富管理业务平均有效管理费为 40BP。全球最大的资产管理机构贝莱德公司 2014 年末 AUM 高达 4.7 万亿美元,但净收入仅为 33 亿美元,净收入除以 AUM 仅为 7BP。根据波士顿咨询公司 2015 年资产管理业报告,2014 年全球资管行业利润 1020 亿美元,除以年初和年末 AUM 平均值,利润率低至 1.43‰。

我国银行理财基金化的起源与现状

2004 年 9 月，光大银行发行我国第一款人民币理财产品——阳光理财 B 计划，开启中国商业银行理财业务的元年。金融危机后，人民币理财逐渐替代外币理财，成为理财市场中的主流产品。在此之后，银行理财快速发展，截至 2015 年底，全国共有 591 家银行业金融机构开展理财业务，其中 2015 年新增 66 家。银行理财已经超越信托成为资管规模最大的行业。

随着银行理财规模的扩大，银行通过建立资金池的模式，依靠期限错配实现理财产品的高收益。在这种操作方式下，我国 1 年以下期限的银行理财产品超过了 90%，理财产品的短期化造成了负债端和资产端的“期限错配”，当理财产品到期而对应资产没有到期时，就产生了没有资金兑付到期的理财产品，因此，“滚动发售、集合运作、期限错配、分离定价”的运作模式成为部分银行理财产品的主要操作方式。与此同时，银行理财客户认为理财产品的预期收益即客户所得实际收益，银行与投资者之间实际上形成一种约定利率的借贷关系，而非受托资产管理关系。而银行往往出于市场份额和声誉考虑，选择承担隐性担保职责，对产品进行刚性兑付，产品投资风险并未真正实现买者自负，与此相关的报道层出不穷。

由于银行主要使用预期收益率的产品发售方式，不论理财产品是否保本，基本上都会按预期收益率进行兑付，因此，银行实质上是运用了“削峰填谷”的办法来保证产品兑付。这种业务运作模式使得理财产品不论是否保本，均成为利率市场化进程中的存款替代品，偏离了资产管理行业的轨道。因此，银行理财的发展需要加快向真正资产管理的转型。

2013年3月27日,银监会下发《关于规范商业银行理财业务投资运作有关问题的通知》(下称8号文),对非标准化债权资产类业务进行规范。8号文明确了银行理财投资管理模式的转变方向,产品投向具体透明、收益分配以真实投资资产收益为基准的基金化理财产品,将是未来银行理财的发展方向。在2014年末,银监会出台了征求意见的《商业银行理财业务监督管理办法》,其中更多参考了公募基金管理办法,提倡理财产品改变以预期收益率型产品为主的现状,向开放式净值型转型。

在此情形下,多家银行开始尝试改变理财产品的收益结构,摒弃此前侵占理财产品超额收益、将理财产品"类存款"运作的做法,向基金化运作迈出第一步。以招行为例,截至2015年6月,其净值型产品规模4539.20亿元,较年初增长87.07%;净值型产品占理财产品运作资金余额的比重为27.65%,较年初提升0.93个百分点。从全市场来看,根据《中国银行业理财市场年度报告(2015)》显示,2015年末净值型理财产品资金余额1.37万亿元,较上年末增长0.81万亿元,同比增长144.64%,市场份额从3.73%提升至5.83%(见图1)。

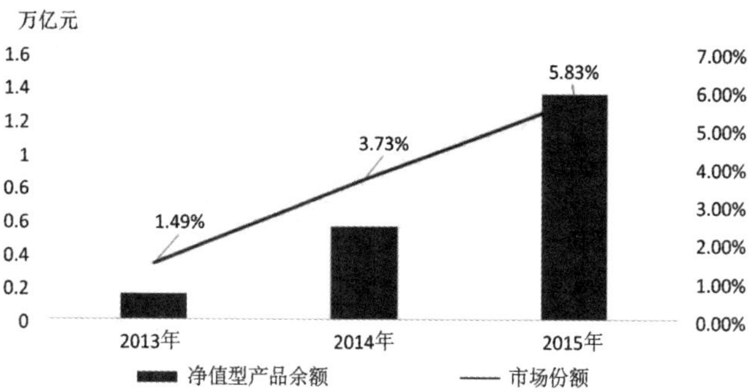

图1 2013—2015年净值型理财产品规模及市场份额

资料来源:《中国银行业理财市场年度报告(2015)》

再以银监会大力倡导的资产管理计划为例，从 2013 年 10 月开始试点资产管理计划业务开闸仅仅一周时间，工商银行、交通银行、兴业银行、浦发银行就率先试水各自首款自主理财管理计划，产品为开放式非保本浮动收益型，规模上限从 1 亿元到 75 亿元不等。截至 2014 年底，发行理财管理计划的银行已经达到约 20 家，并从国有、股份制等大中型银行延伸至少数大型城商行。截至 2015 年 6 月，全市场理财管理计划存量规模约为 450 亿元。

银行理财基金化带来的挑战

银行理财产品基金化以后，其收益率会随投资收益率而波动，必将给理财市场各方参与主体带来深远的影响和全新挑战。

首先，对投资者而言，如果理财产品基金化，则风险全部由投资者自负。目前我国银行理财产品中，80%以上的产品为低风险和中低风险，但净值型产品具有波动特征，投资者选择时将会面临更大的困难，投资者需要进行学习教育，以提高风险识别能力。

其次，对银行而言，相比传统的稳健型理财产品，基金化运作的理财产品对产品管理人的要求更高，这将考验银行大类资产配置和投资交易能力。大类资产需由传统的债权投资向全市场资产配置进行转变，要根据市场走势进行大类资产的相机抉择，投资操作也从传统的持有到期、配置为主转为配置和交易兼顾。因此，理财产品之间的竞争最终将演变为资产管理能力的比拼，考验银行在市场研究、投资交易、流动性管理、风险控制等方面的综合财富管理水平。银行在各方面的能力均需大幅提升。

再次，对监管者而言，监管思路需要更加开放灵活，与市场发展相匹配。在“卖者尽责,买者自负”的市场原则下,当理财产品出现兑付风险时,应合理界定理财发行方、渠道方和投资者之间的责任和义务,各自承担相应的风险,以此推动理财业务回归“受人之托、代人理财”的本质。

最后,对媒体等第三方而言,其报道应更加客观、真实和准确。如果理财产品基金化,应改变此前媒体等第三方在报道理财相关兑付情况中对于理财发行方责任的“负面放大效应”,以更加客观、公正、专业的视角去报道理财参与各方的责任和所需承担的风险。

对我国银行理财基金化路径的思考

过去 10 年,以基金为代表的净值型产品,净值历经大幅波动,投资者“赚少赔多”,客户对此缺乏信心。在此情形下,银行理财基金化如何获得投资者的认可,对探索基金化路径显得尤其重要。

第一,建议持续推进投资者教育。一方面,要帮助投资者树立正确的风险投资意识。银行在进行投资者教育时,不是让投资者看懂晦涩的产品说明书,而是帮其树立正确的风险投资意识,使其懂得投资是有风险的,但同时不要过度畏惧风险,因为风险是获得投资收益的前提。另一方面,要帮助投资者形成正确的投资理财观念。投资者教育是培育银行理财市场和促进其健康持续发展的必要内容,进行好投资者教育,才能吸引更多的投资者进入理财市场。

第二,建议建立银行净值型理财准入门槛。随着资产管理行业的发展,特别是理财基金化趋势日趋明显后,资产配置在以资产管理为核心的理财产品运作中必将起到更加关键的作用,如何更好地利用多种金融工具、结合更加科学合理的资产配置,为客户进行财富管理,将成为资管行业竞争的核心。而日趋严格的监管、银行自身的管理信息系统建设和风险管理能力,以及所面临的外部竞争者的挑战,都会使得部分管理能力较弱、渠道有限的银行面临一定压力。未来应该建立银行净值型理财的准入门槛,明确银行净值型理财管理人资质要求,以大中型资管机构的体量去应对市场挑战。

第三,建议监管层加强顶层设计。当前理财产品投资范围不断扩大,所投资的领域由多个监管机构负责监管。建议"一行三会"联合多部委,共同进行顶层设计,按功能监管而非机构监管的思路全面梳理监管政策。譬如,对于银行理财产品的监管要求,尽量与资管产品相一致,使得银行类资管机构与其他类资管机构的竞争更加公平。

第四,建议媒体等第三方合理引导,营造理性投资氛围。如前所述,希望未来媒体更加公正、专业、全面地对银行理财进行报道,对投资者进行合理引导。同时,应建立、健全第三方评价机构,通过建立合理的评价标准和方法,对不同银行的理财产品进行专业评价,营造理性投资氛围。

总体来说,尽管理财产品基金化是未来银行理财产品转型的重要方向,但绝不是唯一方向。从国外成熟市场的发展经验来看,未来银行资管行业将会是预期收益型产品和净值型产品并存的局面,银行理财基金化的探索之路任重而道远。

参考文献

[1]孟杨.产品基金化将成银行理财重要方向[N].金融时报,2013-09-04.

[2]吴志坚.我国股份制银行理财业务创新研究[D].西南财经大学博士学位论文,2013.

[3]杨荣.银行资管深度报告:理财转为大资管[D].研究报告,2015.

[4]中央结算公司全国银行业理财信息登记系统.中国银行业理财市场年度报告

(2013).

[5]中央结算公司全国银行业理财信息登记系统. 中国银行业理财市场年度报告(2014).

[6]中央结算公司全国银行业理财信息登记系统. 中国银行业理财市场年度报告(2015).

[7]The Boston Consulting Group. Global Asset Management 2015.

作者单位:戴　娟　南京银行资产管理部总经理

王强松　南京银行资产管理部

(本文原载于《债券》2016 年 3 月刊)

基于GARCH模型的银行理财资金流动性预测研究

郑鸬捷　陈义超　孟　静　逯　尧

摘要：本文基于计量经济学中基本统计特征分析、平稳性检验、相关性检验、ARCH效应检验等方法对银行理财产品申购赎回波动性特征进行了梳理和研究，从计量学角度研究了不同客户的行为特征；同时基于广义自回归条件异方差(GARCH)模型，对理财资金流动性进行了预测及检验，以期为银行业务部门应对资金流动性提供理论参考。

关键词：银行理财　资金流动性　计量经济学　GARCH模型

研究背景及意义

经过近12年的发展，我国银行理财已发展成为个人和机构财务投资的重要渠道，也成为资产管理行业最重要的力量。截至2016年6月底，共有454家银行业金融机构发行理财产品，存续的理财产品余额达26.28万亿元，较2016年初增长11.83%，较2015年同期增长42.98%。[①] 随着

① 数据来源于银行业理财登记托管中心。

银行理财规模快速增长和理财产品净值型转化不断深入,银行理财面临的流动性风险越来越大。如何对理财资金流动性做好监控和预测管理日益成为各家银行理财业务发展过程中面临的新课题,也是银行理财产品向净值型转化能否彻底成功的关键因素。

流动性风险是银行资管业务经营过程中最主要的风险之一,而且是一直存在的。流动性风险因其具有较强的隐蔽性、不确定性、来源广泛等特点,加大了风险管理的挑战。在管理过程中,流动性应保持在合理适度的水平,过低会导致流动性风险,而过高则与业务本身的盈利性发生冲突。理财产品期限通常较短,除个别一对一产品外,多数产品期限在1年以内,以3个月左右产品居多,还有相当规模的类货币基金产品。

本文从银行个人开放式产品(不含私银)和法人开放式产品结构入手,以资管业务实际经营数据为基础,综合运用计量经济学多种统计理论和数学模型等,分析理财资金的流动性的波动情况,并据此提出资金流动性预测模型,通过发掘数据潜在价值提高资管业务经营管理水平。

银行理财资金流动性分析模型

(一)模型背景介绍

传统的计量经济模型假定样本数据方差保持不变,即方差不随时间的改变而发生变化,但是在金融市场中,表示不确定性和决策风险的方差是随时间变化的,且依赖于过去误差的变化。这样的数据包括但不限于市场价格、利率、汇率等,其变化通常表现为大的波动后跟着一个小的变动,小的波动后面跟着一个大的波动,波动呈现聚集性效应。所以常量方差模型不能客观、准确地描述金融市场中样本数据的变化规律和特征。

为了深入研究方差随时间变化的时间序列，恩格尔于 1982 年提出了自回归条件异方差（ARCH）模型，并将其成功应用于英国通货膨胀指数的波动性研究中。后面的学者以此为基础研究发现，该模型在分析金融资产价格波动时具有良好的解释能力。在 ARCH 模型基础上，众多学者提出了诸如广义自回归异方差（GARCH）模型、自回归条件异方差—均值模型（ARCH-M）模型、指数自回归条件异方差（EGARCH）模型等。这些模型共同构成了一套完整的条件异方差回归理论，在经济领域引起了高度重视并获得广泛应用。

本文考虑到银行理财市场的具体情况，参考借鉴相关学者的研究成果，决定选用应用最广泛的 GARCH 模型来分析理财资金流动性的变化规律。

（二）GARCH（p，q）模型

GARCH 模型相较 ARCH 模型进行了更新和完善，拥有相似的分析方程结构，但不需要用太多的滞后阶数 p。GARCH 模型认为，在一定时期内，误差项的方差不仅取决于误差项过去的方差，而且还取决于误差项本身，所以基于 ARCH 模型对条件异方差加入了 p 阶预测方差的自回归项，以便更为精确地描述样本波动性。GARCH（p，q）模型的基本形式为：

$$\begin{cases} y_1 = X_1^T B + \varepsilon_t \\ \varepsilon_t \mid \Psi_{t-1} \sim N(0, \sigma_t^2) \\ \sigma_t^2 = \alpha_0 + \sum_{i=1}^{p} \alpha_i \varepsilon_{t-i}^2 + \sum_{j=1}^{q} \beta_j \varepsilon_{t-j}^2 \end{cases} \qquad \text{（公式 1）}$$

公式 1 中参数 p 是 ARCH 项的最大滞后阶数，q 为 GARCH 项的最大滞后阶数，二者均大于等于 0；α 为回报系数，β 为滞后系数。不难看出，当 q=0 时,GARCH 过程就变为 ARCH(p)过程;当 p=q=0 时,ε_t 便为白噪声序列。

GARCH 模型表达式中方差 σ_t^2 由以下三项组成:常数项 α_0 决定长期波动水平,对模型估计采用的数据期限长度较为敏感,当所选取的数据期限很长且其中有极端事件发生时,通过参数估计求得的常数项会很大;回报系数 α 通过残差平方的滞后项 $\sum_{i=1}^{p}\alpha_i\varepsilon_{t-i}^2$ 来反映前 p 期波动性的相关信息,回报系数越大意味着对市场变化的反应越迅速;滞后系数 β 越大意味着波动持续时间越长,对条件方差的冲击就越需要经过更长一段时间才会消失。GARCH 模型与 ARCH 模型较为明显的区别就在于 GARCH 模型将滞后条件方差考虑进来,提升了条件方差过程的实际应用水平。

GARCH 模型的有效性验证

本文所选择的原始数据是工商银行具有代表性的部分开放式产品每日申购和赎回数据。采用 GARCH 模型建模时,对于数据的选取主要考察所选数据的频率和数据数量大小。模型是否适用于理财流动性研究,需要对理财流动性数据进行基于计量经济学中基本统计特征分析、平稳性检验、相关性检验、ARCH 效应检验。下面以 2013 年 1 月 1 日至 2015 年 12 月 31 日(除去产品的非开放期)产品申购和赎回的 913 个数据分别进行上述检验。

为准确反映资金流动性特征,在开放式产品数据基础上对申购、赎回数据进行轧差,以净申赎时间序列数据为标的样本,区分法人客户和个人客户分两组时间序列样本数据展开分析。

为方便阐述,定义以下字母分别表示不同客户类型产品净申赎数据序列:FRTS 表示法人客户类型产品每日净申赎数据序列;GRTS 表示个人客户类型产品每日净申赎数据序列。FRTS 和 GRTS 的趋势如图 1 和图 2 所示。两张趋势图中横坐标代表 FRTS 和 GRTS 数据对应时间轴,纵坐标代表 FRTS 和 GRTS 数据在各时间点的分布值。从走势来看,整体是比较平稳的,没有明显的上升或下降趋势,并且波动趋势为大幅度的波动后面紧跟着小幅度的波动。

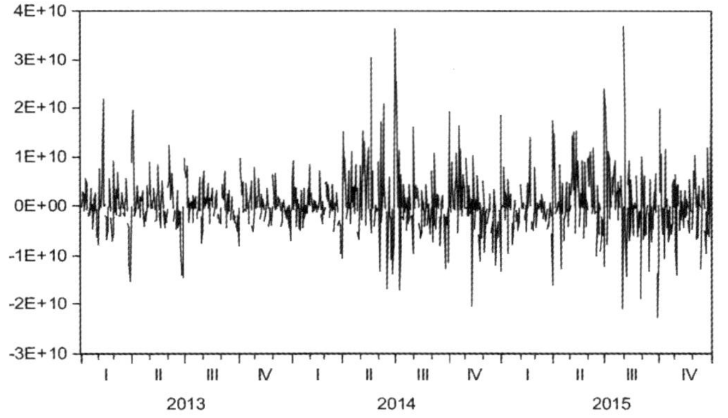

图 1　FRTS 趋势图

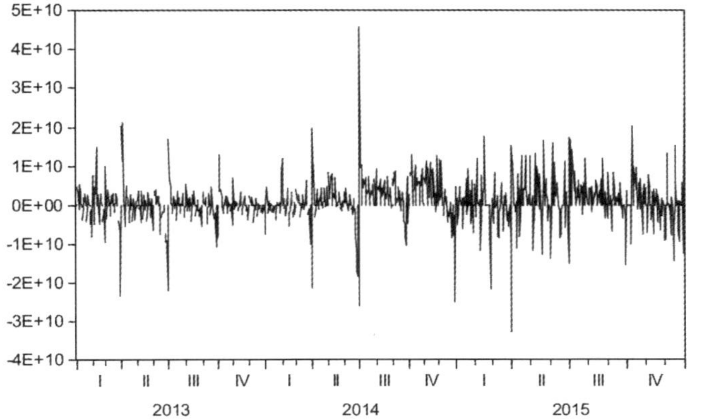

图 2　GRTS 趋势图

(一)基本统计特征分析

为了对 FRTS 和 GRTS 数据序列进行更好的统计分析,需要分别计算各样本的均值、中位数、标准差、偏度、峰度及 JB 统计量,通过这些统计特征分析来观察 FRTS 和 GRTS 数据是否具有异方差的特点。

基本统计量的计算公式如下:

样本均值 $$E(Y)=\frac{1}{T}\sum_{t}Y_t \qquad (公式2)$$

标准差 $$\sigma=\sqrt{\frac{1}{T}\sum_{t}(Y_t-E(Y))^2} \qquad (公式3)$$

偏度 $$S=\frac{\frac{1}{T}\sum_{t}(Y_t-E(Y))^3}{\sigma^3} \qquad (公式4)$$

峰度 $$K=\frac{\frac{1}{T-1}\sum_{t}(Y_t-E(Y))^4}{\sigma^4} \qquad (公式5)$$

Jarque-Bera 统计量 $$JB=\frac{T-k}{6}(S^2+\frac{1}{4}(K-3))^2 \qquad (公式6)$$

通过 Eviews 计算可得,在样本期内,FRTS 和 GRTS 平均值分别是 2.85 亿元和 8.28 亿元,考虑到工行资产管理部从 2013 年开始实施产品转型,逐步压缩普通期次型产品,原有到期理财资金分流至开放式产品,均值为正,相对产品规模比例来说,符合正常情况。从峰度来看,FRTS 和 GRTS 的值分别为 8.8979 和 13.1227,远大于 3,说明 FRTS 和 GRTS 比正态分布陡峭,其分布曲线的尾部比正态曲线的尾部厚,具有明显的尖峰厚尾特征。从偏度来看,FRTS 的值为 1.1590,属于右偏态,右边具有较厚的尾部,而均值为正、中位数为负,说明赎回波动更大,符合法人客户遇到资金面紧张时就巨额赎回的特点；GRTS 的值为 0. 2123，也属于右偏态，同样具有一定的尾部特征。整体来看，样本数据从统计学角度展现为明显的尖峰厚尾分布，符合模型应用的数据特征。

（二）平稳性检验

应用 GARCH 模型研究的前提是，所研究的样本数据是平稳的。对理财流动性数据样本进行平稳性检验，结果显示，根据滞后期的选择标准，当最大滞后期为 20 时，FRTS 和 GRTS 两组样本数据序列的单位根检验值均小于 1%、5%、10% 水平临界值，根据假设检验判断依据，在 1%、5%、10%水平下拒绝样本数据序列存在单位根的原假设，由此可以判断样本数据列是平稳的。

（三）自相关检验

通过数据的自相关性检验，计算 GARCH（p，q）模型公式的 P 值与 q 值，为下一步预测做铺垫。对 FRTS 和 GRTS 进行自相关检验，结果如图 3 所示。

图 3 中两个序列的 P 值表示的是 Q 统计量取值大于该样本计算的 q 值的概率，均小于 0. 01。从检验结果可以判断，FRTS 可以初步拟合自回归滑动平均模型 ARMA（p，q），GRTS 可以初步拟合自回归模型 AR（p），同时在 1%、5%和 10%显著水平下，两组样本 Q 统计量的值均大于其临界值，存在显著自相关性。从图 3 可观察得出，GARCH（p，q）模型 p 阶滞后数为 1，q 阶阶数为 1。

仅依靠肉眼观察趋势图很难断定样本数据序列符合哪一种随机过程序列模型，所以在识别和断定具体适用模型时，需要借助一些专业检验方法。用 Eviews 对 FRTS 和 GRTS 两组序列进行相关性分析，运用自相关系

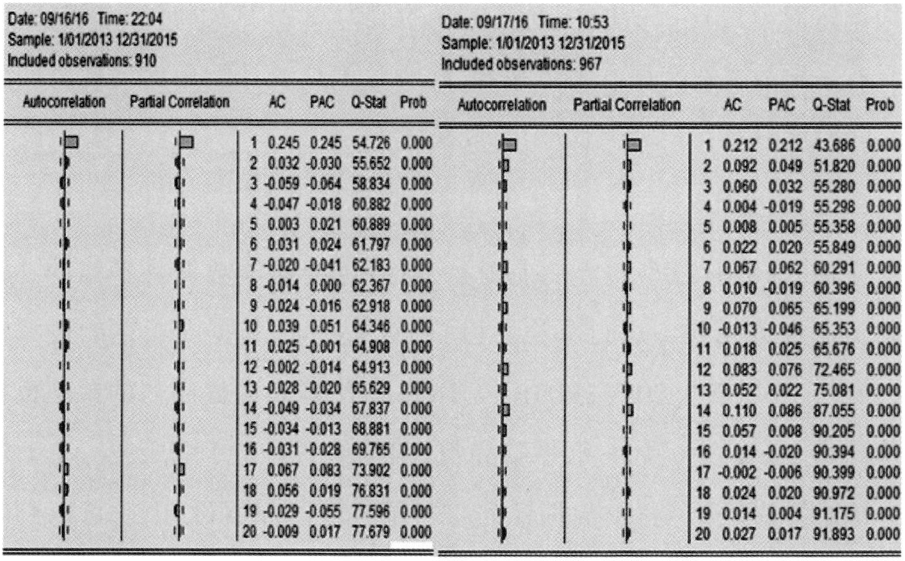

Date: 09/16/16 Time: 22:04
Sample: 1/01/2013 12/31/2015
Included observations: 910

	AC	PAC	Q-Stat	Prob
1	0.245	0.245	54.726	0.000
2	0.032	-0.030	55.652	0.000
3	-0.059	-0.064	58.834	0.000
4	-0.047	-0.018	60.882	0.000
5	0.003	0.021	60.889	0.000
6	0.031	0.024	61.797	0.000
7	-0.020	-0.041	62.183	0.000
8	-0.014	0.000	62.367	0.000
9	-0.024	-0.016	62.918	0.000
10	0.039	0.051	64.346	0.000
11	0.025	-0.001	64.908	0.000
12	-0.002	-0.014	64.913	0.000
13	-0.028	-0.020	65.629	0.000
14	-0.049	-0.034	67.837	0.000
15	-0.034	-0.013	68.881	0.000
16	-0.031	-0.028	69.765	0.000
17	0.067	0.083	73.902	0.000
18	0.056	0.019	76.831	0.000
19	-0.029	-0.055	77.596	0.000
20	-0.009	0.017	77.679	0.000

Date: 09/17/16 Time: 10:53
Sample: 1/01/2013 12/31/2015
Included observations: 967

	AC	PAC	Q-Stat	Prob
1	0.212	0.212	43.686	0.000
2	0.092	0.049	51.820	0.000
3	0.060	0.032	55.280	0.000
4	0.004	-0.019	55.298	0.000
5	0.008	0.005	55.358	0.000
6	0.022	0.020	55.849	0.000
7	0.067	0.062	60.291	0.000
8	0.010	-0.019	60.396	0.000
9	0.070	0.065	65.199	0.000
10	-0.013	-0.046	65.353	0.000
11	0.018	0.025	65.676	0.000
12	0.083	0.076	72.465	0.000
13	0.052	0.022	75.081	0.000
14	0.110	0.086	87.055	0.000
15	0.057	0.008	90.205	0.000
16	0.014	-0.020	90.394	0.000
17	-0.002	-0.006	90.399	0.000
18	0.024	0.020	90.972	0.000
19	0.014	0.004	91.175	0.000
20	0.027	0.017	91.893	0.000

图 3 FRTS 和 GRTS 自相关检验结果

数和偏自相关系数的特征来识别和断定平稳数据序列的模型类型,统计得出=3。

基于以上分析,对 FRTS 和 GRTS 建立 ARMA(1,1)和 AR(1),分别为 $FRTS_t = c + \alpha_1 FRTS_{t-1} + \varepsilon_t + \beta_1 \varepsilon_{t-1}$ 和 $GRTS_t = c' + \alpha_1' GRTS_{t-1} + \varepsilon_t'$。

由相关检验可知,上述两个模型中的系数在5%的显著性水平下均通过检验,各个统计指标均符合要求,因此所得模型可以较为准确地拟合样本数据序列。

(四)ARCH 效应检验及模型数值选择

ARCH 效应检验主要检验均值方程中的残差是否具有随时间变化的方差,以验证理财申购赎回数据符合构建 GARCH 模型样本的条件。

为了准确检验所得模型的残差是否具有异方差性,一是对残差平方序列应用相关性检验方法检测,通过观察残差平方序列的 ACF 和 PACF

初步判断两组样本是否具有显著相关性。结果显示,FRTS和GRTS的自相关函数均呈现缓慢衰减态势,存在明显的“拖尾”现象,初步判断原序列存在ARCH效应;FRTS输出结果中的偏自相关图出现3阶截尾现象,GRTS的偏自相关图出现4阶截尾现象,因此后续进行的ARCH-LM检验滞后期分别选择3期和4期。

二是运用ARCH-LM检验处理这两组残差序列。用Eviews对两组样本数据序列进行ARCH效应检验,滞后期选取3期,结果显示,FRTS和GRTS的残差序列F检验统计量和卡方检验统计量的伴随概率p值均为0,小于0.05,表明原序列存在显著ARCH效应,与之前的相关性检验结论保持一致。所以,理财申购数据选择的数据样本适用ARCH模型,具备创建理财流动性GARCH模型的条件。

理财资金流动性模型构建及检验

(一)不同分布下理财产品流动性GARCH模型参数估计及检验

通过数据的自相关性检验,计算出GARCH(p,q)模型中的参数值p=1和q=1,即形成GRTS和FRTS两组样本的GARCH(1,1)模型,然后需要进一步对分布情况进行验证。

传统的GARCH模型设定残差ε_t服从正态分布,但大量研究表明在实际环境中,ε_1服从正态分布并不符合实际情况,更多的是近似服从尖峰厚尾的t分布或广义误差分布。本文分别在正态分布、广义误差分布、t分布等三种不同分布下,对FRTS和GRTS两组样本GARCH(1,1)的拟合情况进行了分析,根据对数似然估计准则、AIC准则和SC原则以及所得参数的显著性进行判断,比较得出样本在哪个分布下拟合为最优。

为检验所得到的GARCH模型效果,需对残差序列再次进行LM检验,在滞后期为1、2、3时,FRTS和GRTS两组样本三种分布所对应的LM统计量在5%的显著水平下均位于相应临界值的左边,说明模型残差序列的自回归条件异方差性已被消除。因此,GARCH(1,1)模型对FRTS和GRTS两组样本进行建模是合适的。再从对数似然估计、AIC准则以及SC准则的结果可以看出,在t分布下所得模型能更好地拟合FRTS的波动,在正态分布下所得模型能更好地拟合GRTS的波动,两者分布特征明显不同。

(二)基于GARCH模型的理财资金流动性预测

根据上述研究结论,用GARCH(1,1)选取在t分布下模型对FRTS样本外的2016年1月至6月149个产品净申赎数据,以及在正态分布下模型对GRTS样本外的2016年1月至6月182个产品净申赎数据进行预测,分别与真实值相比较,检验两组不同样本下GARCH(1,1)模型的预测效果。

1. FRTS样本外的净申赎数据预测

在图4中,红色虚线是置信区间预测,可以观察到,随着预测期的增加,预测置信区间愈发不稳定,出现异常波动,表明随着期限增加,模型预测的精度将出现不稳定情况;从图4右侧评价指标来看,其中Theil不等系数取值在0到1之间,等于0表示预测值与真实值完全相同,此处的Theil不等系数为0.0926,表明所选模型对2016年上半年产品净申赎数据预测准确度较好。

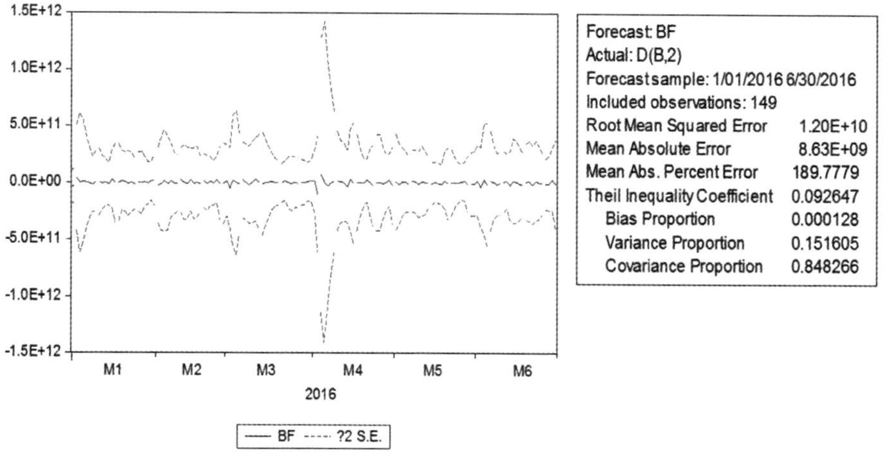

图 4　FRTS 样本外的净申赎数据预测

通过将 2016 年上半年法人客户类型产品净申赎数据的预测值与真实值进行对比(见表 1),发现模型对短期的预测较为有效,但对长期的预测效果不明显,随着期限拉长,预测误差明显增加。

表 1　2016 年上半年法人客户类型产品净申赎数据的预测值与真实值对比

选取时间	预测值	真实值	预测误差值
1/30/2016	-469915353. 50	-477004000. 00	-1. 4861%
2/29/2016	-14000488388. 06	-13847156889. 00	1. 1073%
3/31/2016	-27017078571. 61	-26109946910. 00	3. 4743%
4/30/2016	-646489067. 83	-613377545. 00	5. 3982%
5/31/2016	-8305682696. 72	-8940010074. 00	-7. 0954%
6/30/2016	7091400159. 70	7415290798. 99	-4. 3679%

2. GRTS 样本外的净申赎数据预测

从图 5 右侧评价指标来看,Theil 不等系数为 0. 1206,表明所选取模型对 2016 年上半年个人客户类型产品净申赎数据预测准确度较好。

通过将 2016 年上半年个人客户类型产品净申赎数据的预测值与真实值进行对比(见表 2),发现模型也是对短期的预测较为有效,对长期的预测效果不稳定,随着期限拉长,预测误差波动明显增加。

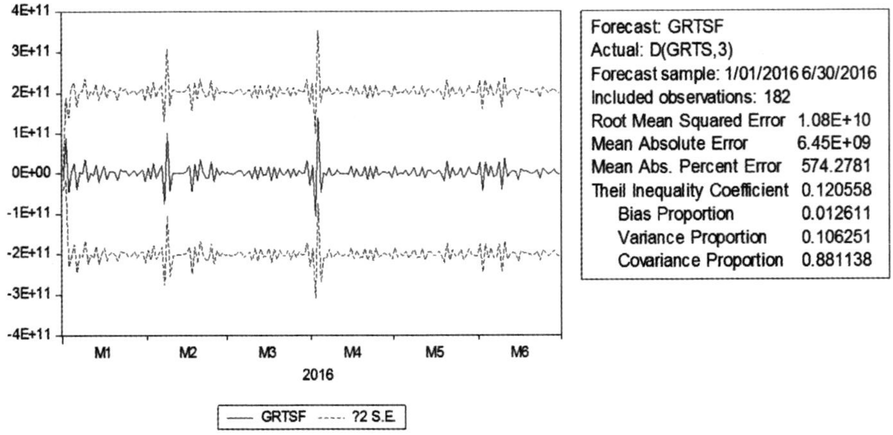

图 5　FRTS 样本外的净申赎数据预测

表 2　2016 年上半年个人客户类型产品净申赎数据的预测值与真实值对比

时间	预测值	真实值	预测误差值
1/30/2016	−158563492.35	−167780161.87	−5.4933%
2/29/2016	−842185848.58	−785205702.72	7.2567%
2/29/2016	−942185848.58	−785205702.72	19.9922%
3/31/2016	−29983859306.52	−27355226713.30	9.6093%
4/30/2016	−111372615.25	−151608545.94	−26.5394%
5/31/2016	−9632008320.36	−9973004240.34	−3.4192%
6/30/2016	10116871034.11	12784839612.81	−20.8682%

综上,可以得出结论:GARCH(1,1)模型对于短期样本外的净申赎数据预测具有较高的准确性,可信度较高,而对于长期净申赎数据预测则存在较大误差。

总结与展望

(一)研究总结

本文首次将 GARCH 模型用于银行理财资金流动性分析与预测。基于计量经济学中基本统计特征分析、平稳性检验、相关性检验、ARCH 效应检验等方法对法人客户产品申购赎回（FRTS）和个人客户产品申购赎回（GRTS）的波动性特征做了充分梳理和研究，发现法人客户相较个人客户具有更为明显的申赎波动性。更进一步，基于 GARCH 模型，分别对在正态分布、广义误差分布、t 分布下的均值方程和残差方差模型不断进行试错匹配建模，得出结论：FRTS 样本适用于在 t 分布下的 GARCH 模型，GRTS 样本适用于在正态分布下的 GARCH 模型。

（二）研究展望

本文选取的是 2013 年 1 月 1 日至 2015 年 12 月 31 日的两组数据，今后可以继续扩充时间范围，针对银行理财在不同阶段的资金流动性进行研究。

银行理财资金流动性不仅直接取决于资金市场供求的显性因素，而且还受同业理财价格差异竞争、产品转型、开放式产品开关停、调价时滞等非市场化隐性因素的影响。除了直接因素之外，宏观经济、监管政策、投资市场和短期资金市场冲击等因素也与资金流动性密切相关。因此，作为反映银行理财资金流动性的净申赎数据，其波动规律必然受上述各种因素的影响、制约，这也为未来进一步深入研究提供了指引。

本文运用 GARCH 模型对产品申赎数据的波动性规律和预测进行分析研究，虽然结合了一定阶段的市场情形对实证结果作了分析说明，但如何将上述影响、制约因素与 GARCH 模型通过理论夯实的方式联系起来，综合分析并提高预测精度，这存在进一步探究的空间，也是将来研究努力的方向。

作者单位：中国工商银行资产管理部

（本文原载于《债券》2017 年 3 月刊）

中小银行理财产品净值化转型现状、挑战与建议

张 翎

摘要:随着相关政策规范的出台,我国中小银行理财产品净值化转型初见成效。本文归纳了当前中小银行净值化转型所体现的主要特征,对比国内发展较早的基金行业,分析了中小银行理财业务在产品创新、产品体系构建等方面存在的问题,并从四个方面剖析了净值化转型对中小银行理财业务提出的要求和挑战,最后提出相关建议。

关键词:中小银行 理财产品 净值化 产品创新

商业银行理财业务自 2004 年起步至今得到了快速发展。银保监会网站显示,截至 2020 年 4 月末,银行及银行理财子公司的非保本理财产品余额合计 25.9 万亿元。其中,以全国股份制商业银行(以下简称“股份制银行”)、城市商业银行(以下简称“城商行”)和农村金融机构为代表的中小银行是理财市场的主要参与者。据银行业理财登记托管中心统计,截至 2019 年底,股份制银行、城商行、农村中小银行非保本理财产品余额合计占比超过六成。2018 年以来,《关于规范金融机构资产管理业务的指导意见》(银发〔2018〕106 号,以下简称“资管新规”)和《商业银行理财

业务监督管理办法》(中国银行保险监督管理委员会令2018年第6号,以下简称"理财新规")相继落地,银行理财业务从高速增长进入高质量发展的新阶段。由于在渠道、人员、系统、集团协同等方面的制约,中小银行面临着更为紧迫的转型和发展任务。

理财产品净值化转型初见成效

理财产品作为银行资产管理机构与投资者之间的媒介和业务载体,是竞争能力和品牌形象的直接体现。推动打破刚性兑付预期、发展净值型理财产品,是理财业务转型的方向。自资管新规发布后,各家中小银行理财产品向净值型转型与存量业务整改并重,已取得初步成效,净值型产品占比持续提升。截至2020年11月15日,根据中国理财网数据,股份制银行、城商行、农村合作金融机构及中小银行理财子公司存续净值型产品数量约为1.4万只。总体来看,中小银行产品净值化转型已体现出一些阶段性特征。

(一)理财产品由预期收益型向净值型转变

根据资管新规,商业银行应压降预期收益型产品规模,或将其逐步过渡为合规的净值型产品,同时新发行的理财产品应符合资管新规要求。

自2018年下半年起,中小银行净值型理财产品发行节奏明显加快。按产品起始日期分析,在存续的理财产品中,2018年及以前净值型产品数量占比为4%,2019年占比为14%,2020年占比为82%。

分类型来看,在存续的净值型理财产品数量中,发行人为城商行的数量占比为59%,为股份制银行的数量占比为14%,为农村合作金融机构的数量占比为24%,城商行发行只数较多。然而,不同银行的转型规模和速度存在差异。笔者通过统计各中小上市银行2019年度报告发现，中小银行的净值型理财产品数量占比从20%至80%不等，总体来看，贵阳银行、杭州银行、北京银行等城商行净值型产品占比较高。

(二)封闭式净值型产品占比较高

目前在存续期的净值型理财产品中，封闭式和开放式产品数量占比分别为75%和25%。开放式净值型产品对业绩表现、流动性管理、投资者认购和赎回管理等方面的要求较高，而封闭式净值型产品在一定程度上契合了净值化转型过渡期间的需求，各家机构通过发行封闭式净值型产品逐步推进转型。

(三)偏好发行中低风险产品

从存续净值型产品风险等级看，低风险数量占比为2%，中低风险数量占比为90%，中风险数量占比为8%，几乎没有中高风险和高风险产品。产品风险等级分布既与投资者特征相关，也体现中小银行理财的投资策略与投资能力。部分理财投资者存在本金损失接受程度低、偏好预期收益型产品、投资期限短等特征。因此，在转型初期很多中小银行将中低风险产品作为主要获客载体，通过设立业绩比较基准、超额收益分成、明确分红方式等手段引导投资者逐步接受新的产品形态。同时，不断扩大能力边界，拓展纯债型固定收益、增强型固定收益、股债混合、基金中的基金(FOF)等类别的投资品种。

(四)理财子公司稳步试点

中国理财网显示，截至2020年9月底，已有13家中小银行理财子公司获准开业，其中12家理财子公司发行了净值型产品，数量占全部理财子公司理财产品的16%。从风险类型来看,中小银行理财子公司在成立初期以发行中低风险产品为主,但是产品形态由封闭式向开放式转变的趋势明显,开放式产品占已发行净值型产品的比例大于50%。此外,由于处于理财子公司的过渡期,存在母行和理财子公司净值型产品并存的情况。

中小银行理财业务与基金行业的比较分析

我国公募基金(以下简称"基金")行业经过20余年的发展,已经成为资产管理领域中成熟和规范行业的代表。在产品多元化创新和发展方面,基金行业历经了从简单模仿海外基金产品到基于国内市场进行局部优化,再到基本能与国际产品设计同步的发展历程(中国证券投资基金业协会,2019)。与之相比,在产品的体系搭建、供给丰富程度、信息披露、跨境跨市场配置能力、投资策略多样性等方面,中小银行理财业务均有借鉴和提升空间。

(一)产品创新

面对快速迭代的压力,金融产品发行机构对市场时机和节奏的把握至关重要。从基金行业来看,不乏凭借数款甚至一款产品的创新实现基金公司管理规模迅速迈上新台阶的案例,而这又为其后续发展奠定了基础。

基金产品创新体现出鲜明的阶段特征:早期是产品类型的简单增加,自2009年起主题型、风格类产品兴起,之后又出现跨市场、跨资产的创新,结合客户生活场景的创新,以及借助金融科技的服务创新等,创新形态和方式日益多样,其背后体现的是政策、制度、技术等方面的突破。同时,根据实际情况创新有进有退,个别创新产品由于自身存在潜在风险及对外部有负面影响,逐渐退出市场。

从中小银行理财子公司发行的产品来看,绝大部分为固定收益类产品,包括现金管理类、定期开放类、固收增强类等细分类型。与基金相比,中小银行理财子公司成立初期侧重于自身具备一定投资优势且相对稳健的固收类产品,权益类、混合类产品相对较少,理财产品创新整体处于探索和起步阶段。

(二)产品体系构建

基金行业的产品体系构建呈现如下特征。一是注重产品结构均衡性,兼顾产品的主动型和被动型、权益型和固收型、绝对收益和相对收益等方面的平衡。特别是配置类和工具类产品,成为下一阶段重点布局的产品线。二是开放式基金占绝大部分。万得(Wind)数据显示,截至2020年9月末,我国开放式基金占全部基金数量的98.64%,其中非货币开放式基金占比为93.83%。三是不同基金公司的产品策略存在差异。头部基金公司主要采取全能型产品发展战略,拓宽产品线,实现全覆盖。部分基金公司采取精品店式发展战略,审慎控制产品数量,对每只产品进行精细化管理。

与之相比,中小银行理财产品在净值化转型过程中,面临存量老产品整改和新产品体系重构的双重挑战,如《中国银行业理财业务发展报告(2020)》指出,以城商行与农村金融机构为代表的中小银行的资管产品存在投向单一、产品形式单调等情况,有待加强产品体系建设,提升产品管理能力。

（三）产品丰富程度

基金行业的产品供给丰富。一是产品风格细化，除常规产品外，主题类、风格类基金便于聚焦具体行业或板块，对接细分投资群体需求。二是创新方式多样，除具体产品类型创新外，现有产品优化也是重要的创新途径之一，一些微创新产品充分满足了投资者阶段性投资需求，如“打新”基金等。三是权益类产品竞争优势明显，债券型基金集中度相对较低，权益型产品体现出较强的马太效应，具备优秀过往业绩的基金经理受到市场认可。

在中小银行理财产品转型过程中，产品供给逐渐丰富、多元，发行机构积极探索权益类产品、指数类产品、区域主题产品等领域，与专业机构合作开发标的指数，通过发行养老理财产品参与我国养老保障第三支柱建设，进一步提升专业化管理水平。

（四）产品信息披露

基金行业规范透明的表现之一是执行信息披露制度，按照季度、半年度、年度、临时等频率披露相关信息，对其信息披露的真实性、完整性、及时性、简明性和易得性整体要求较高。同时，监管层通过可扩展商业报告语言（XBRL）等技术手段规范基金信息披露，这有利于构建标准化信息披露体系、强化风险揭示等关键信息披露。

理财新规也强调了信息披露，并对公募和私募理财产品分类作出规定。产品净值化将推动理财产品信息透明度进一步提高，有利于提升投资者保护水平。然而，中小银行理财产品的披露内容、披露形式等方面有待进一步优化。

（五）产品国际化程度

在国际资管领域竞争中，我国基金行业扮演了先行军角色。2006年，我国合格境内机构投资者（QDII）基金出海，为基金业走向境外提供了有益实践。截至2020年9月末，Wind数据显示QDII基金共有163只，其中部分产品跟踪标的为国外市场的强势指数，如标普500指数、纳斯达克100指数等。此外，随着沪港通等基金产品的推出，基金业开放水平进一步提升。

相比而言，目前中小银行理财业务的全球资产配置能力以及配套平台建设尚有较大提升空间。随着粤港澳大湾区“跨境理财通”试点的探索，理财业务也在不断提升对外开放水平。

净值化推动理财业务全方位转变

理财产品净值化转型在前端体现为产品的变化，其背后需要系统性、全方位转型，涉及营销管理、投资交易管理、风险合规管理、运营管理等多个环节，需要组织架构、技术工具、业务模式、业务流程、科技系统等全方位变革来支持。

（一）经营理念

净值型理财产品回归“受人之托、代人理财”本源，需要投资机构在专业能力的竞争中，发挥大类资产配置优势，兼顾收益、风险与流动性，通过产品净值变化充分反映底层资产风险。面对资管行业跨市场的激烈竞争，中小银行在客户资源积累、专业人才培养、信息系统建设、综合运营能力等方面存在诸多掣肘因素，更加需要突出自身特色，发挥在特定区域、特定销售领域、细分投资风格和主题等方面的比较优势，走差异化发展之路。只有深刻认识到投资者的实际需求，把握所服务客户群体的特征，才能带来更优质的服务和体验，实现服务实体经济和促进自身发展的双赢局面。

(二)运作模式

根据理财新规，净值型理财产品需按照“单独管理、单独建账、单独核算”模式运作，禁止采用资金池方式运作。对于理财产品发行人及管理者来说，投资端要注重资产期限与产品期限的匹配，降低期限错配风险。同时，在资金端需合理评估投资者的风险承受能力，研究资产端与资金端的相互影响。运作模式的变化还体现在销售环节，原先理财产品销售主要依托所在银行的分支机构网点，理财子公司成立后，需要建立起代销和直销、线下和线上相结合的产品营销体系，渠道建设和管理工作面临一定的挑战。

(三)业务流程

理财产品的全生命周期包括产品研发、产品发行、产品运作、产品开放、产品到期等环节。在新老产品转换过程中，原先理财产品在预期收益型模式下形成的组织架构、业务流程等需要重新规划，研究、投资、产品设计、风险控制、运营等岗位的划分、工作职责设定、沟通交流机制等也面临调整。在业务流程重塑过程中，按照公司法、监管要求等规范，部分中小银行成立理财子公司，同时参照母行、基金公司等经验，构建了新的组织架构体系。

(四)风险控制理念

近年来，外部不确定性明显增加，信用风险、市场风险、操作风险、合规风险等各类风险交织。此外,在新老理财产品接续过程中流动性风险凸显。在复杂的经营环境中,中小银行面临风险冲击的压力更大,脱胎于银行表内业务的风险管理理念、方式、手段等亟待调整与提升。中小银行理财业务需要对标优秀基金产品的风险管理模式,但又无法机械照搬,还需要在遵从母行统一风险偏好的基础上,构筑适合自身的全面风险管理体系。此外,要强化组合管理理念,加强大类资产和行业研究,以配置风险和分散风险为主,运用投资思维重塑风险管理体系。

对中小银行加快净值化转型的建议

(一)培育创新文化

产品创新具有复杂性和不可预知性,有些类型的产品受跨市场、跨交易系统等因素限制,需要投入相当多的资源和时间进行创新,而有些产品创新则考验机构能否敏锐发现市场机遇。因此,在内部企业文化建设层面,中小银行应培养鼓励创新的整体氛围,形成有利于创新的体制机制,对于产品创新适度容错,强化正向激励。同时,培养产品研发专业人才,提升产品管理的专业能力。还应以产品为中心,建立全生命周期管理体系,同时建设与全业务流程相匹配的科技系统,提升管理质效。

(二)加大产品创新力度

中小银行要牢牢把握服务实体经济的根本目标,充分了解市场需求,结合自身资源禀赋,明确重点布局的产品类型和风格,每个发展阶段在自身能力圈内寻求机遇。可从产品起购金额、期限、风险偏好等方面细分群体客户特征,理解投资者行为,满足普通个人客户、高净值客户、企业客户、同业客户多样化的投资需求。大力发展金融科技,运用于智能推荐、客群画像等方面,围绕客户全生命周期建设净值型理财产品体系,进一步丰富产品供给。在产品投资端,可通过多种投资范围和运作模式,满足客户多样化投资需求。

(三)构建产品风险管理体系

一是建章立制。贯彻制度先行理念,规范业务流程。二是加强对创新产品的风险识别和评估。产品设计应遵循“简单、透明、风险可控”原则,在正式上线前,须通过风险管理、法律合规、财务会计管理、消费者保护等相关职能部门的审核。同时,发行的产品应注意与自身管理水平、风险控制水平、信息系统支撑能力相一致。三是更加注重投资者适当性管理,注重个人客户的反欺诈、投资者保护等方面的工作,建立突发事件应急处理机制。四是采取科学合理的方法,审慎管理产品运作风险。根据产品设计时确定的投资策略、业绩基准等,监控偏离风险,确保产品风格的稳定性。

参考文献

[1]中国证券投资基金业协会,晨星资讯(深圳)有限公司. 中美公募基金发展情况比较与研究[M]. 北京:中国财政经济出版社,2020.

[2]中国证券投资基金业协会. 基金——一部全景展现中国基金业发展二十年的史诗[M]. 北京:中信出版社,2019.

作者单位:华夏理财风险管理部

(本文原载于《债券》2020 年 12 月刊)

收益权类资产证券化产品发行情况及信用风险缓释措施探讨

张文玲

摘要:本文系统梳理了2005年至2015年三季度收益权类资产证券化产品的发行情况,并对其发行时间分布、行业分布、级别分布、利率分布、增信措施等情况进行了介绍。结合实际案例,本文对该类产品的信用风险特殊性及缓释措施进行了较详细的分析,以期为投资者了解该类产品基础资产的特点提供参考,并为产品设计者提供借鉴。

关键词:收益权类资产证券化产品　信用风险缓释　增信措施　现金流

根据基础资产的特性,企业资产证券化可以分为债权类资产证券化和收益权类资产证券化。

债权类资产证券化基础资产的债权债务关系比较清晰,名义金额[①]也

① 名义金额是指在资产证券化存续期间所能产生的现金流额度。收益权类资产证券化在存续期间产生现金流额度是不确定的,一般该类项目都会找专业的评估机构对存续期间的现金流进行评估预测,出具评估报告;而债权类资产证券化在存续期间根据签署的各项合同,在不考虑逾期率、回收率等因素时,该类资产证券化产生的名义金额是确定的。

比较确定,该类资产主要面临的风险是相关债务人的违约及回收处置风险(信用违约风险),并可延伸到债务人组合的相关性风险。

收益权类资产证券化产品(下简称收益权类产品)是指以能产生独立、稳定、真实、可评估预测现金流的资产作为基础资产的证券化产品。收益权类资产往往依附于单一的经营实体或独立的实物资产(如收费路桥、水电气公用事业、公园景区、物业租金等)而获取经济利益,其未来现金流的名义金额无法确定。因经营实体或实物资产的运行情况关系到未来现金流是否稳定,故收益权类产品面临的主要风险是因外部相关因素导致的经济风险,而非交易对手的信用风险。

以下本文将对截至2015年三季度末收益权类产品的发行情况及信用风险缓释措施进行汇总分析。

在企业资产证券化业务中,除既有债权(应收账款等)外,将收益权、未来现金收益、将来债权等作为基础资产均存在一定的法律争议。目前,部分已发行的企业资产证券化产品基础资产的实质为收益权,从某些方面也可以界定为合同债权,以规避相关法律风险。为尽可能地反映收益权类产品基础资产的特点,本文界定证券化产品是否属于收益权类产品的唯一标准是其未来现金流的名义金额是否无法确定,而不是其产品名称中体现的基础资产类型为合同债权还是收益权。

发行情况及特点分析

(一)政策渐明,发行速度加快

2014年12月15日,中国证券投资基金业协会发布了《资产证券化业务基础资产负面清单指引(征求意见稿)》、《资产证券化基础资产负面清单》(下简称负面清单)、《资产证券化业务风险控制指引(征求意见稿)》等文件及征求意见稿,对资产证券化产品基础资产选择、风险控制等方面的详细规定逐步浮出水面。

负面清单发布之后,企业资产证券化的相关政策逐渐明朗。2015 年以来,随着审核速度和发行速度的明显加快,以及基础资产种类的不断扩大,收益权类产品已经成为结构性融资领域的重要组成部分。2015 年 1—9 月所发行的收益权类产品规模占到迄今发行产品总规模的 64. 61%,发行笔数占总发行笔数的 68. 00%(见图 1)。预计未来,收益权类产品的发行规模增长速度将进一步加快。

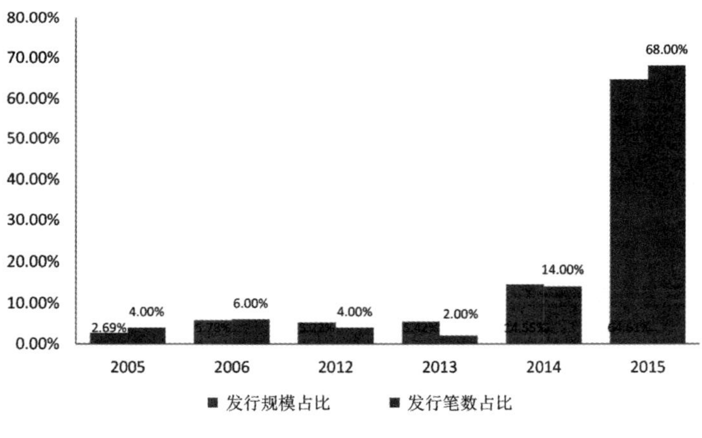

图 1　2005 年至 2015 年 9 月末收益权类产品年度发行情况

资料来源:根据 Wind 资讯数据整理

(二)行业集中度较高,公用及交通占比最大

截至 2015 年 9 月末,收益权类产品已发行 50 单,总发行规模达到 609. 10 亿元。本文将收益权类产品按照基础资产类型的不同,分为公用事业类、交通运输类、服务业票款、物业管理费、物业租金、保障房销售、学费等多种类型,其中公用事业类和交通运输类占比最大,发行规模占比分

别为42.35%、38.15%，发行笔数占比分别为56.00%、28.00%(见表1)。

表1　截至2015年9月末收益权类产品发行规模及发行笔数

基础资产类型	发行规模（万元）	规模占比（%）	发行笔数	笔数占比（%）
公用事业类收益权	2579400	42.35	28	56.00
电力上网收费权	892200	14.65	7	14.00
供热收费权	855100	14.04	11	22.00
供水收费权	482100	7.92	7	14.00
天然气收费权	350000	5.75	3	6.00
交通运输类收益权	2323550	38.15	14	28.00
公路通行费	1014550	16.66	7	14.00
航空票款收费权	835000	13.71	4	8.00
铁路运输服务费	210000	3.45	1	2.00
公交经营收费权	158000	2.59	1	2.00
港口服务费	106000	1.74	1	2.00
服务业票款收益权	640000	10.51	3	6.00
服务业票款收入	640000	10.51	3	6.00
物业管理费收益权	151000	2.48	1	2.00
物业管理费收入	151000	2.48	1	2.00
物业租金收益权	150000	2.46	1	2.00
物业租金收益权	150000	2.46	1	2.00
保障房销售收益权	142000	2.33	2	4.00
保障房销售	142000	2.33	2	4.00
学费收益权	105000	1.72	1	2.00
学费收入	105000	1.72	1	2.00
总计	6090950	100.00	50	100.00

资料来源：根据Wind资讯数据整理

目前已发行的收益权类产品主要分布在14个行业，行业集中度较高。按发行笔数统计，占比靠前的四大行业为供热、电力、公路、水务，行业集中度达64.00%；按发行规模统计，四大行业占比为53.26%(见图2)。行业集中度较高，原因主要是在发展初期，收益权类产品的发行人倾向于选择质量较好的基础资产，而上述四个行业信用质量较好，且原始权益人绝大多数为国有企业,在当地具有一定的区域垄断地位。预计未来这些重点行业发行产品的数量还将进一步增长,基础资产的行业分布将更加广泛。

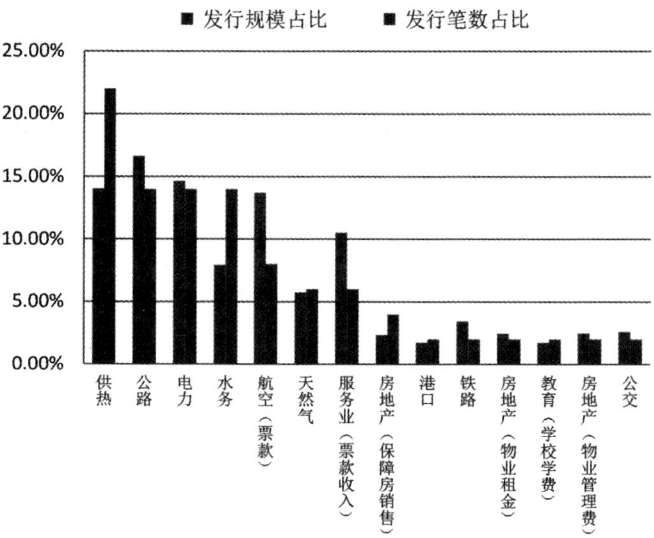

图 2　近年来收益权类产品行业发行规模及发行笔数占比情况

资料来源:根据 Wind 资讯数据整理

(三)级别以 AA+及以上为主,级别中枢未来有下行可能

在笔者所统计的 47 单收益权类产品中(另有 3 单产品未在公开信息中查到其信用级别),其债项级别全部在 AA 以上,且级别为 AA+的产品数量最多,为 25 单,该类产品整体信用质量较好。早期该类产品的发行以级别 AAA 为主,近年来随着发行产品数量的增加,以及市场对于该类产品的认知程度越来越高,逐渐出现级别较低的产品。未来随着基础资产类型的不断丰富,预计债项级别的信用中枢将有所下行。

(四)发行成本与级别和期限具有较强相关性

在笔者所统计的 49 单收益权类产品中(另有 1 单产品未在公开信息

中查到相应利率),其产品期限主要集中在5年以内,发行单数占比为68.00%;有两单产品的发行期限为10年。发行期限超过5年的产品一般都会设置投资者回售选择权条款,否则产品将面临难以销售的情况。

笔者统计了发行期限为1~5年期收益权类产品的平均利率(按照发行单数计算平均值),一般而言,发行期限越长,利率越高;产品信用级别越高,发行利率越低。图3较好地反映了上述特征。但AA级别产品的5年期平均利率低于4年期平均利率,这主要是因为目前AA级别发行成功的产品只有2单,带有一定偶然因素。这两单产品分别为大都市热电公司电力上网收费权专项资产管理计划、泰兴市滨江污水处理有限公司污水处理收费权资产支持专项计划,前者为4年期产品,发行利率分别为9.00%、9.50%、10.00%、10.50%;后者为5年期产品,发行利率分别为6.50%、6.80%、7.60%、7.70%、8.00%,因前者发行利率大幅高于后者,导致5年期平均利率低于4年期平均利率。

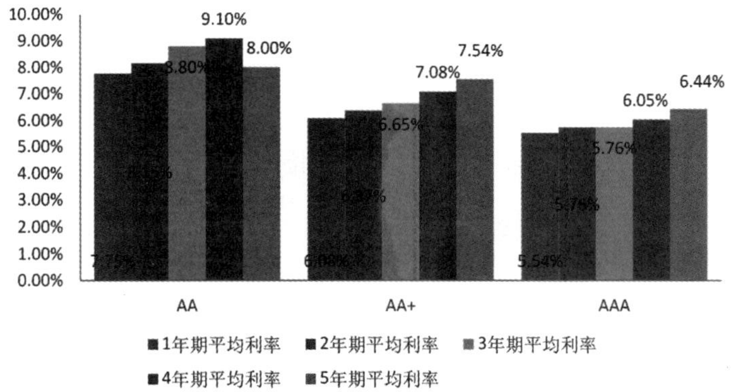

图3 收益权类产品各年期、各级别产品平均利率

资料来源:根据Wind资讯数据整理

(五)增信措施以外部为主、内部为辅

收益权类产品的信息披露内容较为有限,除发行信息外,其他内容较难获取,故本文无法对所有产品的增信措施进行全面统计,仅对部分常用增信措施进行简要分析。

在收益权类产品中,内部增信措施的效用较为有限,原因是原始权益人的资产运行状况直接关系到未来现金流规模及稳定性,产品的信用风险无法脱离原始权益人的主体信用状况。因此,外部增信是该类产品信用增级的主要方式,主要包括以下几种方式。

1. 当地城投公司提供差额补足或担保措施

以电力、供热、水务、天然气等公用事业类资产作为基础资产的收益权类产品,其原始权益人大部分为当地的国有企业。这些企业运营的业务因涉及国计民生,履行部分政府职能,盈利性相对较弱,需要政府补贴。因其母公司或关联企业为当地的城投公司,所以一般采用当地城投公司提供差额补足或担保以进行外部增信。该类基础资产未来产生的现金流较为稳定,且有当地政府的信用作为增信,因此较为适合作为资产证券化产品的基础资产,也是目前市场上发行规模和单数最多的类型。

2. 母公司提供差额补足或担保措施

以港口、公交、公路、航空、铁路、物业管理费、物业租金等作为基础资产的收益权类产品,部分原始权益人实力较强,可以不借用外部增信措施,直接发行资产证券化产品,而部分产品的原始权益人实力较弱,需要借助母公司提供差额补足或担保的方式进行外部增信。该类基础资产未来产生的现金流规模一般较大,而且相对稳定,也是相对适合作为资产证券化产品基础资产的类型。

主要信用风险点及缓释措施分析

评级机构对收益权类产品的评级是针对证券(受益凭证)本金及投资收益能否按时、足额偿付的可靠性进行判断,主要关注原始权益人的持续经营能力、基础资产的性质、产品的法律结构、现金流支付机制等方面。在评级实务中,收益权类资产证券化项目存在很多特殊的信用风险点,以下将对其主要风险点及相应的缓释措施进行分析。

(一)现金流预测偏差风险及缓释措施

收益权类产品还本付息的来源为基础资产产生的现金流,基础资产的稳定性越差,预测过程中产生的偏差就越大。比如,保障房类 ABS 以保障房的销售收入作为还款来源,而房地产的销售受宏观经济和行业政策影响非常大,因此给现金流预测带来较大困难,降低了预测的准确性。

目前该类产品的发行主体主要采取以下方式,以规避现金流预测的偏差风险:首先,尽量选择稳定性较好的基础资产,从源头上规避上述风险;其次,提高各期现金流入对当期应付本息的覆盖倍数;再次,尽可能多地沉淀部分资金在资产证券化产品托管账户中,尽量降低各期本息不能偿付的风险。

针对基础资产受行业波动影响较大的收益权类产品,因极端情况下该类资产现金流损失较大,评级工作中应考虑极端情况下产品所能承受的现金流损失,其产品最终级别一般不超过原始权益人或担保人的主体级别。

另外,如果评估公司出具的报告中设定的现金流增长率偏高,且原始权益人不能提供强有力的理由进行支持,比如明确的政府规划文件等,那么预测基础资产未来现金流时,应依据现金流历史增长率等情况(剔除增长率异常的年份数据)计算现金流平均增长率。

若在压力测试下,现金流覆盖倍数低于1.00倍,则原始权益人(或担保人)的主体级别为产品所能得到的最高信用级别,与基础资产的类型无关。在压力测试过程中,要考虑交易结构中是否有针对相应风险的缓释措施;如果没有,则须考虑极端情况下基础资产未来现金流的损失情况。

另外,针对基础资产类型的差异,信用增级所需的现金流入对应付本息的覆盖倍数也会有所不同。

(二)未考虑基础资产运营成本的风险及缓释措施

理论上讲,大多数收益权类产品基础资产的未来现金流,并未减去基础资产日常运营的相关成本。若该部分成本未在产品的相关文件中做相应安排,则有可能影响原始权益人的正常运营,进而影响基础资产未来现金流的额度及稳定性。

目前,资产证券化产品计划管理人主要采取三种方式规避该类风险:(1)由原始权益人母公司或担保公司来承担上述成本;(2)采用净收入的方式计算未来现金流;(3)在资产支持专项计划中设立专门账户以储备一定的资金来应对。

例如M电力上网收费权资产支持专项计划在相应条款中规定"将专项计划募集资金用于原始权益人偿还部分贷款,并扣留部分资金直接划入燃料专项账户,将资金剩余部分用于原始权益人的日常经营开支"。

(三)抵质押风险及缓释措施

1.收益权处于抵质押的风险

未来收益权是否处于抵质押状态是该类资产证券化产品评级中的首

要考虑因素。因为收益权无法分割,不能实现部分收益权的转移,若收益权处于抵质押状态,会给专项计划带来很大的法律风险。对此,专项计划管理人应在相关文件中明确约定,产品成立时须及时解除收益权的抵质押。

2. 产生收益权的固定资产被处置的风险

即使收益权未被抵质押,如果产生收益权的固定资产处于抵质押状态,在债权人或担保权人依据相关合同收回或处置该固定资产的情况下,会使专项计划面临较大的风险。因此需专项计划通过交易条款的特殊设置缓释该风险。

例如,N公园入园凭证资产证券化项目设置了"如果土地使用权被处置则专项计划提前终止的条款"。提前终止条款的设置,有利于保护投资者,增强资产证券化产品的安全性。

(四)资金监管缺失风险及缓释措施

计划管理人对于基础资产未来现金流的控制能力也是信用评级工作中须考察的因素之一。部分专项计划的基础资产未来现金流需经过原始权益人的账户进入专项计划专用账户,其中可能会涉及原始权益人是否将基础资产现金流挪作他用等道德风险。

如N公园入园凭证资产证券化项目设计了防范该类风险的条款,主要内容为"原始权益人在本次专项计划监管银行设立经营收入专户,原始权益人全部经营收入按不低于60%的比例归集该账户,并授权监管银行对专户内资金的使用进行监管,优先用于兑付本次专项资产管理计划优先级资产支持证券的本金和收益及偿还监管银行贷款本息。如违反上述约定,计划管理人和'资产支持证券持有人大会'均有权宣布本次资产管理计划全部提前终止”。

目前部分专项计划的设计中缺失监管银行,这一缺失可能会影响产品未来现金流归集的可靠性和安全性,从而对产品的本息兑付产生不利影响。

(五)资金混同风险及缓释措施

资金混同风险是收益权类产品中经常会出现的风险。如X公司公交资产证券化项目,基础资产部分现金流的来源是X市财政划拨款,而X市政府给予原始权益人财政划拨款时并未说明划拨资金的具体用途,这就导致了用于支付基础资产现金流的补贴收入与原始权益人其他的补贴收入无法明确区分,从而使上述项目在没有相应风险缓释措施的情况下面临较大的资金混同风险。

在N公园入园凭证资产证券化项目中,计划管理人针对资金混同风险设置了相应的缓释措施,具体条款如下:“根据《基础资产买卖协议》约定,原始权益人不得将三个主题公园入园凭证销售收入以外的款项划入资金归集账户,以保证资金归集账户的独立性。”通过上述风险缓释措施的设定,从一定程度上降低了该专项计划的资金混同风险。

(六)集中回售导致的流动性风险及缓释措施

部分收益权类产品根据投资者的需求及自身的营销目的,设置了回售和赎回的条款。如投资者选择提前回售,当期现金流可能无法覆盖剩余应付本息,从而使原始权益人面临一定的资金缺口;若专项计划未安排回售准备金,则可能导致启动差额补足和担保支付的情况。

若专项计划中有设置回售和回购条款,则需关注在产品设计中是否明确了回售资金的来源,以及无法及时归集回售资金时的缓释措施,比如是否设置了专门的回售储备金账户，并至少提前三个月按照剩余本息的一定比例归集回售准备金。同时，还须关注回售的额度及具体的计算公式是否明确。若产品设计中未约定计算公式，当相应风险发生时可能会引发纠纷。目前，在设置回售和回购条款的部分收益权类资产证券化项目中，仅有小部分约定了回售的额度及具体的计算公式。

（七）资金归集风险及缓释措施

收益权类产品基础资产类型的多样化，导致了现金流归集的复杂性，某种程度上可能会给基础资产的稳定性带来一定影响。

部分基础资产的资金归集相对简单，如通行费收入、门票收入、公交票务收入等；而供水费、燃气费、供热费等资金归集却相对麻烦，主要原因在于其缴费方式的多样性，常见的缴纳方式主要分为现金缴纳和柜台缴纳。现金缴纳分为消费者营业厅现金缴纳、预存费用等；银行缴纳分为银行柜台缴纳、自助缴费系统缴纳、网上银行缴纳、短信缴纳等。资金流入的账户众多，归集过程繁琐，缴费时间又可能提前或延迟，致使资金归集的金额具有一定的不确定性，影响了该类产品的按时足额还本付息能力。

上述专项计划通过以下条款，降低监管账户的收款风险：通过监管协议等相关文件的约定，在专项计划存续期间，供水费、燃气费、供热费等资金收入优先划入监管账户，非经计划管理人同意，原始权益人不得使用其他任何银行账户收取基础资产产生的收入，且非经计划管理人书面同意，监管账户不得变更、撤销。

（八）未实现破产隔离风险

很多收益权类产品都设计了如下条款：(1)基础资产转让后，原始权益人仍将继续负责基础资产的建设和运营，相关收益依赖于原始权益人的正常经营。(2)原始权益人承诺,在专项计划存续期内,当基础资产不足以覆盖优先级资产支持证券本息时,由原始权益人对差额部分进行补足;(3)原始权益人购买本专项计划的全部次级资产支持证券,在专项计划存续期内,原始权益人不能将次级资产支持证券转移给计划管理人或其他投资者,且在每一期优先级资产支持证券项下的本金和预计收益完全偿付完毕后,原始权益人才能享有剩余收益。

专项计划的上述条款证明基础资产并没有与原始权益人完全独立,且原始权益人须对基础资产可能发生的损失进行全额补偿,因此,原始权益人面临的风险没有因基础资产转移发生实质性改变,原始权益人保留了基础资产几乎所有的风险和报酬转移。按照《企业会计准则》23 号中对金融资产转移的相关规定,转让的基础资产不符合终止确认的要求,原始权益人应当继续确认该资产,并将收到的对价确认为负债。目前尚无有效措施规避该风险。

总结及展望

综上所述,收益权类产品基础资产行业集中度较高,评级实务中的风险关注点较多,以上仅对主要的信用风险关注点及缓释措施进行了梳理,并结合一定的案例进行了详尽的分析。随着收益权类产品的不断创新,负面清单将有可能进行调整,该类产品的特点可能会产生新的变化,未来将通过更加丰富的案例对收益权类产品的特性进行完善和丰富。

作者单位:大公国际资信评估有限公司结构融资部

(本文原载于《债券》2015 年 12 月刊)

PPP模式下项目收益类债券的运作与展望

郭 实 周 林

摘要:PPP模式是当前较为热门的项目经营管理模式,项目融资是PPP模式中关键的一环。本文分析了项目收益类债券在PPP模式下的适用性,从项目公司设立、付费机制形成以及债券交易结构设计三方面阐述了PPP模式下项目收益类债券的运作机制,并对项目收益类债券的市场发展进行了展望,最后提出了相关建议。

关键词:PPP模式　项目融资　项目收益类债券　付费机制

PPP模式推出的背景与实施进程

目前,我国经济已经进入"新常态",经济增速逐步回归,产业结构不断优化。但与此同时,我国经济也面临着一系列问题,诸如财政收入增速放缓、政府债务高企、市政基建资金缺口巨大等。在此背景下,有必要寻找一种项目管理及融资模式,缓解政府财政压力,支持市政基建,服务于"稳增长"和"促投资"的要求,而PPP模式正好顺应了这种需求。

PPP模式即政府和社会资本合作模式,在国外被广泛运用于公共基础设施和大型工程项目建设领域。从本质上讲,PPP 模式是在基础设施及公共服务领域建立的一种长期合作关系,旨在吸引社会资本参与市政基建,缓解政府财政压力和盘活社会资本存量。

在我国,PPP 模式早已有所应用,如北京地铁 4 号线、国家体育场(鸟巢)都是运用 PPP 模式建设的。PPP 模式得到政策层面的关注,最早是在 2014 年“两会”期间通过的《关于 2013 年中央和地方预算执行情况与 2014 年中央和地方预算草案的报告》中,报告提出要推广 PPP 模式,鼓励社会资本通过特许经营等方式参与城市基础设施等的投资和运营。而 PPP 模式真正引起社会关注,是在《国务院关于加强地方政府性债务管理的意见》中,提出要在具有一定收益的市政基建领域推广应用 PPP 模式。此后,财政部、国家发改委分别针对 PPP 模式的推广和操作出台了相关文件。

PPP 模式与项目收益类债券相辅相成

(一)项目收益类债券概况及其在我国的应用

目前,我国的项目收益类债券主要包括两种,分别是由国家发改委主管的项目收益债券和由中国银行间市场交易商协会主管的项目收益票据。从本质上讲,项目收益债券和项目收益票据同根同源,在实践中两个品种均已有相关案例(见表 1)。

表 1　项目收益类债券的分类

类型	主管机关	已有案例
项目收益债券	国家发改委	14 穗热电债
项目收益票据	中国银行间市场交易商协会	14 郑州地坤 PRN001A 14 郑州地坤 PRN001B 14 泰州医药 PRN001

项目收益债券是指以项目的未来收益为支撑进行的发债融资。根据《银行间债券市场非金融企业项目收益票据业务指引》,项目收益票据是指非金融企业在银行间债券市场发行的,募集资金用于项目建设且以项目产生的经营性现金流为主要偿债来源的债务融资工具。而项目收益债券的定义也类似,指与特定项目相联系的,债券募集资金用于特定项目的投资与建设,债券本息偿还资金完全或基本来源于项目建成后运营收益的债券。

由此可见,与传统的企业/公司债券相比较,项目收益类债券最大的特点是偿债主要来自项目未来收益,而不是主要取决于项目主体的资信水平。

(二)项目收益类债券是推广 PPP 模式的重要抓手

在国家稳增长、促投资和盘活社会存量资本的共同推动下,PPP 模式将成为我国未来市政基建的主要手段。市政基建的投资需求巨大,周期较长,PPP 模式建立后,后续融资需求巨大。但是,在 PPP 模式下,承担项目建设运营的项目公司,通常存在资产规模小、资质不强等问题,融资能力相对较差,这往往会导致 PPP 模式在实际推广中“叫好不叫座”。

而项目收益类债券以项目未来的现金流为偿债来源,不依赖于项目公司的资质,这就意味着项目收益类债券的发行规模、融资成本等不取决于项目公司而依赖于项目本身,或者说即使项目公司的资质较差但是项目本身的盈利前景较好,仍然可以较大规模、较低成本发行项目收益类债券来融资,支持项目建设。因此,项目收益类债券在很大程度上解决了PPP模式下项目公司融资能力不强所带来的问题,可以为市政项目建设运营提供大额度、低成本的资金,是PPP模式下市政项目融资的重要抓手和突破口。

(三)PPP模式是项目收益类债券应用的重要载体

项目收益类债券是推广PPP模式的重要抓手,从功能角度讲,项目收益类债券是一种融资方式,要求依托于特定载体。着眼于中国未来的市政基建,PPP模式或者说PPP模式下的项目公司,将会扮演特定载体这个角色。

从当前国家出台的相关政策文件看,在应用项目收益类债券过程中,PPP模式的载体角色也十分突出。例如,在《国务院关于加强地方政府性债务管理的意见》中,就明确提出基于PPP模式下的“投资者或特别目的公司可以通过银行贷款、企业债、项目收益债券、资产证券化等市场化方式举债并承担偿债责任”;在《基础设施和公用事业特许经营管理办法》中,也明确提出鼓励特许经营项目公司通过发行项目收益债券、项目收益票据等来融资,而这里特许经营项目公司正是PPP模式下的项目公司。

综上所述,PPP是一种管理模式,而项目收益类债券是一种融资手段,其中项目收益类债券可为PPP模式下的项目公司提供融资途径,解决PPP模式的融资困境,促进PPP模式的推广和落地;PPP模式可为项目收益类债券的应用提供载体和平台,使项目收益类债券的应用领域更加广阔。因此,PPP模式和项目收益类债券相互支持,两者相辅相成。

PPP 模式与项目收益类债券的对接

(一)政府与社会资本方共同出资设立项目公司

PPP 模式下的项目公司设立,在很大程度上取决于 PPP 的合作方式。从国外实践经验看,PPP 主要有三种合作方式,每一种方式具有各自的风险分担机制,并且对应特定的项目公司组建形式(见表 2)。

表 2　PPP 的主要合作形式分类

合作模式	模式描述	风险分担机制	项目公司组建形式
外包型	社会部门仅承担项目建设、维护等过程中的一项或几项,政府为其提供的产品或服务付费	项目投资和经营风险完全由政府部门承担	一般为政府直接出资设立的项目公司
特许经营型	政府通过协议授予项目公司特许经营权,允许其在一定期限和范围内投资建设运营项目,提供相应产品,并获得收益	政府部门和社会部门需要共担风险	一般为政府与社会部门共同出资设立的项目公司
私有化型	社会部门负责项目的全部投资,也承担全部风险,项目所有权永久归私人所有,不需交回	社会部门承担全部风险	一般为私人公司

注:参见王灏. PPP 的定义和分类研究[J]. 都市快轨交通,2004(5):23-27.

就三种合作方式而言,最适合我国国情的应属特许经营模式,即由政府部门和社会部门共同出资设立项目公司。这样一方面可以分散风险,将部分风险从政府部门转移至社会部门;另一方面可以吸纳社会资本,缓解政府财政压力,盘活社会存量资本,提高资本使用效率;同时,项目公司含有国有股权,在一定程度上拥有政府支持,有利于项目公司融资。

在实践中,尽管财政部、国家发改委均没有就 PPP 的合作模式做出严格限定,但从现有的政策文件看,当前我国重点推广的 PPP 模式也是特许经营模式。在财政部印发的《政府和社会资本合作模式操作指南(试行)》中,重点强调了四种特许经营模式,分别是 BOT、BOO、TOT 和 ROT。需要强调的是,根据《PPP 项目合同指南(试行)》,政府在项目公司中的持股比例应当低于 50%,且不具有实际控制力及管理权。

(二)双方就项目建设达成协议并明确付费机制

政府部门与社会部门共同出资设立项目公司后,项目公司应当与政府达成一致,就项目的设计、融资、建设、运营、维护等内容达成协议,同时还要根据项目性质确定付费机制。根据财政部印发的《PPP 项目合同指南(试行)》,我国 PPP 模式有三种付费机制,分别是使用者付费、政府付费以及介于使用者付费和政府付费之间的可行性缺口补助(见表 3)。

表 3　PPP 模式下的三种付费机制

付费机制	定义	使用条件及范围
政府付费	由政府直接付费购买公共产品或服务,付费主体是政府,而非项目的最终使用者	学校、医院、公路、公园等没有收入的公益性项目
使用者付费	由最终消费用户直接付费购买公共产品和服务。项目公司直接从最终用户处收取费用,以回收项目的建设和运营成本并获得合理收益	高速公路、桥梁、地铁等公共交通项目以及供水、供热等有收益的市政项目
可行性缺口补助	对于使用者付费无法使社会资本获取合理收益,甚至无法完全覆盖项目建设和运营成本的项目,可以由政府提供一定的补助,以弥补使用者付费之外的缺口部分,使项目具备商业上的可行性	公共交通、供水供电、燃气等项目

对于具有一定收益的市政项目,可以采用使用者付费或者可行性缺口补助,项目收益来源就是使用者和政府;而对于无收益的市政项目,可以实行政府付费机制,项目收益来源就是政府。需要说明,无论收益来源于使用者还是政府,或者两者兼有,都是项目运营所产生的收益,只是付费主体不同。

另外,PPP 模式的本质是政府购买服务或者政府采购,所以无论采用哪种付费机制,尽管都伴随着财政支出,但这种财政支出并不形成债务债权关系,不会增加地方政府性债务。

(三)发行项目收益类债券融资并偿付债券本息

项目公司与政府签订 PPP 合同后,根据项目可行性研究、项目总投资以及未来现金流的情况,公开或者非公开发行项目收益类债券,用于项目投资与建设,并依托项目建成后的运营收入来偿付债券本息。PPP 模式下项目公司发行项目收益类债券融资的操作流程见图 1。

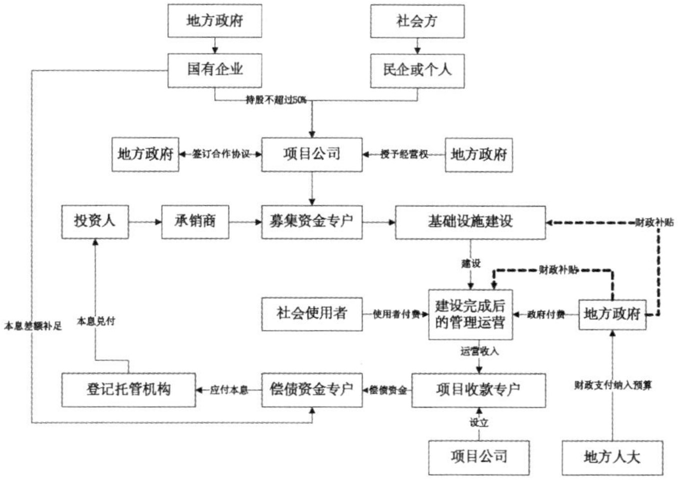

图 1　PPP 模式下项目收益类债券的交易结构图

第一步:投资人缴款,主承销商在扣除承销费用后,将净额划入项目公司开立的募集资金专用账户,该账户由监管银行监管,资金划出必须用于约定的项目。

第二步:项目建成后,项目产生运营收入,具体包括使用者付费即市场化收入、政府付费即政府购买服务支出和政府财政补贴,而这里的政府财政支出应全额纳入当年财政预算并经同级人大批准。

第三步:项目收入直接划入由监管银行监管的项目收款专用账户中。若有剩余,则将剩余资金划入发行人日常账户。

第四步:若项目运营收入无法覆盖应支付债券本息,则安排作为政府出资方代表的国有企业履行外部增信机构职责,就实际账户金额与应付本息的差额部分进行补足。

第五步:在债券付息日前,项目公司将付息兑付款项划入登记托管机构开立的账户,完成本息兑付。

由此,PPP 模式与项目收益类债券实现了无缝对接,当 PPP 模式的架构搭建起来后,项目收益类债券的交易结构也自然形成。

项目收益类债券发展展望及政策建议

(一)项目收益类债券应用前景广阔

稳增长依托于稳投资。但一方面,货币政策不能过度宽松;另一方面,财政收入相对不足,制约了货币政策与财政政策对稳投资的支持,所以要扩大融资渠道,服务于稳投资战略。在此背景下,重点服务于市政基建的 PPP 模式和项目收益类债券将有广阔的应用空间。

国务院于 5 月 19 日转发了《关于在公共服务领域推广政府和社会资本合作模式指导意见的通知》,明确指出在能源、交通运输等十个领域推广 PPP 模式和项目收益类债券,并要求从财税、价格、土地、金融等方面加大支持力度,大大延伸了 PPP 模式和项目收益类债券的适用领域。

国家发改委 5 月 25 日首批公布的 PPP 项目多达 1043 个,项目范围涵盖水利设施、市政设施、交通设施、公共服务、资源环境等多个领域,总投资为 1.97 万亿元。若其中 50%的项目选择发行项目收益类债券,单个项目60%的资金通过项目收益类债券筹集,那么基于这些项目的发债额度将近6000亿元,约为2014年全年企业债券发行规模的86%。

因此,从项目供给的角度看,基于PPP模式的项目收益类债券将有广阔的应用前景。

(二)政策建议

1. 积极鼓励PPP项目通过发行项目收益类债券进行融资

在我国当前的经济形势下,以项目收益类债券作为PPP项目的融资渠道,将会发挥越来越重要的作用。建议相关部门在推广PPP模式时,鼓励项目公司开展债券融资;对于进入PPP项目的项目发债申请业务,简化发行审核程序。建议地方政府对PPP项目利用债券融资给予贴息,或鼓励地方资信条件较好的企业对债券进行担保,从而降低项目的实际融资成本。

2. 放宽公开发行项目收益类债券的基本条件

目前,我国《证券法》正面临修订,其中对于公开发行债券基本条件的修订方面较为引人关注。在《证券法》及配套部门的规章中,对公开发行债券发行人成立时间、净资产规模、盈利能力、发债额度等方面均有相关规定。对于项目收益类债券来说,与一般企业/公司债券的最大区别就在于还款主要依赖于项目收益及外部增信,而并非发债主体本身。因此,笔者建议在新修订的《证券法》中单独规定项目收益类债券的发行条件,特别是放松对项目公司净资产规模、盈利能力等方面的要求,使更多的优质项目可以公开发债融资。

3. 建立项目收益类债券的信用评级体系

由于偿债来源的不同,项目收益类债券与一般企业/公司债券的信用评级要素和指标有着较大区别。项目收益类债券应重点考察项目收益的预测合理性、影响项目收益的因素以及项目建设及运营的风险。从理论上讲,资产证券化的信用评级体系可以作为项目收益类债券的参考,但应注意资产证券化一般是以具有稳定现金流的资产作为基础资产,可以用历史数据推断未来;而项目收益类债券发行时项目尚在建设中,并无历史运行数据可供参考,因此,建议结合项目收益类债券的特点,建立相应的信用评级体系。

4. 完善项目收益类债券的交易结构

项目收益类债券尚处于市场起步期,随着监管措施的完善、配套办法的陆续出台,市场将会不断发展成熟。建议项目实施主体、承销商及其他中介机构不断完善项目收益类债券的交易结构,如在资金归集、账户设置、增信措施、利率结构等方面进行尝试,使产品在项目资金需求与投资者投资需求之间实现平衡。

作者单位:海通证券股份有限公司债券融资部

(本文原载于《债券》2015 年 6 月刊)

可转债投资特性与投资思路

戴　静

摘要:本文从可转债的定义、发行条件和重要条款出发,结合对可转债相关历史数据的统计分析,总结了可转债的投资特性,并结合当前宏观及市场形势,对可转债的投资思路给出了建议,以期为投资者了解和投资可转债提供参考。

关键词:可转债　发行条件　转股价　赎回条款

2019 年国内外形势较为复杂,2 月底至 5 月上旬,上证综指在 3000 点附近震荡,走向不明。同期,可转换公司债券(简称"可转债")市场呈现繁荣景象,监管层有意引导企业通过发行可转债进行再融资,对可转债的审核速度和可转债发行速度均明显加快。

Wind 数据显示,截至 2019 年 5 月 1 日,公开发行上市的可转债有 49 只,募集资金规模约为 1473 亿元;已通过审核但还未发行的可转债有 10 只,预计发行规模为 640 亿元。而 2018 年公开发行上市的可转债为 67 只,募资金额合计仅为 787 亿元。在复杂的投资环境下,可转债作为风险可控的稳健投资品种,正日益受到投资者关注。

可转债的基本要素

(一)定义

可转债是优质上市公司发行的、当满足一定条件时可以允许投资者转换为股票的债券。因此,可转债具备债性,正常情况下到期会按面值还本付息;也兼具股性,价格跟随正股涨跌。

(二)发行条件

根据《上市公司证券发行管理办法》(2006 年 5 月 6 日证监会令第 30 号),发行人发行可转债,除了要符合公开发行股票的条件外,还应当符合如下条件:

(1)最近三个会计年度加权平均净资产收益率平均不低于百分之六。扣除非经常性损益后的净利润与扣除前的净利润相比,以低者作为加权平均净资产收益率的计算依据。

(2)本次发行后累计公司债券余额不超过最近一期末净资产额的百分之四十。

(3)最近三个会计年度实现的年均可分配利润不少于公司债券一年的利息。

(4)公开发行可转债,应当委托具有资格的资信评级机构进行信用评级和跟踪评级。资信评级机构每年至少公告一次跟踪评级报告。

(5)公开发行可转债,应当提供担保,但最近一期末经审计的净资产不低于人民币 15 亿元的公司除外。

由上可见,上市公司发行可转债的条件要比发行普通债券更严格。

由于是从源头控制风险，可转债自发行以来，至 2019 年 4 月底还没有出现过违约案例。

可转债的重要条款及投资分析

在可转债业务的各种条款中，有七项对投资者具备重要分析价值，都公布在发行当日的可转债发行公告里。分别是：(1)转股价；(2)转股期；(3)下调转股价条件；(4)赎回条款；(5)债券存续期；(6)利率；(7)回售条款。前面三项主要体现可转债的股性，后面三项主要体现可转债的债性，而第四项同时体现股性和债性。

上述条款是可转债投资中必须重点关注的内容。下文将以大族转债为主要案例，辅之以其他可转债案例，对上述条款进行分析。

(一)转股价决定了转股期内可转债与正股之间有无套利空间

如大族转债的发行公告里标明，初始转股价为 52.70 元/股，后经除权除息调整，至 2019 年 4 月底转股价为 52.50 元/股；转股数为债券面值/转股价，转股期是自发行之日起满六个月后开始，至可转债到期日止。

投资分析：按照转股数的规定，1 张可转债可转为 100/52.5≈1.9 股，如果按照正股市价 39.10 元计算(4 月 30 日收盘价)，每张可转债的转股价值为 74.29 元(39.10 元/股×1.9 股)。当购入可转债的价格高于 74.29 元时，相当于投资者用多于 74.29 元的钱准备换价值 74.29 元的股票，显然是不划算的。

在实际操作中，当日申报债转股，次日股票才会到账，而股票次日有可能下跌，股票的涨跌停板是 10%，所以第二天到账的股票市值最低为转股价值的 90%。所以，当转股价值的 90%高于可转债的价格时，债转股可以实现套利,此时可以买入可转债进行转股套利。

(二)下调转股价条件的设置决定了可转债在特定时间内是否有投资机会

如大族转债的发行公告里表示,在可转债存续期间,当公司股票在任意连续30个交易日中至少有20个交易日收盘价低于当期转股价格的80%时,公司董事会有权提出转股价格向下修正方案并提交公司股东大会审议表决。

投资分析:至2019年4月底大族转债转股价为52.50元,如果连续20个交易日收盘价低于42.00元(52.50元×80%),那么就有可能触发下调转股价条款。转股价的下调将使得相同数量的可转债能够换取更多的股票,从而刺激可转债价格的上涨。

下调转股价一般会产生立竿见影的效果。以蓝思转债为例,2019年3月9日蓝思科技发布公告称,公司将于3月29日召开临时股东大会审议下调蓝思转债转股价格的议案。公告次日,可转债单股价格由98元跳高至106元。

由于下调转股价的主动权在董事会,当正股价格远低于转股价时,转股价才有可能下调。因为对于发行人来说,发行可转债的最佳结果是让债权人转股,这样发行公司就可以不用还债。所以当某只可转债的正股价格长期低于转股价下调条件时,可以关注其可转债,等待转股价下调而带来的盈利机会。不过,董事会通常不会频繁下调转股价,因为这会给投资者暗示:这家公司非常不想还钱,一定很缺钱。

（三）有条件赎回条款决定了可转债在正常情况下的上涨幅度

如大族转债的有条件赎回条款是，在本次发行的可转债转股期内，当下述两种情形的任意一种出现时，公司有权决定按照债券面值加当期应计利息的价格赎回全部或部分未转股的可转债：

（1）在本次发行的可转债转股期内，如果公司 A 股股票连续 30 个交易日中至少有 15 个交易日的收盘价格不低于当期转股价格的 130%；

（2）当本次发行的可转债未转股余额不足 3000 万元时。

投资分析：根据可转债与正股的套利关系，当正股价格不低于转股价格的 130%时，可转债的价格应不低于 130 元。有条件赎回条款的设置是为促使投资者转股，因为触发赎回条件后，投资者持有的债券应高于 130 元，如果不转股，发行公司有权利按照面值加利息赎回公司股份，投资者就会有损失。

发行公司发行可转债的最终目的是让投资者转股，从而不还债。所以越是临近可转债到期时间，发行人越有可能采取种种手段刺激可转债价格的上涨。这些手段包含但不限于：大幅下调转股价（熊市中常用），释放各种利好刺激股价上涨（牛市或者震荡市常用）等。可转债临近到期的前两年，其价格大概率会上涨至 130 元附近。在牛市中，可转债超过 130 元依然会上涨，因为根据可转债与正股的套利关系，正股上涨可转债应跟涨，否则就会有套利空间。如 2015 年价格超过 300 元的可转债比比皆是，通鼎转债的最高价达 665 元。所以，对于转股期内，尤其是不足两年内到期的可转债，若尚未触发赎回条件且价格低于 130 元时，可以适当持有。

(四)到期赎回条款和回售条款决定可转债的底价

如大族转债的到期赎回条款是,在本次发行的可转债期满后5个交易日内,公司将按本次发行的可转债的票面面值105%(含最后一期年度利息)的价格向投资者赎回全部未转股的可转债。

回售条款是:本次发行的可转债最后两个计息年度,如果公司股票在任何连续30个交易日的收盘价格低于当期转股价格的70%时,可转债持有人有权将其持有的可转债全部或部分按债券面值的103%(含当期应计利息)回售给本公司。

投资分析:大族转债的保底价即是到期赎回价105元,低于105元买入就有盈利空间。由于到期赎回条款和回售条款的设置,有的可转债在临近回售期或临近到期时,即便是熊市也会出现价格上涨,不乏出现正股股价下跌转债价格上涨的现象。比如电气转债,其对应的正股上海电气2018年受股灾影响价格下跌约28%,可转债到期赎回价定为106.6元,在2018年初电气转债价格随着正股猛烈下跌至100元,之后由于可转债到期时间只剩2年,可转债价格逐渐回归至106元。所以2018年全年来看,电气转债出现了正股下跌、可转债价格上涨6%的情况。当临近回售期或临近到期时,若可转债价格明显低于回售价或到期赎回价,可以买入。

(五)债券续存期和利率揭示时间成本

一般而言,可转债续存期为6年,前4年利率很少,最后2年利率通常为2%。作为可转债投资者对此有必要了解。时间成本也是投资者承受的风险,在计算收益率时应予以考量。

可转债历史数据统计分析

截至 2019 年 4 月底,在沪深交易所发行并上市成功的可转债有 245 只。笔者对已经赎回的可转债做了数据统计分析,以此研究可转债的特征和投资依据。

根据图 1 至图 3 和表 1 的统计结果,可以总结出以下结论:

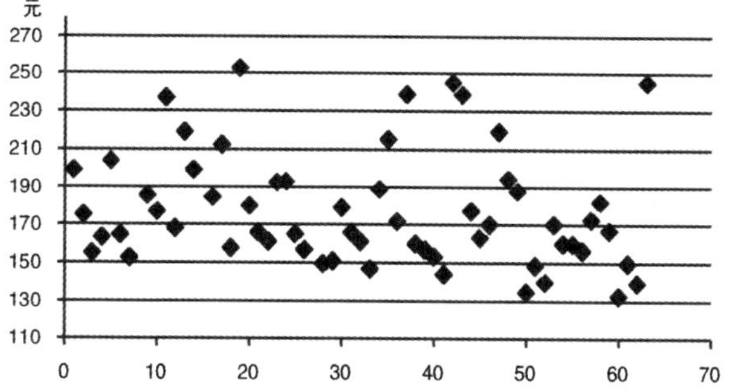

图 1　已赎回可转债最高价分布图

注:因通鼎转债最高价达到 665 元,远高于其他可转债最高价,属于特例,统计时予以剔除

资料来源:东方财富网

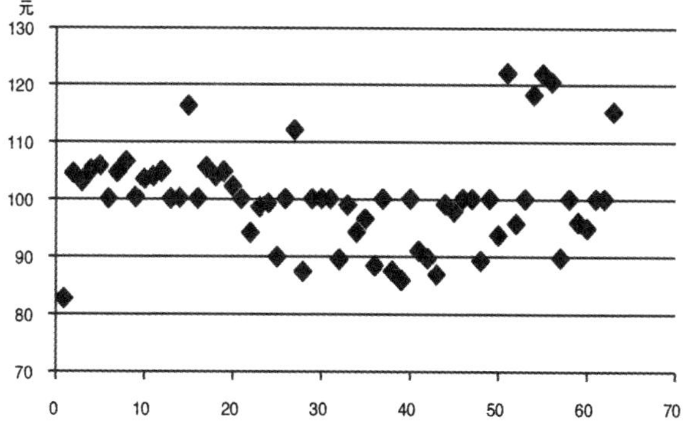

图 2　已赎回可转债最低价分布图

资料来源:东方财富网

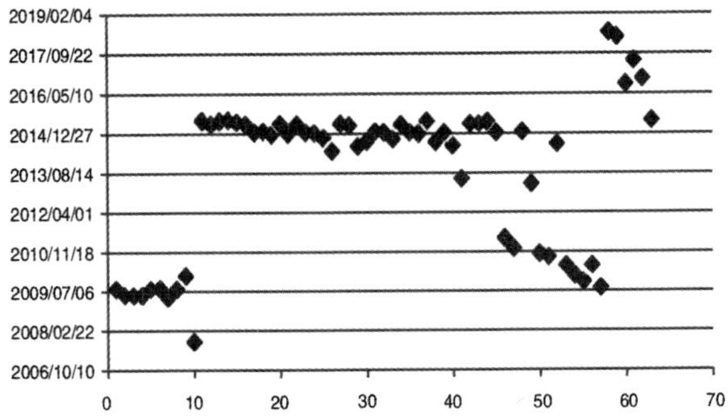

图 3　最高价出现时间分布图

资料来源:东方财富网

表 1　已赎回可转债最高价出现时间距离上市时间的统计

已赎回可转债最高价出现距离上市的时间	比例
1 年以内	15.87%
2 年以内	41.27%
3 年以内	20.63%
4 年以内	9.52%
5 年以内	7.94%
6 年以内	4.76%

资料来源:东方财富网

一是可转债的最高价集中在 150~170 元,所有可转债的最高价都超过 130 元;

二是可转债的最低价集中在 100 元附近,偶尔会到 90 元以下;

三是可转债最高价出现时间集中在 2009 年和 2015 年,这两年市场好;

四是可转债最高价出现的时间多半距离上市时间 2 年以内,赶上股市环境好时,较短时间内就能达到转股条件。

可转债的投资特性

在明确基本概念后，我们发现可转债是下可保底、上不封顶的一个投资品种。

（一）风险可控

与股市熊市时下跌的时间和幅度都无法确定这一点不同，投资可转债的最差结果就是到期赎回，时间和价格都可以确定。有的投资者担心，可转债到期违约无法赎回，我这样看待这个问题：首先，可转债的发行需要经过比普通债更为严格的审核，不仅对发行人近三年平均可分配利润做出要求，还要求最近三个会计年度加权平均净资产收益率不低于6%；其次，在偿还方面，可转债附有担保条款，受法律保障；最后，如果可转债出现大笔违约，那么意味着经济极度恶化，在这种极端情况下，其他任何投资也都是不安全的。

（二）盈利幅度可观

根据可转债的赎回条款和发行人的最终动机，大多数可转债在到期之前两年的时间点都会设有赎回条款，促使投资者主动转股。所以，130元是大多数可转债都可以达到的价格，倘若没达到，稍有能力的发行人很可能通过下调转股价促使其达到。所以，对于大多数尚未转股的可转债来说，130元是可以预见的价格。

（三）正股价格具有带动效应

当转股价值高于可转债价格一定幅度时会产生套利空间，所以可转债价格会跟随正股股价上涨。当可转债价格超过130元后，发行人有权利赎回债券,但这种情况不必然发生。如果发行人没有进行赎回,可转债价格依然会跟随正股股价上涨,所以在股票牛市里可转债可以涨至300元以上。风险偏好高的投资者在可转债价格超过130元以后,可以继续持有。只不过需要随时根据情况进行止盈,以免被发行人强制赎回,使盈利化为泡影。譬如通鼎转债的发行人以103元的价格强制赎回时,可转债市价高达528元,对于强制赎回时尚未将债卖出去的投资人来说,这是一次惨痛的教训。

(四)震荡市有助于减少交易成本

当股票市场不确定性加大并开始剧烈震荡时,可转债是很好的投资工具,可以安心持有。而此时如果手握股票,心理压力较大,容易出现情绪化操作,增加投资成本。

投资思路

根据对可转债的重要条款、历史数据和投资特性进行分析,并结合当前国内外经济环境,在2019年,可转债应是值得投资者关注的投资工具。笔者从以下几个方面给出投资操作思路。

一是债券标的的选择。由于到期赎回条款和回售条款决定了可转债的底价,所以进入转股期且价格为100元左右的可转债,都可以纳入投资标的。而对于盈利能力良好、投资概念佳的公司,其可转债的价格为120元左右就可以考虑。由于2018年股价下跌,不少可转债价格也承压,所以2019年符合上述要求的投资标的大约有100个。

二是持有时间的选择。在买入时机上,100元左右的可转债都可以介入;在卖出时机上,我认为当可转债价格高于130元之后,就可以慢慢出货锁定盈利，以免碰到强制赎回。

三是盈利目标。保守估计可以设定为20%左右。

作者单位：中钢投资有限公司

（本文原载于《债券》2019年6月刊）

债券期权定价及其在外币债券投资组合管理中的应用

毕玉升

摘要：本文首先回顾和总结了债券期权的多种定价模型及其优缺点；然后建立了价格波动率和收益率波动率的转换关系，以及 lognormal vol 和 normal vol 两类收益率波动率报价方式的转换关系，并讨论了不同种类债券收益率波动率曲面构建方法；最后讨论了债券期权与现券组合的配合策略，以及如何在特定市场环境下选择较优的期权交易策略。

关键词：债券期权　隐含波动率　Black 模型　掉期利率

债券期权介绍

（一）研究背景和意义

目前，中资机构外币债券投资和交易规模越来越大，但操作主要以现券为主，最多辅以利率互换（IRS）、总收益互换（TRS）等线性工具，较少涉及非线性产品，而债券期权便是很重要的一个补充工具。合理利用债券期权，一方面有助于改变中资机构境外债券投资交易操作单一的局面，提升机构盈利能力;另一方面有助于中资机构积累期权等衍生产品交易和管理经验,为国内人民币债券期权发展夯实基础。

合理定价是所有金融资产交易业务开展的基础,虽然债券期权是一类基础衍生产品,其定价也可通过 Black-Scholes 模型框架进行处理,但由于不同标的债券的流动性差异较大,不同做市商对同样特征的债券期权报价差异很大,价差很宽,尤其是信用债,以其为标的衍生出的期权更甚。通常情况下,中资机构只能较为被动地接受做市商的报价,因此能精确地对期权进行定价和估值,以获取这项资产的公允价格,提高议价能力、保护自身利益,显得尤为关键。这也是中资机构在没有定价权情况下的较优选择。

作为投资者,除关心如何合理定价外,怎样利用债券期权这一衍生工具提高投资组合的收益,选择较好的组合策略也很重要。通过合理的组合操作,可有效地提高债券组合的收益水平或降低投资成本。

(二)债券期权简介

外币债券期权是指以外币债券为标的,在期权到期日(欧式)或期权到期日(含)前的任何时刻(美式),合约买方有权按期权执行价格买入或卖出指定债券的合约,是金融市场业务中最为基础、结构最为简单的金融衍生产品之一。在固定收益市场中,债券期权是较为成熟的业务,主要在场外交易,交易期限从几天到 1 年不等。期权标的一般为国债、政府机构债及部分信用债等流动性相对较好的债券。在外币债券期权品种里,美国国债期权因接近掉期期权(swaption),其流动性最好、交易成本最低。

债券期权定价方法

(一)定价模型

得益于 Black-Scholes 期权定价理论,市场参与者开发了许多债券期权定价模型,如最经典的 Black 模型、传统的 Black-Scholes 期权定价模型及正态均值回归(NMR)模型。

1. Black 模型

该模型由 Black(1976)提出,原用于对商品期货期权进行定价,后逐渐发展成为对债券期权进行定价的最经典模型,彭博系统中关于债券期权定价的模型即默认为此模型。考虑一张债券的欧式看涨期权(c)或欧式看跌期权(p),假设:

T——期权的期限;

F——期限与期权相同的债券远期价格(全价);

F_0——0 时刻的债券远期价格(全价);

K——期权的执行价格(全价);

$P(t,T)$——T 时刻到期支付 1 的零息债券在 t 时的价格,即 t 时刻的贴现因子;

σ——债券远期价格 F 的波动率。

此外,还假设期权到期 T 时的远期债券全价服从对数正态分布。经过简单的计算,可知欧式看涨期权的价格为:

$$c=P(0,T)\left[F_0N(d_1)-KN(d_2)\right]$$

其中,

$$d_1=\frac{\mathrm{Ln}\left(\frac{F_0}{K}\right)+\frac{1}{2}\sigma^2 T}{\sigma\sqrt{T}}$$

$$d_2=d_1-\sigma\sqrt{T}$$

$N(d)$为标准正态分布的概率分布函数。类似地，债券欧式看跌期权的价格为：

$$p=P(0,T)[KN(-d_2)-F_0N(-d_1)]$$

对债券期权进行定价，关键要获取债券的远期价格和远期价格波动率。由于债券的现金流已知，根据远期合约的持有成本（cost of carry）定价方法，当前的债券远期价格 F_0 按如下公式计算：

$$F_0=\frac{B_0-I}{P(0,T)}$$

其中，B_0 是当前 0 时刻的即期价格，I 是期权合约存续期内所有付息现金流的贴现值，上述公式中无论即期价格还是远期价格均为全价，不是净价。

2. Black-Scholes 期权定价模型

与 Black 模型不同，债券期权的 Black-Scholes 定价模型沿用股票期权定价方法，假设债券即期价格（全价）服从几何布朗运动，从而得到期权价格，即：

$$c=PN(d_1)-Ke^{-rT}N(d_2)$$

$$p=-PN(-d_1)+Ke^{-rT}N(-d_2)$$

其中，

$$d_1=\frac{\mathrm{Ln}(P/K)+(r+1/2\sigma^2)T}{\sigma\sqrt{T}}$$

$$d_2 = d_1 - \sigma\sqrt{T}$$

波动率参数 σ 不是债券远期价格的波动率,而是债券即期价格的波动率;r 表示债券利率。该模型确实也可以对债券期权进行定价,但与Black 模型相比,其最大的缺陷是:付息时债券全价会出现跳跃,债券全价的几何布朗运动假设并不符合实际。

3. NMR 模型

与上述两种模型对债券价格进行刻画不同,NMR 模型对(短期)利率进行建模,债券价格是利率的衍生品。NMR 模型假设利率不再呈现几何布朗运动特征,而是呈现长期均值回复特征,即利率服从如下基本运动:

$$dr = (b - ar)dt + \sigma_r dW_t$$

其中,a 是利率长期回复到均值的速度,b/a 是长期利率均值水平,σ_r 是利率的波动率,W_t 是标准布朗运动。

此类利率模型通常利用离散的二叉树方法进行定价,这样确实能够较好地刻画利率的长期均值回复特征,但计算复杂度比上述两种模型都高。若追求计算和交易效率,简单便捷是需要考虑的重要因素,这正是Black 模型更受欢迎的原因之一。

(二)隐含波动率的构建方法

在定价模型所需的参数中,大部分是明确的共识,唯有波动率参数未知。如同债券报价一样,波动率是期权市场的核心变量,做市商通过波动率的双边报价来表达自己的市场观点和未来预期,市场对波动率的预期值被称为隐含波动率(implied volatility)。与隐含波动率不同,历史波动率(historical volatility)则是根据已发生的利率历史路径所计算出来的波动率,是客观存在的变量。为更好地对不同特征(期权期限、债券期限、执行价)的债券期权进行定价,构建完整的波动率曲面至关重要。

1. 债券价格波动率和收益率波动率的关系

每只债券都有独特的现金流结构,交易员很难也没有必要准确地记录所有债券的价格波动率情况。通常,只需构建收益率曲线及收益率波动率曲面,在此基础上通过收益率和债券价格之间的久期关系即可获取债券的价格波动率信息。因此,债券期权的报价通常通过收益率的波动率报价来进行。

假设 D 为期权到期日债券的修正久期,那么远期债券价格 F 变动和远期收益率变动的基本关系为:

$$\frac{\Delta F}{F} \approx -D\Delta y_F$$

或者等价地

$$\frac{\Delta F}{F} \approx -Dy_F \frac{\Delta y_F}{y_F}$$

或者

$$Var\left(\frac{\Delta F}{F}\right) \approx Var\left(-Dy_F \frac{\Delta y_F}{y_F}\right)$$

根据波动率定义(某变量变动百分比的标准差),上式可表示为:

$$\sigma_F{}^2 \approx D^2 y_F{}^2 \sigma_y{}^2$$

即

$$\sigma_F = D \cdot y_F \cdot \sigma_y$$

其中,σ_F 为远期价格波动率(即 Black 模型中的参数),σ_y 为远期收益率波动率。这在债券价格和收益率的波动率之间建立了联系,投资者在获取 σ_y 之后,将其代入该公式即可对期权进行定价。

2. 国债收益率波动率的构建方法

虽然国债收益率是所有其他种类债券的定价基准,但市场参与者很少直接构建国债收益率波动率曲面,通常用掉期利率(swap rate)波动率曲面替代。这是因为,一方面掉期期权的交易量较大,曲面完整;另一方面,国债收益率和同期限的掉期利率有着紧密联系,二者波动呈现出较大的相关性,具有一定的替代关系。

具体来看,根据前述,远期国债价格 F 变动和远期国债收益率 y_F 变动的基本关系为:

$$\frac{dF}{F}=-Ddy_F$$

与此同时,远期国债收益率 y_F 与同期限的掉期利率 S 的关系为:

$$S=y_F+s$$

其中,s 为掉期利率与远期国债收益率的利差。与掉期利率和国债收益率相比,利差较小,即

$$dS\approx dy_F$$

因此,远期国债价格波动率 σ_F 与同期限的掉期利率波动率 σ_s 有如下近似关系:

$$\sigma_F=D\cdot S\cdot \sigma_s$$

若该关系式成立,只需构建掉期利率的波动率曲面即可用于国债期权的定价,且误差在可接受的范围内。

3. 掉期利率波动率的构建方法

与债券期权相比,掉期期权的交易更加活跃,且交易标的就是掉期利率的波动性,因此可方便地通过掉期期权市场价格和掉期期权定价公式

反推波动率(曲面)数据,其市场公允数据(平价期权隐含波动率)可通过彭博进行查询。

关于掉期利率波动率,市场主要有两种度量方式:Lognormal Vol 和 Normal Vol。

Lognormal vol,是指收益率相对百分比变动的标准差,又称为 Blackvol 或 relative vol,度量了收益率的相对波动水平,单位为%。其来源是假设掉期利率服从 Black 模型,即:

$$dS=\sigma_{LN}SdW_t$$

其中,σ_{LN} 即为 Lognormalvol。

Normal vol,又称为 absolute vol 或 basis point vol,单位为 BP。与 Lognormal vol 不同,Normal vol 是收益率本身的标准差,度量了收益率的绝对波动水平。其来源是假设掉期利率服从正态分布,即:

$$dS=\sigma_{N}dW_t$$

其中,σ_N 即为 Normal vol。

从理论上讲,两类模型假设不能同时成立,同一个利率不可能服从两类分布。但在实务中,两种波动率度量方式都被交易员广泛采用,对于接近平价的期权,即远期利率接近执行价格时,两个波动率之间的关系可简化为:

$$\sigma_N=\sigma_{LN}\cdot S_F\cdot\left(1-\frac{T}{24}\sigma_{LN}{}^2\right)$$

当期权期限较短或波动率较小时,可更粗略地简化为:

$$\sigma_N=\sigma_{LN}\cdot S_F$$

在债券期权交易和报价中,需明确波动率报价属于哪类报价,不宜混淆。

4. 信用利差波动率和信用债收益率波动率的构建方法

信用债收益率可拆分为国债收益率与信用利差之和,从理论上讲,信用债收益率波动率曲面构建可拆分为对国债收益率波动率、信用利差波动率及两者相关性三个问题进行研究。其中,国债收益率波动率构建方法如前所述,信用利差波动率曲面可通过信用利差期权(credit spread options)或信用违约互换(CDS)等单独交易信用利差波动性的衍生产品反推。同样地,信用利差波动率也可分为 lognormal vol 和 normal vol 两类。

假设国债收益率 y 的 normal vol 为 σ_y,而对应信用利差 cs 的 normal vol 为 σ_{cs},那么信用债收益率 Y 的 normal vol σ_Y 为:

$$Y = y + cs$$

$$\Rightarrow Var(Y) = Var(y) + Var(cs) + 2Conv(y, cs)$$

$$\Rightarrow {\sigma_Y}^2 = {\sigma_y}^2 + {\sigma_{cs}}^2 + 2\rho \cdot \sigma_y \cdot \sigma_{cs}$$

其中,ρ 为国债收益率与信用利差的相关系数。

虽然在理论上可依模型构建信用债收益率波动率,但在实务中,由于信用债流动性较差,因此交易员通常会考虑对冲等操作的成本和风险,会根据其对现券的偏好进行调整。例如,如果客户拟卖出信用债看涨期权,做市商 A 拟买入期权,同时 A 还需要在市场上卖空债券进行对冲,但由于信用债流动性较差,卖空成本较高,且面临逼空的风险,A 往往不愿意进行对冲。A 的通常策略是,根据其对现券的走势判断确定是否承接交易,争取与客户叙作美式期权交易(从而保护 A 在合约规定期限内灵活地轧平风险),或者报较差的价格。

期权操作策略

中资机构账户积累了大量的债券存量，且以长期持有为目的。债券期权除交易属性外，可以配合组合给中资机构存量管理带来很好的补充效果。

（一）交易配合策略

卖出看涨（看跌）期权等均可以配合现券投资或交易，形成较好的组合操作策略。

1. 卖出看涨期权（short call）

通过此交易可锁定债券投资收益。当机构在持有某债券并确定减持的目标价位后，可卖出以目标价为执行价的债券看涨期权，既可获取期权费收入，又可在期权被行权时，按目标价位减持债券从而锁定收益。即使交易对手没有行权，机构亦可获得该部分期权费收入，提高总体收益。这种以已持有债券为依托卖出看涨期权的做法，也被称为“卖出抛补看涨期权（covered call）”。

2. 卖出看跌期权（short put）

此交易配合投资组合，可以实现按目标价建仓的目的。以某只债券的目标价格为执行价（通常低于当前市价）卖出债券看跌期权，获取一定的期权费收入；在到期日，如果债券价格未能如预期般下跌，期权未被行权，机构将获得期权费收入，增厚收益；如果期权被行权，机构将按照目标价买入该只债券，实现建仓目的。

（二）期权交易条款的选择

相对于选取期权的种类和交易方向，如何选取债券期权较优的期限和行权价等合约特征更具有研究价值和操作意义,这也是叙作期权交易的难点。下面以卖出抛补看涨期权为例进行分析。

1. 期权期限的选择

波动率曲面沿着期权期限的方向先增后降。对于卖出抛补看涨期权策略,单纯从收取期权费的绝对值来讲,一方面应尽可能选择波动率较大的期限以提高期权费收入;另一方面从期权的时间价值看,未必是期限愈长效果愈佳,在波动率不变的情况下,期权期限虽短,但其 Theta① 较大,其单位时间缩短带来的回报越大,缩短期限、提高操作频率带来的回报较长期限的期权回报更大。

例如,假定债券远期价格为 100,行权价为 101,利率为 1%,债券价格波动率为 10%,我们在总时长为 1 年的情况下变动操作频率(分别操作 20 次、10 次、5 次和 1 次),计算债券看涨期权的总期权费收入,得到表 1。可以看到,在波动率不变的情况下,多次滚动叙作的总期权费收入高于单次期权费收入。

表 1　不同操作频率下的期权费收入

期限(年)	频率(次)	d1	d2	期权费	总期权费
0.05	20	-0.41	-0.43	0.48	9.67
0.1	10	-0.27	-0.30	0.83	8.29
0.2	5	-0.16	-0.20	1.33	6.66
1	1	0.05	-0.05	3.47	3.47

资料来源:作者计算

展开上例,其他条件不变,总时长依然为 1 年,假设操作频率分别为每月、每季度、每半年及每年 1 次,波动率数据取当前市场数据,再假设债券修

① Theta(θ)是用来测量时间变化对期权理论价值的影响,表示时间每经过一天,期权价值会损失多少。Theta=期权价格的变化/距离到期日时间的变化。

正久期为5年，在价格预期不变、波动率曲面预期不变的情况下，得到表2。

表2　不同波动率和操作频率下的期权费收入

期限（年）	频率（次）	收益率 normal vol	价格波动率	期权费	总期权费
0.08	12	107.55	0.0538	0.25	2.94
0.25	10	103.3	0.0491	0.56	5.57
0.50	5	104.4	0.0470	0.87	4.36
1.00	1	104.5	0.0418	1.16	1.16

资料来源：作者计算

可以看到，最优的策略既不是频率最高，也不是频率最低的操作，而是每季度滚动叙作。因此，在开展业务时，需对债券标的价格和波动率进行预估，寻找较优期限。

2. 行权价格的选择

行权价格的选择较期限选择更加重要。从流动性角度讲，平价期权（ATM）流动性最好，价内期权（ITM）和价外期权（OTM）的流动性较差，在报价上会略有损失。

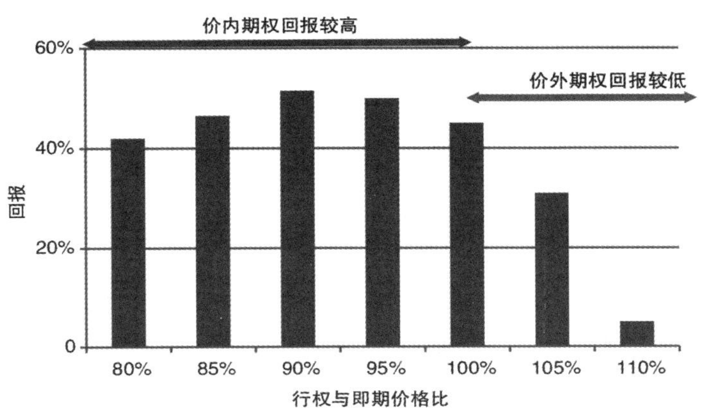

图1　标的债券价格上涨时期权的回报率

资料来源：作者计算

从估值损益角度看，对于期权的多头，价内期权在标的债券价格上涨时表现最佳(见图1),而平价和价外期权表现相对较差;卖出看涨期权时,价外期权的损失可能性较小,价外期权在到期日被行权的可能性也较小。但另一方面,行权价格过高,期权处于严重价外时,期权价值也较小。因此,选取价外期权较为合适,但亦不应选择过高的行权价格,应结合现券操作的目标价格综合考量。

(三)不同市场环境下的期权策略选择

不同的风险指标对应不同的有利市场环境,相应地,期权策略选择也不同,总结如表3所示。

表3　不同风险指标和市场环境下的期权策略选择

风险指标	含义	方向	对头寸最有利环境		期权策略选择
			标的(债券)	利率环境	
Delta	债券单位百分比变化带来的期权价格变化	正	价格上涨	利率下跌	买看涨期权,尽量是价内期权;卖看跌期权,尽量是价外期权
		负	价格下跌	利率上升	卖看涨期权,买看跌期权
Gamma	债券单位百分比变化带来的Delta变化	正	价格快速波动或大幅波动	利率快速波动或大幅波动	买看涨/看跌期权
		负	价格稳定或者缓慢变动	利率较为稳定	卖看涨/看跌期权
Theta	时间每经过一天,期权价值会损失多少	正	时间流逝有利	—	卖看涨/看跌期权
		负	时间流逝不利	—	买看涨/看跌期权
Vega	单位波动率变动带来的期权价格变动	正	隐含波动率上升	利率隐含波动率上升	买看涨/看跌期权
		负	隐含波动率下降	利率隐含波动率下降	卖看涨/看跌期权

结论

在很多情况下,债券期权都可以被用来配合债券组合管理,以有效增厚组合收益。具体到目前的环境，美国经济已开始接近本轮周期尾端、美联储降息或终止缩表政策的预期强烈，利率已大幅下行，大概率在底部企稳或区间震荡，卖出抛补看涨期权（尽量价外）是较为合适的策略。这样既可以保留债券上涨的机会，又可在持有债券基础上获取超额期权费，增厚利润，中资机构尤其是债券账户余额较大、交易不活跃的机构，可积极开展相关业务。

作者单位：上海浦东发展银行香港交易中心

（本文原载于《债券》2019 年 7 月刊）

永续债赎回权定价研究
——基于发行人续期行为的实证分析

王　凯　聂晓曦

摘　要:近年来,永续债发行人续期行为频繁发生,永续债市场定价逻辑也出现了相应变化。从永续债发行人、投资者的权利义务来看,永续债定价可分解为不含权的普通债券定价和赎回权定价两部分,其中赎回权定价尤为关键。本文尝试利用混合资本价理论,通过二叉树模型对永续债赎回权定价进行理论分析;然后选取近年来6只续期永续债作为研究样本,分别计算其赎回权的理论价值,并将理论价值与实际定价进行比较分析;最后在此基础上为永续债合理定价及发行人续期选择提出了相关建议。

关键词:永续债　赎回权　内嵌期权　二叉树模型

我国永续债续期行为呈上升趋势

作为一种股债混合型创新金融工具,永续债在我国获得了广泛的应用和发展。相较普通债券,永续债的内嵌赎回权(或称续期选择权)使其兼具“权益”和“债务”双重属性，同时也使其获得来自久期不确定性和市场利率风险的溢价。之前，发行人通常在首次赎回窗口就行使赎回权（即将债券到期兑付），此时永续债转化为有固定期限的普通债券。因此，永续债经常被投资者类比为附带特殊条款的、久期与永续债初始期限相同的普通债券，从而低估了永续债内嵌赎回权的市场价值。

但近年来，永续债到期兑付的市场惯例被打破。从 2017 年开始，到达赎回窗口的永续债接连发生续期：2017 年，首创集团首次公告续期 2014 年发行的可续期债；2018 年，国家电投、森工集团等 7 家发行人公告续期；2019 年上半年，广州地铁、日照港集团、海航集团、海航控股、天津航空、云南祥鹏航空等 6 家发行人公告续期，共涉及 7 只债券。由此可以看出，永续债续期行为呈上升趋势。与“赎回”操作同等作为发行人的一项选择，“续期”操作的价值开始显现，同时永续债的发行定价也出现了相应调整。

永续债续期对发行定价的影响

（一）永续债发行人续期行为类型

截至 2019 年 6 月末，我国境内已公告和已发生的发行人续期事件为 15 起，涉及 12 家发行人。从 12 家续期发行人主体和 15 只债券特征来看，续期行为可以分为以下两种类型：

第一种续期行为的发行人主体信用资质相对较好，外部评级较高。其永续债一般未设利率跳升机制，续期后重置票息较初始票息有所降低。发行人出于经济成本的考虑主动选择续期，属于正常的商业逻辑。这类发行人包括首创集团、国家电投、北大荒集团、广州地铁和日照港集团（见表 1）。

表 1 第一种类型续期行为主体及债券情况

发行人	债券简称	发行日	主体初始评级	续期时间	主体续期时评级	初始利率(%)	重置利率(%)
首创集团	14 首创集团可续期债 01	2014/10/31	AAA	2017/11/3	AAA	5.99	4.98
	14 首创集团可续期债 02	2015/6/16	AAA	2018/6/16	AAA	5.70	4.60
国家电投	15 中电投可续期债	2015/6/8	AAA	2018/6/8	AAA	5.70	4.60
北大荒集团	15 北大荒 MTN002	2015/11/24	AA	2018/11/25	AA	5.70	5.32
广州地铁	16 广州地铁可续期债 01	2016/1/26	AAA	2019/1/26	AAA	4.28	3.42
日照港集团	16 日照港集 MTN001	2016/2/26	AA+	2019/2/26	AA+	4.28	3.45

数据来源:根据 Wind 和发行人公告整理

第二种续期行为的发行人在存续期内出现了信用违约、外部评级下调、经营亏损等负面事件。其永续债在到达赎回窗口前,估值收益率就出现显著上行。发行人预期后续自身的再融资能力将下降,即使面临利率跳升后承担更高的票息成本,也被动选择续期。这类发行人包括森工集团、宜化化工、山煤集团、海航集团、海航控股、天津航空和云南祥鹏航空(见表 2)。

表 2 第二类续期行为主体及债券情况

发行人	债券简称	发行日	主体初始评级	续期时间	主体续期时评级	初始利率(%)	重置利率(%)
森工集团	15 森工集 MTN001	2015/2/4	AA	2018/2/4	A-	7.10	10.55
宜化化工	15 宜化化工 MTN002	2015/5/19	AA+	2018/5/19	A	5.94	9.18
山煤集团	15 山煤 MTN001	2015/9/7	AA+	2018/9/9	AA	7.80	8.20

续表

发行人	债券简称	发行日	主体初始评级	续期时间	主体续期时评级	初始利率(%)	重置利率(%)
海航集团	15海南航空MTN001	2015/10/19	AAA	2018/10/21	AAA	5.40	8.78
	16海南航空MTN001	2016/3/7	AAA	2019/3/9	AAA	5.15	8.46
海航控股	16海航可续期债01	2016/4/14	AAA	2019/4/14	AAA	7.00	6.22
天津航空	16天津航空MTN001	2016/3/30	AA+	2019/3/31	AA+	6.50	9.90
云南祥鹏航空	17祥鹏MTN001	2017/5/3	AA	2019/5/5	AA	7.20	9.90
天津航空	16天津航空MTN004	2016/11/2	AA+	2019/11/4	—	5.30	—

注:海航集团、海航控股、天津航空、云南祥鹏航空虽然主体评级在续期前后无变化,但海航集团续期前发生了一些负面事件,海航控股业绩预测净利润同比大幅下降或亏损,天津航空和云南祥鹏航空的第一大股东均为海航控股。此外,天津航空2016年11月发行的16天津航空MTN004已在2019年6月24日公告,将于2019年11月4日执行续期并重置票面利率。

数据来源:根据Wind和发行人公告整理

(二)续期行为发生后永续债发行利率走势

1. 自出现续期行为以来,永续债发行利差总体上行

2014年至2019年上半年,我国境内公开发行企业永续类债务融资工具1200余只,发行金额超过17000亿元,其中以永续中票发行金额最高,占比达72%。这期间发行的916只永续中票初始信用评级主要为AAA(484只)、AA+(323只)和AA级(109只),期限多为3+N年(510只)和5+N年(382只)。分别将上述永续中票发行利率与同期限[①]同评级的中债中期票据到期收益率进行比较,可以发现自2017年市场出现续期行为以

① 本文的“同期限”“同待偿期”均是指与永续债初始期限相同。

来,永续债发行利差总体走阔,且债项评级越低、初始期限越长,利差走阔的趋势越显著(见图 1 至图 6)。

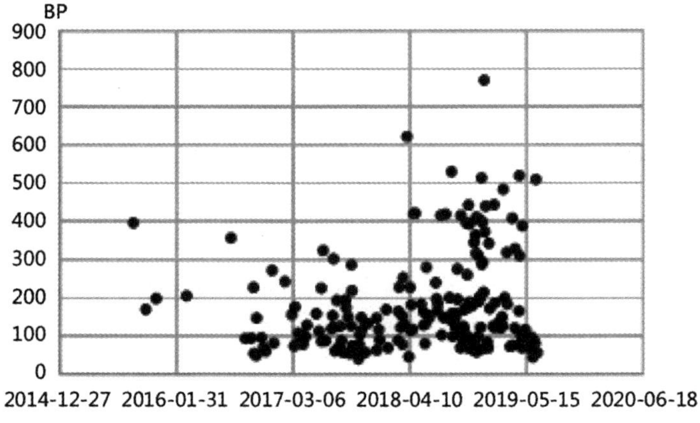

图 1　AAA 级 3+N 年期永续债发行利差

数据来源:Wind

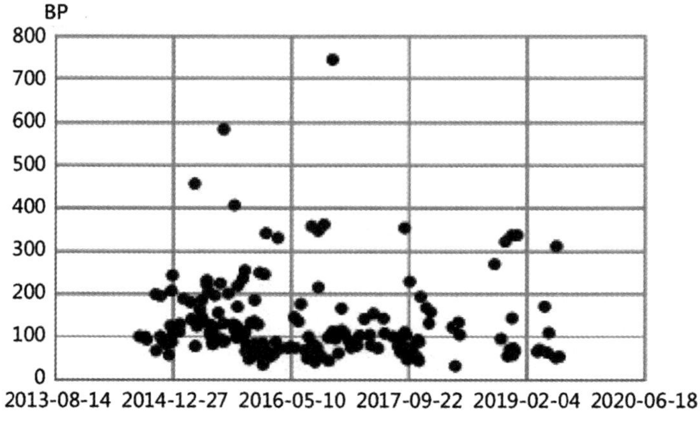

图 2　AAA 级 5+N 年期永续债发行利差

数据来源:Wind

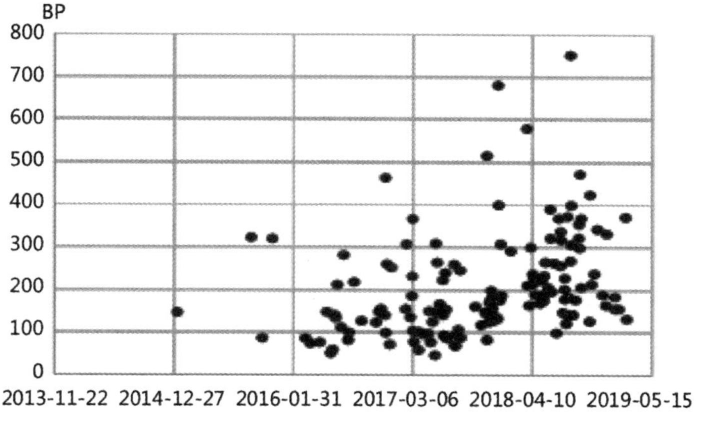

图 3　AA+级 3+N 年期永续债发行利差

数据来源：Wind

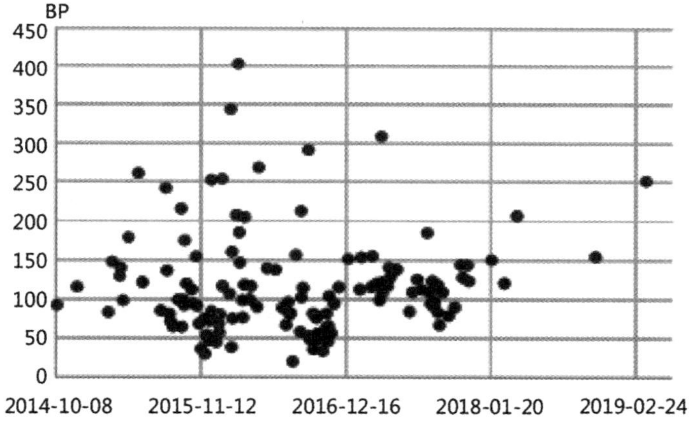

图 4　AA+级 5+N 年期永续债发行利差

数据来源：Wind

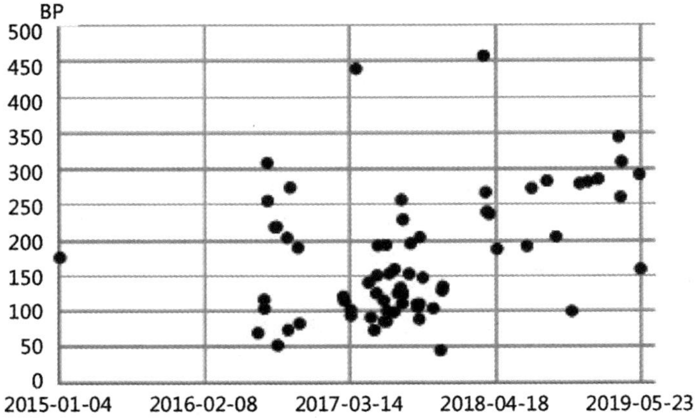

图 5　AA 级 3+N 年期永续债发行利差

数据来源:Wind

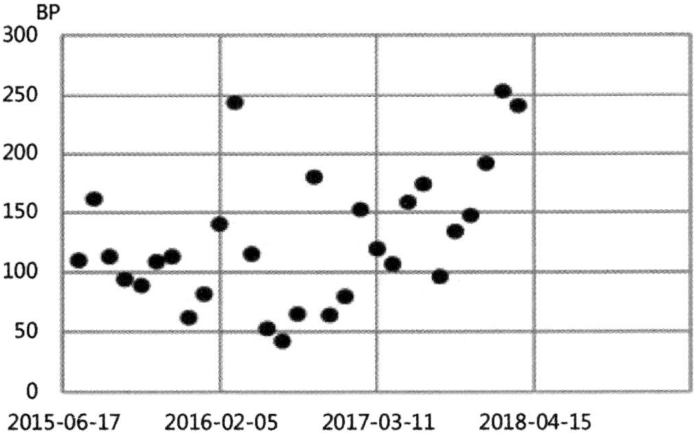

图 6　AA 级 5+N 年期永续债发行利差

数据来源:Wind

2. 同一发行人在发生续期行为之后,再发行同类永续债务融资工具的利率水平较之前有显著上行

以海南航空为例,其于 2018 年 10 月首次公告续期 15 海南航空 MTN001。比较公告续期前后海南航空永续类债务工具(包括永续中票和永续类公司债)发行利率与同期限同评级同品种普通债券估值利差,可以

发现续期之后的平均利差较之前的平均利差上行了 85BP 左右(见表 3)。

表 3　海南航空续期行为对发行利率的影响

时间	债券简称	期限	发行日期	发行时主体评级	发行利率(%)	同期限同评级同品种普通债券估值	利差(BP)	平均利差(BP)
公告续期前	15 海南航空 MTN001	3+N	2015-10-19	AAA	5.40	3.6867	171.33	257.15
	16 海南航空 MTN001	3+N	2016-03-07	AAA	5.15	3.0853	206.47	
	18 海航 Y1	3+N	2018-09-12	AAA	7.60	4.2689	333.11	
	18 海航 Y2	3+N	2018-09-25	AAA	7.45	4.2732	317.68	
公告续期后	18 海航 Y3	3+N	2018-10-17	AAA	7.45	4.0238	342.62	341.75
	18 海航 Y4	3+N	2018-11-01	AAA	7.35	3.9956	335.44	
	18 海航 Y5	3+N	2018-11-26	AAA	7.30	3.8281	347.19	

数据来源:根据 Wind 和发行人公告整理

此外,首创集团、北大荒集团在首次公告永续债续期之后,再发行同类债券的利差较此前的平均利差上行 30~50BP;中电投集团在 2018 年 6 月公告续期 15 中电投可续期债后,其后续 3+N 年期和 5+N 年期的永续中票发行利差由 40BP 上行至 60BP 左右。

永续债赎回权定价的理论分析

(一)永续债定价的关键是赎回权定价

永续债的赎回条款或续期选择条款一般表述为:“发行人有权按面值于本期债券第 N 个计息周期末和其后每个付息日赎回本期债券”,或“发行人有权在本期债券每个重定价周期末,选择将本期债券期限延长 1 个重定价周期,或选择到期兑付本期债券”。从赎回权(或续期选择权)对于发行人、投资者的实际权利义务来看,在正常经营情况下,发行人在每个约定时点都可主动选择行权或放弃行权,而投资者只有被动接受发行人选择结果的义务。因此,发行人发行一期永续债,可以理解为发行人在向投资者发行一期普通债券的同时,又从投资者处购买了一系列利率看涨期权。发行人有权在未来约定时点以约定利率继续从投资者处获得该笔普通债券的续期资金,从而达到抵抗市场再融资利率上行风险的目的。永续债较同时期同待偿期同评级普通债券收益率的溢价就是内嵌利率期权的价值,即永续债赎回权价值。因此,永续债定价的一个关键是对其赎回权进行定价。

(二)永续债赎回权定价方法和模型

由于永续债在我国起步较晚,发行人续期行为在 2017 年以后才陆续发生,国内关于永续债的定价研究多集中于定性分析,因此本文对永续债定价的量化分析主要参考国外相关定价理论和文献。在量化分析模型中,二叉树模型较为直观和灵活,不论标的资产价格服从何种分布,该模型都适用。同时鉴于永续债具有混合资本属性,因此本文尝试利用混合资本定价理论,通过二叉树模型探讨永续债赎回权定价问题。

1. 单步二叉树的情况

假设发行人在 $t=0$ 时刻发行一期永续债,初始定价记为 S,初始利率周期为 T 年。在 T 年末,发行人有权按债券面值赎回。若不赎回,即执行续期选择权,则发行人可按照重定价规则确定的利率水平 X 继续向投资者发售该笔债券。该永续债包含的内嵌期权价值记为 c。T 年末,发行人面向市场的再融资利率可能较 S 上行,概率记为 $p(0<p<1)$,假设上行幅度为现在时点的 u 倍($u>1$);也可能较 S 下行(或不变),则发生概率为 $1-p$,假设下行幅度为现在时点的 d 倍($0<d\leq1$)。

如图 7 所示,若市场再融资利率以概率 p 沿路径 1 上行,则在 T 年末,永续债收益率达到 uS,内嵌期权价值达到 C_u,根据期权定价原理,$C_u = max\{uS-X,0\}$;若市场再融资利率以概率 $1-p$ 沿路径 2 下行,则在 T 年末,永续债收益率达到 dS,内嵌期权价值达到 C_d,$C_d = max\{dS-X,0\}$。为确定利率期权的初始价值 c,构造风险中性投资组合,假设:

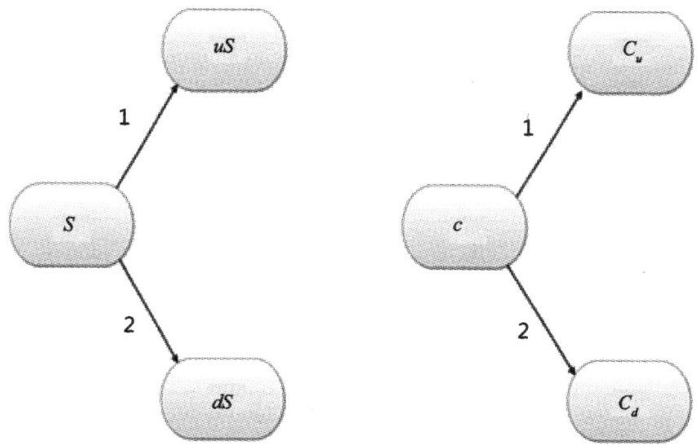

图 7　单步二叉树情况下永续债收益率和内嵌期权价值的变化路径模拟

(1)投资者以初始价值 c 出售一份利率看涨期权;

(2)投资者同时买入 h 份永续债资产。

在风险中性假设下,市场不存在套利机会,因此,无论市场利率变化路径如何,该投资组合的在期权到期时点 T 年末的价值是确定的。c 为市场均衡定价,组合初始价值为:

$$hS-c$$

市场利率沿路径 1 变化的条件下,T 年末组合价值为:

$$huS-C_u$$

市场利率沿路径 2 变化的条件下,T 年末组合价值为:

$$hdS-C_d$$

T 年末组合的价值是确定的,则:

$$huS-C_u=hdS-C_d$$

可得：

$$h=(C_u-C_d)/[(u-d)S] \tag{1}$$

假设 T 年末的无风险收益率为 r，则组合在 T 年末的终值即为该组合初始价值以收益率 r 进行无风险投资 T 年的价值，即：

$$(hS-c)e^{rT}=huS-C_u$$

可得：

$$c=hS-(huS-C_u)e^{-rT} \tag{2}$$

将式(1)代入式(2)中，则：

$$c=\{[(e^{rT}-d)/(u-d)]\times C_u+[1-(e^{rT}-d)/(u-d)]\times C_d\}e^{-rT} \tag{3}$$

其中，$C_u=max\{uS-X,0\}$，$C_d=max\{dS-X,0\}$；由于市场不存在套利机会，则 $d<e^{rT}<u$，$0<(e^{rT}-d)/(u-d)<1$，将 $(e^{rT}-d)/(u-d)$ 记为 P，$1-(e^{rT}-d)/(u-d)$ 即为 $1-P$。在风险中性假设下，P 和 $1-P$ 可以分别理解为市场利率上行和下行的概率。因此，将式(3)化简可得：

$$c=[P\times C_u+(1-P)\times Cd]e^{-rT} \tag{4}$$

由此，永续债内嵌期权价值可理解为未来利率变化路径下期权的期望值按无风险利率贴现的值。

2. 多步二叉树的情况

理论上，永续债没有确定的到期日，因此，我们将单步二叉树拓展到多步二叉树，模拟情形如图 8 所示。

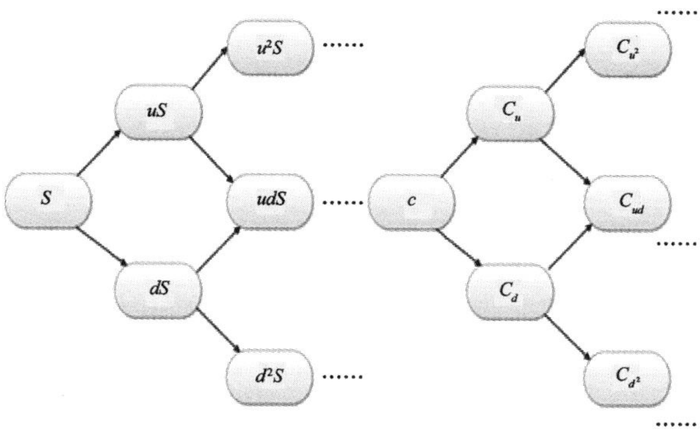

图 8　多步二叉树情形下永续债收益率和内嵌期权价值的变化路径模拟

利用相同方法，得到永续债内嵌期权理论定价模型为：

$$c=e^{-nr\Delta t}\sum_{k=0}^{n}\frac{n!}{k!\ (n-k)!}p^{k}(1-p)^{n-k}C_{u^{k}d^{n-k}}$$

其中，n 为永续债存续期内选择行使续期权的次数，Δt 为重定价周期，$C_{u^{k}d^{n-k}}=max\{u^{k}d^{n-k}S-X,0\}$，$k$ 和 $n-k$ 分别为 n 个期间内市场利率上行、下行的次数。

由此可见，永续债赎回权的理论价值一方面取决于未来市场利率变化的预期（包括利率变化的路径和幅度），另一方面取决于永续债条款所设置的重置利率规则、重定价周期、赎回频率及预期久期等因素。

永续债赎回权定价的实证检验

当永续债到达赎回窗口，市场再融资利率水平高于重置票面利率，且发行人信用资质良好、评级稳定，发行人出于经济成本考虑而主动选择续期时，永续债赎回权的理论价值为正值。本文选取近年来 6 只正常经营情况下发行人选择续期的永续债作为研究样本，利用上一部分得到的模型计算其赎回权的理论价值，并将其与实际定价进行比较分析。

我们将永续债发行时的初始利率记为S,发行时确定的初始利差记为λ,发行时同待偿期同评级的普通债券收益率记为Y_1,来自内嵌期权的实际溢价记为c,无风险收益率记为r(见表4)。永续债续期时的执行利率记为X;续期时同待偿期同评级的普通债券收益率记为Y_2;市场利率变化路径记为u(或d);市场利率波动率的估计值记为δ,$\delta=\sqrt{\frac{n}{n-1}\sum_{i=1}^{n}\frac{(i_t-\bar{i})^2}{n}}$,其中$n$代表研究区间的交易天数,$i_t$为第$t$交易日的收益率,$\bar{i}$为$n$个交易日的收益率均值,$\bar{i}=(1/n)\sum_{t=1}^{n}i_t$;续期时内嵌期权的理论价值记为$C_u$,按无风险收益率贴现后的理论初始价值记为$C'_u$。最后,将发行时的实际溢价$c$与理论初始溢价$C'_u$进行比较,两者的差值记为$\Delta$。实证检验结果如表5所示。

表4 永续债样本发行时的相关要素

债券简称	S(%)	λ(BP)	Y_1(%)	c(%)	r(%)
14首创集团可续期债01	5.99	225	4.47	1.52	3.38
14首创集团可续期债02	5.70	201	4.05	1.65	2.93
15中电投可续期债	5.70	201	4.07	1.63	2.87
15北大荒MTN002	5.70	226	3.71	2.00	2.85
16广州地铁可续期债01	4.28	78	3.04	1.24	2.63
16日照港集MTN001	4.28	80	3.39	0.89	2.53

表 5 永续债样本续期时的相关要素及检验结果

债券简称	X(%)	Y_2(%)	u(倍)	δ	C_u(%)	C'_u(%)	Δ(BP)
14 首创集团可续期债 01	4.98	4.88	1.09	0.64	1.56	1.41	11
14 首创集团可续期债 02	4.60	4.72	1.16	0.78	2.03	1.86	-21
15 中电投可续期债	4.60	4.69	1.15	0.78	1.96	1.80	-17
15 北大荒 MTN002	5.32	3.92	1.06	0.77	0.71	0.65	135
16 广州地铁可续期债 01	3.42	3.50	1.15	0.75	1.52	1.41	-17
16 日照港集 MTN001	3.45	3.81	1.12	0.75	1.35	1.25	-36

表 5 显示,14 首创集团可续期债 02、15 中电投可续期债、16 广州地铁可续期债 01 和 16 日照港集 MTN001 发行时内嵌期权的实际溢价低于理论溢价 17~36BP。其原因主要有两个:一是发行定价时未充分考虑内嵌期权价值,即大家对发行人未来到期赎回存在惯性预期,在没有利率跳升机制保护的情况下,确定的初始利差较低。如 16 广州地铁可续期债 01、16 日照港集 MTN001 的初始利差仅确定为 70~80BP,导致最终确定的初始利率较低,从而在约定的执行利率规则下,重置利率调整空间有限,即固定的初始利差不能对后期市场再融资利率上行形成有效抵抗。二是发行日至首次赎回窗口期间市场利率变化幅度较大,使续期时内嵌期权具有较高的价值,同时利率跳升机制的缺失使发行时的内嵌期权实际溢价较大程度地暴露在市场利率风险中。

同时表 5 显示,14 首创集团可续期债 01 和 15 北大荒 MTN002 的内嵌期权实际溢价高于理论溢价,其中 15 北大荒 MTN002 的偏离程度更为显著。这是因为两只债券发行时确定的初始利差相对较高,分别为

225BP 和 226BP,可以部分抵抗市场再融资利率上行的风险。而且在两只债券第一存续周期内市场利率总体变化幅度较小,分别为 1.09 倍和 1.06 倍,市场再融资利率上行空间相应有限。此外,15 北大荒 MTN002 发行时的主体评级相对较低,因此投资者要求的内嵌期权溢价也相应较高。

对于信用资质相对较弱的发行主体,如森工集团和宜化化工,发行永续债时通常设置利率跳升机制(一般为 300BP 或更高),重置利率对市场利率上行风险能够形成一定的抵抗效应。若到达赎回窗口时重置利率高于市场普遍再融资利率,则永续债内嵌期权的价值为 0,发行人在正常情况下的理性选择是不行使续期权(即赎回)。但若发行人信用评级下调、财务负面或现金流等问题使其赎回后再融资非常困难,则发行人会被动选择续期。此外,投资者还要面临发行人续期后因现金流等问题选择递延利息的风险。因此,对信用资质较弱的发行人,即使其永续债内嵌期权部分在发行定价时被赋予了相对较高的溢价水平,投资者也要充分估计发行人普通债券定价部分的信用风险。

相关建议

结合近年来我国陆续发生的永续债续期事件及引发的市场定价变化,通过对永续债赎回权定价的理论和实证分析,本文对永续债合理定价及发行人续期选择提出以下建议:

(一)永续债定价需要充分考虑赎回权价值和发行人的信用风险

从目前两种类型的续期行为来看,部分发行人在正常经营情况下会出于经济成本考虑而主动选择续期,但此前投资者对永续债的赎回权价值存在低估现象。部分发行人由于评级下调及财务负面因素等被动选择续期，对于这类永续债，即使约定了利率跳升机制作为续期后的票息补偿，投资者也仍面临发行人因现金流等问题启动利息递延选择权的风险。2018年以来，境内信用风险持续发酵，永续债将面临更高的信用风险溢价。对于可能出现的两种类型发行人续期行为，建议投资者要充分估计永续债内嵌期权价值和发行人信用风险等因素。

（二）发行人要对续期经济成本节约和后续再融资成本上升进行充分权衡

永续债的发行定价部分取决于发行人和投资者对未来不确定久期博弈和预期的结果。部分发行人选择续期永续债，发行人续期后的重置利率低于市场再融资利率，短期内可降低发行人承担的票息成本。但发行人选择续期后再发行同类永续债的利率水平受续期行为影响而出现上行趋势。由此可见，续期行为会使永续债不确定久期产生的风险溢价更为显著地体现在发行定价中。因此，正常经营情况下，建议发行人在进行续期选择时，对续期经济成本节约和后续再融资成本上升进行充分权衡。

参考文献

[1]程昊，何睿，高璐. 永续债投资价值分析[J]. 债券，2019(2)：82-86.

[2]孙彬彬，高志刚，苏雯. 永续债是“续期”还是“赎回”[R]. 天风证券，2018(12).

[3]张晶，冯剑豪，杨茜. 国内永续债定价框架分析[R]. 华泰证券，2015(3).

[4]Aksel M., Svein-Arne P.. Hybrid Capital[C]. Paper of FIBE Conference, 2004.

[5]Black F., Cox J. C.. Valuing Corporate Securities: Some Effects of Bond Indenture Provisions [J]. Journal of Finance, 1976(31): 21-50.

[6]Black F., M. Scholes. The Pricing of Options and Corporate Liabilities[J]. Journal of

Political Economy,1973(81):637-659.

作者单位:中国进出口银行资金营运部

(本文原载于《债券》2019年10月刊)

国际债券市场持有人会议的法律效力及对我国的启示

黄　鑫　沈钰棪

摘要:持有人会议是债券市场投资者保护制度最核心的组成部分,其能否切实发挥保障持有人集体权益的作用,主要在于会议通过的决议是否具备法律效力。海外市场通常在法律法规或信托协议中明确持有人会议对当期全体持有人生效,并且通过设置触发违约条件的投资者保护条款,促使发行人主动召集持有人会议,从而在双方当事人之间达成一致,形成本质为新合同的有效决议。

关键词:持有人会议　投资者保护　合同法　法律效力

债券市场是资本市场的重要组成部分。与权益类融资相比,债券融资由于具有仅构成企业对外负债并不动摇公司控制权等优势,逐渐成为企业募集资金和管理流动性的重要融资渠道。然而,债券持有人属于分散、信息不对称、能力局限的弱势群体,需要集体行使权利的途径,在遇到风险时消除单个持有人的弱势,保护持有人的共同利益。于是,持有人会议制度应运而生,为持有人表达利益诉求提供了合法的机制安排。持有人可借助这一平台投票形成决议来与发行人抗衡。可见,该制度能否有效发挥作用,关键在于决议的法律效力。国际市场通常通过法律规定或合同约定的形式明确持有人会议的法律效力,增强发行人主动执行决议的动力,这对于进一步完善我国债券市场投资者保护制度具有一定借鉴意义。

持有人会议的法理基础

(一)持有人会议的特征

债券持有人会议,是指由持有人组成并就其共同利害关系事项行使权利的临时性决议组织。考虑到债券持有人量多、分散、流动性高的特点,且与股东相比在参与公司经营、了解公司财务状况等方面处于劣势,设置持有人会议制度有助于其通过集体力量更好地监督发行人,确保发行人在债券存续期及时履行义务,从而加强对自身权益的保障。

持有人会议具有以下特点:一是持有人的同期性。单个持有人会议涉及的持有人须为同种类、同批次的债券持有人。例如,可转债与非可转债属不同种类债券,即使同为可转债,若转化的时间和条件不同,也属于不同类别。二是决策范围的有限性。持有人会议并非拥有无限权利,其决议范围仅限于影响持有人整体利益的事项。三是会议召集的临时性。持有人会议不是常设机构,而是在有需要时由发行人、受托管理人或持有人等主体召集。

持有人会议发挥作用的途径是对议案表决并形成决议。在发生或即将发生风险事件的特殊时期,全体当期持有人可就有关事项做出决议,在协助发行人摆脱困境的同时表达自身的利益诉求。因此,只有当持有人会议决议切实产生法律效力时,该制度方能发挥最大作用。

（二）持有人会议制度的理论基础

持有人凭借借贷关系对发行人相关事务进行表决，本质上是基于以下理论参与发行人的公司治理：一是企业契约理论。不同于“法人拟制说”，企业契约理论认为企业是一系列合约的组合，包括与材料供应商、雇员、债权人等所签订的契约。企业作为连接各方的平台，其经营治理与所有契约方有关，区别只在于权力义务的大小。

二是利益相关者理论。在该理论中，随着时代的发展，物质资本所有者在企业中的地位呈现弱化趋势，而利益相关者由于与企业的生存和发展密切相关，甚至分担了企业的经营风险，因此企业必须考虑他们的利益或接受他们的约束。利益相关者包括企业股东、债权人、员工、供应商等。

三是物质资本产权理论。物质资本产权，是指物质资本所有者以投资为目的而投入公司的、由公司法人享有的对这些物质资本的一组权利束，包括股东投资所形成的股本，以及投资性债权人（债券持有人、贷款借出方等）对企业的投资。债权和股权都享有一定的公司治理权，但范围和程度不同。

持有人会议通过表决形成能够代表集体权利的决议，其基本原理是资本多数决原则，即少数服从多数。该原则普遍应用于股东大会等各类集体决策机制的议事原则中，在持有人会议制度上体现为两方面：一是平等性，即同比例的债券持有人权利相同；二是大额持有人的支配性，由于比例较大的持有人承担的风险更高，因此在表决中更具有影响力。持有人会议的重要作用是实现持有人团体利益的最大化，无论是从公平和效率角度看，还是从平衡不同比例持有人利益的角度看，资本多数决原则都是形成集体决议的最佳方式。

（三）持有人会议制度的法律基础

基于上述理论，为了在法律层面明确持有人会议的流程、权利范围和决议效力，各国通过法律和合同对持有人会议进行约定。大陆法系国家通常在其《公司法》《商法》《证券法》等法律法规中对持有人会议作出明确规定，如日本《公司法》、韩国《公司法》、意大利《民法典》、法国《商事公司法》、德国《债券法案》及瑞士《债法典》等均在公司债务相关章节中明确了持有人会议的议事权限、召集主体、召开流程、表决机制和决议效力等要素。在此制度框架下，持有人会议具有一定的强制性，监管当局通过在高位阶法律中认可持有人会议的法律地位，赋予持有人以集体力量监督发行人并影响其决策的权利，从而对发行人公司治理权的无序扩张形成有效约束。然而，受制于立法的滞后性，大陆法系国家关于持有人会议的某些规定灵活性较差，有时无法完全适应市场发展需求。如德国《债券法案》规定，持有人会议普通决议的通过比例为出席会议持有人投票权的50%以上，但对于本法案列出的九项重要决议[①]，通过比例为75%以上。同时，该法案允许投融资双方对某些或全部事项设定更高的表决比例。因此，德国债券市场持有人无法根据实际情况调整“重要决议”的范畴和通过比例，而必须严格遵守法律的有关规定。

英美法系国家采用判例法制度，未将持有人会议写入法律条文，但发行人通常会根据市场惯例，在与受托管理人签订的信托协议或信托契约中约定持有人会议相关事宜，或向全体持有人发送同意征求函[②]（consent

① 九项重要决议包括：(1)改变利息到期日，或减少、取消利息支付；(2)改变本金到期日；(3)减少本金数量；(4)在发行人破产程序中降低求偿权位阶；(5)将债券转换为股票或其他证券；(6)替换或解除担保；(7)改变债券币种；(8)放弃或限制债券持有人终止权；(9)更换发行人。

② 同意征求函多见于纽约法管辖下的高收益债市场。

solicitation),请其就关乎自身利益的事项进行表决,达到一定比例以上的持有人回复同意即视为通过该决议,这本质上与债券持有人会议相同。此外,发行人还会在募集说明书中总结信托协议等法律文件的内容,明确持有人会议的关键条款。与大陆法系持有人会议规则不同,英美法系下的发行人与持有人在债券发行条款方面有更多的协商空间。在美国、中国香港、新加坡、英国等市场发行的债券信托协议显示,发行人通常根据决议的重要程度,按照由低到高的顺序将其分为“普通决议”“特别决议”和“涉及保留事项的特别决议”,结合个案自行界定每种决议的内涵,并设置相应的延期会议机制、最低法定参会人数和表决比例,兼顾决议效率与投资者保护。

国际债券市场持有人会议效力和依据分析

在国际债券市场中,持有人会议决议普遍能够约束所有当期债券持有人,但对发行人的约束力较弱。

(一)决议对全体当期债券持有人有效

各国债券市场普遍通过以下两种方式确定持有人会议决议对当期全体债券持有人有效:一是通过法律予以明确,有些国家还规定决议须经法院判定方可生效。例如,德国《债券法案》第5(2)条规定,债券持有人会议通过的决议应平等地约束该期债券的所有持有人。日本《商法典》第325条规定,公司债债权人会议的召集人应自决议通过日起一周内,请求法院认可决议。法国曾采取法院认可形式,1988年后改为决议作出即生效。二是通过合同形成约束力。英美法系和大部分大陆法系国家主要采用此方式。发行人通常在募集说明书和债券发行协议中明确约定,持有人会议的特别决议对全部债券持有人有效,无论该持有人是否出席会议或是否投赞成票。

此外,法律也需要平衡对少数债券持有人权利的保护,常见的办法包括三类:一是对若干重要事项规定较高的法定参会人数和决议通过比例。如德国《债券法案》规定九类事项的表决通过比例为75%,日本《公司法》第724条规定特别决议通过比例为2/3。二是给予异议者上诉权力。如德国规定持有人会议通过的决议如果对所有持有人不是平等适用,则决议无效,除非利益受损的债券投资者明示同意该决议,异议投资者可以向法院起诉要求撤销决议。三是要求决议经过司法审查。如果日本法院认为持有人会议的召开程序和表决方式违反法律法规、决议以不合法的方式通过、决议明显不公正、决议违背债券持有人的一般利益,则可以认定决议无效。

(二)决议对发行人的效力极为有限

与全体当期持有人相比,持有人会议决议对发行人的效力极为有限。从总体看,大陆法系国家法律不涉及持有人会议决议对发行人的效力,英美法系下的信托协议也如此。

持有人会议决议仅在以下三种情况下对发行人产生约束力。一是持有人会议是由发行人主动发出要约而达成的合意,即发行人提出的议案得到持有人认可,双方达成新的协议并受合同法保护。从执行动力看,海外成熟市场持有人会议的召集人多为发行人,原因是债券发行协议一般就投资者保护条款作出详细约定,并以此作为发行人的违约条件。投资者保护条款是针对发行人及其担保母公司和子公司设置的事先限制性条款,包括对外支付限制、新增债务限制、对外担保限制等,目的是防止发行人在债券存续期因过度举债、剥离核心资产、不当输送利益而影响现金流水平，进而危及债务偿付能力。协议通常载明，如果发行人因违反投资者保护条款而触发违约，则持有人可要求其提前清偿本息或采取其他保障措施，从而促使发行人在违反条款的情况下积极补救，通过主动召集持有人会议寻求投资者豁免违约或同意债务重组等保障方案。此外，投资者保护条款还与发行人信用资质相关。对于高收益债发行人，持有人和受托管理人会更加重视其财务状况和经营状况的变化，在协议谈判时就对所关注要素设置限制性条件，作为风险管控的关键手段。因此，如果持有人会议同意发行人提出的议案，发行人具有极大动力执行决议。

二是决议经过法院认定，在实践中通常发行人会执行，但此情况并不具备法律基础。例如，根据日本《公司法》规定，公司债券持有人会议作出决议后，召集人需向法院申请对该决议的认可。笔者经向日资金融机构调研了解，在实践中，持有人会议决议获日本法院认可后即具备较高的权威性，几乎所有发行人都会主动执行，不存在持有人权益难以保障的问题。

三是在由持有人（或受托管理人）召集的持有人会议中，发行人主动宣布将执行持有人会议决议。具体来说，持有人通过认购债券表达对债券发行协议或募集说明书中持有人会议等条款的认可，与相关发行主体建立起债权债务关系。根据合同法原理，权利义务的设立、变更或灭失取决于合意，故发行人或持有人无权单方面对已订立的合同内容进行变更，除非双方就超出约定的事项达成一致，即通过协商建立新的合同。由持有人（或受托管理人）召集的持有人会议，相当于由持有人一方提出邀约，发行人宣布执行决议意味着双方达成合意。

除上述三类情形以外的情况,持有人会议无法对发行人产生约束力。

增强国内持有人会议法律效力的建议

我国债券市场的违约历史尚短,尽管制度预设了投资者保护条款、持有人会议、受托管理人、信息披露等各阶段投资者保护机制,但实践中仍受到法律法规缺失、投保条款使用缺失、市场成员经验缺失等多重因素制约。建议参考国际成熟市场经验,从多渠道明晰和完善持有人会议制度。

(一)关于对全体持有人的效力

尽管相关自律规则中规定持有人会议决议对同期债务融资工具持有人具有同等效力和约束力,但关于持有人会议决议是否对少数异议债券持有人具有约束力还存在争议。有法律专家认为,在目前的法律框架下,对于持有人会议机制尚无法律位阶的法律文件予以规定,相关管理部门在自律规则和部门规章层面也均未明确涉及变更债券本息等基础性条款能否囊括在持有人会议的事项范围内,持有人会议就此类事项作出的决议效力存疑;收取债券本息是债券持有人的财产权,只能由法律剥夺或自己放弃对这些基础性权利的变更,因此在没有法律规定的前提下制定的规则效力存疑。

在此情形下,建议效仿大陆法系国家,在法律(或至少行政法规)层面明确持有人会议对全体持有人的约束力。根据最高人民法院司法解释①,法院在民事审判中可以引用法律和行政法规。在法律、行政法规尚未明确时,可以考虑通过以下方式尽可能强化持有人会议决议对全体债券持

① 《最高人民法院关于裁判文书引用法律、法规等规范性法律文件的规定》(法释〔2009〕14号)。

有人的约束力：

一是在部门规章及自律规则层面，明确哪些决议事项能够对全体持有人产生约束力。目前相关自律规则中仅明确了持有人会议的触发情形，没有列举可以做出决议的事项。根据上述司法解释，其他规范性文件根据审理案件的需要，经审查认定为合法有效的，可以作为裁判说理的依据。

二是在募集说明书等债券文件中明确约定持有人会议能够对哪些事项形成决议，并且明确决议对全体持有人有约束力，无论该持有人是否出席会议或是否投赞成票。投资者购买债券视为同意募集说明书中的条款，愿意接受持有人会议形成的决议，包括可能改变债券的本息偿付。

（二）关于对发行人的效力

投资者反映较为集中的问题是持有人会议决议对发行人没有约束力。这一问题的根源在于相关债券缺少投资者保护条款。我国债券市场参与者尚未充分认识到募集说明书中投资者保护条款与持有人会议决议效力之间存在直接的联动关系，募集说明书的持有人会议条款属于固定的基本条款。在实践中，当发行人陷入财务危机或发生重大事项后，因其较少受投资者保护条款的“威慑”，一般不会主动召集持有人商议风险处置方案，只有当持有人为避免损失扩大时，才会被迫召开会议。但在缺乏事先约定的情况下，即使会议通过决议，其效力也完全取决于发行人的认可或主动履行，因此不难理解为何近年来我国屡次出现发行人拒绝执行决议而导致持有人会议角色尴尬的现象。

建议完善投资者保护条款在债券发行中的应用。如果债券文件中包含投资者保护条款，如对资产处置的限制或对负债率的限制，并且在违约事件的定义中包含违反投资者保护条款的情形,则发行人一旦触发这些事项,将触发违约事件,债券持有人可要求债券本息提前到期偿付,发行人为避免提前清偿并导致更多债券交叉违约,会有动力召集持有人会议并主动提出解决方案,寻求投资者表决豁免违约。在此情况下,持有人会议通过的决议对发行人是具有约束力的。如果债券文件中没有投资者保护条款,发行人处置重大资产等行为并不触发违约事件,投资者即使召开持有人会议通过决议要求发行人采取补救措施,发行人也无义务遵守。

(三)兼顾保护少数派持有人的利益

为了防止债券持有人的多数派滥用权利,损害少数派的利益,建议效仿德国模式,在决议通过后无须经过法院审查即可生效,但允许投资者向法院起诉。在违反法律法规或显失公正的情况下,法院可判定决议无效。目前我国尚未针对少数派持有人建立相关保护措施,持有人会议无须经法院审查即产生法律效力。

本文之所以建议参考德国模式,主要有两方面原因:一方面,强制要求司法审查(日本模式)可能会加重法院的负担;另一方面,在信用事件情势危急、市场波动较大的情况下,违约主体发行的债券价格可能会在司法审查期间大幅下挫,影响持有人共同利益。(本文仅代表作者观点,不代表供职单位观点)

作者单位:中国银行间市场交易商协会

(本文原载于《债券》2019年2月刊)

基金侧袋机制运行规则及其对商业银行投资行为的影响

刘素勤　杜瑞岭

摘要：为加强对基金流动性风险的管控，保护投资者的合法权益，侧袋机制于2020年8月1日正式实施。本文对侧袋机制的运行规则进行了详细梳理，发现其在资产组合面临重大风险时可以有效保护中小机构和个人投资者的合法权益，降低基金产品流动性风险，维持金融市场的稳定。在启用实施侧袋机制的过程中应关注特定资产的识别、机制启用的时机、侧袋资产处置合理性等关键问题。基于投资者视角，本文分析了侧袋机制对商业银行投资行为的影响。

关键词：债券型基金　侧袋机制　商业银行　基金投资

近年来，为降低宏观经济杠杆率，防范系统性金融风险，金融市场信用政策呈持续偏紧状态。一些经营不善的企业难以偿付到期债务，致使债券市场违约事件时有发生。债券型基金[①]的投资组合持有多种债券，踩雷风险也随之增加。实践中，在发行人出现负面消息后，债券流动性通常会急剧

---

① 本文基金均指公开募集开放式证券投资基金。

下降,资产的受偿率[①]存在重大不确定性,进而可能引发债券型基金持有人大额赎回,导致基金产品出现流动性风险。其中,某些消息灵通的持有人可能会提前赎回份额,将风险甩给其他持有人,导致不能公平受偿。

为加强对基金流动性风险的管控,保护投资者的合法权益,证监会于2020年7月10日发布了《公开募集证券投资基金侧袋机制指引(试行)》(中国证券监督管理委员会公告〔2020〕41号,以下简称《指引》),并规定于2020年8月1日起实施。随后,为规范基金使用侧袋机制的业务操作流程,中国基金业协会于2020年10月30日发布了《证券投资基金侧袋机制操作细则(试行)》(以下简称《操作细则》),将侧袋机制的启用和实施进一步规范化。

下文将对侧袋机制的主要运行规则进行梳理,明确侧袋机制在启用和实施过程中的关键点。最后,讨论侧袋机制对银行类机构投资者投资行为的影响。

侧袋机制的主要内容

(一)侧袋机制的概念及原理

《指引》指出,侧袋机制指将基金投资组合中的特定资产从原有账户分离至一个专门账户进行处置清算,目的在于有效隔离并化解风险,确保投资者得到公平对待,属于流动性风险管理工具。侧袋机制实施期间,原有账户称为主袋账户,专门账户称为侧袋账户。

在侧袋机制启用当日,由于特定资产的剥离,主袋账户基金净值较前

① 受偿率指债权人最终获得资金偿还的比率。

一交易日原有账户会有明显下降，同时原有账户持有人增加侧袋账户存放特定资产。而后在侧袋机制实施期间，主袋账户继续正常独立运作，侧袋账户中特定资产待流动性恢复后进行变现处置，再将所得款项支付给原有账户持有人。侧袋机制主要解决特定资产在大额赎回时的估值问题，把未来的风险与收益交给时间证明，本质是让基金持有人按所持份额公平承担相应风险。

《指引》中指出，特定资产包括：一是无可参考的活跃市场价格且采用估值技术仍导致公允价值存在重大不确定性的资产，二是按摊余成本计量且计提资产减值准备仍导致资产价值存在重大不确定性的资产，三是其他资产价值存在重大不确定性的资产。此外，中国基金业协会在关于《操作细则》的起草说明中列举了部分特定资产，包括但不限于违约债券、因重大事项长期停牌股票、债券回购等使用摊余成本法计量且计提资产减值准备仍导致资产价值存在重大不确定性的资产，以及其他长期流动性缺失或无法合理估值的资产。

（二）侧袋机制启用日的份额与净值处理

《指引》要求，当基金持有特定资产且存在或潜在大额赎回申请时，基金管理人应按照最大限度保护投资者利益的原则，经与托管人协商一致、咨询会计师事务所意见后，可依照法律法规及基金合同的约定启用侧袋机制。在启用侧袋机制当日（T日），基金管理人以原有账户份额为基础，确认持有人相应侧袋账户份额。在启用侧袋机制当日（T日）完成日终估值后，基金管理人以基金净资产为基数对主袋账户和侧袋账户进行分割。记账规则为：

主袋份额＝侧袋份额＝基金总份额

主袋净值+侧袋净值=基金总净值

对于在T日收到的赎回申请，基金管理人仅办理主袋账户的赎回并支付赎回款项；对于在T日收到的申购申请，视为投资者对主袋账户提交的申购。侧袋机制流程图如图1所示。

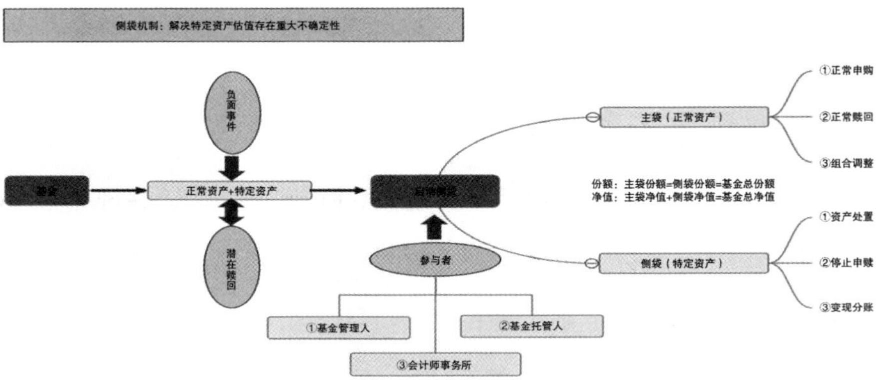

图1 侧袋机制运行主要流程图

资料来源：作者整理

(三)侧袋机制实施期间的运行规则

1. 主袋账户正常申赎，20个交易日内完成投资组合调整

在侧袋机制实施期间，主袋与侧袋独立运作，主袋账户沿用原基金代码，名称为原基金名称加“M”作为后缀，在侧袋资产完全处置后再去除后缀。由于主袋账户资产能够合理估值，并保持正常运作，因此主袋账户份额持有人享有正常的赎回权利，投资者也可进行正常申购。

在投资运作方面，基金管理人应在侧袋机制启用后20个交易日内完成对主袋投资组合的调整，基金的投资运作指标和业绩指标以主袋账户资产为基准进行核算。

2. 侧袋账户停止申赎，资产进行变现处置

在侧袋机制实施期间，侧袋账户使用独立基金代码，资产进入待处置

清算状态。基金管理人按照持有人利益最大化原则，只能对侧袋账户特定资产进行处置变现操作，停止侧袋账户办理申购赎回，并暂停披露侧袋账户的份额净值。无论侧袋账户资产是否全部变现，基金管理人都需及时向持有人按份额支付已变现部分对应的款项。同时，为确保特定资产的正常处置并加强对管理人的约束，基金管理人可依照法律法规和基金合同约定，将与侧袋账户有关的费用从侧袋账户资产中列支，但需在特定资产变现后方可实施，并不得收取管理费及业绩报酬。

3. 相关信息披露

在启用侧袋机制的 T 日，基金管理人应向证监会及其派出机构就相关事宜进行备案。在 T+1 日，需发布临时公告，内容包括：启用原因及程序、特定资产流动性和估值情况、对投资者申购赎回的影响、风险提示等重要信息。在 T+5 日内，向监管部门提交合规性评估报告、内部决议、基金托管人意见书、会计师专项审计意见、后续风险防范和处置预案等材料。在定期报告中，应披露报告期内特定资产处置进展、与处置特定资产相关的费用情况，以及报告期末特定资产可变现净值或净值参考区间等信息。此外，若侧袋账户资产分批处置变现，基金管理人需在每次处置变现后及时发布临时公告。

基金引入侧袋机制的意义

(一) 降低流动性风险

为提高基金的组合收益，管理人配置资产时，其投资组合中通常包含不同流动性、收益性和风险的资产。当面临持有人赎回申请时，管理人理应按比例处置对应的资产。但在实践中，因部分资产流动性较差、估值困难,管理人不能以公允价格及时按比例处置资产。侧袋机制可将特定资产划入专门账户延迟处置清算,使持有人按份额公平承担风险,能减少集中赎回意愿,降低挤兑性赎回风险。

(二)有利于金融市场稳定,提高持有人收益

在基金投资组合中出现特定资产时,持有人若急于赎回,则容易造成羊群效应,引发大额集中赎回。基金管理人为了应对赎回压力,不得不迅速贱卖资产,从而可能引发市场价格大幅波动。侧袋机制给予基金管理人充足的时间来处置流动性较差的资产,可避免低价变卖资产带来的风险,有助于维护金融市场稳定,提高持有人受偿率,从而提高基金持有人的收益率。

(三)保护中小投资者合法权益,践行收益和风险共担的基金理念

基金持有人理应按份额共同承担收益和风险。然而,当基金持仓资产出现负面信息时,机构投资者和市场经验丰富的投资者较中小投资者通常会提前察觉,并及时提交赎回申请离场。基金管理人收到赎回申请后,会先变卖流动性较好的优质资产,来应对持有人的大额赎回。这将导致剩余中小持有人持有特定资产的比例被动升高,风险增加。侧袋机制的实施锁定了持有人持有的特定资产,从而锁定了相应的风险,有利于保护中小投资者利益,践行收益和风险共担的基金理念,提高投资者之间的公平性。

侧袋机制启用和实施过程中的关键点

侧袋机制优点明显,但通过分析其规则可知,运行过程中部分关键点会影响实施效果。鉴于基金产品的多样性、复杂性,《指引》和《操作细

则》并未对特定资产的识别、机制启用的时机、侧袋资产处置合理性等关键点作出具体明确的规定。《操作细则》的起草说明中指出，基金是否启用侧袋机制是基金管理人综合考虑多重因素后的主观判断结果，每只基金面临的情况不同，无法通过设定统一指标进行强制要求。

（一）特定资产的有效识别与确定

《指引》中列示了侧袋机制中的特定资产的类型，《操作细则》的起草说明中列举了部分特定资产。然而，在实践中特定资产的流动性通常并非骤降，而是随着事件发酵或市场传闻，流动性逐渐降低，哪些资产以及何时被确定为特定资产值得关注。

对于基金管理人而言，一方面，基金管理费通常按规模收取，被划入侧袋账户的资产将不再收取管理费和业绩报酬，这将导致基金管理人倾向把部分满足临界条件的特定资产放入主袋账户，从而有碍侧袋机制的有效实施。另一方面，受侧袋机制启用的影响，主袋基金净值较原基金净值会有明显下降，且划入侧袋账户的特定资产越多净值下降越明显。因此，也要提防基金管理人滥用侧袋机制阻碍持有人合理赎回，以达到维持基金规模的目的。

（二）侧袋机制启用的时机把握

根据相关规则，侧袋机制在启用时基金管理人需综合考虑投资组合的流动性、特定资产的估值公允性、潜在的赎回压力等因素，以最大限度保护投资者利益为原则。《指引》和《操作细则》中未对特定资产持有比例和大额赎回比例作出明确要求，侧袋机制给了基金管理人较大的自主决策权。

在实践中，多数特定资产的负面传闻并非一时兴起，部分风险敏感性高或先获取信息的持有人可能会先行赎回离场。而侧袋机制的启用需经基金管理人内部发起,并与托管人协商,还有咨询会计师事务所意见等步骤,流程相对较长。如果持有人提前赎回,将不受侧袋机制实施的影响。因此,侧袋机制启用的及时性将直接影响持有人受偿的公平性与侧袋机制的实施效果。

(三)侧袋账户资产处置的合理性与规范性

侧袋机制启用后,基金管理人对侧袋账户中的特定资产进行变现处置,既无管理费和业绩报酬,亦对主袋净值变化无影响。这或将导致基金管理人根据不同目的不合理处置特定资产,侵害持有人利益。例如,若基金管理人急于去掉主袋基金名称上的"M"标识,消除负面信息,将谋求尽快低价变卖特定资产;若主袋资产已被持有人赎回殆尽,基金管理人可能不愿再花费精力去关注该产品,而怠于处置特定资产。因此,侧袋账户特定资产处置的合理性与规范性值得广泛关注。

侧袋机制对商业银行投资公募基金行为的影响

依据新会计准则(IFRS9),商业银行的基金投资业务计入以公允价值计量且其变动计入当期损益账户(FVTPL)。如果启用侧袋机制,商业银行内部账务处理会面临记账难题,侧袋账户资产可能会被直接减计损失或不良。此外,开放式基金每个交易日均可进行申赎,可计入"一个月内到期的资产"范畴。而侧袋账户资产不具有灵活申赎的特性,不能计入临近到期资产,严重影响相关报表流动指标。因此,商业银行对公募基金投资行为会因侧袋机制的引入而有所调整。

（一）倾向投资利率债基金产品

在常见的四种类型基金（货币市场基金、债券型基金、股票型基金、混合型基金）中，商业银行自有资金只能投资货币市场型基金和债券型基金。鉴于货币市场基金作为现金管理工具，对流动性风险管理的要求严格，《操作细则》第三条规定，货币市场基金原则上不采用侧袋机制。商业银行的重点在于重新审视侧袋机制引用后的债券型基金。利率债基金以投资国债、政策性金融债为主，信用风险小、流动性好，不会形成特定资产。因此，从标的资产债券类型来看，商业银行将更倾向投资利率债基金产品，对信用债基金可能会适度收缩。

（二）提升标的资产信用债准入等级

商业银行作为资金委托方，通常对所投资基金的具体运作不予过多干预。为了降低启用侧袋机制的可能性，商业银行会持续关注各信用债基金标的资产前十大持仓明细，与基金管理人建立更加频繁的信息沟通协调机制，对行业、企业、关联方存在负面信息的信用债主动核查，从整体上提高标的资产的信用等级。

（三）偏好无侧袋机制的存续基金

《指引》规定侧袋机制自2020年8月1日起实施，新设立的开放式基金应当引入侧袋机制。在存续的基金产品中，已成立但尚未完成募集的债券型基金需修改基金合同引入侧袋机制；已完成募集的基金，其管理人可根据持有人结构、产品规模和组合流动性等特征，与托管人协商后，自主决定是否引入侧袋机制。商业银行在选择债券基金时，会偏好未引入侧袋机制的存量基金产品，免受机制启用后的困扰。

(四)分散投资控制所持基金的份额占比

《指引》和《操作细则》中指出,实施侧袋机制的基础条件为基金产品持有特定资产且存在或潜在大额赎回申请。通常基金合同中规定,巨额赎回按照单个开放日内净赎回申请超过前一开放日账户总份额的10%认定。商业银行如果适度控制每只基金所持份额在该产品中的占比,则即使全部赎回也不会对该产品产生巨大影响,能有效降低基金管理人启用侧袋机制的可能性。因此,商业银行会适度分散投资,降低每只基金的持仓份额占比。

(五)关注基金合同和募集说明书中有关侧袋机制的条款

《指引》中规定基金管理人应当在基金合同、招募说明书等文件中就侧袋机制相关事项作出明确约定,如实施条件、实施程序和特定资产范围,侧袋账户运作安排,主袋账户的投资安排,基金份额持有人大会表决权等安排,相关风险揭示及其他对投资者权益有重大影响的事项。当基金投资组合出现风险时,基金管理人应优先考虑调整估值而非启用侧袋机制,对于不符合条件的资产一概不能放入侧袋。国外对侧袋机制的使用也有适当限制,部分国家规定侧袋资产占比不得超基金总资产的20%。未来商业银行在投资基金时,会加倍关注有关侧袋机制的条款。(本文仅代表作者的学术思考,不代表所在单位意见)

参考文献

[1]陈晶晶,钟炳华. 侧袋机制在私募基金实务中的应用探讨[J]. 商业会计,2020(04):12-17.

[2]Jo. lle Hauser, Geoffroy Hermanns. Side-pocketing in Investment Funds and The Luxem-

bourg legal Regime for UCITS [J]. Journal of Securities Law, Regulation & Compliance, 2010, 3(4): 315–327.

[3] Lewis A. More Hedge Funds Aim For Side Pockets [J]. Investment Management Weekly, 2005(24): 6.

作者：刘素勤　北京银行资金运营中心总经理

杜瑞岭　北京银行资金运营中心

（本文原载于《债券》2021 年 5 月刊）

我国高收益债券的配置价值及投资组合收益测算

刘代民

摘要：本文从投资者的视角出发，对我国高收益债券的投资收益进行了测算。研究发现，高收益债券的几种配置策略均无法获得高收益，反而要承担较大的亏损风险。在进行相关投资时，应采用精选个券的策略，将信用风险的防范放在首要位置。

关键词：高收益债券　投资组合　收益测算　配置策略

绪论及文献回顾

20世纪50年代，美国经济学家W. 布拉多克·希克曼在代表作《公司债券质量和投资者的经历》(*Corporate Bond Quality and Investor Experience*)中阐述了其著名的垃圾债投资理论：一个多元化的高收益债券(也称“垃圾债”)投资组合的回报会大于其风险。20世纪70年代，以迈克尔·米尔肯为代表的投资者将上述理论付诸实践并获得巨大成功，米尔肯进而获得了“垃圾债券之王”的称号。

据明毅博厚债券违约数据库统计，截至2019年底，我国信用债市场共有518期债券发生违约,违约规模近4200亿元[①]。同时,在二级市场上出现大量收益率超过10%的债券,即事实上的高收益债券。大规模高收益债券的存在及部分高收益债券最终得以兑付,使越来越多的投资者将目光转向高收益债券领域。

有研究者对以美国为代表的国际高收益债券市场发展历程及现状进行了分析,进而提出发展我国高收益债券市场、完善投资者保护机制的若干建议(黄晓捷等,2008)。也有研究者从提升债券市场服务实体经济的能力、破解中小企业融资难题等角度出发,阐述了发展我国高收益债市场的重要意义(冯丽娜,2013)。还有研究者就投资高收益债券的具体业务进行了分析,如游春等(2013)探讨了我国高收益债券市场的评级问题,袁志辉(2019)探讨了信用风险缓释工具在信用级差策略中的应用,吴长凤(2019)分析了信用溢价与股票市场的内在联系。

在已有研究中,以方法论研究和国际经验介绍居多,以探讨满足发行人融资需求和保护投资者权益居多,而对高收益债券投资组合的收益进行测算及基于实际收益进行策略分析的研究较少。本文将借鉴已有研究成果,从投资者视角出发,对高收益债券投资收益和策略进行分析探讨。

高收益债券样本的选取及赔率计算

(一)高收益债券的定义及样本选取

在美国,评级在BBB(或Baa)级以下的债券被定义为高收益债券。

① 明毅博厚对于违约的定义为:未按时偿付本息,且使投资者实际遭受损失。主要包括以下几种情形:一是未能按期、足额偿还合同约定的本金或利息;二是在债权人选择回售时,未能按期、足额偿还应兑付的回售金额;三是通过资产置换或重组使得债权人受到不同程度的实际损失;四是特殊的投资者保护条款触发还本付息义务,但未能按期履约。

在我国,除部分即将违约的债券外,债券评级通常不低于 AA 级,名义上属于投资级债券。中债金融估值中心联合爱建证券建立了高收益债券指数,并以到期收益率为基准界定高收益债券,这为高收益债券的研究提供了很好的思路。

笔者借鉴上述方法,并基于主观判断,将高收益债券定义为到期收益率大于 10%的债券。到期收益率同时考虑估值收益率和成交收益率,按照孰高原则确定。其中,对于估值收益率,银行间市场参照中债估值数据,交易所市场参照中证估值数据,数据均取自万得(Wind);对于成交收益率,使用明毅博厚债券交易数据库的数据。

在持仓周期上,本文选择建立 1 年期的投资组合,这是基于数据的可获得性、大多数高收益债券基金的持仓期限及样本充分性等几方面因素的考虑。具体而言,本文选取 2019 年初到期收益率大于 10%的债券,并持有至 2019 年底。

按上述标准,根据 Wind 的统计数据,在 2.2 万只存量信用债中共筛选出高收益债券 470 只,余额合计为 4632.76 亿元。从品种来看,公司债共 324 只,占比为 68.94%;余额为 3051.21 亿元,占比为 65.86%。从评级来看,AA 级债券共 278 只,占比为 59.15%;余额为 2082.66 亿元,占比为 44.96%。从公司属性来看,民营企业共 350 只,占比为 74.47%;余额为 3406.68 亿元,占比为 73.53%。

(二)赔率视角下的高收益债券组合投资价值

本文将样本债券的情况按照 3 个二叉树进行分类,分别为是否违约、是否到期、是否仍为高收益债券,并据此建立“成功—失败”模型。

本文对成功与失败分别定义为:在持有期内,如果高收益债券变为非高收益债券或到期兑付,则此配置为成功;如果高收益债券发生违约(包括该只债券违约或发债主体违约)或仍为高收益债券,则为失败。

在持有期内,470 只债券中有 146 只发生违约。在未违约的债券中,有 122 只已到期兑付,202 只未到期。在未到期债券中,有 180 只仍为高收益债券,有 22 只变为非高收益债券(见表 1)。

表 1　高收益债券"成功—失败"模型统计结果

债券分类	统计数量(只)
总数	470
成功	144
其中:到期兑付	122
变为非高收益债券	22
失败	326
其中:已违约	146
仍为高收益债券	180

根据上述统计结果可知,成功的债券共有 144 只,占比为 30.64%;失败的债券有 326 只,占比为 69.36%。将失败概率/成功概率定义为赔率,则其赔率为 2.26。这意味着要获得 1 笔成功的投资,需要承担 2.26 笔失败的投资。仅从赔率来看,投资高收益债券的性价比并不高。

高收益债券收益测算模型的搭建及投资收益率测算

(一)前提假设

假设一:以卖出净价和买入净价的差额,计算资本利得。

假设二:积极利用行权条款,行使利率上调选择权和回售选择权。

假设三:债券买入、卖出可以按照估值净价或成交均价顺利成交,且不会对二级市场的价格产生重大影响。不考虑相关税金、手续费等交易损耗对投资收益的影响。

假设四:违约债券的投资收益按回收率计算。本文将违约债券回收率定为20%。①

假设五:在配置期内只做单期配置,回收资金不进行滚动投资。

(二)模型搭建

1.持有期收益总额及收益率的计算

投资收益由两部分构成:利息收入和资本利得。考虑到部分信用债提前兑付会导致期初、期末估值差异较大,本文将提前兑付的本金作为到期收益的一部分单独核算。

单只债券 i 的持有期收益总额计算公式为:

$$Y_{it}=\Delta P_{it}+C_{it}+CM_{it} \tag{1}$$

其中,Y_{it} 为债券 i 在持有期 t 内的收益总额,ΔP_{it} 为债券 i 在持有期 t 内估值净价的变化金额,C_{it} 为债券 i 在持有期 t 内收到的利息金额,CM_{it} 为债券 i 在持有期 t 内收到的提前偿付本金金额。

$$\Delta P_{it}=P_{i,t+1}-P_{i,t+0} \tag{2}$$

其中,$P_{i,t+1}$ 为债券 i 在持有期 t 末的估值净价,$P_{i,t+0}$ 为债券 i 在持有期 t 初的估值净价。

$$C_{it}=M_{it}\times R_{it} \tag{3}$$

其中,M_{it} 为债券 i 在持有期 t 初的票面金额,R_{it} 为债券 i 在持有期内的加权平均票面利率。

$$R_{it}=R_{i,t_0}\times t_0+R_{i,t_1}\times t_1 \tag{4}$$

① 根据明毅博厚债券违约兑付样本数据库,截至2019年底,违约债券回收率仅为8.9%。许多研究人员也对违约债券回收率进行了测算,结果差别较大。林采宜(2018)的研究指出,2009—2017年全球平均违约回收率为30%~45%,而孟祥娟(2018)测算的我国违约债券回收率为10.77%。

$$t_0+t_1=1 \tag{5}$$

其中，t_0 和 t_1 分别为权重，R_{i,t_0} 和 R_{i,t_1} 分别为调整前后的票面利率。

持有期收益率为持有期收益与初始投资成本的比率，计算公式为：

$$y_{it}=\frac{Y_{it}}{P_{i,t+0}} \tag{6}$$

2. 资本利得的计算

资本利得等于债券的卖出净价减去买入净价。根据债券的不同状态，买入、卖出价格确定方式如下：

（1）未违约且未到期债券：买入、卖出净价按估值计算。若某债券在二级市场上成交活跃①，则选取交易价格。

（2）未违约已兑付的债券：买入价同上。卖出价为到期兑付价格，即100元。

（3）已违约债券：买入价同上。若违约债券已经兑付，则卖出价按兑付价格计算；若未兑付，则按回收率估算。若其在二级市场上成交活跃，则以交易价格计算。

（4）有回售安排的债券：若已到期或已违约，则参照上文处理。若未到期且未违约，则将积极行使回售选择权，收回全部本息。

3. 利息收入的计算

（1）未违约债券：若2019年已兑付或回售，则根据票面利率按照持有时间加权计算持有期利息。若2019年未到期，则按照2019年平均票面利率计算票面利息。

① 成交活跃是指某债券在1月买入时有5天及以上的成交记录，或在12月卖出时有10天及以上的成交记录。做出这样的设定主要是因为1月仅有10个交易日，12月有22个交易日。

(2)违约债券:根据债券公告的付息情况计算利息收入,若未公告,则并入本金估算回收率。

4. 提前回收本金的计算

有些信用债周期较长,存在分期偿付的问题。本文根据实际情况计算提前偿付的本金。

(三)债券样本分组及投资组合构建

本文将470只债券划分为三个样本组,即低风险样本组、中风险样本组、高风险样本组,其划分标准为2019年初各债券的到期收益率。其中,到期收益率处于10%~15%(含)区间的债券进入低风险样本组,共有223只;到期收益率处于15%~25%(含)区间的债券进入中风险样本组,共有116只;到期收益率大于25%的债券进入高风险样本组,共有131只。相关统计结果如表2所示。

表2　样本的分组及收益率测算方法

组别	代码	2019年1月收益率所处区间	样本数(只)	买入净价(平均值,元)	持有期收益率的计算方法
低风险样本组	R_1	(10%,15%]	223	91.32	$R_{y1}=\sum_{i=1}^{n}y_1/n_1$,其中$n_1$为本样本组包含债券的只数
中风险样本组	R_2	(15%,25%]	116	86.98	$R_{y2}=\sum_{i=1}^{n}y_1/n_2$,其中$n_2$为本样本组包含债券的只数
高风险样本组	R_3	>25%	131	77.42	$R_{y3}=\sum_{i=1}^{n}y_1/n_3$,其中$n_3$为本样本组包含债券的只数

本文构建了四种投资组合:低风险组合、中性风险组合—等比例、中性风险组合—期初余额加权、高风险组合。其中,高风险组合包含的R3

类资产的比例最高（50%），低风险组合包含的 R1 类资产的比例最高（50%），而中性风险组合包含的各类风险资产的比例较为均等。投资组合的构建如表 3 所示。

表 3　投资组合的构建及收益率测算方法

投资组合类型	代码	构建方法	组合持有期收益率的计算方法
中性风险组合—等比例	E_1	以等比例的方式对 470 只债券进行配置	每只债券的配置比例 $d_{i1}=1/470$，投资组合持有期收益率 $E_{y1}=\sum_{i=1}^{470}d_{i1}\times y_i$
中性风险组合—期初余额加权	E_2	以每只债券期初余额占存量高收益债券总规模的比例作为权重进行配置	每只债券的配置比例 $d_{i2}=\frac{D_i}{\sum_{i=1}^{470}D_i}$，其中 D_i 为该债券期初余额 投资组合的持有期收益率 $E_{y2}=\sum_{i=1}^{470}d_{i2}\times y_i$
低风险组合	E_3	R_1、R_2、R_3 的配置比例为 50%：30%：20%	投资组合的持有期收益率 $E_{y3}=50\%\times R_{y1}+30\%\times R_{y2}+20\%\times R_{y3}$
高风险组合	E_4	R_1、R_2、R_3 的配置比例为 20%：30%：50%	投资组合的持有期收益率 $E_{y4}=20\%\times R_{y1}+30\%\times R_{y2}+50\%\times R_{y3}$

（四）投资组合收益率测算

1. 不同样本组的投资收益情况

从总体上看，高、中、低风险三个样本组持有期投资收益率均为负值（见表 4），分别为−25. 50%、−18. 39%和−7. 88%。这说明高风险偏好非但不能获得高收益，反而会面临更大的亏损。

表 4　不同样本组的持有期投资收益情况

组别	持有期投资收益率（%）	持有期收益总额（元）	估值收益（元）	实际获取利息（元）	提前兑付部分（元）
R_1	−7. 88	−7. 64	−13. 88	4. 99	1. 26
R_2	−18. 39	−16. 69	−21. 29	4. 26	0. 34
R_3	−25. 50	−20. 58	−23. 87	2. 98	0. 31
全部样本	−15. 39	−13. 48	−18. 50	4. 25	0. 77

2. 不同投资组合的收益情况

经测算，高风险组合的投资收益率最低，为−19. 84%，中性风险组合—期初余额加权的投资回报率最高,为-13.45%(见表5)。这说明高收益债券的组合配置策略难以获得高收益。

表5 不同投资组合的持有期收益情况

投资组合类型	持有期投资收益率(%)	持有期收益总额(元)	资本利得(元)	利息收入(元)	提前兑付(元)
低风险组合	-14.56	-12.95	-18.10	4.37	0.79
中性风险组合—等比例	-15.39	-13.48	-18.15	4.25	0.77
中性风险组合—期初余额加权	-13.45	-11.61	-16.46	4.32	0.53
高风险组合	-19.84	-16.83	-21.10	3.77	0.51

我国高收益债券市场特征

(一)高收益债券的违约率高

截至2019年底,我国信用债市场累计违约规模近4200亿元,约占信用债发行额的1.03%。尽管绝对值较大,但总体违约率较低。不过,高收益债券的违约率要高得多。在470只样本券中,持有期内共有146只违约,违约率达31.06%,约为一般信用债违约率的30倍。

(二)违约债券的回收率低

统计数据显示,样本券中违约债券2019年持有期收益率为-70.81%,未违约债券的持有期收益率为9.59%。如果不考虑债券违约,高收益债券组合尚能获得较高的收益率。截至2019年底,我国信用债市场违约债券累计偿付规模为367.79亿元,平均违约回收率为8.94%。

(三)高收益债券的赔率高,风险与收益不匹配

根据前文搭建的"成功—失败"模型,配置高收益债券的赔率为2.26

倍，意味着成功配置 1 只债券，要额外承担 2.26 只债券配置失败的风险。这表明风险博弈的投入和产出不对等。较高的风险敞口并未获得较高的投资收益率，较低的风险敞口反而可能获得较高的收益率。

国内外高收益债券市场的主要差异及配置策略分析

（一）主要差异

从国际上看，美国等国家的高收益债券市场较为成熟，高收益债券能够成为独立的资产配置品种。我国高收益债券市场尚不具备组合配置价值，主要原因是我国缺乏进行高收益债券组合配置的市场环境。

1. 发行人资质不同

目前，同一主体在国内和国际市场的评级存在很大差别。以某地产公司为例，其境内债券评级为 AAA 级，不属于高收益债券的发行人范畴，但其境外评级为 B+级，属于高收益债券的发行人范畴。国内外对高收益债券的衡量存在明显差异，国外高收益债券发行人的资质明显好于国内。

2. 高收益债券的定位不同

在成熟的国际市场上，高收益债券配置更多通过一级市场进行，其用途也较多，如杠杆并购等。国内高收益债券配置均通过二级市场来实现。在国内，当非高收益债券在二级市场上变为高收益债券时，意味着其信用风险已经暴露。因此，配置我国高收益债券的投资组合属于纯粹的高风险博弈行为，其失败概率也较高。

3. 市场成熟度不同

国际较为成熟的市场经过上百年的发展，拥有较完善的评级体系和投资者权益保护体系，发行人具有较高的违约成本。而当前在国内市场上,首先,对违规行为的处罚相对较轻;其次,发行人信息披露制度尚不完善,公司治理水平也有待进一步提高;最后,债券违约后的投资者保护机制尚不健全。

(二)配置策略

根据前文分析可知,我国尚不存在成熟的高收益债券市场。在高收益债券配置方面,应该摒弃进行投资组合配置的理念,原则上以不予配置为主。但这并不意味着配置特定的高收益债券必然不会成功。在进行相关投资时,应精选个券,一券一议。而精选的核心在于信用风险防范。

参考文献

[1]冯丽娜. 高收益债券:破解中小企业融资难题的可选途径[J]. 投资研究,2013(4):147-153.

[2]黄晓捷,汤莹玮. 国家高收益债券市场的发展及对我国的启示[J]. 参考与借鉴,2008(9):107-109.

[3]邱继成,张暾. 高收益债投资迎来机遇[J]. 中国金融,2018(19):85-86.

[4]吴长凤. 我国经济周期下高收益债券与股票市场表现——高收益债券风险对冲之道探索[J]. 中国证券期货,2019(4):45-49.

[5]游春,左成学. 我国高收益债券信用评级问题的研究[J]. 征信,2013(1):49-52.

[6]袁志辉,刘志龙. 信用债级差策略的应用——美国市场的经验与启示[J]. 债券,2019(10):69-74.

作者:明毅博厚投资研究部总经理

(本文原载于《债券》2020 年 9 月刊)

协议存款的供需特性以及季节性效应研究

张 旭 邓怿帅 阎 嘉

摘要：本文从协议存款的供需方分析入手，探讨影响协议存款的若干关键因素，并深入分析协议存款季节性效应产生的原因，最后在此基础上建立协议存款的量价模型。

关键词：协议存款 商业银行 保险公司 季节性

近两年来，在银监会的存贷比监管压力下，商业银行对于协议存款的需求出现了显著提高。银行的需求引发协议存款利率（下简称协存利率）攀升，从而刺激了保险公司等机构的协存供给意愿。对于商业银行而言，协议存款在较大程度上决定了其贷款业务的发展规模；而对于保险机构而言，协议存款是一类风险/收益特性较好的优良投资标的。

协议存款的供给方分析

当前协议存款的供给方主要为保险机构（含社保理事会）和中国邮政储蓄银行，鉴于邮储行的协议存款规模相对较小，因此本文将重点分析保险机构对于协议存款的供给。

回顾历史数据,我们发现协议存款[①]在保险机构资产总额中的占比出现了趋势性下降,这主要是由于保险机构投资渠道扩展和债券市场发展对资金造成了分流。但近些年的数据显示,协议存款占比出现了一定的反弹(见图1),这主要是由于协存利率高企而重新使协议存款的投资价值得到浮现。

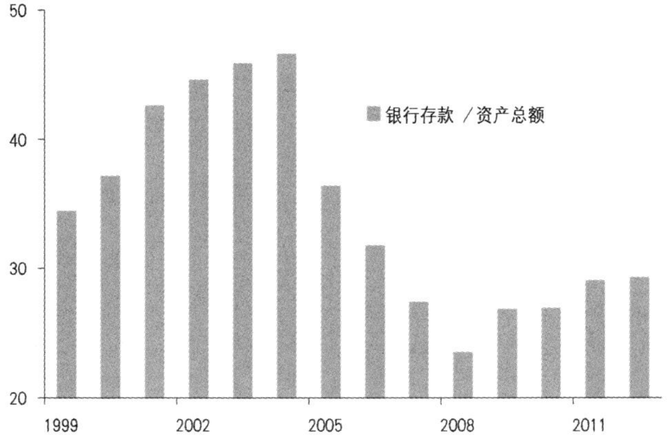

图1　保险公司在银行的存款/保险公司资产总额(单位:%)

数据来源:Wind资讯,由国信证券经济研究所整理

(一)制度建设视角:投资渠道的扩展促使协议存款占比下降

自从1985年3月《保险企业管理暂行条例》颁布至今,保险资金的运用渠道几经改变和充实。起初,保险公司仅可以投资地方自筹资金的固定资产项目或者开办流动资金贷款。其后,险资可投范围扩展至银行存款、政府债券、金融债券和企业债券。2000年后,保险公司陆续获得了证券投资基金的投资资格并可间接地参与资本市场的投资。在保监会于2005年2月下发《关于保险机构投资者股票投资交易有关问题的通知》

① 保险机构大量的存款为协议存款,且两者的波动趋势大体相同。鉴于我们无法获得协议存款的存量数据,因此在本文中我们暂用保险机构的银行存款作为协议存款的代理变量。

等4份文件后，险资可以直接进入股票市场。此后，保险机构对于境外上市股票、股权、不动产等投资资格也陆续得到落实。

从保险资金投资管理制度的变迁来看，险资的运用渠道已经得到了较为充分的扩展，这是推动协议存款占比下降的主要力量。

我们以2000年作为基准，计算了保险机构投资资金的复合年均增长率，发现在2003—2007年，投资资金的年度复合增长率均保持在50%以上，其占资产总额的比重也从42%上升至70%。这必然会挤占银行存款的空间，造成该阶段银行存款占比大幅下滑。

（二）市场发展视角：债券市场的发展分流了部分资金

在过去15年中，我国债券市场在容量和品种上均出现了较为明显的增长，这也成为分流保险机构协议存款资金的一个因素。在保险机构进入债券市场的最初一段时间内，其债券类资产池中仅包含政府债券；当政策性金融债出现后，由于该券种的收益率更高，且保险机构具有一定的避税功能，因此其配置政策性金融债的比例迅速提高；2007年之后，信用债市场出现了繁荣发展，保险机构对于该类券种的投资量也在逐年扩大（见图2）。

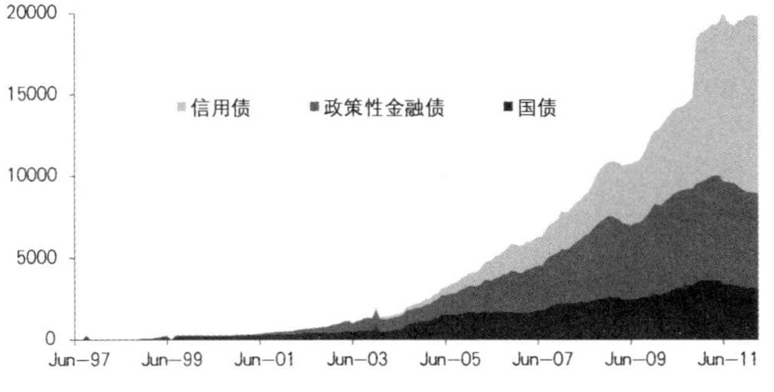

图2　保险机构各类债券投资余额（单位：亿元）

数据来源：Wind资讯，由国信证券经济研究所整理

我们将保险机构债券投资增量与债券市场的发展速度进行比较,发现两者之间具有较强的相似性。特别是在2004—2009年,随着银行间债券市场的迅速发展,保险机构对于债券的配置量也逐年上升。同时,在2011年中,保险公司的债券托管量增速显著高于市场平均水平。经过分项对比,我们发现这主要是由于在该段时间内,保险机构信用债的配置比例上升所致。而保险机构对于信用债超配的动力主要来自该阶段信用利差的扩大,当然,这也有保监会放宽信用债投资限制的因素。

(三)量价关系视角:利率的波动影响了协议存款供给

协存利率的上升会加大协议存款的供给,因此协存利率与保险公司的存款/资产总额之间具有较强的正相关性。例外的是,2008年协存利率大幅上行,但是存款占比数据却呈下降趋势。我们认为,当时协存利率上升主要是基准利率的上行所致,也就是说,外生的货币政策干扰了协存利率与供给之间的内生关系。

为了在一定程度上剔除货币政策的干扰,我们将基准利率从协存利率中分离,对由此形成的利差数据进行研究,发现利差数据与存款占比间的Pearson相关系数在0.55左右,符合预期。

然而,5年期定存利率与存款占比间的相关性为-0.78,呈现出显著的负向相关。按照货币金融学理论,利率的上涨会增加资金(也就是协议存款)的供给。基于此,协存利率及存款基准利率①与协议存款数量之间应具有正向的关系,而不是负向的。我们猜测,这主要是由于宏观经济周期对资金和权益类资产的综合影响所致。在经济扩张阶段中,资金价格

① 鉴于保险机构的协议存款期限不短于5年,因此我们计算中采用的定存基准利率期限为5年期,下同。

(即利率)和资产价格上行,且资产价格波动的幅度大于资金价格的变动。虽然资金价格的上涨会增加协议存款的收益,从而增加协存的边际供给,但是其无法覆盖权益类资产价格上涨所带来的存款资金分流效应,因此导致在利率水平上行过程中,协议存款的增速反而趋缓。

我们借助计量经济学方法对相关变量进行了进一步分析,发现实际情况符合上述猜想,即协议存款增速随着上证综指的上升而下降,也随着定存基准利率的上升而下降。

协议存款的需求方分析

(一)商业银行吸收协存的动机分析

商业银行是协议存款的需求方,其对协议存款的偏好主要源于银监会对其进行的存贷比约束。下面借助定量分析方法探寻存贷比与协议存款[①]间的关系。

1. 数据选取

鉴于银监会公布的存贷比数据期限较短,因此我们利用人民银行公布的各项存款与各项贷款数据对存贷比进行计算。在将其与银监会存贷比进行校验后,我们发现自行计算的数据高于银监会的公布值。

我们认为,这主要是因为人民银行公布的各项存贷款数据中包含政策性银行,而在银监会口径中并未将其纳入。政策性银行主要通过发行政策性金融债券募集资金,其存款余额明显低于贷款余额。以此计算,全

---

① 在人民银行的统计规范中,将协议存款纳入广义的企业存款范畴,因此在研究的过程中,我们不妨用协议存款在企业存款和各项存款中的比重作为协议存款需求状况的代理变量,即协议存款占比越高,说明银行对于协存的需求越强。

部政策性银行的加权平均存贷比为530%,显著高于商业银行,因此拉高了计算的总体水平。

但是,政策性银行存、贷款在全部存款类金融机构中的占比相对较小,且发展模式稳定。因此我们计算的存贷比在趋势上与实际值大体一致,在不失一般性的前提下,可以利用手工计算的数据作为真实存贷比的代理变量。

2. 定量分析结果

经过计量经济学分析后,我们发现存贷比数列与协议存款占比数据间存在较强的相关性,其 Pearson 相关系数大约在 0.74。同时,两个序列也保持着显著的趋势相关特征(见图3)。

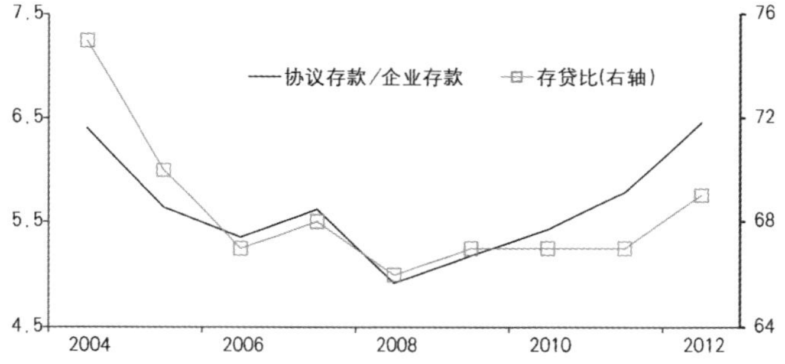

图3　协议存款占比与存贷比(年度数据)比较(单位:%)

数据来源:Wind 资讯,由国信证券经济研究所整理

同样,也可以在季度数据中发现两者之间显著的相关性。定量分析的结果显示,季度数据中两个变量的 Pearson 相关系数为0.53,显著性指标t检验的统计量为3.18。我们进一步对两者间的相关性作了异步测试,发现当存贷比领先一阶时,两者间的相关关系最为紧密,其线性相关系数提升至0.58。

因此,有理由相信,存贷比上行是引起协议存款占比提高的原因,而不是结果协存利率。

（二）商业银行吸收协存的成本效益分析

当前商业银行在进行成本效益核算以及贷款定价时，普遍采用成本加成法和基准利率加点法。为了更贴近银行的实际情况，我们在上述框架内对吸收协议存款并将其贷出的成本和收益进行分析。

1. 成本加成法

（1）利率视角

在成本加成法中，成本通常定义为：成本=融资成本+贷款费用+风险补偿费

鉴于我们在边际分析的框架中进行研究，因此上式中的融资成本可以直接用协议存款加权平均利率来表示。贷款费用主要体现为银行的营业支出，包含营业税金及附加、业务及管理费、资产减值损失。上市银行披露的财务数据显示，商业银行营业支出平均占贷款余额的3%左右，且最近一期（2011年）的数据也十分接近3%，所以不妨使用该值作为营业支出率进行计算。值得注意的是，由于营业支出中包含了贷款减值准备科目，因此如果在计算中将风险补偿费包括在内，则会产生重复计算的错误。因此，根据实践经验，可将成本公式改写为：

成本=融资成本+贷款费用

由此，可得到协议存款在吸纳和运用过程中所需的成本。结果显示，其成本基本可以被5年期以上贷款基准利率所覆盖（见图4）。在实际操作中，大量贷款的利率显著高于基准利率，因此银行吸收协存所带来的收益大于其成本。

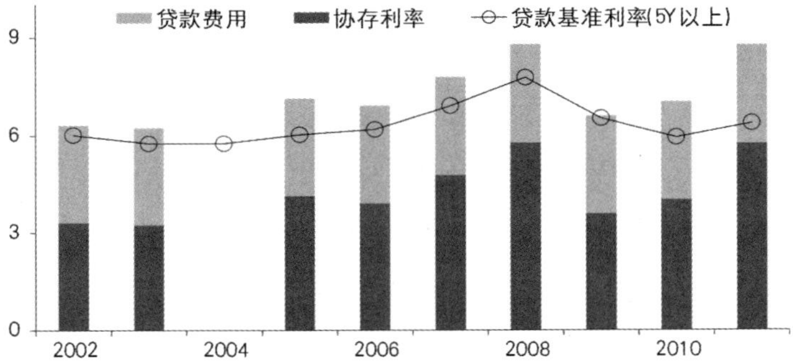

图 4 协存成本与贷款基准利率对比(单位:%)

数据来源:Wind 资讯,由国信证券经济研究所整理

(2)数量视角

鉴于协存利率高于一般类别的活期、定期存款利率,且其通常被视为在各项存款存量不足情况下的额外补充,因此可以将协议存款增量视为银行吸存的边际。同时,在信贷规模受限的环境下,商业银行倾向于首先满足信用风险相对较低的战略型客户,之后才会将信贷投放于信用风险较高的项目,以便获得较高的贷款收益。在此情况下,可以将利率较高的贷款视为贷款投放的边际。鉴于此,吸收协议存款的成本效益分析转化为高利率贷款与协议存款的匹配分析(也就是说,问题的核心是判断成本线以上的高息贷款数量是否可以覆盖协议存款的数量)。

根据人民银行公布的各利率区间贷款占比数据以及贷款总量数据,可以得到不同利率水平下的贷款量。同时结合协存利率数据,推导出有80%~90%的贷款处于协议存款成本线以下。将剩下10%~20%的贷款存量与保险机构的协议存款存量进行比对,发现成本线上的贷款相对于协议存款的覆盖倍数均值为6.1倍,且在2011年协存利率高、增量大的极端情况下,其覆盖倍数也超过了3.6倍。可见,协议存款有足够的高息贷款与之匹配,也就是说,协议存款的成本可以很好地被贷款的利息收入所覆盖。

2. 基准利率加点法

在纯粹的基准利率加点的核算模式下,运营成本被选择性地忽视,更多地考虑利息收入以及利息支出间的相对关系。我们分别计算了协议存款加权平均利率与贷款加权平均利率,发现无论是在加息还是在降息周期中,协存利率均低于相应贷款的利率。显然,在这种利润考核的框架下,协议存款的成本也可以较为容易地被贷款的利息收入所覆盖。

协议存款的季节性现象

通过上文的研究,我们发现无论是协议存款的供给还是需求,均具有一定的季节性规律。在此,重点对协议存款以及相关变量的季节性规律进行分析①。

(一)商业银行视角

1. 协议存款与存贷比相关性分析

正如前文所述,促使商业银行吸收协议存款的主要因素是银监会的存贷比监管约束,因此存贷比的季节性效应主导了协议存款的季节性波动。实证数据显示,从一季度至四季度,银行体系的存贷比呈逐季下降的趋势;与其相同的是,协议存款在企业存款中的占比也大致符合该规律(见图 5 和图 6)。

---

① 鉴于协议存款具有明显的时间趋势性,因此我们采用统计学的方法将上述趋势予以剔除,下文中若无特别说明,则协议存款数据均表示剥离趋势后的序列。

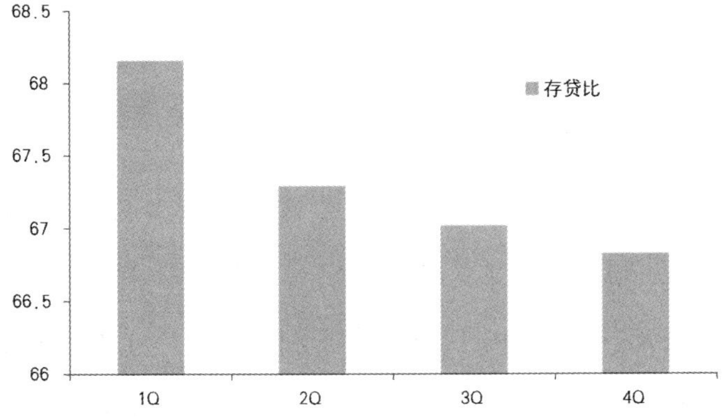

图 5　存贷比的季度平均值(单位:%)

数据来源:Wind 资讯,由国信证券经济研究所

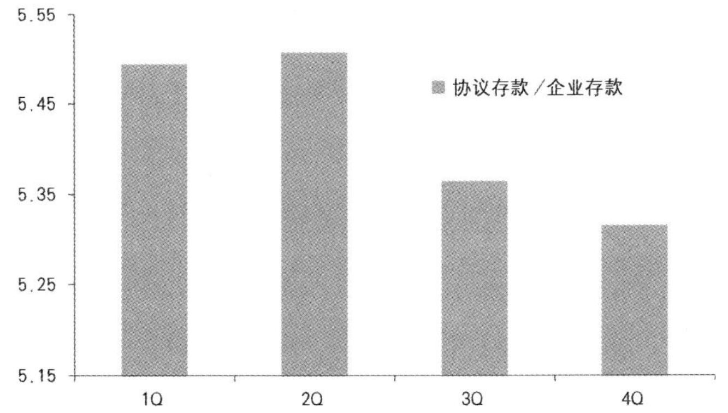

图 6　协议存款占比的季度平均值(单位:%)

数据来源:Wind 资讯,由国信证券经济研究所整理

我们注意到,协议存款占比二季度的均值高于一季度,看似与上面所说的规律略有不同。经过数据挖掘后,我们发现这主要是受到 2007 年异常值的干扰。该年二季度协议存款占比为 6.15%,环比上行了约 15%。相比而言,该年二季度存贷比也出现了上升(这符合上文中的理论),但是其环比涨幅明显低于协议存款占比数值。如果将 2007 年的异常值予以剔除,则协议存款占比数据也符合逐季下降的规律,与存贷比的变化趋势

相同。

2. 协议存款的季节性研究

鉴于协议存款与存贷比之间具有较强的相关性,对协议存款季节性的研究可以在一定程度上转化为对存贷比的分析。根据银监会的定义:

存贷比=各项贷款/各项存款

由于新增存款主要由人民银行的外汇占款投放和商业银行的信用创造过程所制造,因此:

△各项存款≈△各项贷款+△外汇占款

综上,影响存贷比的因素主要为各项贷款和外汇占款,存贷比季节性现象的本质就是上述分量季节性效应的线性组合。

(1)贷款的季节性效应

银行体系贷款增速的季节性特征主要是人民银行计划总量控制和商业银行内部规模控制的结果。在下半年(特别是四季度),商业银行所剩的贷款指标普遍不足,导致其贷款项目出现积压,贷款增速环比下降。在次年初,当人行核批次年的贷款计划后,商业银行快速释放积压的项目,导致年初贷款激增,并形成了明显的季节性反差。

此外,商业银行的考核机制也是造成贷款增速季节性特征的一个因素。大多数商业银行的盈利能力考核指标均是以净利润为基础,因此商业银行不仅需要考虑其贷款发放所带来的利息收入,而且还需考虑计提贷款减值损失准备所带来的支出。

按照人民银行印发的《银行贷款损失准备计提指引》,贷款的一般准备不低于该年末贷款余额的1%,且需按2%、25%、50%、100%分别对关注、次级、可疑、损失类贷款计提专项准备。对于一笔利率为8%、数量为

1 亿元的贷款,其一般减值损失准备支出为 0.01 亿元;如果该笔贷款于年初投放,则可获得利息收入 0.08 亿元,扣除计提的支出后获利 0.07 亿元;如果该笔贷款于 12 月初投放,则可获得利息收入(8%/12)亿元,扣除计提支出后会在账面亏损-0.33 亿元。如果将专项准备纳入考虑的范畴,则上述现象将更为明显。因此,商业银行更倾向于年初进行贷款投放。

鉴于此,全年贷款增速通常呈前高后低的规律,这也导致存贷比数据在一年内逐季递减。同时,我们对新增贷款数列进行单位根检验,结果显示其存在确定性的时间趋势项。因此,本文采用与上文相同的线性趋势法对贷款增量数据进行了去趋势处理,发现贷款增速的季节性规律更为明显。

(2)外汇占款的季节性效应

我们先用同样的方法对外汇占款数据进行了去趋势处理[①]。直观上看,该数据序列在四季度的平均值低于其余三个季度(见图 8),似乎反映出去趋势外汇占款数据存在一定的季节性规律。但进一步分析上述数据后,我们发现并不是每年四季度的外汇占款增速都呈下降趋势。我们利用统计学模型对外汇占款的季节性效应进行显著性检验,结果显示各季度所对应的参数均不呈现统计学显著的特征,因此可以说外汇占款不存在季节性效应。

① 在下文中,如无特殊说明,则外汇占款数据皆为去趋势后的数值。

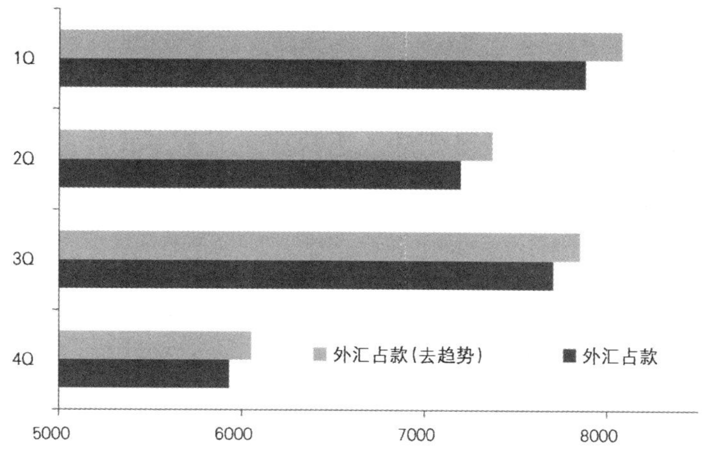

图 7　外汇占款季度均值(单位:亿元)

数据来源:Wind 资讯,由国信证券经济研究所整理

鉴于外汇占款无显著的季节性特征,故此我们可以确认贷款增速是影响存贷比的主要变量。进一步看,由于协议存款需求与存贷比之间具有显著的一致性,因此贷款的季节性效应会通过存贷比传递至协议存款的相关变量。

(二)保险公司视角

影响保险公司协议存款供给的最主要因素是资金配置压力。保险机构的资金主要来源于保费收入,其资金运用主要为赔付、银行存款和投资。由于保费趸交等因素,保险机构的保费收入具有明显的季节性特征,在一季度时形成峰值,此后逐季递减。与此相对的是,保险公司的赔付支出呈现相反的前低后高趋势。

△可用于银行存款和投资的资金≈△保费收入-△赔付支出

因此,存款和投资的潜在资金波动模式中,叠加了保费收入逐季降低和赔付支出逐季升高的双重季节性效应,从而呈现年初高、年底低的特征。

与此一致的是,保险机构在银行的存款也呈现前高后低的季节性规律,同时协议存款占比数据也体现了上述季节性波动。因此我们有理由相信,保险机构的资金配置压力周期性波动是协议存款季节性效应的重要贡献因子。

协议存款的量价模型

上文分析显示,影响协存利率的因素主要是供需状况和市场基准利率水平。从协存的需求角度看,存贷比和市场的整体流动性状况是商业银行吸收协议存款的直接原因。这两个因素可以用存、贷款和外汇占款增速以及拆借利率进行描述。从协存的供给角度看,保险机构是协议存款的主要供给方,其供给量取决于保费收入与赔付支出间的差额,因此用这个数据作为协议存款供给的代理变量。人民银行的存贷款基准利率决定了市场的整体利率水平,也对协存利率产生显著影响。由于保险机构的协议存款期限多为61个月,因此在下面的计算中采用5年期定存利率作为基准。

(一)输入变量的插值与拟合

由于我们仅获得了2002—2011年间协议存款的年度数据,有效观测值不足10个,因此如直接利用本组年度数据进行建模,则模型质量很难达到应用的要求。鉴于此,我们试图找出协存利率的代理变量,并将代理变量的频率扩充为月数据,以便充实观测数量。

由于影响协存利率的因素众多,无法利用单一变量对协存数据进行模拟,所以需要提取多个变量的信息,并以此为基础对协存利率进行拟合。首先,选取 5 年期定存利率、20 年期国债到期收益率(YTM)、7 天回购利率(R007)、1 年期 Shibor(Shibor1Y),并对其进行方差—协方差分析。结果显示,协存利率与 R007、Shibor1Y、5 年期定存利率之间的相关性较高,与 20 年期国债 YTM 的相关性较低。因此,我们将 20 年期国债 YTM 排除在拟合协存利率的信息源以外。

应注意的是,R007 与 Shibor1Y 之间的相关性达到了 90%,同时引入这两个变量将会产生多重共线性的问题,需要在 R007 和 Shibor 之间作出取舍。由于大部分市场成员倾向于采用 Shibor 加点法对协议存款进行定价,且协存利率位于收益率曲线的右侧,其与 R007 等超短期利率的相关性有限,而与期限稍长的 Shibor1Y 具有更为紧密的关系,因此将 Shibor1Y 纳入输入变量。但是,Shibor 的历史相对较短,无法获得 2006 年及此前的数据。因此我们利用 R007、Shibor1Y 的月度数据对 2007 年以前的 Shibor 数据进行拟合,并将拟合得到的数据补充至原始序列之前。

在获得了完整的 Shibor 数据序列后,可以利用 Shibor1Y、5 年期定存利率等数据的月度值以及协存利率的年度变量对协存利率的月度数据进行插值,最终获得协存利率的月度模拟值。

(二)模型的建立

综上,存款增速、贷款增速、外汇占款增速、银行间拆借利率、保费赔付差和 5 年期定存基准利率 6 个指标对协存利率具有较强的解释能力。因此,我们将从这些变量中筛选出我们模型的输入变量。

鉴于银行间拆借利率是拟合协存利率月度数据的主要变量,且其与 5 年期定存基准利率之间具有较强的线性相关性,故我们首先将其从本模型中予以剔除。

由于存差数据中既包括存款、贷款的信息,又体现了外汇占款的影响,同时存差数据又直接与存贷比相关,因此从模型的简洁性及货币银行学含义上考虑,我们在本模型中采用去趋势的存差序列代替存款、贷款和外汇占款的数据。

保费赔付差数据也是具有某些确定性的趋势项,因此同样对其进行去趋势处理,得到去趋势后的保费赔付差数据。为了避免混淆,在本文中将其定义为新增保险资金。

我们对上述变量与协存利率之间的关系进行了相关性分析。结果显示,存差和新增保险资金与协存利率之间具有负的相关性,而定存利率与协存利率之间的相关关系为正。

从同步性上看,当新增保险资金领先于协存利率 2 阶时,两个变量间的相关系数最为显著。这说明从保费流入到其进行配置需要经历两个月左右的时间,当保险资金配置后,协存利率会出现波动。5 年期定存利率也领先于协存利率 1 阶,显示出存款基准利率改变所产生的效用大致需要经历一个月的时间传导至协存利率。

根据上文中的结果,我们最终将去趋势的存差、滞后 2 阶的新增保险资金、滞后 1 阶的定存利率确定为模型的独立变量。同时考虑协议存款的时间序列特征,我们将协存利率的 1 阶滞后项纳入模型。经过最大似然法进行估计后,最终得到模型为:

$$\text{协存利率}_t = -0.17\times\text{存差}_t - 0.09\times\text{新增保险资金}_{t-2} + 0.29\times 5\text{Y 定存}_{t-1} + 0.71\times\text{协存利率}_{t-1} + u_t$$

模型的 R2 为 96.7%,且模型的置信度高于 99%,显示模型拟合良好。模型中各参数的符号符合经济学理论。

通过对模型的误差进行分析,发现超过 60% 的误差处于[-10bp, 10bp]区间,基本符合实际应用的需求。此外,虽然有部分误差超过40bp,但出现于 2008 年末的大幅降息阶段。鉴于今后继续出现基准利率在短期内大幅波动的概率较小,因此该极端值可视为非经常出现的异常值,可以将其剔除。

结论

保险机构是协议存款的主要供给方,其对于协议存款的供给意愿受到投资渠道扩展、市场发展、利率波动等多种因素的影响。

商业银行是协议存款的需求方,而其对于协议存款的偏好主要源于银监会对于其进行的存贷比约束。对商业银行吸收协存的成本效益进行分析发现,吸收协存的相关成本均可被贷款的利息收入所覆盖。

协存利率无论是协议存款的供给还是需求均具有一定的季节性规律。从商业银行的视角看,协存供给的季节性也就是贷款增速的季节性。从保险公司的视角看,保险机构资金配置压力的周期性波动是协议存款季节性效应的重要贡献因子。

影响协存利率的因素主要是协议存款的供需状况和市场基准利率水平(以及这些因素内含的季节性规律)。

作者单位:张　旭　民生加银基金管理有限公司固定收益部

邓怿帅　阎　嘉　全国社会保障基金理事会

(本文原载于《债券》2012 年 11 月刊)

可转债 delta 套利策略

袁志辉　凌　铃

摘要：可转债兼具股性与债性，且股性部分的期权价值相对标的股票价格呈非线性波动，因此可以利用可转债的这一特性构造套利组合。在海外成熟市场，可转债 delta 套利策略被广泛运用，且效果较好。本文对 delta 套利策略原理进行了简要介绍，然后建立了基于我国金融市场实际的可转债 delta 套利策略模型，并取得较好的实证效果，表明该策略在我国的有效性较高。

关键词：可转债　delta　套利策略　波动率　夏普比率

可转债是一种可以在特定时间、按特定条件转换为普通股的企业债券。可转债兼具债券和股票双重特性，是横跨股债两市的衍生性金融商品。自美国纽约益利铁路公司于 1843 年发行第一只可转债以来，可转债已经走过了 170 余年的历程。国内的可转债市场则是从 20 世纪 90 年代开始起步，但是发展较为迅速，至 2014 年底可转债面值余额已突破 1200 亿元。随着市场的扩容，交易活跃度提升，投资策略日益丰富。

在海外成熟市场，有不少专门针对可转债套利的基金，并且普遍表现较好。这些可转债套利基金使用的套利策略较为多样,其中较多采用的一种策略是 delta 对冲套利策略。本文将对 delta 套利策略原理进行简要介绍,然后在此基础上建立基于我国金融市场实际的 delta 套利策略模型,最后运用历史数据实证检验其在我国的适用性和套利的有效性。

可转债 delta 套利策略原理

由于可转债本质上是由债券和标的股票的看涨期权复合而成,而债券相对价值波动偏小,因此其期权价值波动对可转债价值的影响较大。可转债期权价值主要受标的股票价格波动影响,一般情况下,两者呈现正相关关系,但是相对而言,期权价值波动更趋于非线性,因此可转债的期权部分与标的正股能产生对冲效果。此外,可转债的债底价值较为稳定,对股价下跌的风险具有较好的防御效果。

Delta 值是期权价值的重要测量指标,是衡量可转债价格变化相对于标的股票价格变化的比率。可以解释为,如果转换价值(标的股票价格)上升 1 元,则可转债价格上升 delta 元,delta 值通常介于 0 到 1 之间。做多可转债,卖空一定数量的股票,使其组合的 delta 值为 0,则风险敞口不受股票价格波动的影响。如果股价上涨则可转债价格上涨,转债多头盈利,股票空头亏损,两者可抵消;若股价下跌则股票空头获利抵消转债多头亏损。通过保持组合对股票风险的中性策略,规避了正股价格变动带来的风险,且能享受波动率上升带来的收益,此即为可转债 delta 套利策略的基本原理。

可转债 delta 套利策略的本质在于构造一个复合期权,如图 1 所示。在整个套利存续期内,利息收益是确定性的,主要为可转债的票息收益,当然还要扣除掉融券的利息成本支出。更重要的一部分收益是,由期权属性衍生出来的波动率收益。看涨期权是波动率的增函数,因此在组合 delta 中性情况下,标的股票波动率上升将带来组合的超额收益。

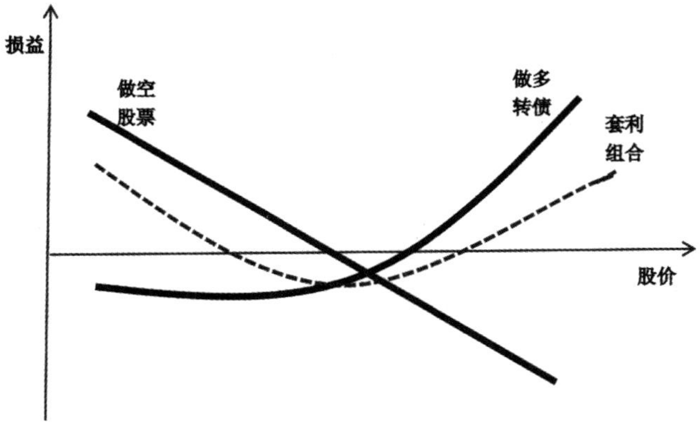

图 1　可转债 delta 套利策略原理

从套利组合的期权属性来看,等同于看多波动率。当波动率增大时,投资组合的回报率趋于上升,而且波动率变大的速度越快,组合的回报率越大,因为在可转债票息与融券利率的比值低于 delta 的情况下,能节约固定利息支出,增厚组合收益。但是当波动率极低时,套利策略的回报率也将很低,在极端情况下,波动率快速下跌,套利将产生亏损。因此,可转债 delta 套利策略并非是完全无风险,而是属于风险较低且可控的投资策略,对于风险敞口的把握可以根据波动率来设定,即选择尽可能低的波动率为开仓时点。一般情况下,可转债 delta 套利将获得可观且风险有限的投资回报率。

套利模型搭建

(一)假设前提

由于条款众多,可转债定价面临较大困难,而且交易中涉及不同资产的切换,为保证套利策略模型的建立与实施,需作以下假定:

1. 可转债标的股票价格波动服从正态分布,期权价值用 B-S 定价公式测算,即看涨期权价格满足:

$$C(S_t,K,r,\sigma_s,T)=S_tN(d_1)-Ke^{-r(r-t)}N(d_2) \tag{1}$$

其中,C( )表示看涨期权的价格;St 表示标的股票的市场价格;K 表示可转债的转股价;r 表示无风险利率;σ_S 表示标的股票的波动率;T 表示到期日;t 表示价格估算日期;N( )表示服从标准正态分布,其中,

$$d_1=\frac{ln\frac{S}{K}+(r+\frac{\sigma_S^2}{2})(T-t)}{\sigma_S\sqrt{T-t}},d_2=d_1-\sigma_S\sqrt{T-t}$$

2. 套利期间企业不发生财务困境,可转债不违约,标的股票不退市。虽然在一般财务困境下,股票暴跌,空头仍有可观收益,且组合套利收益也较好,但是在极端违约情况下,将影响平仓退出。

3. 可转债债底价值波动有限。一般情况下,可转债债底价值波动较小,不影响套利;极端情况如套利期间(一般不超过半年)纯债价格波动超过 10 元(面值 100 元)的发生概率极低,但如果发生,将冲击套利回报率。

4. 融券卖空交易具有连续性。

(二)套利模型

完整的套利模型需要可观测跟踪的开仓触发条件,以及建仓规则,尤

其是当涉及多种资产对冲时需测算资产配比,最后是平仓机制。

1. 开仓条件

密切监测可转债以及标的正股价格联动关系,

符合以下条件时开仓:

$$\sigma_S - \sigma_C \geqslant \varphi_1 \tag{2}$$

其中,σ_S 为标的股票的实际波动率;σ_C 为可转债市场价格隐含波动率,通过期权定价公式倒推出来;φ_1 是风险控制参数,理论上该数值一般位于[-0.5,0.5],正的套利机会需要其大于0。当 φ_1 处于[0,0.5]时均具有套利机会,越靠近0风险越大,越靠近0.5风险越小,但将屏蔽掉很多套利机会,一般设定在[0.1,0.2]。

2. 资产配比

当开仓条件被触发时,通过买入可转债,并融券卖空标的股票,构建套利组合。其中最关键的是可转债与标的股票投资规模的配比,可以根据可转债对标的股价的敏感度,测算出delta,delta即为对冲每一份可转债所需要的标的股票头寸。具体测算方式为:

$$delta = \frac{\partial_C}{\partial_S \times TR} = e^{-r(T-t)} \times N(d_1) \tag{3}$$

其中,$\frac{\partial_C}{\partial_S}$即为可转债对标的股票价格的一阶导;TR为可转债的转换比率,为发行时确定。

3. 平仓条件

建仓后,持续跟踪投资组合收益波动情况,当满足以下条件时平仓止盈:

$$\sigma_S - \sigma_C \leqslant \varphi_2 \tag{4}$$

其中，φ_2 仍是风险控制参数，一般处于[-0.5,0.5]，当处于正值区间时能正常套利。φ_2 越靠近 0.5，能获取利润越大，但是平仓越困难，因为触发越艰难；一般设定在[0,0.1]，保守情况下设为 0 较为稳妥。

（三）套利空间

根据以上可转债 delta 套利思路及交易模型，套利空间总体可分为两部分：息差及波动率差。在实际投资中，可以实时监测套利组合的盈亏情况，套利结束后可以精确测算套利损益，主要是可转债多头损益和标的股票空头损益的差值，即：

$$R=(CB_T-CB_t)-delta(S_T-S_t) \tag{5}$$

其中，CB_t、S_t 分别为 t 时刻下可转债及标的股票的市场价格，可转债为全价。式中前半部分为可转债头寸损益，后半部分为 delta 份的标的股票头寸损益。

在套利前，可以近似估算套利空间。首先，息差部分主要为套利存续期间可转债的票息收入与融券利息的差值 d_c，即：

$$d_c=(C_1-C_2)\times\frac{T-t}{365} \tag{6}$$

其中，C_1、C_2 分别为可转债的票息率、融券利率，在我国可转债票息率一般在 2%附近，融券利率超过 8%，因此该项为负值，是套利的重要成本项。

其次，波动率差主要为套利过程中 σ_S、σ_C 波动产生的差值，根据交易模型的触发条件，该值为"$\varphi_1+\varphi_2$"。然后根据期权公式，可以得出波动率差值对于期权价值的增量贡献度 d_c，即：

$$d_C\approx d_\sigma\times\frac{\partial_C}{\partial_\sigma}\approx(\varphi_1+\varphi_2)\times\frac{\partial_C}{\partial_\sigma} \tag{7}$$

其中,d_σ 为波动率的差,$\frac{\partial_C}{\partial_\sigma}$为看涨期权对波动率的一阶导。

因此,将息差与波动率差合并即得到近似的套利空间 AR,式(6)加上式(7)可得:

$$AR=(C_1-C_2)\times\frac{T-t}{365}+(\varphi_1+\varphi_2)\times\frac{\partial_V}{\partial_\sigma} \tag{8}$$

实证分析

(一)数据采集及整理

我国融资融券业务于 2010 年 3 月 31 日才正式启动,因此,卖空正股进行可转债套利的策略在此之后才有了可操作性。截至 2015 年 3 月底,上交所和深交所可转债共 20 只,其中 15 只可转债的正股在融券标的中。另外,为构建可转债套利指数,本文将 2010 年至今已经退市且正股为融券标的的可转债也纳入计算范围。对于已经赎回或到期的可转债,策略模拟区间为上市日至满足赎回条件日或到期日;对于尚存续的可转债,策略模拟区间为上市日至 2015 年 4 月 1 日。本文所有数据来自 Wind 资讯。

(二)参数计算

1. 正股波动率的计算

本文计算正股波动率采用指数加权平均模型(EWMA),该模型具有能够解决波动率传统计算方法中数据等权重问题和对已实现的波动率进行平滑处理两大优点。

EWMA 模型赋予当前日期较近的价格回报更大的权重,正股波动率表达式如下:

$$\sigma_1=\sqrt{N}\times\sqrt{(1-\lambda)\sum_{i=1}^{M}\lambda^{i-1}(r_{t+1-i}-\bar{r})^2}$$

其中,λ 为衰减因子;M 为迭代天数,本文取值 20 天;N 为区间成交天数;r 为以收盘价测算的回报率。

由于 $\sum_{i=1}^{M}\lambda^{i-1}\approx\frac{1}{1-\lambda}$,可得

$$\sigma_1=\sqrt{N}\times\sqrt{\sum_{i=1}^{M}\frac{\lambda^{i-1}}{\sum_{i=1}^{M}\lambda^{i-1}}(r_{t+1-i}-\bar{r})^2}$$

对于 λ 的选择,如果是日收益率,一般取 λ=0. 94;如果是月收益率,一般取 λ=0. 97。

2. 可转债期权隐含波动率的计算

隐含波动率是指由期权的市场价格所隐含的波动率,其代表了市场对于未来的预期,本文可转债隐含波动率采用 B-S 隐含波动率。根据 B-S 公式,一旦给定期权价格,就可以计算出标的资产从 t 时刻到 T 时刻的波动率,且对于同一标的资产,到期日相同但行权价不同的期权隐含波动率不同,隐含波动率与行权价的关系是非线性的。

为计算可转债隐含波动率,首先需计算可转债价格中包含的看涨期权价值。由于可转债可简单理解为"债券+看涨期权",即:

可转债价格=纯债价格+转换比率×期权价格

因此根据可转债价格、纯债价格和转换比率,可以推算出每份看涨期权的价格。然后利用迭代法求解期权价格对应的隐含波动率。

3. delta 的计算

该策略的关键是正确测算 delta,考虑到模型设定参数不够精确的问题客观存在,而且连续时间下的动态对冲也是不现实的,本文中 delta 对

冲并未采用动态对冲,而是基于开仓、平仓条件的静态对冲,同时设置较为严格的开平仓条件。这样设置策略的好处在于:一是可以避免因模型参数、变量精确度不够带来的不必要的调仓,同时也能减小对冲误差;二是设置较严格的开平仓条件可以保证能够抓住较为确定的套利机会,从而提高组合的夏普比率[①]。具体算法见公式(3)。

(三)实证结果

1. 模型应用举例:民生转债的对冲套利

模拟区间为 2013 年 3 月 29 日至 2015 年 4 月 1 日,共计 733 天,其中交易天数 486 天。

从表 1 和图 2 可知,民生转债正股波动率波动剧烈,可转债隐含波动率相对平稳,波动率差主要由正股波动率决定。

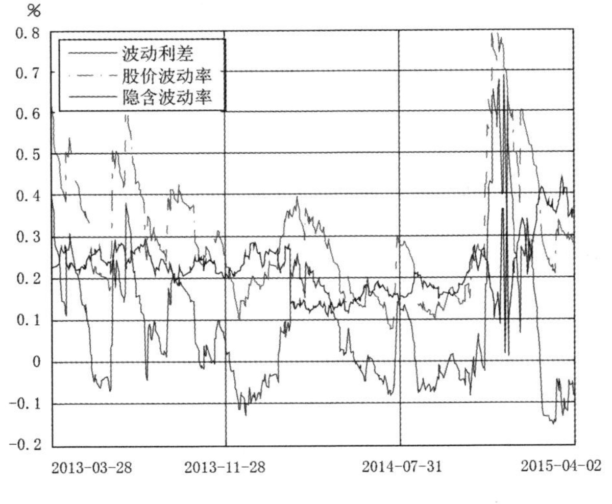

图 2　民生转债正股波动率、可转债隐含波动率及波动率差走势图

① 夏普比率(Sharpe ratio)又被称为夏普指数,是综合考虑了收益与风险的基金绩效评价标准化指标,反映了单位风险基金净值增长率超过无风险收益率的程度。

表 1　民生转债波动率统计数据

	最大值	最小值	平均值
σ_S	0.792	0.0766	0.3028
σ_C	0.4388	0.0122	0.2205
$\sigma_S-\sigma_C$	0.6878	-0.1515	0.0823

根据对民生转债及其正股波动率的分析，对开仓条件和平仓条件设置两种情景：

情景 1：$(\varphi_1,\varphi_2)=(0.2,0)$

情景 2：$(\varphi_1,\varphi_2)=(0.2,-0.1)$

在两种情景下，分别出现了 5 次和 2 次套利机会，套利收益分别为 24.12 元和 30.18 元。两种情景的开仓条件一致，但情景 2 的平仓条件更为严格，套利机会更少（见表 2）。

表 2　民生转债套利收益情况

情景 1 次数	开仓($\varphi_1=0.2$)	平仓($\varphi_2=0$)	天数	套利收益
1	2013-03-29	2013-05-24	57	2.30
2	2013-06-24	2013-08-08	46	2.23
3	2013-09-16	2013-10-23	38	2.99
4	2014-02-28	2014-05-29	91	1.55
5	2014-12-02	2015-02-16	77	15.04
合计			309	24.12
情景 2 次数	开仓($\varphi_1=0.2$)	平仓($\varphi_2=-0.1$)	天数	套利收益
1	2013-03-29	2013-12-16	263	-4.93
2	2014-02-28	2015-02-16	354	35.11
合计			617	30.18

从策略表现来看，情景 2 中较为严格的平仓条件使得策略具有较大夏普比率和较小最大回撤[①]（见表 3）。

① 最大回撤，指在选定周期内任一历史时点往后推，投资组合净值走到最低点时收益率回撤幅度的最大值，用来描述组合建仓后可能出现的最坏情况，是很重要的风险指标。

表 3 套利策略表现

策略	夏普比率	最大回撤
情景 1 下的组合	1.07	23.23%
情景 2 下的组合	1.21	18.89%
民生转债	1.13	24.82%

2. 构建可转债 delta 套利指数

本文将基于 delta 套利策略,编制可转债套利指数,以反映该策略在我国可转债市场的整体表现。编制指数的样本空间由规模较大且流动性较好、正股为融券标的的可转债组成,指数编制基准日为 2010 年 6 月 17 日,从该基准日至 2015 年 4 月 1 日,符合条件的可转债共有 26 只。

本文可转债套利指数采用可转债套利净值简单平均法进行计算,公式如下:

$$Index_i = \frac{\sum_{j=1}^{N_i} V_{j,i}}{N_1}$$

其中,Index 表示可转债套利指数,为第 i 日样本空间可转债数量,为第 j 只可转债在套利策略下第 i 日的净值,该净值由可转债价格(包含应计利息)和套利收益构成。

在实证过程中,可转债隐含波动率在 2014 年底股市大涨行情中出现了异常值(见图 3),这是因为在本文套利模型的假设下计算的看涨期权价值小于期权理论价值的下界。在策略模拟过程中,为回避异常波动带来的问题,跳过了这些异常点。

将计算出的可转债套利指数与沪深 300 指数、中证转债指数进行对比(见图 3),发现可转债套利指数的年化波动率为 10.16%,远低于沪深 300 指数的波动率,比中证转债指数波动率也低近 3 个百分点。更为重要的是，从夏普比率来看，可转债套利指数的风险调整收益要高于沪深 300 指数和中证转债指数，可转债套利指数的夏普比率是沪深 300 指数的近两倍（见表 4）。

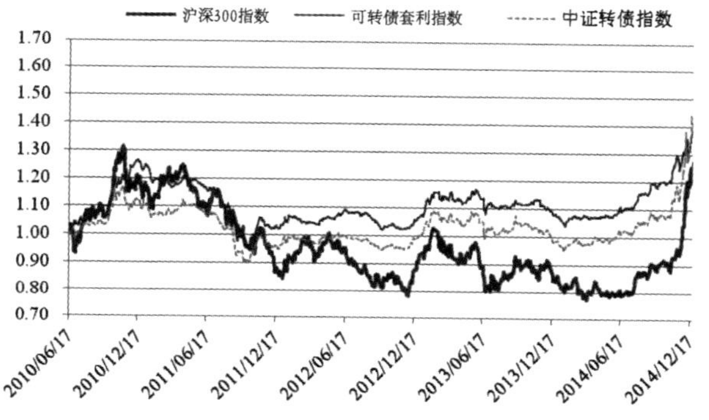

图 3　可转债套利指数表现

表 4　可转债套利指数评价指标

	年化收益率	年化波动率	夏普比率	最大回测
沪深 300	11.06%	21.64%	0.62	41.19%
中证转债指数	11.75%	12.99%	1.08	23.07%
可转债套利指数	9.87%	10.16%	1.20	24.70%

总结

基于对冲套利的本质，本文建立了可转债 delta 套利策略模型，并根据国内可转债市场和融资融券情况进行实证，表明套利策略能有效提高可转债投资的风险调整收益。首先，以民生转债为代表券进行套利应用举例，在假定的两种情景下，过去两年分别出现了 5 次和 2 次套利机会，套利收益分别为 24.12 元和 30.18 元；其次，通过将策略复制到全样本建立可转债套利指数，在长达 5 年的考察周期内，可转债套利指数与沪深 300 指数的年化收益率仅差 1.19%，且主要是由于最近 3 个月股市暴涨造成,但是前者的夏普比率是后者的近两倍。

当然,可转债 delta 套利策略并不是完全无风险策略,如果未来可转债的隐含波动率降低,甚至低于期初买入可转债时的隐含波动率,则短期可能将出现亏损,但长期一般会趋于收敛。此外,需要防范发行人提前赎回可转债,导致策略强制平仓的风险。

参考文献

[1]Brennan M J,Schwartz E S. Analyzing Convertible Bonds[J]. Journal of Financial and Quantitative Analysis,1980,15(4):907-929.

[2]Black F,Scholes M. The Pricing of Options and Corporate Liabilities[J]. The Journal of Political Economy,1973,81(3):637-654.

[3]Thorp E,Kassouf S. Beat the Market: A Scientific Stock Market System[M]. Random House,1967:56-67.

[4]Calamos J. Convertible Securities: The Latest Instruments, Portfolio Strategies, and Valuation Analysis. McGraw-Hill,1985:79-88.

[5]陈守红. 可转债投资融资——理论与实务[M]. 上海:上海财经大学出版社,2005:76-97。

[6]罗樱. 可转债评估与套利[D]. 招商证券研究所固定收益研究报告,2012:1-14。

作者单位:安信证券固定收益部

(本文原载于《债券》2015 年 6 月刊)

利率衍生品与货币政策传导的关系

刘　玄　张　黎

摘要：发达市场经验显示，利率衍生品市场的发展能够从微观基础上对货币政策利率传导渠道及信贷传导渠道产生一定的影响。本文对该问题进行了分析，认为利率衍生品市场可以快速反映货币政策信息、提升货币政策的传导效率。基于此，本文对我国利率衍生品市场发展提出了政策建议。

关键词：利率衍生品　货币政策传导　利率渠道　信贷渠道

过去几十年，各类利率衍生品的快速发展和逐渐普及，是全球金融市场重要的创新点和发展内容之一。发达市场的经验显示，随着产品类型不断扩大，应用策略不断丰富，利率衍生品市场的发展从微观基础上对货币政策利率传导渠道及信贷传导渠道产生了一定的影响。本文拟从利率衍生品的功能及货币政策传导现状出发，从理论上分析利率衍生品影响货币政策传导的机理。目前，我国的利率市场化还未完全实现，利率衍生品市场的规模和使用程度与发达国家相比存在较大差距，对货币政策传导的影响也极其有限，但对该问题进行前瞻性研究有助于加深对货币政策传导的理解。

利率衍生品的功能

利率衍生品是指以利率或利率的载体为基础的金融衍生产品,分为场内和场外两部分,场内主要指利率期货、利率期权等品种,场外主要指远期利率协议、利率互换等品种。与标的资产或者现货资产相比,利率衍生品具有一些独特的功能,而正是这些功能的作用,使得利率衍生品市场的发展与货币政策的传导产生了关联。

(一)风险对冲

对冲利率风险是利率衍生品最基础的功能。在利率市场化背景下,越来越多市场参与者开始关注并运用利率衍生品管理利率风险。对于债券投资而言,在市场利率走高的情况下,债券市值下跌将影响利润并有可能触及止损线,投资者可通过利率衍生品进行反向操作以对冲债券价格下跌的市场风险,从而锁定持有期收益,在一定程度上避免由于止损或流动性需求而卖出债券的情形。另外,发行固定利息债券或以固定利息贷款方式融资的机构,在市场利率下行时,也可以通过利率互换将固定利率换成浮动利率,从而降低融资成本。

(二)现货替代

衍生品采用保证金交易,这相较直接投资于标的资产而言,成本大幅降低,使得由于各种原因无法参与标的资产市场的投资者得以间接参与投资。同时,通过各类利率衍生品的组合,还可以创造出特定收益和风险组合的金融工具,以达到持有标的资产或参与现货市场的相同目的。

（三）久期调整

利率衍生品具有较低的成本优势和较高的灵活性、流动性，相较于调节资产负债表而言，它为利率风险承担主体提供了更有效、便捷的久期调整工具。以商业银行为例，利率变动会导致商业银行利率敏感性资产和负债市值波动，带来久期缺口。使用利率衍生品可在不大幅变动资产负债结构的情况下灵活调整久期缺口，有效降低成本。

（四）价格发现

利率衍生品交易价格集中体现了来自包括套保者、套利者、投机者等各类参与者的行为，包含了对未来市场利率和货币政策走向的预期及供求关系，具有较强的价格发现作用。因此，其一方面可为市场提供透明、传播迅速的价格信息，另一方面也可为货币政策制定者观测市场并制定政策提供重要的参考。

利率衍生品对经济主体行为的影响

（一）利率衍生品可以稳定商业银行信贷增长

信贷资产是商业银行的资产主体，随着利率市场化进程的加快，利率水平的持续波动将给商业银行信贷资产带来更多的利率风险。一方面，信贷资产生息能力下降导致净收益降低；另一方面，信贷资产市场价值下降导致净资产降低。

传统上，商业银行利率风险管理主要采用利率敏感性缺口管理和久期缺口管理两类方法。在缺乏利率衍生品的情形下，不管是缺口分析法还是久期分析法，商业银行都需直接调整资产和负债规模以规避风险或扩大收益。例如,当银行存在利率敏感性正缺口(或久期正缺口)时,若预期未来利率上升,为了减小缺口需要提升负债或降低资产,但由于短期内存款存在刚性,银行只能选择收缩信贷或者调整信贷结构(降长增短)。正是由于商业银行在这种情况下需直接调整资产负债规模和结构,货币政策通过信贷渠道调控商业银行信贷规模是比较直接有效的。因此,面对利率风险的冲击,现有的风险管理技术存在较大的难度,无论是总量的变动还是结构的调整,都存在很高的转换成本和时滞,不利于信贷水平的稳定。在这样的情况下,使用利率衍生品可以有效稳定商业银行信贷增长。

1. 利率衍生品有助于商业银行提升风险管理水平,从而稳定商业银行信贷供给

首先,利率衍生品便于商业银行对利率风险进行统筹管理,使其在不调整资产负债表的情况下直接调整资产负债的久期,降低利率风险敞口,大幅增加灵活性及商业银行在不利市场环境下的韧性。例如,当商业银行资产负债存在久期正缺口时,若市场利率上升,银行最终的净资产价值将减少,并可能影响资本充足率等监管指标,如通过利率衍生品降低信贷资产久期对冲利率风险,衍生品投资收益可弥补银行的损失,使其抗风险能力大幅增强,信贷规模得以平稳增长。

其次,利率衍生品的应用有助于久期缺口管理法更好地发挥作用,从而促进商业银行风险管理模式从利率敏感性缺口管理逐步过渡到久期缺口管理,也有利于商业银行在信贷投放的期限选择上更为灵活。

最后,利率衍生品可以使商业银行提前锁定未来的利率水平,从而有效管理短期和中长期的利率风险,减少现金流的波动,并可通过对利率的

方向性交易提升盈利能力,进一步扩充净资产,促进信贷规模的增长。

2. 利率衍生品有助于商业银行实现信贷供给方式的多元化

利率衍生品不仅为商业银行进行期限结构调整及资产负债管理提供有效工具,还可增加多元化的信贷供给方式,使其在信贷投放活动中更具主动性。例如,根据实际需求定制未来现金流,通过利率期权的组合实现为企业融资的目的,或通过向客户提供企业发债+利率衍生品的配套服务,帮助企业在资本市场进行融资。这些多元化的信贷供给方式使得即使市场利率环境较不理想,企业仍可锁定资金成本进行融资,由此银行业务来源得以拓宽,盈利能力得到进一步提升,信贷规模也会随之上升,最终形成良性循环。

国外已有实证研究对利率衍生品促进商业银行信贷增长这一观点进行了证实。Moser 等(2017)研究验证了 1996—2004 年期间,美国银行业衍生品应用与其商业和工业贷款组合增长呈显著正相关关系。此外,Brewer 等(2000)、Moser(2001)、Purnanandam(2007)也分别对 1985—2003 年间不同时期美国商业银行的数据进行了检验分析。这些实证研究表明,一是利用衍生品的银行在信贷管理中存在更高的效率,且信贷质量更高;二是利率衍生品降低了商业银行面临利率变化时的系统性风险敞口,使银行能够在不增加总风险水平的情况下增加贷款活动,从而提升了银行提供更多中介服务的能力;三是衍生工具的使用,特别是利率期权、利率期货和利率远期的应用与商业和工业贷款增长率正相关,即衍生品合约和贷款是互补的活动;四是大型银行机构比小型银行机构更倾向于充分利用衍生品;五是利率衍生品的使用使银行在宏观经济的影响下,仅对自身的经营策略进行小的调整,减少了因存贷款需求期限不匹配所需的调整给银行带来的昂贵成本。

(二)利率衍生品可以稳定实体企业信贷需求

利率衍生品主要从两个方面对实体企业信贷需求产生稳定作用:一是锁定融资成本;二是减小企业利润波动,提升经营稳健性。

1. 锁定融资成本

实体企业在经营活动中需要通过银行贷款、发行债券和股票等方式进行融资,面临的利率风险主要来源于利率变化造成实际融资成本高于预期而遭受损失的可能性。在缺乏利率衍生品的情形下,实体企业往往被动承担风险,不仅盈利波动性较大,在利率上升通道下容易面临再融资困境,极端情形之下可能导致资金链断裂或破产风险。利率衍生品可帮助企业锁定融资成本,降低利率上升带来的还本付息的压力。例如,对于已经发行的浮息债或已经提款的浮动利率贷款,当利率处于上升通道时,及时通过利率互换交易将浮动利率转为固定利率;或者如果企业预期未来利率可能走高,可通过利率期货提前锁定未来的融资利率至预期水平。

2. 提升经营稳健性

对实体企业来说,利率风险管理的意义还体现在稳定现金流,减小企业利润波动,提升经营稳健性,从而增加企业盈利能力及市场价值。特别是对于杠杆率较高的企业,净利润对利率变化更为敏感,融资成本上升导致净利润下降,企业信用风险增大,企业融资能力将大幅受限。合理运用利率衍生品有利于企业增强自身承担债务的能力,从而缓冲政策因素对其融资行为可能带来的影响。2017 年万科地产和龙湖地产在利率上升通道中提前对冲利率风险的成功实践,为我们提供了非金融企业使用利率衍生品的相关案例。2017 年美联储进入加息通道,离岸债务规模较大的房地产行业利息支出大幅增加,海外上市的中资房地产公司年报中披露的利率风险敏感性分析显示,在利率上升100BP时,大部分公司全年税后利润下降幅度为2%~4%,而万科地产及龙湖地产由于事先使用了利率互换去修正借款利率,利率风险对其净利润的负面影响大幅降低。万科地产在利率上升50BP的情景下,全年税后利润下降不到0.5%;龙湖地产在利率上升200BP的情景下,公司利润反而小幅增加①。

利率衍生品对货币政策传导的影响

(一)与利率衍生品较为相关的货币政策传导渠道是利率传导渠道与信贷传导渠道

货币政策传导机制是指中央银行根据货币政策目标,运用货币政策工具,通过金融机构的经营活动和金融市场传导,影响企业和居民的生产、投资和消费等行为,最终对需求产生影响的过程。货币政策传导渠道主要有信贷传导、利率传导、资产价格传导、汇率传导和预期传导等渠道,与利率衍生品较为相关的是利率传导渠道与信贷传导渠道。

利率传导渠道主要通过利率变化影响企业的投资及居民的消费,进而影响社会总产出。中央银行通过调整政策利率,影响货币市场短期利率,金融机构相应调整存贷款利率,影响企业和居民的投资消费行为,从而对实体经济发生作用。在市场经济发展比较完善,金融市场较为发达的条件下,利率传导渠道是货币政策的主要传导渠道。

信贷传导渠道的运行机制是货币政策工具作用于商业银行流动性,

---

① Kristy Hung, Patrick Wong. China Developers' Profit Squeeze from Rising Rates[R]. Bloomberg Intelligence,2018-05-25.

影响商业银行信用供给，从而对实体经济活动发挥作用。信贷传导渠道包括银行信贷渠道和资产负债表渠道，分别对应信贷供给和信贷需求两端。银行信贷渠道，是指在银行贷款与债券和股票不可完全替代时，通过货币供给变化影响商业银行信贷供给，从而进一步影响投资和消费需求的货币政策传导机制。资产负债表渠道，是指货币政策通过多种渠道影响企业的资产负债表及融资担保品价值，企业财务状况发生变化，从而影响授信条件及可贷款规模，进而影响投资支出和总需求。

从现实各国中央银行的货币政策传导实践看，美国是典型的以利率传导渠道为主。联邦公开市场委员会(FOMC)通过定期举行会议制定有关公开市场操作的政策，并确定作为政策利率的联邦基金利率水平。随后，美联储通过运用存款准备金率、再贴现政策和公开市场业务等货币政策工具，促进目标联邦基金利率得以实现，并将变化逐步传导到其他中介指标，如中长期利率、货币供应量等，最终实现通胀目标。

当前，我国货币政策体系以间接调控为主，主要运用公开市场操作、存款准备金率、利率、再贷款和再贴现等间接调控工具来实现货币政策目标，并已初步形成从中央银行→货币市场→金融机构→企业(居民)的传导体系。由于我国金融体系以商业银行为核心，间接融资比重远高于直接融资比重，因此货币政策传导机制长期以信贷渠道为主。但近年来，随着利率市场化改革的大力推进，同时逐步增强以利率为核心的价格型目标在中介目标体系中的作用，调控方式正逐步从偏重数量型工具向更多运用价格型工具转变，货币政策传导渠道也逐步从以信贷传导渠道为主向信贷传导渠道与利率传导渠道并重过渡，并将逐步过渡到以利率传导渠道为主。

（二）利率衍生品市场能快速反映政策信息，提升货币政策的传导效率

首先，利率衍生品促进了价格发现，且大多为远期交易价格，使其较基础资产或现货市场更容易快速形成市场价格信号。例如，国债期货采用价格报价法，价格连续，公开透明，实时向全社会发布，能快速、高效反映市场信息。因此，债券投资者将国债期货价格作为重要的定价参考，股票、商品市场参与者在进行投资和交易决策时把它作为重要的金融市场指标，境外投资者也将其作为观察我国金融市场风向的重要指标。同时，通过各种利率类型或各期限资产之间的杠杆套利，贷款利率与货币市场利率之间的联系也更加紧密，从而提升了货币政策在利率传导渠道中的效率。

其次，完善的利率衍生品体系有助于健全基准收益率曲线，为中央银行观测政策实施效果提供平台。基准收益率曲线反映了无风险资产的利率水平和市场状况，不仅能为一国金融体系提供基础性的市场化定价参考，而且可以成为一国经济和金融运行状况的指示器。国债期货投资者的套利、套保交易增加了市场对现货交易的需求，能够盘活国债现货市场的存量债券，从而提高国债市场的流动性和定价效率，进而使收益率曲线的形成更为准确。构建完善的国债期货产品体系，将有利于国债收益率曲线的健全，这将缩短货币政策从短期到中长期的传导过程，提高传导效率。同时，央行可以借助利率衍生品市场价格，观测政策实施效果并及时微调。根据我国国债期货推出前后短期市场利率对国债收益率影响的实证研究结果①，在国债期货推出以后，短期市场利率的变化对中长期国债

① 吴长风，鲍思晨，郭孟旸. 国债期货在货币政策利率传导中的作用[J]. 金融期货研究，2018(38).

收益率的冲击力度有所加大,持续时间有所拉长,与国债期货上市前相比,短期市场利率的变化对中长期国债到期收益率波动的贡献显著提高。

(三)在不影响货币政策整体执行效果的前提下,经济主体利用利率衍生品管理风险能减缓紧缩性政策的冲击

中央银行的货币政策一般是逆周期调节,当经济过热时会收紧银根并推动资金成本上升,从而压缩总需求。根据前文的分析,利率衍生品的应用和普及,有利于稳定信贷需求。值得注意的是,这里稳定的主要是实体企业存量贷款的需求及还本付息压力,对于新增贷款而言,紧缩性货币政策仍将使企业面临更高的财务成本,从而主动压缩其投资需求。因此,即使存在利率衍生品,也不会影响货币政策的整体执行效果。

政策建议

从理论上看,利率衍生品通过影响微观主体的投融资行为及经营模式,从而对货币政策利率及信贷传导渠道产生影响。根据以上分析,提出以下政策建议。

一是持续完善我国利率衍生产品体系。目前,我国较为成熟的利率衍生品主要是利率互换和国债期货两类,在产品类型方面仍有较大发展空间。例如,国债期货市场目前仅覆盖了 2 年期、5 年期、10 年期三个期限品种,仍需填补短期及长期两端的空白及相应的国债期权。产品的特征决定了其各自的功能,因此在成熟的利率衍生品市场中,均有丰富的产品线,使得产品之间得以互为补充,场内市场及场外市场得以协调发展。

二是丰富衍生品市场投资者结构。目前,我国利率期货市场投资者结构中仍缺席商业银行、保险机构、境外机构等现货市场和场外市场的重

要参与主体。商业银行是货币政策传导主体,这使得利率期货市场一方面难以形成公允的价格,另一方面不利于货币政策信息的传导,极大地制约了利率衍生品市场价格发现功能的发挥。完善投资者结构,将有助于形成公正、准确的价格信号,提升市场效率,促进市场健康发展。

三是加强对利率衍生品与货币政策传导关系的前瞻性研究。当前,我国利率衍生品市场规模较小,投资者类型也较为单一,对货币政策的影响极其有限。但随着商业银行和保险机构逐步参与国债期货市场,需要前瞻性地研究和考察利率衍生品对货币政策传导渠道可能的影响,持续加深对该问题的认识。

参考文献

1. Amiyatosh Purnanandam. Interest Rate Derivatives at Commercial Banks: An Empirical Investigation[J]. Journal of Monetary Economics,2007,54, issue6:1769-1808.

2. Elijah Brewer III, Bernadette A. Minton, James T. Moser. Interest-rate Derivatives and Bank Lending [J]. Journal of Banking & Finance,2000(24):353-379.

3. Elijah Brewer III, William E. Jackson and James Moser. The Value of Using Interest Rate Derivatives to Manage Risk of U. S. Banking Organizations[J]. Journal of Economic Perspectives, 2001, issue Q Ⅲ, Nov. 25(3):49-66.

4. Fang Zhao, James Moser. Bank Lending and Interest-Rate Derivatives International[J]. Journal of Financial Research,2017,8(4).

作者单位:中国金融期货交易所

(本文原载于《债券》2019年2月刊)

信贷资产证券化产品定价方法与实践

王庆华　董　琪　彭新月

摘要:本文以抵押贷款支持证券为例,介绍了国际上信贷资产支持证券的定价理论,并通过比较中、美两国信贷资产证券化产品的主要定价方法及利差状况,重点分析了形成两国定价差异的原因,最后就如何促进我国信贷资产证券化产品的科学、合理定价提出几点建议。

关键词:信贷资产证券化　抵押贷款支持证券　定价方法　流动性溢价

我国的信贷资产证券化业务始于2005年,目前处于第三轮试点阶段,市场规模快速扩张。截至2014年7月20日,我国债券市场共有47期未到期信贷资产支持证券,债券余额总计905.39亿元。

我国信贷资产证券化的发展意义重大。从发起人的角度看,可以优化资产负债结构,分散发起人信贷资产风险,推动商业银行业务转型;从投资者的角度看,可以丰富市场投资品种。

但目前,我国信贷资产支持证券的发行利率高企,存在不合理的定价因素,银行积极性不高,在一定程度上影响了资产证券化业务的发展。因此,优化产品的定价方法,是促进市场规范发展的关键问题之一。下面,本文将通过对比分析中美两国信贷资产支持证券定价方法,来探讨适合我国的定价模式,希望为我国相关实务操作提供一定的参考。

定价方法研究

目前信贷资产支持证券主要分为一般资产支持证券(Asset-Backed Security,ABS)和抵押贷款支持证券(Mortgage-backed Security,MBS)两种类型。二者定价原理相似,但 MBS 的定价过程要复杂于 ABS,本文主要探讨 MBS 产品的定价方法。

目前主要流行的 MBS 定价模型有固定提前偿付率模型(Constant Prepayment Rate,CPR)①、美国公共证券协会经验法则(Public Security Association,PSA)②、美国联邦住宅管理局经验法则(Federal Housing Administration,FHA)③及计量经济学提前偿付模型等。

经典的 MBS 定价方法主要涉及两部分,一是确定提前清偿假设,二是选取定价模型。

(一)提前清偿假设

CPR 模型假定贷款期间提前偿付率固定不变,即每期提前偿还的本金为贷款本金余额的固定比率。固定提前偿付率基于历史数据及 MBS 发行时的经济环境确定,简单实用,但假设固定的提前偿付率未考虑各种

---

① CPR,即固定提前偿付率,指年提前偿付额占资产池中剩余本金余额的恒定百分比。

② PSA,即美国公共证券协会推出的一种提前偿付模型。该模型假设一系列 CPR,从第 1 个月到第 30 个月,每月增加相同固定比率,第 31 个月以后固定不变。

③ FHA,即美国联邦住宅管理局指标。美国联邦住宅管理局根据 30 年抵押贷款清偿情况编制贷款存续概率表,并根据这些概率计算得出的提前偿还率指标。

因素的变动对借款人提前清偿行为的影响。

PSA 及 FHA 经验法则都是根据美国市场的历史数据建立的,适用于美国市场 MBS 的定价。PSA 法则由美国公共证券协会根据其历史数据建立,一般假定 MBS 发行时贷款的固定提前偿付率较低,但随着抵押贷款到期日临近,固定提前偿付率增长至一个稳定水平。FHA 法则是由美国联邦住宅管理局依据其担保的 30 年抵押贷款的历史数据建立,其定期公布的贷款年存续率持续保持较低水平。PSA 及 FHA 的局限性在于,两者皆依据所制定机构的历史数据得出,并非适用于所有抵押贷款。

以上三种模型并没有反映提前偿付率与其影响因素之间的关系,而计量经济学提前偿付模型是将影响提前偿付的因素归纳在一起,引入计量经济学的分析方法对提前偿付率进行预测,更为全面、实际。以美国高盛公司建立的新高盛提前偿付模型为例,该模型将提前偿付影响因素分为部分偿还、再融资、重置、承继[①]等四类,具体表示为:总提前偿付额=(重置引起的提前偿付额-承继引起的提前偿付额+部分偿还引起的提前偿付额+再融资引起的提前偿付额)。其中,再融资主要考虑的是抵押贷款利率的变化,重置考虑税收减免、季节因素、房产价格波动等因素影响。该模型重点考虑再融资与重置因素,部分偿还因素的影响最小。

(二)定价模型的选择

资产证券化产品定价的理论基础都是现金流定价模型,产品价格的确定与其未来产生的现金流的折现值有关。在实际业务中,资产证券化

① 再融资,是指贷款合同利率与市场利率利差扩大,再融资成本降低,从而引起借款人的再融资行为,进而提前偿付。重置,是指借款人重新购置房产,必然引起提前偿付率增加。承继,是指房产交易时售房人的抵押贷款由买房人继承,而不是由售房人进行提前偿付。

产品的价格往往根据其与基准利率之间的利差确定，而国际上资产证券化产品利差的确定方法主要有三种，即收益率利差分析、静利差分析及期权调整利差分析。

1. 收益率利差分析

在假设提前清偿率固定的情况下，在加权平均期限内，当 MBS 未来产生的现金流的折现值等于其资产市场价格时，所得到的收益率与同期限国债的收益率之差即为收益率利差。国际市场上经常把到期期限与 MBS 加权平均期限最相近的国债收益率加上一定的收益率利差来对 MBS 进行定价。收益率利差分析方法假定国债收益率及贴现率在各个时期都是一样的，该方法不能反映利率的期限结构，没有考虑利率路径[①]的影响，该方法在实际中很少使用。

2. 静态利差分析

在特定的提前清偿前提下，静态利差分析假定 MBS 的利率期限结构与国债（或其他基准利率）利率期限结构之间的利差固定，该固定利差即为静态利差。简单的计算公式为：

$$P=\sum_{t=1}^{m}\frac{CF_t}{1+r_t+RR}$$

其中，P 为 MBS 的市场价格；CF_t 为第 t 期的现金流收入；r_t 为第 t 期时国债的即期利率；RR 为静态利差；m 为贷款到期时间。该模型设定初始的静态利差，然后通过将国债利率期限结构中每个即期利率加上初始静态利差来对未来预期的现金流进行折现，利用试错法不断调整，最后使未来现金流的折现值等于市场价格，从而得到合适的静态利差。静态利

① 利率路径是指在多种因素影响下，利率随着时间的变化上涨或下跌所形成的波动路径。

差考虑了利率期限结构对 MBS 定价的影响,但未考虑未来利率的波动对预期现金流的影响。

3. 期权调整利差(OAS)分析

期权调整利差分析在当今被认为是 MBS 和 ABS 产品定价的标准方法。由于提前偿还行为的存在,借款人实际上拥有一个赎回期权(早偿期权),通过不同利率路径借款人提前清偿的可能性、清偿额度均不同,提前清偿率的预测很难做到十分精准。期权调整利差分析根据实际情况,放弃了固定的提前还款率的假定,通过利率期限结构模型模拟不同的利率路径,预测不同利率环境下的提前还款行为,以消除早偿期权对 MBS 定价的影响。期权调整利差分析模型最早由 Dun 和 McConnell 于 1981 年提出,他们认为提前还款行为仅受到利率因素的影响,可以通过预测不同利率变动路径下的提前还款速度来预测现金流。后来的研究者在期权调整利差分析中考虑利率期限结构、房价波动、季节性因素、贷款期限等更多的影响因素,确定现金流的分布,将各期现金流折现回来计算 MBS 的理论价格,并令各条利率路径的平均理论价格等于 MBS 的市场价格,则可得到经期权调整的利差。简单的计算公式如下:

$$P=\frac{1}{N}\sum_{s=1}^{N}\sum_{t=1}^{m}\frac{CF(s,t)}{[1+r(s,t)+OAS]^{t}}$$

其中,P 为 MBS 的市场价格;N 为总的利率路径数;s 为第 s 条利率路径;m 为贷款到期时间;CF(s,t)为第 s 条路径在时间 t 时的现金流;r(s,t)为第 s 条路径在时间 t 时的国债即期利率;OAS 为期权调整利差。

美国信贷资产证券化产品的定价情况

(一)美国信贷资产证券化产品的主要定价方法

美国信贷资产证券化业务起源于20世纪70年代初,并不断发展创新,规模迅速扩大。2007年MBS发行规模占债券市场发行总规模的41.38%。受2008年金融危机影响,MBS当年发行量同比降低58%,2009—2013年,MBS发行量仍然是仅次于中长期国债[①]的第二大债券品种,2013年MBS发行规模占债券市场发行总规模的30.45%。随着美国资产证券化市场的发展,美国形成了一套较为成熟的资产证券化产品定价机制。

美国使用较多的提前偿还模型主要是PSA模型。PSA模型可以根据资产证券化基础资产的不同以及各自的历史清偿数据,设定不同的清偿期限和模式。此外,期权调整利差模型也是美国使用较广的信贷资产证券化定价方法。在该方法中,信贷资产证券化产品的发行利率=(基准利率+期权调整利差+期权成本)。

(二)美国市场MBS的利差情况

美国市场上的MBS主要由政府设立的房利美、房地美、吉利美等机构发行,并由机构担保。美国债券市场上的MBS的风险远小于公司债的风险。因此,美国市场上的MBS的到期收益率一般略高于国债收益率,但低于公司债券收益率(见表1)。

---

① 美国国债分为一年期以内的短期国库券(treasury-bill),一到十年期的中期国库票据(treasury-note)和十年期以上的长期国库债券(treasury-bond)。此处国债指后两者之和。

表 1　美国公司债、MBS、国债平均到期收益率比较

类别	2009 年	2010 年	2011 年	2012 年	2013 年
公司债	18.68%	9%	8.15%	9.82%	7.58%
MBS	5.89%	5.37%	6.23%	2.59%	3.27%
国债	3.26%	3.21%	2.78%	1.8%	2.35%

数据来源:美国证券行业和金融市场协会

房利美与房地美是美国资产证券化市场上 MBS 的主要发行机构,本文选择房利美发行的 30 年期 MBS 作为分析对象。

从 2009 年至今,利差大部分时间为正值。其中,5%及 6%票息的 MBS 利差波动幅度较大,从 2012 年 7 月至 2013 年初利差为负值。同一期限 MBS 票息及收益率不同,利差走势也不同(见图 1)。同时,整体利差水平并不高,利差平均值处于 106bp～131bp,利差中位数处于 105bp～151bp,利差最高值为 6%票息 MBS 的利差最大值 267.55bp(见表 2)。

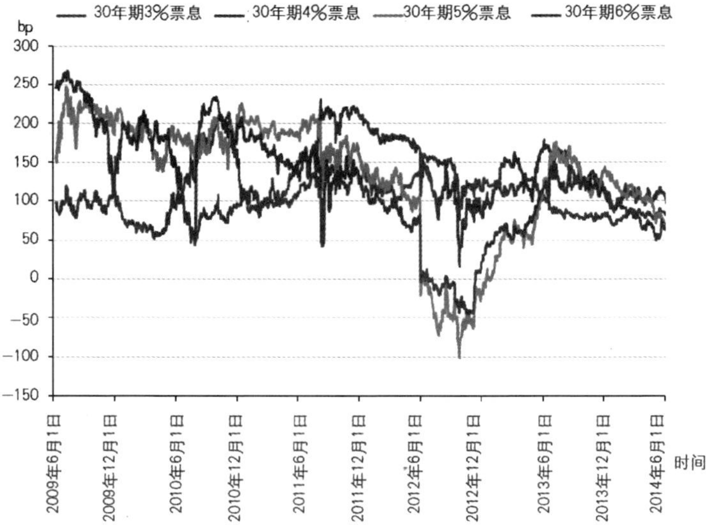

图 1　房利美不同票息 30 年期 MBS 与同期限国债的利差走势

数据来源:Bloomberg

表 2　房利美不同票息 30 年期 MBS 与同期限国债的利差(单位:bp)

项目	30 年期 3%票息	30 年期 4%票息	30 年期 5%票息	30 年期 6%票息
算数平均值	106.35	130.02	130.84	120.70
中位数	105.33	117.65	150.72	121.95
最大值	162.01	230.85	246.95	267.55
最小值	54.06	16.05	-100.87	-45.63

数据来源:Bloomberg

房利美发行的 30 年期 MBS 与 Libor 的利差为期权调整利差(OAS),排除了期权成本的影响。不同票息的 MBS 收益率与 Libor 的 OAS 整体走势一致,但整体在零值附近波动,并且波动较为频繁(见图 2 及表 3)。

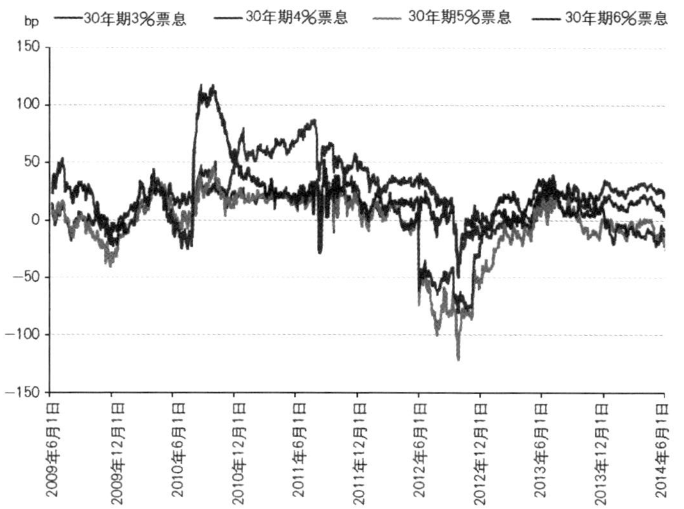

图 2　房利美不同票息 30 年期 MBS 与 Libor 的期权调整利差走势

数据来源:Bloomberg

表 3　房利美不同票息 30 年期 MBS 与 Libor 的期权调整利差(单位:bp)

项目	30 年期 3% 票息	30 年期 4% 票息	30 年期 5% 票息	30 年期 6% 票息
算数平均值	30.62	13.83	-3.46	11.16
中位数	30.05	15.9	1.7	12.3
最大值	87.7	40.1	46.7	118
最小值	-46	-49.7	-121	-80.4

数据来源:Bloomberg

我国信贷资产证券化产品的定价情况

(一)我国信贷资产证券化产品的主要定价方法

我国信贷资产证券化业务刚刚起步,经验较少,提前偿付数据及违约数据等历史数据不完善,加上利率尚未完全实现市场化等,导致期权调整利差定价模型在我国难以适用。目前,我国信贷资产证券化产品大部分直接采用包含期权补偿的静态利差进行定价,即采用一年定存利率加上一个固定利差的定价方法。

截至 2014 年 7 月 20 日,我国信贷资产证券化市场共有 47 期存量产品,产品的发行利率包括固定利率与浮动利率两类,一般为基准利率与利差之和。基准利率的选取主要有一年期定期存款利率、7 天回购利率及可比证券的利率,利差一般为静态利差(开元 2006 第一期信贷资产证券化产品采用期权调整利差模型定价)。其中,固定利率通过参考可比证券品种的收益率加一定的溢价确定(除基础资产为不良贷款外);浮动利率通过可调整基准利率加一定的利差确定。市场认为我国信贷资产支持证券的风险一般高于同期限同级别的可比证券,因此到期收益率一般高于可比证券的收益率。

截至2014年7月20日,债券市场上47期信贷资产证券化产品发行利率的确定主要采取基准利率加利差的定价方式(见表4)。

表4　我国信贷资产证券化产品定价方式一览

基础资产	发行期数	定价方式	定价期数
企业贷款	31	固定利率	14
		一年定存利率+利差	30
汽车贷款	7	一年定存利率+利差	7
住房抵押贷款	2	七天回购利率+利差	1
		一年定存利率+利差	1
铁路专项计划	3	一至三年中长期贷款利率-利差	3
信用卡	1	一年定存利率+利差	1
不良贷款	3	固定利率	3

注:定价期数是指已发行的同类基础资产证券化产品中采用某定价方式的期数。
数据来源:中国债券信息网

(二)国内资产支持证券的利差状况

2010年6月至2011年12月,各期限证券与国债的价差逐渐扩大,相比国债发行溢价上升。2012年1月至今,各期限证券的价差小幅波动,但整体逐渐减小,发行价格下降。整体来看,各期限AAA级资产支持证券与同期限国债利差的波动趋势一致(见图3及表5)。不同期限的资产支持证券与国债的利差均值都高于249bp,中位数均高于247bp,各期限产品利差最小值都高于182bp。整体来看,AAA级资产支持证券的利差基本高于200bp。

表5　2010年6月至2014年6月各期限资产支持证券与同期限国债利差(单位:%)

项目	1年期	5年期	10年期	20年期	30年期
算数平均值	2.49	2.62	2.68	2.63	2.64
中位数	2.47	2.68	2.79	2.74	2.74
最大值	3.53	3.25	3.38	3.20	3.21
最小值	1.91	1.82	2.05	2.04	2.09

数据来源:Wind资讯

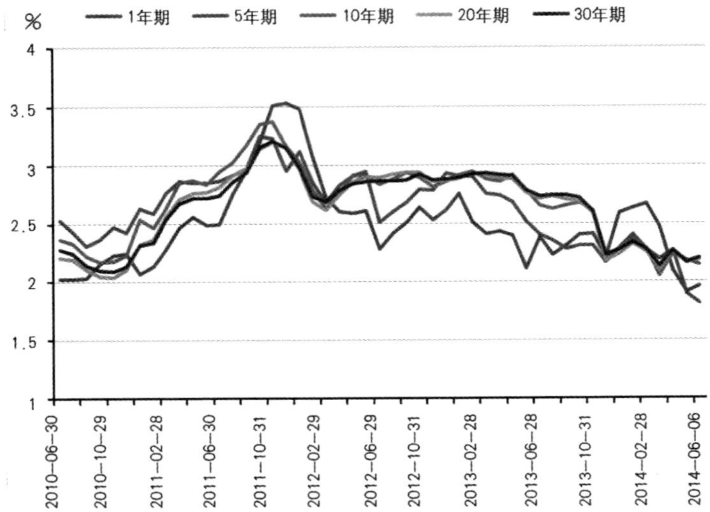

图 3　AAA 级固定利率资产支持证券与同期限国债的利差走势

数据来源:Wind 资讯

中美信贷资产证券化产品定价比较

从前述中美两国信贷资产证券化产品的定价对比来看,两国存在很大差异。

(一)定价差异的主要表现

1. 定价方法选择不同

美国信贷资产证券化市场主要采用期权调整利差模型。期权调整利差模型在计算抵押贷款支持证券不同时期偿还的现金流时,考虑了不同利率变化路径对提前偿还行为的影响,并对其进行预测。其中,期权调整利差中不包括期权成本。

我国信贷资产证券化市场的产品定价多采用包含期权补偿的静态利差进行定价,即采用一年定存利率加上一个固定利差的定价方法。该固定利差往往通过与可比证券(一般为同期限、同信用级别的短期融资券、中期票据)的收益率进行对比,并综合考虑信用风险、提前还款风险、流动性风险及市场资金面状况等方面的影响。

2. 利差状况不同

通过前述研究发现,美国 MBS 的整体利差水平并不高,与同期限美国国债的利差均值处于 106bp~131bp,中位数处于 105bp~151bp,最高利差为 267.55bp。同时,两种利差的波动性较强,MBS 与同期限国债利差在某一时期存在负值,而与 Libor 的期权调整利差更是在零值附近波动频繁。

但是,我国资产证券化产品的利差状况与美国市场完全不同,我国资产支持证券的利差水平较高,基本上位于 200bp 以上。其中,不同期限资产证券化产品与国债的利差均值都高于 249bp;各期限产品利差的最大值都高于 320bp,最大利差达 353bp;各期限产品利差的最小值都高于 182bp。总体来看,与美国市场的利差走势相比,我国市场上资产支持证券的利差走势十分平稳,价格对相关因素的敏感度不强,波动不频繁,且利差显著高于美国市场。

(二)定价差异的原因分析

中美信贷资产证券化产品定价差异受提前偿付、资产违约、利率波动、流动性等相关方面的影响。

1. 受利率市场化程度及产品流动性的影响,我国流动性溢价偏高

尽管我国金融市场利率市场化程度不断加深,但尚未完全实现市场化,利率的灵敏度仍偏低。首先,期权调整利差模型等定价模型依赖于利率变化路径。由于我国尚未完全实现利率市场化,利率水平的波动不能

真实地反映利率的实际变化趋势，导致对利率市场化程度要求较高的定价方法在我国运用较为困难。其次，产品流动性较差导致我国流动性溢价过高。在美国，资产支持证券的交易机制较为完善，投资者结构多元化，流动性较好。其中，超过 90%的机构 MBS 是以"待宣布"（to-be-announced，TBA）的方式交易，ABS、CDO① 与 MBS 有着相似的交易机制。由于我国信贷资产证券化刚刚起步，尚未建立完善的交易机制，投资者结构单一，并且已发行产品的基础资产质量优良，大多数机构投资者选择持有到期。其中，MBS 产品的加权平均期限更长，在短期内变现更为困难或变现成本更高，流动性更低。较低的流动性提高了资产支持证券的流动性溢价，目前市场给予的流动性溢价相对同期限信用债高达 70bp 左右；相对于国债，其流动性溢价将更高，这也是我国市场上资产支持证券定价偏高的主要原因。

2. 早偿率较高使得我国产品加权平均期限相对较短，具有较低的期限溢价

影响中美两国借款人提前偿付行为的因素存在巨大差异。首先，利率是影响美国借款人提前偿付行为的最重要因素；而在我国，由于不允许借款人再融资，从银行借新还旧赚取利差，如果借款人打算在利率降低时再融资，只能依靠自己的收入来提前偿付，收入水平是影响我国借款人提前偿付行为的最重要因素。并且由于我国人均收入水平显著低于美国，且我国借款人对于利率市场价格的辨识度和敏感度低于美国借款人，因此，我国借款人的提前偿付意愿将显著强于美国借款人。其次，我国居民

① CDO，即担保债务证券，属于广义的 ABS，指以抵押债务的信用为基础，基于各种资产证券化技术，对债券、贷款等资产进行结构重组，重新分割投资回报和风险，以满足不同投资者需求的证券化产品。根据基础资产的不同，CDO 下分为贷款担保债务证券与债券担保债务证券。

的储蓄率较高,居民的消费行为、心理与美国居民存在较大差异,在一定的收入水平和利率水平下,我国居民更加倾向于尽早偿还贷款;对于住房抵押贷款,借款人通常会将多余的资金用于提前清偿贷款,即部分提前偿付,但是美国借款人很少有部分提前偿付的行为。

根据建元2005RMBS和建元2007RMBS的历史数据分析,平均早偿率分别达到18.07%和17.18%,邮元2014RMBS的预计平均早偿率也达到12%左右;但根据美国证券行业和金融市场协会(SIFMA)的统计,美国同类产品的早偿率远低于中国,为2.5%~8%。根据邮元2014RMBS测试,若早偿率高4个百分点,将使产品的加权平均到期期限缩短一年,根据中国债券信息网资产证券化产品收益率曲线,一年的期限利差约为10bp~15bp。

3. 我国信贷资产证券化产品具有较高的信用溢价

在美国市场,抵押贷款一级市场由美国联邦住房管理局(FHA)等政府机构及其他私人抵押保险公司对抵押贷款担保,而在MBS市场有政府国民抵押协会(GNMA)、联邦国民抵押贷款协会(FNMA)及联邦住房贷款抵押公司(FHLMC)等三大官方或半官方机构进行担保,即使借款人违约,本息依然有保障。因此即使基础资产存在违约风险,但是MBS的信用风险依然较小,甚至可被视为没有信用风险。与美国相比,我国的ABS、MBS主要由商业银行发行,由于我国尚处于信贷资产证券化的初级阶段,ABS产品的基础资产多来自经筛选的商业银行优良资产,因此,我国银行发行的信贷资产证券化产品也带有发起人的隐形信用。因此,可以把美国三大机构发行的MBS信用等同于美国的准国债,这类似于我国的国开债;而我国银行发行的证券化产品可看做附带商业银行信用的债券。目前,国开债与AAA级同期限商业银行债的利差在20bp~30bp之间。

4. 对证券化的特定目的载体征收营业税提高了发行成本

资产证券化是资本市场上一种创新性投融资工具,而税收作为投融资的成本影响着资产证券化的效率,也影响着资产支持证券的定价水平。

在美国,对于资产证券化产品要进行分类,对不同类别支持证券所实行的税收政策也不同。对于依据不动产抵押贷款或金融资产设立的投资载体,则直接按照这两种结构的税收政策处理。即无论私人机构还是政府机构发行者,只要符合条件,抵押贷款组合本身不再是纳税主体,不对特殊目的载体(SPV)征税,而仅对证券的投资者征税。若不是两种证券化结构,则需要根据具体情况进行税收处理。

在我国,财政部、国家税务总局于2006年2月20日发布《关于信贷资产证券化有关税收政策问题的通知》(财税〔2006〕5号),规定暂不征收或暂免征收印花税;但发行人需要对利息收入缴纳总计约5.6%的营业税,金融机构投资者在买卖信贷资产支持证券后,其收益部分还需缴纳企业所得税。根据当前我国证券化的实例,优先档均采用固定利差模式,只有次级档采用浮动收益模式,次级档收益为扣除各项费用和税收后的剩余收益,因此,次级档持有人实际承担了信托财产收到的贷款利息部分5.6%的营业税,若资产池平均收益率为6%,则次级档持有人承担的税收成本约为30bp。当前,次级档的持有人基本上都是发行人,因此营业税的最终承担人应为发行人,这就进一步抬高了发行成本。

综上所述,目前我国信贷资产证券化产品定价普遍比美国同期限产品高出150bp左右,主要是由于流动性风险、信用风险、期限以及税收因素的影响所致。其中,流动性溢价[①]高出约 70bp,信用风险溢价[②]高出20bp~30bp,期限溢价[③]低约 10bp~15bp,税收溢价[④]高出 30bp~40bp。

完善我国信贷资产证券化产品定价机制的相关建议

综上所述,由于中美两国经济社会发展环境不同,并且我国信贷资产证券化市场仍然处于起步阶段,产品的定价方法依然在摸索与实践中,还没有形成一套被广泛认可、适合我国市场的定价方法,两国在定价方面存在差异具有一定的客观性。为完善我国信贷资产证券化产品定价机制,本文提出以下建议。

(一)加强金融市场建设,积极缩小流动性溢价空间

首先,继续推进利率市场化进程,使利率的变动可以真实、有效地反映实际资金价格的变动趋势,使市场利率与国债的利差趋于稳健合理的水平。其次,建立完善的资产支持证券交易机制、做市商制度,扩大信贷资产证券化产品规模和投资者范围。制定融资性质押支持政策,出台配套的交易细则,提高资产支持证券的流动性。

(二)完善市场定价基础,建立贷款信息数据库

根据研究经验,信贷资产证券化产品的定价有赖于大量信贷基础数据及相关信用信息的支撑。只有建立一个庞大的贷款信息数据库,形成对贷款早偿、违约情况等贷款偿付行为数据的积累,并以此来分析贷款的

① 流动性溢价,是指流动性低的资产与同类流动性高的资产之间的预期收益差额。
② 信用风险溢价,指其他条件相同的资产之间因信用风险的不同引起的预期收益差额。
③ 期限溢价,指期限长的资产与同类期限短的资产之间,因期限结构不同引起的预期收益差额。
④ 税收溢价,指其他条件相同的资产之间因为税收政策的不同引起的预期收益差额。

提前偿付率、违约率等情况，才能对信贷资产证券化产品进行合理定价。建议由行业协会、金融机构建立完整有效的抵押贷款信息数据库，完善市场定价基础。

（三）规范市场定价行为，提高市场定价成熟度

首先，进一步规范、引导发行人和市场定价行为。从产品现金流出发，考虑合理的早偿假设和违约、回收假设，采用真实有效的定价方法，努力使产品定价反映出 MBS 产品的真实价值。其次，建立合理的量化定价体系和配套的信息系统，培育熟悉国际及国内定价环境的人才，按照市场需求进行合理的产品设计和定价。最后，努力改善发起机构和投资机构在对信贷资产证券化产品定价时仅参考同期限信用债等产品定价的局面，引导投资者合理估值定价，从降低信用风险溢价和流动性风险补偿的角度，吸引更多的投资者进行理性投资。

（四）制定税收倾斜政策，降低发行人成本

建议适时调整信贷资产证券化业务的税收政策，取消对资产证券化 SPV 征收营业税，降低发行人的税收成本，推动信贷资产证券化产品的科学定价。

参考文献

[1] Frank J. Fabozzi, Mark B. Wickard. Valuing Mortgage-Backed and Asset-Backed Securities [M]. Published Online, 2008.

[2] L. R. Rosen. The McGraw-Hill Handbook of Interest Yield and Returns [M]. McGraw-Hill, Inc, 1995.

[3] Linda Allen. Capital Markets and Institutions: A Global View [M]. John Wiley&Sons,

Inc,1997.

[4]F. J. Fabozzi, et al. Foundations of Financial Markets and Institutions [M]. Prentice hall, Inc,1998.

[5]汤震宇,徐寒飞,李鑫. 固定收益证券定价利率[M]. 上海:复旦大学出版社,2004.

[6]王俊. 住房抵押贷款支持证券提前偿付行为研究[J]. 市场周刊,2008(4):107-108.

[7]陈颖,屠梅曾. 国外住房抵押贷款支持证券定价理论的方法研究[J]. 中国房地产金融,2004(9):43-46.

[8]Brent W. Ambrose and Richard J. Buttimer, Embedded Options in the Mortgage Contract [J]. Journal of Real Estate Finance and Economics,2000(21):95-111.

[9]K. Dunn,J. McConnell. Valuation of GNMA Mortgage-backed Securities [J]. Journal of Finance,1981(36):599-617.

[10]唐旭. 资本市场:机构与工具[M]. 北京:经济科学出版社,1998.

作者单位:中国邮政储蓄银行金融同业部

(本文原载于《债券》2014 年 9 月刊)

我国资产证券化产品二级市场发展现状及建议

——基于商业银行自营视角

常庆伟　阎　超

摘　要：本文分析了我国资产证券化产品二级市场的主要作用，梳理了二级市场发展面临的主要问题，并就如何推动资产证券化产品二级市场发展提出相关政策建议。

关键词：资产证券化产品　二级市场　估值　信息披露机制

从国际经验来看，金融产品的发展通常都需要有二级市场提供有效支撑，二级市场的发展程度是衡量金融产品发展水平的一个重要指标。

从我国来看，2019 年我国资产证券化产品一级市场(含银行间市场和交易所市场)发行规模超过 2 万亿元，2019 年末产品余额约为 3 万亿元。但我国资产证券化产品二级市场年均交易规模不足 9000 亿元(见图 1)，市场活跃度明显不够。

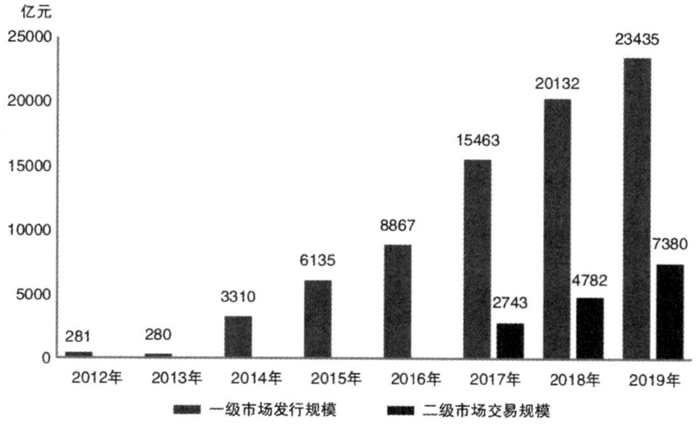

图1　我国资产证券化产品一级市场发行规模及二级市场交易规模

数据来源:Wind

资产证券化产品二级市场的主要作用

资产证券化产品二级市场的繁荣不但有利于各参与主体实现利益最大化,而且有利于资产证券化产品市场的持续健康发展。

(一)有利于提高一级市场认购倍数,促进市场估值向真实价值回归

从市场供需来看,如果某种金融产品的二级市场交易较为活跃,这种效果通常会向一级市场传递。从市场估值来看,二级市场具有一定的价值发现功能,二级市场实际成交价格会促进该产品的市场估值向真实价值趋近,即"价值回归",从而进一步提高市场估值的合理性。

(二)有利于缓解一级市场发行量偏小与投资需求旺盛之间的矛盾

近几年,我国资产证券化产品一级市场发行规模迅猛增长。在"资产

荒”背景下,投资者对资产证券化产品的投资需求增大,一级市场尚不能有效满足投资者的需求,供需失衡现象较为明显。尽管二级市场的价格和交易规模受到询价范围、交易意愿、产品估值等多种因素影响,其交易效率可能逊于一级市场,但毋庸置疑的是,二级市场是一级市场的有益补充,二级市场的不断发展有助于更好地满足投资者的多元化需求。

(三)有利于投资者获取流动性,提高综合收益

如果有活跃的二级市场作为支撑,投资者可以适时通过直接卖出产品、质押式回购等方式进行变现,以此获取较低成本的资金。此外,活跃的二级市场有利于投资者获取更多综合收益。

(四)有利于提高专业服务机构的市场参与度

活跃的二级市场能够有效引导投资者更加主动地关注交易标的质量,并把这种质量要求分解为对产品链条上每个环节、每个参与机构的具体要求,如管理人产品结构设计和现金流规划的合理性、资产服务机构履职尽责、评级机构动态评级有效性等方面的要求。实践证明,每个责任主体的表现都将影响二级市场估值和风险认定,进而影响交易实践。因此,二级市场的快速发展客观上对产品管理人、评级公司等相关参与主体的资质和能力提出了更高要求,也会促进参与主体专业能力以及市场回报的提升。

当前资产证券化产品二级市场发展面临的主要问题

作为国内新兴的金融产品,资产证券化产品的本土化发展需要一个逐步完善的过程。现阶段主要存在以下六方面问题。

（一）市场发展不够成熟

一是市场对投资者的需求重视不够，存在“重发行、轻投资”现象。从国际经验来看，较为成熟的资产证券化市场应由投资者主导，即由投资者偏好引领市场发展。但在当前“资产荒”背景下，发行方相对强势，部分发行人会通过某种方式（如提供负债支持等）影响发行价格，从而导致一级市场发行价格存在失真现象。失真的发行价格与后续市场估值之间的偏差又会给二级市场交易带来困扰。

二是市场尚未经历完整的信用周期。在信用风险方面，现阶段资产证券化产品的真实违约率不高，这一方面是因为发行人相对谨慎，另一方面是由于产品结构设计有助于化解一定风险。但这种低违约率也说明市场还不够成熟，尚未经历一个完整的信用周期，没有经历风雨的洗礼。同时，一些投资者的专业能力不足，其中信用风险研判能力欠缺会降低其根据市场信用环境变化进行交易的意愿。

（二）没有形成规模效应

与传统债券相比，资产证券化产品二级市场规模还比较小，没有形成规模效应。资产证券化产品一级市场存在“尝试性投资”现象。部分投资者没有将资产证券化产品纳入大类资产配置计划，或者仅以持有至到期为主，没有主动开展二级市场操作。资产证券化产品二级市场规模偏小会影响产品的整体定位。此外，二级市场流动性较弱制约了投资者在一级市场的建仓量，进而容易形成恶性循环。

（三）估值体系不够健全

二级市场交易定价需要考虑很多因素，其中合理的第三方估值是重要的参考因素。目前资产证券化产品的市场估值偏离度较大,这是多方面原因导致的。例如,相关信息获取难以及时、充分,产品结构设计和还本付息安排较为复杂,以及估值模型和假设因素存在差异等。交易价格和市场估值的较大偏差,会给二级市场投资交易带来一定压力。此外,资产证券化产品的早偿会对估值和交易净价产生较大影响。同时,部分产品缺少公开披露的底层资产数据,导致估值机构难以获得产品结构安排和含权条款设置等信息,也容易导致估值偏差。

(四)投资者结构较为单一

资产证券化产品二级市场的交易主体主要来自一级市场的活跃参与主体,但目前一级市场投资主体结构相对单一。

以信贷资产证券化产品为例,其投资者主要是金融机构,其中商业银行以自营、理财和各种管理计划方式参与投资的规模占比超过70%。这一方面是因为商业银行资产规模庞大,每年资产重置需求较大,因而愿意投资这种能够减少风险资产占用以及标准化程度较高的产品。另一方面,部分非银行金融机构对产品的期限结构、风险溢价和变现能力等要求较高,不敢大量投资这种产品。一级市场投资主体结构单一会对二级市场产生影响,使得市场投资偏好(包括预期收益率、投资久期、风险标准等)趋同,进而导致投资群体固化和投资需求僵化。

(五)信息披露及利用不够充分

在资产证券化产品信息披露方面,相关管理部门陆续发布了管理政策,对产品存续期的信息披露进行明确规范,但其实际执行效果还不够理想。

一是市场对发行主体信用的研究和信息披露不够。发行主体信用风险与基础资产风险紧密关联是我国资产证券化市场的阶段性特征。从理论上说,资产证券化产品实行"破产隔离"和"风险隔离"机制,即对主体信用风险"免疫",但在现实中很难做到。一方面,我国在法律层面尚缺少明确的法理依据;另一方面,在发行主体出现问题进行清算的过程中,其主体风险难免会触发基础资产风险。

二是发行人信息披露的主动性有待加强,评级公司的评级报告质量有待进一步提升。信息披露的有效性直接影响产品估值的合理性。一些发行人将产品信息视为"商业机密",不向外界提供,造成一定程度的信息不对称,这也与现阶段发行人相对强势有关。此外,一些评级公司动态评级报告更新的及时性和有效性有待提高。

三是投资者对披露信息不够敏感,主动获取存续信息的积极性不高,信息获取不及时。另外,部分投资者在获取信息后未能将其有效运用到交易策略中。

(六)政策及技术障碍有待解决

根据相关政策,部分经批准的上市商业银行可以通过交易所的集中竞价系统进行资产证券化产品交易,但无法使用交易所的固定收益证券综合电子平台进行二级市场交易。上市商业银行直接参与二级市场交易受限,会影响二级市场交易的积极性。

对投资者来说,资产证券化产品二级市场的价格计算需要运用量化模型,并借助市场上一些软件进行处理。虽然这些软件的部分功能是免费的,但是这些免费的部分很难实现个性化参数设置;若使用其他功能,则需要付费。这对于整体交易量不大、交易不活跃的市场来说并不经济。从整体上看,目前二级市场交易价格的计算方式相对简单。

推动资产证券化产品二级市场发展的建议

(一)提高市场参与主体对二级市场的认知水平

一是从扩大综合收益的角度提高投资者对资产证券化产品二级市场的认知水平。投资者对二级市场交易收益的认知以及由此产生的交易意愿是二级市场快速发展的原动力。应充分认识到,二级市场可以帮助存在差异化需求的交易双方实现套利或避险目标,并能够提供流动性,扩大增值收益。

二是从降低发行成本和持续发展的角度提高发行人对二级市场的认知水平。发行人应主动推进其产品二级市场交易和做市,积极优化存量产品的信息披露和估值体系,从而提高一级市场发行的便利性和持续性,降低发行成本。

三是从提升专业服务能力的角度提高其他参与主体的认知水平。产品管理人和资产服务机构应进一步明确自身在产品存续期的管理职责,评级公司应加强动态跟踪评级等。

(二)加强一级市场建设

一级市场的健康发展是二级市场持续发展的重要基础,没有一级市场的优质产品储备和差异化需求培育,二级市场将变成无源之水。因此,大力发展二级市场首先要做大、做强一级市场。

一是确保一级市场发行的连续性。从二级市场的投资实践来看,储架类、规模化、已形成体系的产品交易活跃度更高,交易量更大,价格也更加平稳。因此,要坚定一级市场发展信心,确保一级市场产品发行的连续性，为二级市场提供更多、更好的交易标的。

二是不断优化产品结构设计，完善产品发行服务。建议在充分考虑投资者结构变化和需求特征的基础上，基于国内法律法规、利率政策、税收政策和监管要求合理进行产品结构设计，避免过度创新。此外，应确保相关信用增进措施到位、现金流覆盖充足，严格、准确地测算产品期限（预期到期日、加权到期日、实际到期日等）、违约率、早偿率等关键指标。

三是不断丰富投资者群体，逐步改善投资者结构相对单一的现状，积极促进投资者群体和交易需求多元化。在此过程中，发行人和销售机构应发挥更大的作用，加大发行主体和产品宣传力度，积极吸引低成本、规模大的海外资金及保险资金等参与投资，在降低发行成本的同时，促进差异化竞争格局的形成。

（三）不断完善相关基础工作，为二级市场发展提供保障

高效率、规模化的二级市场交易需要可靠的基础保障，包括相关管理政策、电子交易系统、完善的信息披露机制、产品估值体系等。

一是完善相关管理政策。建议从培育市场的角度出发，完善资产证券化产品相关管理政策，为产品的发展提供更多支持，营造良好的制度环境。

二是不断提高各市场参与主体的二级市场交易能力。第一，建议交易主体之间加强沟通，不断提升交易定价和客户营销能力。第二，建议主要发行方和销售机构充分发挥产品规模优势和客户信息优势，积极推动二级市场的交易撮合。

三是不断完善信息披露体系。第一，强化对信息披露的监督检查力度，严格落实制度要求，加大违规处罚力度。第二，发行人和资产服务机

构应履职尽责,主动、全面、及时、有效地披露相关信息,尽量降低信息不对称的负面影响。第三,评级机构、托管机构等应从自身职责出发,主动关注发行主体和资产的变化情况,及时出具有效的动态评级报告和资金监管报告。第四,投资者应加强对披露信息的获取和应用,从使用者的角度提出相应标准和要求,促进信息披露体系的完善。

四是不断优化估值体系。建议市场主流估值机构更加重视资产证券化产品估值工作,在主动、全面获取相关信息的基础上,不断优化估值方法和估值模型,进一步提高估值的准确性和可信度。建议市场上实力较强的评级公司、研究公司等积极投身资产证券化产品的估值业务中,共同探索更加科学的估值体系并使之商业化。此外,二级市场交易双方应加强与估值机构的沟通交流,及时反馈实务中的估值偏差,并提出有针对性的意见和建议。

五是加快第三方定价工具的发展与应用。目前市场上实用性强、性价比高的第三方定价软件较少。建议加强相关软件的开发利用,同时不断丰富境外软件的本土化功能,降低采购成本,促进其在二级市场交易中的广泛应用。

(四)逐步加强产品创新,增加产品功能

一是合理开展增值性创新,即运用现有的金融工具对存量产品进行深加工。例如,随着未来贷款市场报价利率政策的深入实施,资产证券化产品基础资产的定价机制以及产品的付息机制都将发生根本性变化。对此,投资者可以参考传统债券附加利率互换机制的方式加以应对。此外,可以将信用风险缓释工具等与资产证券化产品有效结合,将信用风险定价与产品定价相剥离,重构信用风险,提高二级市场的流动性。

二是扩大资产证券化产品融资功能，如传统的回购功能、新兴的质押式三方回购功能等。融资功能的不断丰富和融资能力的不断提高，将推动国内资产证券化市场发展再上新台阶。在当前资产证券化产品流动性和接受度相对不足的情况下，可以考虑探索“借贷+回购”的模式，即将资产证券化产品通过债券借贷转换成流动性较强的利率债等传统债券，再进行回购操作。（本文仅代表作者个人观点，与所在单位无关）

作者单位：兴业银行资金营运中心

（本文原载于《债券》2020年5月刊）

基于买方视角的保障性住房类资产支持证券浅析

王旭光

摘要：保障性住房类资产支持证券是企业类资产支持证券的重要组成部分，具有久期短、收益率高、差额补足人资质通常较好等特点。但保障性住房类资产支持证券也存在发行量较少、结构较为复杂等情况。本文从买方视角分析了此类产品的一般特征和投资价值，并提出投资中需关注的要点。

关键词：保障性住房　资产支持证券　投资价值　收益率

保障性住房是指政府为中低收入住房困难家庭提供的限定标准、限定价格或租金的住房，在大类上可以分为租赁型和购买型两种。前者可进一步细分为廉租住房和公共租赁住房，后者可分为经济适用住房、限价商品住房和各类棚户区改造住房。通过发行资产支持证券（ABS）为保障房融资的方式最早可以追溯至2014年，"建发禾山后埔—枋湖片区棚户区改造项目专项资产管理计划"（以下简称"建发禾山后浦ABS"）是最早发行的保障性住房类ABS。

目前，保障性住房类ABS已在上海证券交易所（以下简称"上交所”)、深圳证券交易所(以下简称“深交所”)及银行间市场发行。根据大类划分,保障性住房类 ABS 可以分为租赁型(公租房 ABS)和购买型(保障房 ABS、安置房 ABS)。截至 2021 年一季度末,深交所申报保障性住房项目 53 单,规模合计为 455.27 亿元;上交所共计申报 61 单,规模合计为 523.95 亿元(均包含已发、待发及已终止项目)。租赁型 ABS 出现较晚,市场存量、待发行量均较低。截至 2021 年一季度末,上交所共申报 7 单,规模合计为 94.67 亿元;深交所仅申报一单,规模为 5.48 亿元。

城投平台往往参与开发保障性住房,并以此作为相应 ABS 的差额补足人①。从交易要素来看,保障性住房类 ABS 也往往更符合债券投资者的配置习惯。虽然具备上述优势,且业务也已经开展数年,但受相关监管政策变化和 ABS 市场整体发展现状等因素影响,这类产品的投资价值还未得到充分挖掘,笔者尝试从投资的角度介绍保障性住房类 ABS 的相关特征和投资价值。

保障性住房类 ABS 的一般特征

(一)交易结构特征

1. 购买型保障性住房 ABS

交易结构是投资 ABS 需要关注的一大问题。2014 年,购买型保障性住房 ABS 的底层资产和结构设计出现明显变化。底层资产从债权(全部或大部分资金来自当地政府)转为受益权(保障房销售收入),结构模式

① 差额补足是指为了保障主权利人和主义务人之间的权利义务关系,当主义务人未按约定履行义务时,由第三方按照约定履行差额补足义务的行为。为 ABS 提供差额支付承诺的一方往往被称为“差额支付承诺人”或“差额补足义务人”,为行文统一,除摘录的图表外,本文将其统一简称为“差额补足人”。

从单一特殊目的载体(SPV)相应演变为双SPV。

购买型保障性住房的收入来源可以分为与政府签订的合同债权以及市场化销售收入两种。“建发禾山后埔ABS”即采用了以合同债权作为基础资产还款来源的形式。

2014年12月,中国证券投资基金业协会发布《资产证券化业务基础资产负面清单指引》《资产证券化业务风险控制指引(征求意见稿)》等规定,主要对ABS基础资产选择和业务风险控制提出了具体要求,明确禁止将直接或间接债务人为地方政府的资产作为基础资产开展证券化业务。根据上述文件要求,适合开展ABS业务的保障房项目应当以市场销售收入作为主要回款方式,能够实现向购房者收款或实质上向购房者收款。

与债权不同,未来的销售收入无法直接进行买卖,这一点对此类项目的影响是颠覆性的。《深圳证券交易所资产证券化业务问答》进一步明确,基础资产现金流来源于保障房销售收入的资产证券化项目一般构造信托受益权或委贷债权,将保障房定价销售收入作为信托贷款或委托贷款的还款来源,需设置双SPV结构。

2. 租赁型保障性住房ABS

租赁型保障性住房ABS的底层资产是对物业公司的债权(最终还款来源为标的公租房的租金收入)。这一类资产可以直接打包作为底层资产,未受到上述负面清单系列制度的影响,仍采用单一SPV结构。然而,租赁型保障性住房ABS的承做和审核对现金流的确定性要求更高,导致这一类ABS至今仅零星发行,难以成为主流。

图1、图2具体列明了负面清单发布后,市场上常见的委托贷款模式

和信托受益权模式下的两类购买型保障房采取的双 SPV 交易结构。

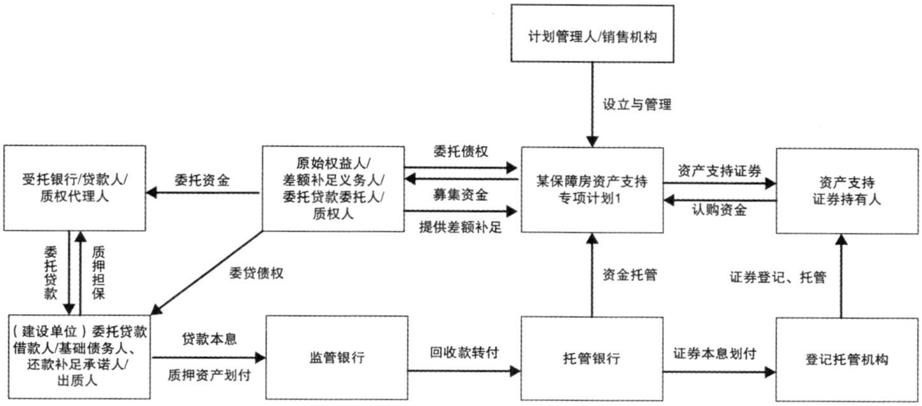

图 1　委托贷款模式下的交易结构示意图

资料来源:募集说明书

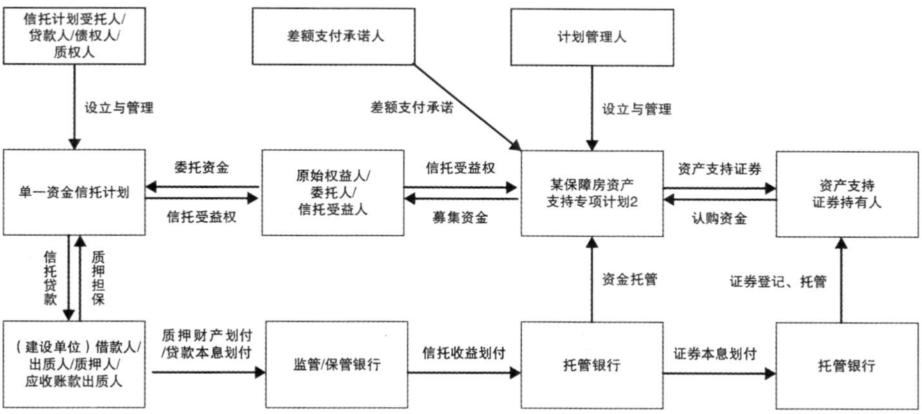

图 2　信托受益权模式下的交易结构示意图

资料来源:募集说明书

通过对比可以发现,上述两种结构的区别主要集中在以下方面:

第一,差额补足人(往往是常见的城投类信用债发行主体)扮演了不同角色,原始权益人也有区别。在委托贷款模式下,差额补足人向壳公司发放委托贷款,从而形成债权,可以作为基础资产设立专项计划,此时城投主体本身也是原始权益人。而在信托受益权模式下,委托人(信托主体A)将资金委托给受托人(信托主体B),指定信托主体B向借款人(同时也是差额补足人)发放贷款,形成信托主体A的信托受益权,信托受益权作为基础资产设立专项计划时,原始权益人变为信托主体A。虽然二者实质上均是将保障房销售收入作为还款来源,但后者的交易结构明显更为复杂。此外,对于部分买方机构来说,风控考核对象从城投主体转为信托主体,也会给准入和后续追踪带来一定影响。

第二,基础资产类型发生了变化。委托贷款模式下的基础资产为债权,信托受益权模式下的基础资产为信托受益权。在承揽承做层面,上述两种模式的选择依据综合成本高低等因素,并没有绝对的优劣之分。从买方机构角度看,以信托受益权作为基础资产的ABS有时会受到更多的契约限制,参与机构更多、结构更复杂也对信用准入和风控考核提出了更高要求。

交易结构特征对投资机构的影响主要体现在买方机构的准入层面。购买型保障性住房ABS由于设置了双SPV结构,可能存在两大负面影响。一是资管类机构可能不符合《关于规范金融机构资产管理业务的指导意见》关于禁止多层嵌套的相关规定。二是从结构设计初衷出发,无特定资产或者现金流不稳定以至于需要嵌套进信托受益权的资产存在先天瑕疵,且在市场当前存续的ABS中,双SPV也并非主流模式。从这一角度看,以公租房租金(债权)作为基础资产还款来源的ABS结构更简单清晰,基础资产现金流的确定性更强,也更受市场认可。

值得关注的是,由于租赁型保障性住房ABS的现金流对应的是物业收入,目前也有机构尝试采用类房地产信托投资基金(REITs)的模式对其进行结构设计，体现为底层资产是通过私募基金对外投资而持有的自原始权益人处购买的相应股权等。对于采用类 REITs 结构设计的公租房 ABS，虽然其实质上与商业地产类 REITs 有明显区别，但也因涉及股权结构，受众明显少于常规债权类保障房 ABS，其积极意义更多需从发行层面解读。

从总体上看，交易结构设计越复杂或越新颖的 ABS，越能考验买方机构的相关研究能力，也更容易触发资管类买方机构的契约限制。

（二）发行要素特征

通过观察发行要素可以初步判定某类资产是否符合投资需求。以下将通过案例分析的形式，对两单购买型保障性住房 ABS 的发行要素的特征进行分析（见表 1、表 2）。

表 1　A 地区保障房资产支持专项计划兑付安排

兑付日期	兑付计划					
	保障 1	保障 2	保障 3	保障 4	保障 5	保障次级
2020 年 5 月 20 日	—	—	—	—	—	—
2020 年 11 月 20 日	50%	—	—	—	—	—
2021 年 5 月 20 日	50%	—	—	—	—	—
2021 年 11 月 20 日	—	50%	—	—	—	—
2022 年 5 月 20 日	—	50%	—	—	—	—
2022 年 11 月 20 日	—	—	50%	—	—	—
2023 年 5 月 20 日	—	—	50%	0 或 100%	0 或 100%	—
2023 年 11 月 20 日	—	—	—	50%	—	—
2024 年 5 月 20 日	—	—	—	50%	—	—
2024 年 11 月 20 日	—	—	—	—	50%	—
2025 年 5 月 20 日	—	—	—	—	50%	100%
合计	100%/2 亿元	100%/2.2 亿元	100%/2.5 亿元	100%/2.6 亿元	100%/2.7 亿元	100%/0.6 亿元

资料来源：募集说明书

表 2　B 地区保障房资产支持专项计划兑付安排

兑付日期	兑付计划			
	保障优 A1	保障优 A2	保障优 A3	保障 C
2020 年 7 月 26 日	54.72%	—	—	—
2021 年 1 月 26 日	45.28%	—	—	—
2021 年 7 月 26 日	—	58.89%	—	—
2022 年 1 月 26 日	—	41.11%	—	—
2022 年 7 月 26 日	—	—	41.67%	—
2023 年 1 月 26 日	—	—	58.33%	100%
合计	100%/5.3 亿元	100%/4.5 亿元	100%/2.4 亿元	100%/0.7 亿元

资料来源:募集说明书

由上述案例对比可见,保障性住房类 ABS 受制于底层资产的可得性、销售进度等原因,发行规模往往不大,且分层较为分散。这些特征从集中度层面限制了市场对此品种的认可度。

进行此种划分的目的是使各档获得较合理的期限,一般为 1~3 年。部分产品如表 1 所示,在靠后档位含有回售权。此时需要关注含有回售权的 3 年期优先级两档与 3 年到期不含权的优先档的还本安排并不相同,前者久期略长,且为一次性还本。这个差异将影响买方机构的资金安排和实际的持有收益,但在一级市场往往难以受到关注。

在偿付方面,由于已经设置了较高的覆盖倍数,且差额补足安排已体现到每一次还款中,保障性住房类 ABS 的现金流往往是确定的。而且每次基本上都只还某一档,还款比例在 50%左右,以保证可在两期左右兑付完毕。这个特征是承做机构通过调整分层及保障倍数刻意设置的,不仅彻底消除了 ABS 现金流的不确定性,也使得现金流的计算得以简化、预期期限与加权期限的差距更小,从而更趋近于普通信用债,这是该品种吸引力大于其他类型 ABS 的重要保障。

（三）集中度特征

除了上述特征外，在集中度方面，上述品种的 ABS 还呈现以下特征：

第一，保障房区域集中度较高，尤以江浙一带的地级市或百强县为主（见表3）。截至 2021 年 5 月初，全国范围内共有 44 个地级市参与了保障性住房类 ABS 发行，其中隶属江苏省、浙江省的地级市和百强县达 24 个，发行规模为 335.12 亿元。

表 3　保障性住房 ABS 区域集中度统计表

所在区域	区域属性	发行规模（亿元）	占比（%）	加权期限（年）	加权收益率（%）
天津市	直辖市	89	15.28%	1.89	6.28%
苏州市	地级市	32.4	5.56%	2.62	4.84%
杭州市	省会城市	27.4	4.70%	2.18	5.25%
绍兴市	地级市	26.65	4.58%	2.25	4.19%
南京市	省会城市	26.63	4.57%	2.53	4.61%
镇江市	地级市	26.55	4.56%	2.24	5.81%
南通市	地级市	24.8	4.26%	2.62	4.87%
郑州市	省会城市	22.4	3.85%	2.23	5.08%
泰州市	地级市	15	2.58%	1.62	6.13%
舟山市	地级市	13.15	2.26%	2.37	5.21%

注：该排名不含百强县发行情况

数据来源：Wind

第二，主承销商的集中度较高。从已发行的项目来看，包括基金子公司在内，共有 35 家机构曾经担任保障性住房类 ABS 的主承销商，但在上述机构中，承销规模居前六位的机构合计承销规模已经超过市场规模的 50%。

上述两个特征之间存在一定的因果关系。作为具有一定创新性的融资手段，保障性住房类 ABS 最先在江浙一带落地，形成了区域集中的特点。同时，全国其他区域推进相关业务容易出现市场对差额补足人的认可度不够或当地政府融资意愿不强等情况。在此情况下,最先进入该市场的主承销商也很容易在一定区域内占据垄断地位。

通过对比待发项目的审核信息可以发现,虽然涉足保障性住房类ABS的区域正向多元化发展,但新项目仍主要集中在经济较发达地区,承销商集中度偏高的趋势还在加剧。但从本质上说,这一现象使得该品种的市场难以扩容,影响市场认可度和流动性。

投资价值与关注要点

保障性住房类ABS的发行主体或增信机构多数是市场机构较为熟悉的城投平台,目前开展此类业务最多的区域是江浙一带经济发达地区的地级市和百强县。从总体上看,这类资产是较为优质的资产。

从单券要素来看,保障性住房类ABS的现金流确定,且久期一般较短(往往含提前偿付或回售选择权条款),与信用债高度类似。其二级市场也初步具备了一定的流动性。根据《商业银行资本管理办法(试行)》,银行自营类资金投资ABS具有风险资本占用较少的优势,但这类投资者毕竟只占市场的一部分。对于其他类型的投资机构来说,与信用债相比,保障性住房类ABS是否同样具有较高的投资价值还需结合具体案例进行分析(见表4)。

表 4　保障性住房 ABS 的期限及收益情况

案例	档位	票面利率(%)	预计期限(年)	加权期限(年)	持有至到期收益率(%)
案例 1	保障 1	3. 38	1. 15	0. 9	3. 41
	保障 2	3. 58	2. 15	1. 9	3. 61
	保障 3	4. 10	3. 15	2. 9	4. 14
	保障 4	4. 10	3. 15+1	2. 9	4. 14
	保障 5	4. 10	3. 15+2	2. 9	4. 14
	保障次级	—	5. 15	5. 15	—
案例 2	保障优 A1	5. 50	0. 89	0. 62	5. 59
	保障优 A2	6. 00	1. 89	1. 60	6. 09
	保障优 A3	6. 50	2. 89	2. 69	6. 61
	保障 C	—	2. 89	2. 89	—

资料来源:募集说明书、Wind

与债券相比,ABS 收益的溢价来自两部分:一是因现金流分布不同所带来的溢价,二是因受众广泛程度不同所带来的溢价。

从现金流分布来看,以案例 1 为例,由于该产品存在提前兑付本金的要求,实际期限较预期略短,但对买入并持有至到期的投资者来说,其收益率影响不大(见表 4)。但在案例 2 中收益率之差达到近 10BP,这与资金偿付安排和票面的绝对收益等因素有关。由于现金流分布与纯债不同,并非严格按年或半年付息,其年化收益也可能存在些许误差。以案例 2 验证上述结论,由于该产品的资质水平略逊于案例 1,其票面利率明显更高。此时现金流分布等因素导致实际持有期的收益率可大于票面利率 10BP 左右。

从受众广泛程度来看,案例 1 的 ABS 差额补足人于当年 7 月发行一单普通信用债,其 3 年期票面收益率为 3. 80%。即便考虑到市场波动因素,该产品的收益率仍与这单保障性住房类 ABS 存在很大差距。通过进一步观察可知,该债券上市首日的中债估值收益率即达到 4. 04%,存续至今其净价几乎未回到100元,这可能是非市场化因素所致。根据经验,通常是由于当地银行的认购热情过高,或者通过多重合作可以在债券投标中承担更低的成本。在这种逻辑下,由于ABS结构复杂,受众更少,其结果更符合市场化发行水平。在案例2中,差额补足人在该ABS发行同期存续的类似期限的私募债中债估值收益率为6.01%左右,二者价差比案例1更为明显。根据经验分析,这可能是由于信用资质水平较差对受众广泛度带来的溢价有一定的放大作用。即随着差额补足人资质水平下降,对应ABS收益上行的幅度会超过纯债。在风险可控的前提下,此类品种体现了更大的配置价值。

结论

保障性住房类ABS具有现金流稳定、差额补足人资质和认可度普遍较高的特征,是一类较为优质的投资标的。但受发行量较少、产品结构设计较为复杂等因素影响,目前该品种尚未得到市场应有的重视,其相较于可比信用债仍具有一定溢价,差额补足人的资质处于中下水平的,溢价更为明显,具体体现为实际久期较短,而发行票面利率与实际持有期的收益率均较高等方面。从总体上看,该品种具有一定的投资价值。

将保障房销售收入作为还款来源进行基础资产打包、设立专项计划的方式盘活了保障房资产,拓宽了其融资渠道,对推进保障性安居工程建设有重要意义。同时,对买方机构来说,投资ABS除了可获得投资收益之外,也是提升其配置多样性的重要手段。展望未来,ABS采取双SPV模式是否属于多层嵌套情况仍有待进一步明确,投资机构对具有复杂结构的ABS的合规性和信用资质的研究需更加深入。而承揽、承做机构仍有待积极投入其中，丰富此类 ABS 基础资产的来源和承做机构的多样性，以期市场扩容，并逐步走向成熟。（本文仅代表作者个人观点，与所在机构无关）

作者单位：中信建投证券资产管理部

（本文原载于《债券》2021 年 10 月刊）

警惕债券市场流动性和信用风险

李　勇

▲银行间市场流动性压力犹存，每年约 2 万亿元的存款准备金增缴已成为流动性自然紧缩的突出因素。

▲央行货币政策指向是明确的，年底要将广义货币 M2 增长率压缩至 13%左右，而 7 月份 M2 还在 14.5%，因此，下半年继续锁定流动性是有必要的。

▲11 超日债已经被暂停上市，国企发行的债券也出现暴跌，这种种迹象或许是违约事件发生的前兆，投资者需提高警惕。

长期以来，投资者在做债券投资的时候，经常以放大杠杆作为提高盈利的一种策略。杠杆策略的基本前提是有能力持续地融入资金，以及放大杠杆的那部分资产和负债成本之间有可观的息差存在。2001—2010 年，银行间 7 天回购利率均值仅为 2.14%，即使滚动融入 7 天资金投资 3 年央票，也能获得超过 1%的息差。但是，今年 6 月的“钱荒”无疑使利用杠杆策略的投资者陷入了一场噩梦，货币市场流动性紧张，杠杆资金到期如何续借？回购利率高企，期限利差形成倒挂；现券价格下跌后，杠杆还放大了资产的价格损失。杠杆策略在流动性的短缺中宣告失败。无独有偶,随着6月一连串的债券评级被下调,大量交易所信用债出现暴跌,又引发了市场对于信用风险的担忧。流动性和信用风险对于债券投资至关重要,因此,本文尝试对近期发生的这两类风险的驱动因素作一分析。

银行间市场流动性压力犹存

(一)影响银行间市场流动性的四个不利因素

1. 商业银行超额存款准备金率处于低水平

6月份“钱荒”给大家留下的印象是深刻的,但实际上,流动性骤紧已不是第一次。追溯过去三年,银行间市场流动性曾多次出现波澜,譬如2010年6月和12月、2011年1月和6月、2012年1月,都呈现了“借钱艰难、紧张心慌、交易系统和结算系统延迟关闭、回购利率大幅飙升”等共同特点。银行间市场流动性似乎经不起太大的折腾,商业银行超额存款准备金率(以下简称超准率)逐年降低是其中的重要原因之一。2003—2005年超准率平均保持在4%以上,2006—2008年在3%左右,2009年至今主要在1%—2%区间运行,总体呈现持续回落趋势。

超准率大幅下降的原因:首先是随着超额存款准备金利率逐步下调至0.72%,明显低于存款付息率,商业银行运用超储投资增加收益的主观意愿提高;其次是货币市场快速发展,目前日均债券回购和同业拆借累计成交额在8000亿元左右,客观上为商业银行流动性管理创造了有利条件;最后是公开市场发行的短期央票和正回购已成为商业银行流动性管理的重要工具。虽然客观环境的改善为银行降低超准率提供了支持,但是头寸保持低位一般只能应对日常的市场波动,当全市场资金出现突发、异常、剧烈震荡和收紧时,很多常规补充流动性的工具会突然失效。譬如2011年春节前资金最紧张的时候,商业银行很难从货币市场融到资金,并且其多条业务线都有资金在流出,流动性可谓捉襟见肘。

2. 银行存款年增量过大形成巨额准备金增缴

从归因分析来看,近年来商业银行可用资金①的变化主要来源于外汇占款变化、公开市场净投放、法定存款准备金变化(包括法定存款准备金率调整带来的准备金变化和因银行存款变化增缴、退还的准备金)。公开市场操作和法定存款准备金率调整又是央行根据外汇占款波动进行的相机抉择。以半年为周期来看,2011年下半年至2012年外汇占款明显萎缩,央行保持了公开市场连续大量净投放以及降准3次为市场注入流动性;而2013年上半年,外汇占款出现了大幅反弹,央行停止了降准的步伐,并通过公开市场少量回笼了流动性(见图1)。

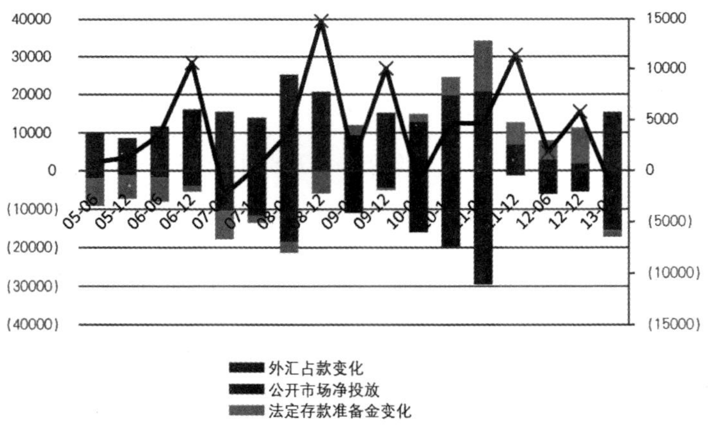

图1 商业银行可用资金走势及资金来源结构图(单位:亿元)

① 在《2011年货币市场展望》一文中,笔者曾用(各项存款增量-各项贷款增量-法定存款准备金增量)来表述商业银行可用资金,这里改用外汇占款增量代替(各项存款增量-各项贷款增量),大口径上差异不大,另外增加了公开市场净投放指标,都是为了更突出引致商业银行可用资金变化的因素。

当前显著的问题在于公开市场总规模已缩水至 1 万亿元以内，与 2009 年 5 万亿元的规模峰值大相径庭，通过公开市场票据和正回购大量到期迅速补给流动性的日子已成为历史。而同时，每年银行存款增加超过 10 万亿元，相应增缴的准备金约为 2 万亿元。糟糕的是，从 2012 年起，外汇占款的增加已经不足以覆盖银行增缴的准备金，即使是在今年上半年外汇占款出现较大反弹的情况下，依然存在缺口。因此，今年上半年商业银行可用资金再次转为负值。值得注意的是，商业银行可用资金为负值的情况还曾发生过两次，分别是 2007 年上半年和 2010 年上半年，但是都是在央行分别上调了 2.5%和 1.5%法定存款准备金率的背景下形成的。而今年呢？央行没有主动上调准备金率和进行公开市场大幅回笼。这说明当前银行存款增量过大所形成的准备金增缴已成为流动性自然紧缩的突出因素。

3. 季节性因素导致流动性扰动依然存在

财政存款季初增加、季末减少、年底大投放，节假日提现，企业交税、分红，新股申购，等等，都会对市场流动性形成干扰。虽然央行和市场机构对于这些方面已保持警惕，但是每次影响的资金量会有差异，并不容易准确预测和把握，其影响仍不可忽视。

4. 资金循环流动给头寸管理带来了很大不确定性

一个简单的例子：保险机构从商业银行融入回购资金以购买货币基金套利，货币基金放同存给商业银行。在市场资金宽松的时候，这种模式实现了三方共赢，各得其所。当银行间市场流动性骤然丧失时，脆弱的平衡即被打破：商业银行拒绝融出资金，保险机构赎回货币基金，货币基金提前支取同存资金。从商业银行整个体系来看，收回的到期回购资金又被同存的抽离抹平了,并没有达到补充流动性的目的,反而是机构这一系列的连锁行为加剧了市场的恐慌。

(二)央行货币政策指向明确,料将继续锁定流动性

上述四点是市场中存在的客观因素,当然央行会前瞻性地预判和相机抉择,譬如实施逆回购来调节市场流动性。但是逆回购发行的前提是市场短期流动性不足、资金利率处于较高位置,否则谁会去申请短期逆回购呢?做了逆回购也只是临时缓解,很快又要偿还,7 月份流动性并没有太宽松就是因为 6 月底操作的大量逆回购交易到期所致。

下半年央行会不会通过降准来补给银行体系流动性?这是有可能的,可惜降准或许只在银行间市场已经煎熬许久,短期逆回购滚动量太大,难以为继之时才会实施。因为货币政策指向是明确的,年底要将广义货币 M2 增长率压缩至 13%左右,而 7 月份 M2 还在 14. 5%,继续锁定流动性是有必要的,近期央行续作 3 年央票以收长放短正是此意。

后期流动性形势总体不乐观,回购利率中枢也在抬高(今年的 7 天回购均值已经接近 4%),投资者需要对杠杆策略这种套利模式进行重新反思。杠杆是把双刃剑,只有认清并能够承担其风险,才能正确地使用杠杆。

中国式"垃圾债"不期而至,是馅饼还是陷阱?

(一)大量交易所债券遭遇断崖式下跌

6 月中旬以来,11 华锐 01、12 湘鄂情、12 中富 01 等大量交易所债券遭遇断崖式下挫,在短短 2 个月的时间内下跌幅度从 10%到 25%不等(见

图 2,选取了 9 只具有代表性的债券)。

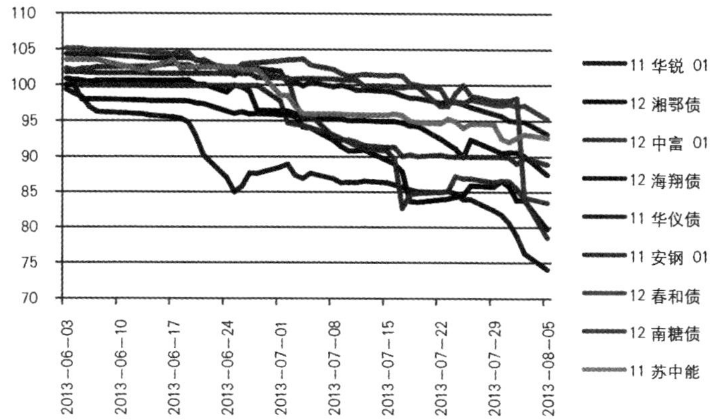

图 2 9 只具有代表性债券行情走势(单位:元)

债券价格大幅下跌后,债券收益率与发行时的票面利率已经不可同日而语(见表 1)。从行权收益率来看,最高的是 11 华锐 01,达到 31.59%,而发行时的票面利率仅为 6%,差异巨大,距离行权日仅为 1.4 年;最低的是 11 苏中能,行权收益率也接近 10%。这种下跌的惨状是罕见的。

表 1 9 只交易所债券各要素情况(统计日为 2013 年 8 月 5 日)

名称	余额(亿元)	距离到期日(年)	距离行权日(年)	发行的票面收益率(%)	行权收益率(%)	到期收益率(%)
11 华锐 01	26	3.4	1.4	6	31.59	16.54
12 湘鄂债	5	3.7	1.7	6.8	22.56	14.2
12 中富 01	6	1.8		5.3		20.63
12 海翔债	3	2.2	1.2	5.6	17.69	12.32
11 华仪债	7	3.3	1.3	7.7	13.88	10.24
11 安钢 01	10	5.3	3.3	6.9	11.07	9.64
12 春和债	5	4.7	1.7	7.8	10.91	9.04
12 南糖债	5	6.1	4.1	7.3	12.61	11.09
11 苏中能	15	5.3	3.3	7.1	9.76	8.84

(二)暴跌的因素分析

从企业的角度来看,债券价格暴跌主要是受评级下调、行业前景不好、利润大幅下滑、退出质押库和面临退市风险等因素影响。具体情况如表2所示。

表2　9只交易所债券价格暴跌影响因素分析表

名称	公司性质	行业	最新评级	发行评级	触发原因			
					评级下调	利润骤降	行业前景不好	退出质押库和退市
11华锐01	国企参股	风电	AA	AAA	降级	业绩亏损	—	质押比率下调
12湘鄂债	民营企业	餐饮	AA-	AA	降级	业绩亏损	不看好	退出质押库
12中富01	外资企业	饮料包装	AA-	AA	降级	业绩亏损	—	退出质押库、面临退市风险
12海翔债	民营企业	制药	AA-	AA	降级	中期盈利下降96%	—	—
11华仪债	民营企业	风电配件	AA	AA	降级	中期净利预降超八成	—	退出质押库
11安钢01	国企控股	钢铁	AA-	AA	降级	业绩亏损	不看好	退出质押库、面临退市风险
12春和债	民营企业	造船	AA	AA	降级	—	不看好	退出质押库
12南糖债	国企控股	制糖、造纸	AA	AA	降级	中期亏损额大增逾两倍	不看好	退出质押库、面临退市风险
11苏中能	外商独资	光伏	AA-	AA	降级	亏损	不看好	退出质押库

从持仓者角度来看,这些债券面临信用违约风险、利率风险、流动性风险。评级下调本身就会带来债券价格下跌,另外,对于降为AA-级的债券,很多投资者受风控和持仓要求的影响,也不能再持有这些债券。债券退出质押库意味着投资者无法再利用其放大杠杆。依据交易所规定,债券发行主体如果连续两年亏损,债券将被暂停上市交易,这将会导致其在一定期限内丧失流动性。如果这个期限超过基金专户和券商资管产品的封闭期,可能更棘手。另外,对于公募基金的持有者来说,还面临报表披露后所引发的声誉风险和基金赎回风险。

(三)是馅饼还是陷阱?

对风控和流动性要求较低的高风险偏好的投资者,可以在实施企业实地调研后有选择地参与投资，也可以采用分散持仓的方式投资，不过要量力而行，虽然目前发行的债券并未出现一单实质违约，但是这一天迟早会到来。11超日债已经被暂停上市，国企发行的债券也出现暴跌，这种种迹象或许是违约事件发生的前兆，投资者需提高警惕。

(四)中国式"垃圾债"出现的重大意义

债券市场应该允许违约，但谁愿意成为违约的第一单呢？中国式"垃圾债"的出现或成为债券实质性违约到来之前的一个过渡阶段，对违约发生引致的市场震荡起到事先缓冲、消化的作用。这可能会对市场参与者造成一定影响，但是将促进债券市场长期健康发展。首先，有利于形成更市场化的风险定价体系，促进多层次的信用债市场发育；其次，促进市场参与者认清风险和约束，实现风险和收益相称；再次，促进信用衍生产品的发展；最后，通过二级市场的价格重估倒逼一级市场发行利率的重定价，资质差的企业将面临高企的发行成本，从而挤出无效、低效投资。

本文作者系安信基金固定收益部总经理

(本文原载于《债券》2013年9月刊)

关于近期债券市场信用风险的思考

孙 超

摘要:今年我国债市违约的主要原因来自企业经营层面、财务层面、去产能及环保压力等。未来一段时间,尽管债券到期或行权总额较大,但市场风险有限。信用风险增大将对信用利差产生影响,需要加强信用风险防控,建议债券投资者提高自我保护意识、必要时通过法律手段维护自身权益;建议进一步提高我国债市信息披露质量,消除信息不对称现象。

关键词:信用风险　信息披露　柠檬市场　债券估值

自2014年"11超日债"发生违约以来,我国债券市场先后发生了一些违约事件,引发了投资者对于信用风险的关注。从总体来看,我国债券市场违约时间较短,在违约的统计分析方面还需要积累相关数据。为帮助投资者加强信用风险管理,我们将主要围绕今年债券市场的违约情况进行分析,并提出进行信用风险防控的一些建议。

今年债券市场信用违约发生的原因分析

（一）经营方面

从民营企业来看，信用违约发生主要有以下原因：一是扩张激进、资本运作频繁，过于多元化投资；二是过于依赖政策补助来补充现金流；三是大股东、实际控制人存在激进投资风险；四是在债券发行中存在欺诈行为，信息披露不充分。

从国有企业来看，信用违约发生主要有以下原因：一是股权结构发生变化，导致企业偿债能力被严重削弱；二是债务负担较重，行业景气度低；三是企业发生重大事故；四是地方财力较弱，债务负担较重。

（二）财务及其他方面

从总体来看，本轮违约企业的财务特征为：主营业务盈利能力、期间费用控制能力均优于上轮违约企业；在投资上较上轮违约企业更为激进；债务负担更重，现金流偿债能力较上轮违约企业更弱。

从财务及其他方面来看，信用违约发生主要有以下原因：一是子强母弱型集团公司为融资主体，债务集中在母公司层面，无优质资产和足够的现金流；二是短期融资占比过高，债务集中偿还压力大，而融资渠道受阻；三是应收账款较多，自由现金流不足；四是对外担保占企业净资产的比重过大，且被担保企业自身资本实力弱；五是企业存在去产能和环保压力。

信用风险的发展趋势及展望

(一)信用风险发展趋势

截至2018年8月末,我国债券市场出现实质性违约的发行人共51家,确认违约的债券共132只,本金共1243亿元,加上目前还未到期(未确认违约)的债券,违约发行人涉及存续债券量共1843亿元,与非金融类信用债19.3万亿元的存量相比,累计占比不到1%。我国信用债市场目前静态违约率仍很低,但违约逐年增加而且2018年以来有明显加快的势头。从新增违约发行人数量看,2014年有且仅有超日债违约,2015—2016年违约数量逐年增多,2017年由于产能过剩行业盈利和融资环境好转等原因,新增违约发行人数量较2016年有所减少。截至2018年10月15日,2018年新增的违约发行人已经有28家,为2017年全年总量的4倍以上。

从2018年下半年到2019年3月,债券到期或行权的总额大,但从结构来看仍然是以AAA级为主,市场情绪不必过于恐慌。对于AA级债券发行主体来说,在未来一年内,第一、四季度的到期行权规模均超过去一年内相对应月份的发行总量,集中到期规模大,违约风险较高;自2017年12月以来,AA级主体的发行量明显萎缩,相对于未来两年内的债券到期行权规模来说,压力较之前有所增加,在市场行情倒逼之下,"部分行权"或者"不行权"将成为博弈点。

(二)信用风险防控

1.担保及互保现象

民营企业再融资较难,需重点关注对民营企业担保较多的发债企业,主要类别为:互保较多的民营企业;对当地民营企业担保的地方融资平台,尤其是级别较低的园区、高新区平台。此外,对于信用风险密集发生、对外担保比例较高的企业,也需要关注。

地方国有企业之间存在的互保情况极为普遍,尤其城投平台为区域内国有企业进行担保,国有企业代偿的执行概率比民营企业更高。需要结合地方财力和地方债务压力看待对外担保占比较高的地方国有企业,谨防区域性金融风险。例如,一家东部地区百强县主平台,本来自己的行权资金都已准备好了,但一旦需对区域内其他平台的担保进行代偿,则会直接陷入无钱可还的尴尬境地。

2. 城投平台的转型与合并

东部沿海发达地区已完成基建任务的城市,融资平台将转型为城市运营管理型企业,将对存量债务进行置换或脱离政府隐性担保,发行主体将进入企业化运作。其整合方式:城投平台被当地国资控股平台吸收,成为当地国资控股平台众多板块中的一部分;将地方半公益性和经营性资产注入城投平台公司,提升公司获取现金流的能力。

对于中西部地区来说,将仍以有基建需求的城市为主,进行平台整合和债务识别,公益性质较低的平台可能不再受到认同。其整合方式:当地大平台吸收合并小平台,在各级保留极少数高级别平台公司。地方各平台按照交通、住建等职能进行分割,资产重组,分属于各板块管理。

3. 非标融资到期偿还压力

预计资金信托投放增速将大幅放缓,房地产行业将受到很大压制。近期供应链金融保理、房地产信托投资基金(REITs)、商业地产抵押贷款支持证券(CMBS)和购房尾款 ABS 规模持续增加,成为房地产企业的重要融资方式,但目前总量仍然较小。

信用风险增大对市场的影响分析

(一)信用利差走势

信用风险既影响预期违约损失,也影响风险溢价,其中前者主要是通过评级差异体现,后者主要由投资者对违约风险预期的变化所决定。由于违约具有集中性、爆发性、系统性、传染性等特征,信用风险难以被完全分散,投资者会倾向于要求超出预期损失的补偿。所以当信用风险集中到来时,风险溢价会显著提升、利差会显著扩大且风险溢价的波动幅度可能远大于实际违约率的波幅。

在国内,由于历史上实质性违约稀少,市场刚性兑付预期很强,违约风险显著影响信用利差的时期并不多。不过一旦发生,对信用利差的冲击幅度要远远超过其他负面因素的影响。

对于低评级个券来说,当市场情绪好转时,所处行业业绩改善明显、行业内国有企业占比较高的发债企业信用利差会先行下降,其中行业集中度高的企业信用利差调整幅度会更大。从发债企业所在地区来看,目前北京、上海的低评级城投企业信用利差表现较为平稳,河北、天津发债企业的信用利差有扩大之势。

(二)债券投资者需提高自我保护意识

1. 关注募集说明书的条款

募集说明书是债券发行最主要的合同,是债券违约起诉的核心文件,但实务中募集说明书的作用并未充分体现出来。债券发行文件中关于召开债券持有人会议的触发条件比较模式化,不够细致具体,使得债券投资者相对于银行等其他债权人来说处于明显弱势地位。

此外,需要注意募集说明书中的以下内容:一是受托管理人是谁,受托管理人的能力如何;二是债券违约起诉时受理的法院为哪方;三是发行人及受托管理人如果未按照募集说明书的约定履行信息披露等义务,是否会被定义为违约行为,债券持有人可以受到何种保护或有权要求行使什么权利。

从实务来看,一是债券投资者与受托管理人可能存在潜在的利益冲突。二是地方法院对当地企业可能存在地方保护现象,导致外地的债权人难以起诉立案。三是有些募集说明书仅约定发行人和受托管理人的义务,并未约定不履行义务的后续处理,导致债券持有人无法向法律机构维权。

2. 交叉违约条款是否必须设置

交叉违约条款的作用是当发行人出现违约之后,其余持有人可以申请法院立案和进行资产保全。自 2015 年我国发行首只附交叉违约条款的债券以来,附交叉违约条款债券发行规模占信用债的比重开始逐年抬升,2018 年(截至 9 月底)的比重已超 18%。

我们认为交叉违约条款必须设置。如果发行主体其他债券违约,但债券持有人持有的债券并未到期,也未发生实际性违约,那么在缺失交叉违约条款的情况下,就会难以立案,而且债券持有人申请诉前资产保全的难度也会很大;如果有交叉违约条款,则债券持有人可以迅速申请立案和进行资产保全。

3. 主承销商/受托管理人与债券持有人是否可能存在利益冲突

受托管理人可能是债券发行人的主要贷款行,在这种情况下会存在利益冲突。受托管理人也可能由于人员变动、业绩压力等,未能做到勤勉尽责,持续督导也可能仅流于形式上的信息披露和书面沟通,对债券发行人没有足够的约束力。从多个债券违约的案例来看,都存在债券发行人不按照受托管理人和评级机构要求披露信息、提交相关资料,以及挪用募集资金等现象。

4. 出现违约之后是否可以依赖主承销商/受托管理人进行协调和组织维权

当出现债券违约之后,若依赖受托管理人组织“抱团”维权,可能效率较低。因为在实务操作中,变卖资产进行偿债的顺序并不是按照债务到期的顺序,而是按照资产查封和冻结的轮次。即便是已被抵押的资产,其处置也是由进行查封、冻结、扣押的法院执行,而不是由执行抵押的法院来执行,因此债券持有人要用最快的速度申请资产保全,从而维护自己的利益。

5. 主承销商/受托管理人是否都履行了债券持有人大会的通知义务、债券持有人的参会意愿如何

债券持有人大会有可能由于主承销商和受托管理人未及时通知、不支持远程参会或授权参会等原因,导致参会人员较少。从实际违约案例来看,在进行地方债务置换时,按照规定,对于将城投平台债务纳入一类债务的情况必须召开债券持有人大会,在议案通过之后一般需要提前偿还。对于债权人不同意在规定期限内将债务置换为政府债券的,仍由原债务人依法承担偿债责任,对应的地方政府债务限额由中央统一收回。地方政府作为出资人,在其出资范围内承担有限责任。而在近期密集进行的债务置换及提前偿还会议中,债券持有人参会不足的情况较为普遍,

其原因有可能是受托管理人未通知、债券持有人忽视公告，或债券持有人对议案中提前偿还的补偿不满意。

6. 债券持有人大会的作用及其是否能够保护债券持有人

债券持有人大会的弊端在于：未明确可以提交的事项和债券持有人大会决议的效力，也未明确对于发行人不配合执行债券持有人大会决议时的解决方式。

从实际违约案例来看，当出现债券违约之后，会出现发行人不配合执行债券持有人大会决议等情况。比如，东北特钢出现不同意债券持有人会议决议的情况，山东山水水泥集团有限公司反对其债券持有人大会通过的多项债项提前到期的议案。由于目前对债券持有人大会的管理存在上述不明确事项，使得债券持有人大会的作用并不能有效发挥。

对信用风险管理的探讨及建议

(一)债券投资中辛苦调研为哪般

在债券投资中，投资者能否只依据发行人的财务报表进行投资？为什么投资者要进行调研？在投资实务中，投资者不能只依据发行人的财务报表进行投资，而是需要调研，这是因为：一是债券发行流程较长，因而在实际发行时，募集资料已经有所滞后。二是发行人主动披露的频率低、披露不够详细；私募债发行人更无须主动披露。三是信用债流动性较弱，在债券存续期间，如果发行人资质恶化，那么债券卖出难度大，如果持有至到期，则风险较大。对于以摊余成本核算的账户，当市场价格下跌时，即便发行人资质下滑，也不会体现在账户净值中，因而投资者卖出愿望较低，但如果持有又会心存疑虑。

从交易所和银行间市场交易商协会的信息披露要求来看,企业债的信息披露要求最为全面;公募公司债需要进行定期披露和披露重大信息;私募公司债按照募集说明书的约定确定是否进行定期披露,但需披露重大信息。

从私募债来看,在实际执行中,有些私募债会定期披露年报和中报,也有些私募债不定期披露。从披露信息的详尽程度来看,定期披露的信息远不及募集说明书和评级报告详尽,不足以判断公司经营情况和信用资质的渐进变化。与上市公司披露相比,更不存在对公司经营数据、发展规划、拟投资项目等的披露,信息披露程度较浅。而从目前的违约纷争中可以看出,对于募集说明书披露的信息是否全面、真实、有无隐瞒,也存在争议。

从调研对象来看,比较常见的是财务负责人、证券代表等,而更有价值的调研是对企业工人、车间甚至当地居民的信息调查。调研的价值在于进行尽职核查,核实发行人和募集说明书所述情况是否一致,是否存在未披露重大事项,以及调查公司管理机制、运作效率、战略规划等。

我们提议:仿照上市公司的管理模式,要求债券发行人披露所有公开信息,披露投资者调研访谈纪要。

(二)如何约束发行人

债券发行流程较长,从编写募集资料到实际发行,存在一定时间差,因而会存在未公开信息。

从实务操作来看,发行人对财务报表粉饰的情况比较普遍。交易所会对发行人的财务报表进行核查监管,也会对部分发行人下发问询函,发行人必须进行答复。但表外负债不属于必须公开的内容,即使通过企业的财务报表去核查，也难以摸透实际情况。

在债券发行过程中，募集资金用途为用于偿还银行贷款的占比很高。银行类投资者对发行人的掌控力较强，并有可能通过信贷掌控发行人的抵质押资产。因此同为债权人，当地银行要比非银行类机构具有更多的优势。非银行类投资者本身仅仅是持有信用债，当发行人的信用资质严重恶化时，应迅速采取法律手段，比如聘用具有经验的律师对债券及早进行处理。

(三)投资者能够做些什么

对于投资者来说，在资产端可通过一些风险预警软件保持对持仓主体的跟踪，并对资质较弱的主体持续调研。从历史违约案例来看，在出现问题之后，投资者常采取的方式是召开债券持有人大会并且要求发行人对债券追加抵质押和担保，与发行人谈妥条件，还可以将资产出售给专业的不良资产处置公司和垃圾债投资者。

在负债端，负债来源有可能是来自机构或居民，而机构的申赎行为存在一致性，会对账户的流动性产生较大影响。管理人的动机是将长期稳定负债与资产进行对应，但投资者可能会因为持仓估值发生波动而进行赎回。对于以成本法核算的账户，如果发生“踩雷”事件，在当日不能及时进行调整估值，必将使得知情投资者先行赎回，从而将损失留给后来的投资者。以市价法进行核算的账户估值依据为中债估值、中证估值或收盘价格，但价格也可能存在被市场情绪、舆情等影响的可能性。

银行业本身就是经营风险的行业，银行业不良率远高于目前债券市场的违约率，银行与券商的差异在于谁是信用风险损失的最终承担者、对于不良资产是否计提拨备等。

基金的估值应恰当地反映持有资产的公允价值。由于大部分信用债的活跃度较低,在经济下行周期中,广义基金对信用风险存在低估现象。当持仓信用债主体资质恶化时,债券的市值下跌,流动性急剧减弱,卖出价格需要在中债/中证估值之外加上流动性溢价来补偿,基金应及时调整该持仓券的估值。如果发生某些事件使得基金持仓主体潜在违约概率大幅上升,该事件的影响使得潜在估值调整对前一估值日基金资产净值影响较大的,也需按照会计准则对该主体所有持仓券整体计提减值,使得投资者承担同样的风险和收益,这样资金可能就不再有提前撤出的动机。

对于负债端不稳定的机构来说,建议做好流动性管理,提高组合中流动性较强的债券品种比例,降低低评级债券的比例。

(四)解决信用债市场信息不对称问题

柠檬市场(The Market for Lemons)也称“次品市场”,其本质是信息不对称的市场,即在市场中,卖方对产品质量拥有比买方更多的信息。在极端情况下,市场会止步萎缩和不存在,这就是信息经济学中的逆向选择。“柠檬”在美国俚语中表示“次品”或“不中用的东西”。以二手车市场为例,显然卖家对二手车的质量拥有更多的信息,买卖双方间的信息是不对称的,买家不会相信卖家的话。为了避免受骗,减少信息不对称带来的风险损失,买家唯一的办法就是压低产品价格。买家过低的价格也使得卖家不愿意提供高质量的产品,从而次品充斥市场,高质量产品被逐出,市场萎缩。

摆脱柠檬市场恶性循环的方法有建立声誉机制、建立信号显示机制和引入第三方中介等,总体来说只有消除信息不对称才能解决柠檬市场劣币驱逐良币的问题。韩京芳(2008)就探讨过抵押贷款证券化中的柠檬市场问题及缓释机制，认为证券化结构设计中的核心问题是解决信息问题。美国抵押贷款证券化中有一些缓释机制：自动承销系统的普及、有效的政府主导型特殊目的载体（SPV）、发达的信用评级机制及银行监管资本套利动机。

当前信用债市场信息不对称问题比较突出。市场上有一种消除信息不对称的方式，即靠人际关系打听、匿名群聊等，虽然看起来低端，但却比较有效。

当前各机构面临的最大问题是自上而下都知道信用违约风险在加大，但未必都能采取及时有效的措施，往往只是“一刀切”地提高外部信用评级标准，排除某些行业或某些性质的发行人。

为加强信用风险管理，我们有如下建议：一是对于中型机构，建议加大法律人才、辅助系统（机器）投入；二是对于小型机构，加大上述投入可能并不经济，建议可将信用债投资外包委托给相应负责任、有能力的机构进行，让专业的人负责专业的事，从而追寻最佳性价比。此外，在市场监管方面，我们建议除了保持货币市场适度流动性之外，还需进一步加强管理，提高发行人信息披露质量，加大对财务造假行为的惩戒力度，提高市场信息有效性，消除信息不对称现象。

作者单位：武汉大学经济与管理学院

（本文原载于《债券》2018年10月刊）

国内信用利差变动的主要因素、规律及展望

姬江帆　许　艳　王志飞

摘要:本文介绍了国外信用利差理论研究的发展历程和信用利差的基本构成,厘清了预期违约损失、实际违约损失和风险溢价的关系;通过回顾我国信用利差的历史走势,总结出影响我国信用利差变动的主要因素,以及信用利差走势与无风险利率走势之间的历史关系;最后结合国外发达债券市场的经验以及我国信用债券市场的发展进程,展望了未来我国信用利差可能出现的长期变化。

关键词:信用债　信用利差　预期违约损失　评级间利差　违约风险　流动性溢价　杠杆操作

自 2008 年开启中期票据发行以来,我国信用债券市场经历了 6 年的高速成长期,信用债托管余额从当时的 8000 多亿元迅速上升至目前的 10 万亿元,占全部债券托管余额的比例也从 6.4%大幅提升至 32.6%。信用债券的品种越来越丰富,定向融资工具、中小企业私募债券、资产支持票据等品种不断推出。同时,我国信用债发行人的信用资质伴随市场的扩容有所下沉,中低评级债券占比不断放大,宏观经济下行周期所带来的信

用事件爆发概率有所上升。如何实现信用债的精准定价、发现"信用利差"的内在变动规律,成为市场越来越关注的命题。

研究企业债券信用利差的决定因素不仅有利于信用风险的管理和信用产品的一级发行定价,也可以帮助二级投资者判断企业债券相对于国债、金融债等利率品种的相对投资价值,进而为其把握投资时机、选择投资品种提供研究支撑和决策依据。

虽然我国信用债市场起步较晚,但近年来投资者也经历了比较完整的经济和货币周期,我们希望借此文总结出一些适合我国市场特色的信用利差运行特点及运行规律,发掘并提炼我国信用利差的主要影响因素,从而给投资者在二级市场把握信用利差变化、进行投资决策提供一定的参考。

信用利差理论概述

信用利差是指信用债收益率与市场无风险收益率之间的利差,可以理解为对投资者承担的违约风险的补偿。国外通常的计算方法是用信用债收益率减去相同期限的国债收益率。信用利差研究最早可以追溯到Fisher(1959)对信用风险升水决定因素的开创性研究成果。之后 Beaver对信用风险进行了定量研究,于 1966 年首次验证了公司财务数据中包含着丰富的违约信息。此后,Black & Scholes 提出了期权定价的经典公式,Merton 又将这个期权定价公式引入了债券信用风险定价中,被称为"结构模型"。在综合前人研究成果的基础上,2000 年以后发展的"分解模型"逐渐成为美国债券市场信用利差研究领域的前沿,代表人物有 Edwin J. Elton(2001)、Driessen(2003)、Amato(2003)、Phihpov(2004)等。该模型认为影响企业信用利差的主要因素来自违约风险因素、税收因素、流动性风险因素,以及其他系统性因素等。但是由于信用利差影响因素的复杂性,国外的研究也尚未找到一个通用的模型来解释信用利差变化。

尽管国外信用利差理论模型仍无法非常精确地分解信用利差并解释其成因,但并不妨碍我们把信用利差简单分为风险溢价、预期损失、流动性溢价和税收利差等几个部分,以便分别研究可能影响这些部分的主要因素(见图1)。

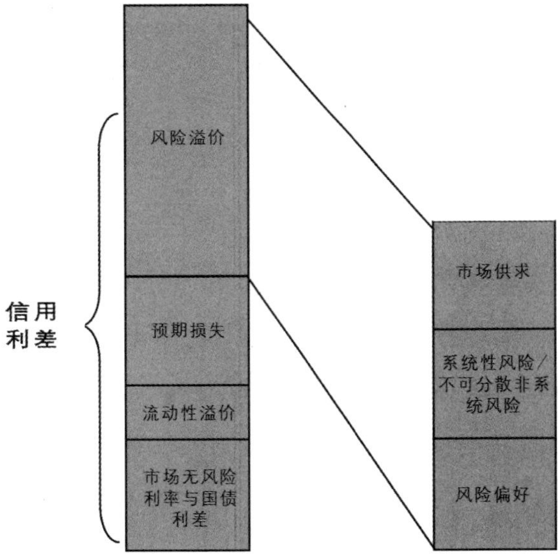

图1 信用利差的构成

资料来源:中金公司研究

特别重要的是,为了更好地理解影响信用利差的因素,必须先理解预期违约损失、实际违约损失和风险溢价的区别和联系。预期违约损失主要是由历史平均违约率决定的,与评级相对应,是一个相对稳定的数列。但违约并不是每年都按照历史平均违约率发生,而是具有“密集性”“爆发性”的特点,即每年的实际违约率在很多年份低于平均违约率,在违约密集爆发的时段却会显著超过平均违约率。因此信用债投资者为了避免绝对的信用损失,除了参考评级外,还必须考虑整个宏观趋势和信用周期。

信用利差中的预期违约损失部分更多反映的是评级的差别和变化,即对历史平均违约率的覆盖,而对宏观信用周期及大规模违约的预期所要求的溢价则主要反映在风险溢价中。此外,投资者对信用风险要求额外的风险补偿,还与信用风险的系统性传染性特征,以及信用债投资回报的偏态性特征有关。这些特征导致信用风险难以分散化,因此投资者会倾向于要求超出预期损失的补偿。

由于以上问题的存在,投资者在进行信用债投资时,并不是按照“历史平均预期损失”进行定价,而是按其预期的损失率进行定价,导致风险溢价的波动幅度可能远大于实际违约率的波幅。总结来看,预期损失类似股票内涵价值,而信用利差类似股票真实交易价格,两者的差异主要就是风险溢价(见图2)。

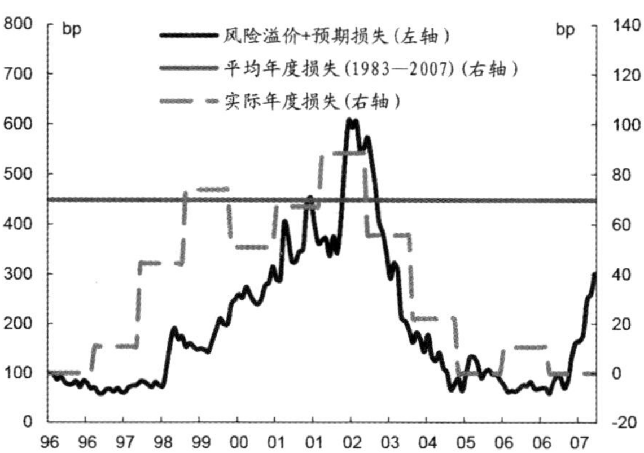

图2　1年期Ba级公司债信用利差、预期损失与风险溢价的关系(1996—2008年)

资料来源:穆迪,中金公司研究

中国信用利差历史走势回顾

探究信用利差的运行规律,最直接也最必要的方法就是"以史为鉴",观察过去不同的历史时段、不同的供需关系因素影响下,信用利差是如何表现的。由于我国信用债市场创立时间还相对比较短,信用利差的历史表现可能严重受制于市场发展初期的各种特点,历史数据对未来的指导意义比较有限。但我们认为将影响历史利差的因素梳理清楚,并判断这些因素未来可能的变化,仍然可以对预测未来长期信用利差走势起到良好的指导作用。在本部分的回顾中,我们按照基准利率的走势将历史样本大致分成了 9 个区段,每个区段中基准利率的变动方向基本是一致的,出现方向扭转后就划分到下一个区段。这样可以更好地观察信用利差变化与基准利率走势的关系,而且也更容易在类似的宏观环境中发现信用利差变化驱动因素的异同。

(一)2008 年下半年

在这一段波澜壮阔的债券牛市行情中,信用利差先收窄再走扩。高等级信用债的收益率在利率债下行的带动下明显下降,信用利差在年末和年中相差不大。低等级信用债表现不一,受负面事件打击严重的江铜债等,年末收益率相比年中是提高的,其他个券虽然年末收益率低于年中,但信用利差相比年中是明显走扩的,评级间利差显著拉大,体现出典型的受违约风险影响的特征。

(二)2009 年全年

2009 年年底与年初相比,银行间 AAA 级和 AA 级信用利差都是小幅走扩，呈现出被基准利率逐步推升的特征。利率债收益率上行速度快时信用利差被被动压缩了一段时间，但利率债相对企稳后信用债收益率又继续上行，信用利差主动扩大。除了基准利率上行的原因外，供给显著增加也是一个重要的因素。因为 2009 年是信用债市场大扩容的第一年，中票在 2008 年问世后，2009 年放量发行，全年非金融类信用债发行量接近 9900 亿元，净增量达到 7000 亿元，是 2008 年的 2.7 倍。供给释放进一步加大了推升信用利差的压力。

（三）2010 年前 8 个月

市场处于通货膨胀抬头和经济二次探底担忧的夹缝中，利率债缺乏一个明显的牛市方向。而在利率债收益率震荡缓慢下行的情况下，良好的息差收益则成为投资者追逐的对象，信用债受到青睐。加上由于 2009 年的信用债大扩容和收益率大幅上升，2010 年信用债供给回落，整体供需关系改善带动信用债收益率降幅大于利率债品种，信用利差和评级间利差都出现明显收窄。

（四）2010 年 9 月至 2011 年 9 月

这一阶段几乎汇集了所有对信用利差不利的因素，一方面基准利率大幅上行，另一方面信用债供给在 2010 年的低位基础上反弹。此外资金利率中枢抬升和波动性增加导致息差保护空间收窄，后期又叠加了严重的违约风险担忧情绪。收益率期初期末比较，信用债收益率大幅上行，信用利差走势也基本呈现一路走高的态势，高低评级信用利差均攀升至历史最高水平，评级间利差也显著扩大。

（五）2011 年 10 月至 2012 年 6 月

信用债在违约风险担忧缓解以及资金面重归宽松的带动下收益率大

幅下行,而信用利差的走势体现出很典型的基准利率下行过程中,信用利差和评级间利差同时收窄的特征。除了基准利率下行和资金利率下行的配合外,2012 年金融脱媒化尤其是银行理财等产品规模的扩张,是推动票息较高的信用债需求显著改善,信用利差从高位收窄的重要原因。

(六)2012 年下半年

2012 年下半年的信用利差小幅走扩主要集中在三季度。当时也是利率债上行幅度相对较大,三季度货币资金利率中枢相比二季度趋紧,而且信用债整体供给压力较大,导致在由牛转熊时期,信用利差主动走扩。进入四季度以后,市场情绪较为平稳,利率债收益率出现震荡仅小幅上行,资金面也相比三季度出现缓解,息差价值恢复,信用利差变动不大。

(七)2013 年前 5 个月

信用利差延续着牛市中收窄的特征,同时资金利率中枢的平稳也功不可没。此外,2013 年 3 月份银监会发布的《关于规范商业银行理财业务投资运作有关问题的通知》(8 号文)要求银行理财控制投资非标资产的比例,使得理财对标准信用债券的替代性配置需求提高,也在一定程度上对信用利差收窄起到了推动作用。

(八)2013 年后 6 个月

此次熊市中的信用利差走扩,有机构止损导致信用债需求萎缩、资金利率中枢上移且波动性加大、非标投资旺盛挤压债券投资资金等综合因素,而经济下行周期所带来的违约风险担忧也使得投资者对信用债要求更高的风险溢价。如果以国债为基准利率计算,高低评级信用债的信用利差均已超过 2008 年四季度的高点并接近 2011 年三季度违约风险担忧最为严重的时点。交易所低评级公司债信用利差也攀升至历史最高水平，涌现出一批收益率超过10%的高收益债券。

（九）2014年上半年

信用利差走势也比较明显地体现了牛市收窄的特征。推动此阶段信用利差收窄的重要因素是债券配置资金经过2013年非标的“吸金大法”后重回脱媒化轨道。银行存款被加速分流，银行理财、券商和基金专户等各类理财力量异军突起。由于这部分机构的资金成本很高，非标配置资源又有限，只能转向配置信用债，尤其是票息较高的低等级信用债以争取盈利空间。因此此轮债券牛市在风险偏好提升和投资者结构变化的推动下，经历了从利率债到高等级再到低等级的完美轮动。当然与往年类似周期不同的是，实质违约开始爆发，导致低评级信用利差的压缩并非一帆风顺，期间的波动也蔚为壮观。

影响我国信用利差的主要因素

（一）违约风险及投资者对违约风险的预期

与违约风险相关的因素既影响预期违约损失，也影响风险溢价。其中前者主要是通过评级差异体现，后者主要是由投资者对违约风险预期的变化所决定。其一，不同评级的债券具有不同的信用利差，低评级利差在同一时点上总是高于高评级，而且利差波动幅度也更大。其二，评级调整会导致信用利差变化，而且评级下调带来的负面影响通常要大于评级上调带来的正面影响。特别是在国内，可投资券种和交易所债回购资格均与主体评级挂钩，负面评级行动对于信用利差的影响更大。其三，由于违约具有集中性爆发性的特征，再加上信用风险难以得到有效分散，当违约风险集中到来时，会大幅推升风险溢价、评级间利差显著扩大。在国内，由于实质违约极其稀少，违约风险显著影响信用利差的时期并不多。不过一旦发生，对信用利差的冲击幅度要远远超过其他负面因素，典型的如2008年下半年、2011年三季度、2013年下半年、2014年一季度等几个阶段。其中2011年三季度由于叠加了基准利率大幅上行、供给压力提升和资金利率中枢抬升等多项负面因素，再加上违约风险担忧情绪与机构资金撤出引发流动性危机互相负反馈，信用利差调整的幅度很大而且持续时间较长。

(二)流动性补偿

在信用利差理论中，流动性风险溢价是指信用债券的流动性相对弱于国债而产生的溢价。对于单只债券来说，其发行规模、持有人结构、换手率、债券年龄(新券还是老券)等因素共同决定了其在二级市场上的流动性溢价大小。就不同债券品种而言，由于信用债流动性明显弱于利率债，投资者需要对此弱势要求一定的溢价补偿。与预期违约损失并不能覆盖特定时期的违约风险类似，投资者要求的流动性溢价也无法覆盖特定时间具有很大不确定性的流动性风险，因此交易员在市场流动性紧张时会倾向于要求相对更高的流动性溢价。比较典型的时期有2011年三季度的交易所城投债板块，其收益率最初的大幅攀升来自对信用风险的担忧，但随后机构纷纷集中抛售，大量的卖盘导致二级市场的深度捉襟见肘，并最终演变为流动性压力集中爆发所产生的崩盘效应，带动交易所城投债收益率以及信用利差大幅攀升至历史最高水平。

(三)杠杆操作便利性和息差空间

在我国,对信用债进行杠杆操作相对比较容易也很常见,当信用债收益率与资金利率之间的息差空间较大、资金面比较稳定、质押回购较为便利时,投资者加大杠杆配置信用债的力度就会加强,反之如果去杠杆,需求也会以很快的速度降低。杠杆投资模式是把双刃剑,实际上放大了市场需求以及信用债收益率和利差的波动。当机构加杠杆时,信用债收益率会加速下行,推动信用利差收窄,而当机构去杠杆时,信用债收益率则容易飙升,使得信用利差大幅走扩。例如,在资金利率的中枢回落以及波动性下降的2009年上半年、2012年上半年以及2014年上半年,息差空间均处于高位水平,信用利差从高位出现一路收窄。而在信用利差大幅攀升至历史高位水平的2011年三季度和2013年下半年,我们均能观察到资金成本的高企以及资金利率波动性的明显加大(见图3)。

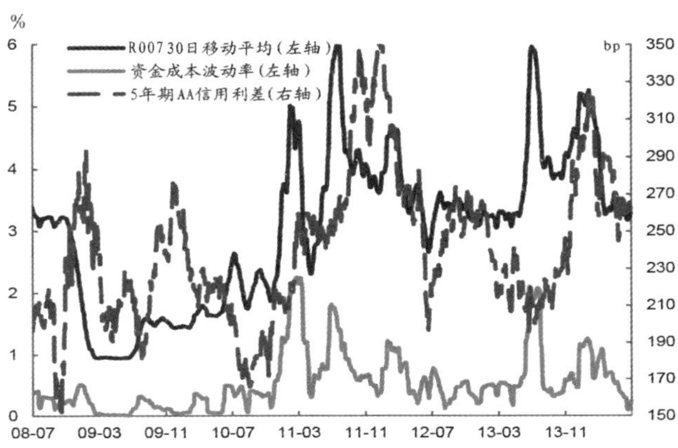

图3 近几年资金利率与信用利差走势

资料来源:Wind资讯、中金公司研究

(四)投资者结构变化

国内信用债需求主体主要是银行、保险和广义基金三类,其中银行和保险风险偏好偏低,广义基金风险偏好较高,对票息的要求也更为刚性。2012 年以来的金融脱媒化背景使得银行理财、基金、专户等投资者在信用债持有者结构中占比大幅提升(见图 4),推动了投资者群体整体的风险偏好上升,信用利差尤其是评级间利差的趋势性降低。2014 年以来信用利差一直低于历史均值水平,而且呈现持续压缩状态,这与金融脱媒化背景下各类理财资金成为信用债投资群体的绝对主力有着密切关系。由于理财资金成本居高不下,能够覆盖该成本的债券越来越少,而风险暴露非常有限,理财类投资者只能通过被动的信用下沉获得相对较高的利差,从而推动评级间利差不断压缩。

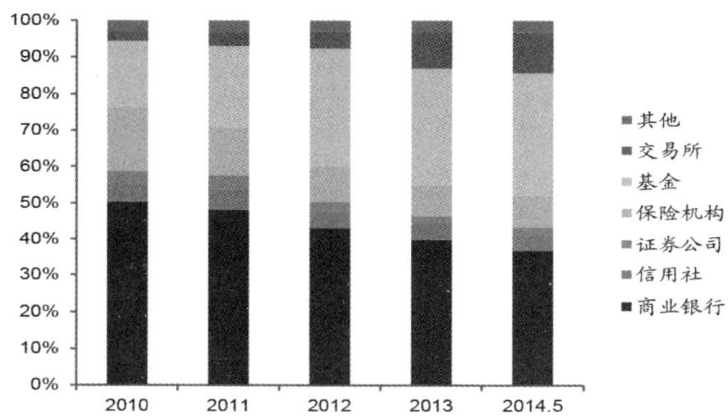

图 4　信用债持有者结构变化

资料来源:Wind 资讯、中金公司研究

(五)信用债供给压力

信用债供给量主要是由企业融资意愿以及债券与其他融资工具的比较决定的。其中融资意愿来自企业的投资需求和再融资需求两个方面。与其他融资工具的比较主要是看企业有哪些可以选择的融资渠道,以及债券与其他渠道相比是否具有明显的优势。在国内,由于信用债市场处于发展初期，债券审批政策和发行品种创新也是影响供给的重要因素。需要注意的是，潜在供给量才是影响供需关系和信用利差的本质因素，实际发行量已经是经过需求检验过后的结果。销售困难导致的实际发行量降低本身就已经体现了恶化的供需关系，而不是意味着供给压力的减轻。从历史经验看，供给对信用利差产生严重的负面影响主要是在新产品创新且大幅扩容时出现，其他阶段则体现为较长时间内相对缓和的影响。历史上比较典型的由供给提升导致信用利差扩大的主要阶段是 2009 年下半年和 2012 年下半年，而且这两个阶段都有新产品放量导致供给量大幅跳升，从其他年份来看，供给的负面影响相对缓和，而且发生作用会较为缓慢。另外信用债供给量的波动也有一定的顺周期性，容易加强债市的熊市或牛市走向。

中国信用利差与基准利率走势的历史关系

从我国 2008 年以来的信用债历史情况来看，信用利差与基准利率的关系可以总结为如下几个特点：

（一）一般情况下，信用利差和基准利率的走势是同向的

也就是说，基准利率下行的牛市过程中，信用利差一般会收缩，而基准利率上行的熊市中，信用利差一般会扩大。

（二）当基准利率快速转向时，信用利差可能会有滞后反应

其表现为信用利差短时间内与基准利率的走势相反，经过一段时间后再转为与基准利率走势同向，也就是信用利差与基准利率走势会出现短期背离。

（三）在不存在信用风险冲击的情况下，无论熊市还是牛市，低评级债券的表现通常比高评级要好

也就是说，熊市中低评级债券收益率上行幅度通常比高等级小，而牛市中低评级债券收益率下行的幅度通常比高等级大。这体现出高票息较强的防御性。熊市的例子有2009年、2012年下半年，牛市的例子有2010年前8月、2012年上半年、2013年前5月。我们认为形成这种规律与市场缺乏违约和金融脱媒化过程中投资者结构的变化有关。

（四）一旦出现违约担忧情绪或实质信用风险，无论基准利率走势如何，低评级信用利差和评级间利差都会扩大

如果违约预期的增强叠加利率债调整和资金面紧张，其对收益率产生的负面冲击会更大。历史上受到违约因素冲击的阶段主要是2008年四季度、2011年（尤其三季度）、2013年下半年和2014年上半年（尤其是超日债违约的3月）。其中2008年和2014年基准利率处于牛市环境，2011年处于熊市环境。违约导致的利差扩大历史上持续时间不长，但杀伤力大。如果不能安全度过这些高危时期（避免大量违约并扛住流动性冲击），就无从实现低等级相对高的票息回报。

未来中国信用利差可能出现的长期变化

正如前文提及的，尽管我们从各个角度分析了中国历史上信用利差波动的成因和规律，但如果从更长的历史周期看，现有规律的成因很可能与中国信用债市场的初级发展阶段有关。未来随着市场的不断发展成熟，影响信用利差的主导因素也可能发生变化。站在当前时点，我们认为

如下因素在未来更长的历史周期内，可能推动信用利差出现与以往不同的变化：

（一）“刚性兑付”逐步打破，违约相关因素对信用利差的影响将明显增强

在2013年以前，中国低等级信用债的信用利差与国际市场相比整体看是相对偏低的。主要的原因是中国在今年超日债违约前没有出现实质违约事件，市场对信用风险缺乏足够的溢价保护意识。这种刚性兑付的局面伴随市场的发展和成熟是难以长期维持的，而且也不利于资源的优化配置和优质企业融资成本的降低。虽然大规模和集中的违约仍然要看宏观经济周期的波动，但局部和个体违约的发生可能会成为常态，因此预期损失对于信用利差的影响必然越来越重要，会推高评级间利差的中枢，也会加剧低资质个券的收益率波动。

（二）内部评级法实施，有利于银行降低对高等级债券的利差要求

目前只有6家银行获批采用内部评级法计算风险权重，大部分银行对各类债权资产采用比较机械的权重分类法，即基本上所有的信用债都适用100%的风险权重，不同评级没有区分。这就导致银行购买资质最好的企业发行的债券也要占用很多的资本金，因此必须要求较高的利差回报来覆盖资本消耗。未来伴随更多的银行采用内部评级法，投资高评级债券在节约资本金方面会更有优势，银行对于高低等级信用利差的差异化要求也会更加明显。

（三）低评级信用债杠杆操作难度增加，可能导致评级间利差拉大

前文提到，杠杆操作是中国信用债市场一个比较常见的操作策略。

未来长期看,由于监管机构对债券市场杠杆操作的限定越来越严格,银行从控制资本消耗和违约风险的角度出发,会越来越不愿接受中低评级信用债作为抵押物融出资金。这都会导致利用低评级债券质押提高杠杆的难度越来越大,对高低评级之间利差可能产生推升作用,不过会杠杆操作带来的收益率和利差波动幅度可能会相应减缓。

(四)投资者群体更加多样化,CDS等对冲违约风险的衍生工具进一步发展,将使得信用风险定价更加敏感和精确

整体而言,中国的信用债投资主体风险偏好相对较低,一方面是与中国债券市场风险零容忍的氛围有关,另一方面也与中国在违约破产处置方面法律制度不够完善的客观环境有关。未来随着有稳定资金实力和深入信用研究能力的机构越来越多,配合违约处置机制和法律制度的完善,风险定价也将更加真实和灵敏。另外伴随实质违约的陆续出现,长期来看,信用违约互换等风险衍生工具可能会逐步发展成熟起来。由于信用违约互换类衍生产品将信用利差单独分离出来并对其赋予流动性,对违约风险信息可以更加纯粹和及时地在市场上加以反映,未来伴随参与主体的多样化,信用利差的定价也将会变得更加精确细致,波动性和流动性也会逐步增强,促进市场的价格发现,也能为市场提供更多的交易性机会。

作者单位:中国国际金融有限公司

(本文原载于《债券》2014年11月刊)

债券和CDS的信用利差对比分析及相关投资策略

周大胜　张海云　戴晓渊

摘要:债券和信用违约互换(CDS)是国际信用市场中的基础性产品,债券信用利差和CDS息差在信用产品的投资分析和风险管理中发挥着关键作用。本文系统地比较了国际市场上常用的六种信用利差计算方法在标杆、计算和应用上的异同,分析了这些债券信用利差与CDS息差的关系,总结了影响CDS-债券基差的因素,并就当前国内信用衍生品交易提出了建议。

关键词:债券息差　信用违约互换息差　基差交易

2010年11月,中国银行间市场正式开始交易信用风险缓释合约(Credit Risk Mitigation Agreement,CRMA)和信用风险缓释凭证(Credit Risk Mitigation Warrant,CRMW)两类产品,标志着中国信用衍生品的诞生。通过对国际市场中信用违约互换(Credit Default Swap,CDS)进行本土化设计,CRMA和CRMW成为中国版的信用风险缓释产品。

中国版CDS的诞生借鉴了发达市场的先进经验。CDS近似合成了其标的债务的信用风险特征,这在价格层面反映为CDS与信用债券在信用利差上具有对应关系,在风险层面提供了 CDS 与债券相互对冲的理论依据。然而,CDS 与债券的差异性使其信用利差的分析相当复杂。一方面,CDS 与债券在产品结构、市场机制、供需因素等方面的差异,会影响二者信用利差间的关系。另一方面,债券的信用利差有多种衡量尺度,其中有些基于国债市场,有些基于利率互换市场,这些尺度与信用债券的市场报价、利率对冲、风险监控等多个方面联系紧密,而 CDS 的出现也为债券的信用利差带来新的衡量尺度。债券的多种信用利差和 CDS 息差在投资分析和交易管理的实践中极为重要,本文将对 CDS 息差和各种债券息差的度量、联系、应用进行梳理,并分析其对于中国信用市场的借鉴作用。

CDS 息差

从现金流的角度看,CDS 合约类似于保险合同:信用保护买方(Protection Buyer)向信用保护卖方(Protection Seller)支付保费(Premium),以购买关于某个债务人(或称参考实体)或其债务的违约保护,当违约发生时,信用保护卖方向信用保护买方提供违约赔付,同时信用保护买方终止向信用保护卖方支付保费。

保费(Premium)包括 CDS 交易初始交付的即期保费或头款(Upfront Premium),和随后定期交付的票息(Coupon)。在 2009 年国际信用衍生品市场进行重大改革之前,大多数 CDS 没有头款,票息在 CDS 交易时商定,因而这些 CDS 在交易初始点是平价的。平价 CDS 的年化票息率称为 CDS 息差(CDS Spread),该值随市场而变动。当 CDS 息差很大(接近或超过 1000 基点)时,常用的保费结构是:CDS 交易初始交付商定的头款,随后按年化 500 基点的票息率定期交付保费。CDS 在存续期内票息不变,而市价随市场上的 CDS 息差而变。

债券的信用利差

固定票息债券在债券市场中占主导地位,其信用利差有多种度量尺度,主要包括国债息差(Spread-to-Treasury)、插值国债息差(Interpolated Spread-to-Treasury)、I-息差(I-Spread)、资产互换息差(Asset Swap Spread,ASW)、Z-息差(Z-Spread)、债券隐含 CDS 息差(Bond Implied CDS Spread)等。对于具有嵌入期权的债券,如可回购债券(Callable Bond)、可回售债券(Puttable Bond)、可转债(Convertible Bond)等,还有期权调整息差(Option-Adjusted Spread),以反映期权的影响。鉴于篇幅所限,本文暂不讨论带有期权性质的债券息差。

在上述信用利差中,国债息差和资产互换息差直接对应于对冲利率风险的交易组合;插值国债息差和 I-息差简单易行地度量相对于无风险收益率曲线的信用风险溢价;Z-息差则细化度量这一溢价;债券隐含 CDS 息差针对利用 CDS 对冲信用风险的交易组合,估算与债券价格对应的 CDS 息差。表 1 对这些信用利差进行了简要总结。

(一)国债息差

国债息差是信用债券到期收益率与标杆国债到期收益率之差,标杆国债常选为期限与信用债券最相近的新券(on-the-Run)。国债息差是投资级债券常用的报价方式,这说明投资级债券与国债的密切联动,市场参与者常做空标杆国债以对冲信用债券的利率风险。

(二)插值国债息差和 I-息差

在国债息差中,标杆国债的期限通常不精确等于信用债券的期限。

为克服期限不匹配的缺陷,可以计算国债收益率曲线在信用债券期限点的线性插值,插值国债息差就等于信用债券的到期收益率减去这一线性插值。如果用利率互换曲线取代国债收益率曲线,可以类似地计算出 I-息差。

插值国债息差和 I-息差都基于特定期限点的收益率,信用债券中不同时点的现金流都用相同的利率折现,这就忽略了信用债券现金流具体时间分布(如票息与本金的比例等)与无风险利率曲线具体形状(如陡度等)的相互作用。资产互换息差、Z-息差和债券隐含 CDS 息差都克服了这一缺陷。

(三)资产互换息差

表 1　几种常见的债券信用利差

名称	含义	无风险利率标杆	无风险利率类别
国债息差	信用债券收益率减标杆国债收益率	标杆国债的收益率	国债
插值国债息差	信用债券收益率减国债收益率曲线内插值	国债收益率曲线在期限匹配点的内插值	国债
I-息差	信用债券收益率减利率互换曲线内插值	利率互换曲线在期限匹配点的内插值	Libor
资产互换息差	借助利率互换将信用债券固息现金流置换为浮息现金流(Libor+ 息差)时,浮息现金流相对于 Libor 的息差	利率互换曲线	Libor
Z-息差	相对于 Libor 即期收益率曲线的收益率溢价	利率互换曲线	Libor
债券隐含 CDS 息差	在违约回收框架下与债券价格对应的 CDS 息差	利率互换曲线	Libor

对于许多投资级债券的投资者而言,资金成本是基于 Libor 的浮动利息,为了匹配资产与负债的现金流,需要将所投债券的固定票息置换为浮

动利息。为满足这一需要，可以将固定票息债券与固定—浮动利率互换（Fixed-for-Floating Rate Swap）叠加为浮动票息的合成债券，这种交易组合称为资产互换（Asset Swap）。

最常用的资产互换结构称为平价资产互换（Par Asset Swap），这种结构采用与债券等面值的利率互换，债券和利率互换的总价格等于债券的面值（或称平价）。当债券价格 P 偏离平价时，利率互换应向相反方向偏离平价，使组合的总价格处于平价。假设债券的固定票息为 C，利率互换将固定利率 C 置换为浮动利率（Libor+ASW），其中 ASW 即为资产互换息差，其计算基于资产互换初始时买卖双方折现现金流相等这一关系，即：

$$100+C\sum_{i}\delta_{i}\times d_{i}=\mathrm{P}+\sum_{i}\Delta_{i}(L_{i}+\mathrm{ASW})\times d_{i}$$

其中，固定票息债券的面值假定为 100，δ_i 和 Δ_i 分别表示固定附息债券和浮动远期 Libor 互换利率的日算函数（Day-count Functions），d_i 表示 Libor 折现因子，L_i 表示 Libor 的远期利率（通常为 3 个月或者 6 个月）。

从资产互换息差的计算公式可以看出，不同于 I-息差，资产互换息差对于票息的折现是基于利率互换曲线在相应时点的利率，因而依赖于利率互换曲线的形状。资产互换中的利率互换独立于债券，如果在债券到期日之前出现违约，利率互换不会随之自动终止。与此相应，在资产互换息差的计算中，债券价格对于平价的偏离所对应（互换）现金流的折现率是无风险利率，这是资产互换息差区别于 I-息差和 Z-息差之处，其结果是债券价格偏离平价时资产互换息差的变化较为缓慢。

（四）Z-息差

Z-息差是相对于 Libor 即期收益率曲线的收益率溢价，或者说，假如以（即期收益率+Z）为折现率折现债券各期现金流，折现值之和等于债券

的市场价格 P,则 Z 便是 Z-息差。Z-息差满足等式:

$$P=\frac{C}{f}\sum_{j=1}^{N}\left(1+\frac{r_j+Z}{f}\right)^{-fT_j}+100\left(1+\frac{r_S+Z}{f}\right)^{-fT_N}$$

其中,债券的面值和票息分别假定为 100 和 C,f 表示付息的频率,T_j 是第 j 个付息时间点,R_j 为时间点 T_j 的 Libor 即期收益率。

与资产互换息差一样,Z-息差考虑了债券现金流时间分布与无风险利率曲线形状(如陡度等)的共同作用。与资产互换息差不同的是,在 Z-息差的计算中,所有现金流都按有风险利率折现,因而 Z-息差比资产互换息差能更精确地反映信用风险。

(五)债券隐含 CDS 息差

以上讨论的各种债券信用利差从不同角度反映了信用债券在收益率上的风险溢价,计算框架局限了它们与 CDS 息差的可比性,若要精确比较债券和 CDS,需要在统一的违约与回收框架下折现债券和 CDS 在几率权重下的所有现金流,这与收益率风险溢价框架的一个关键不同之处在于对回收现金流的显性处理。在违约与回收的统一分析框架下,从债券价格推导出的对等 CDS 息差被称为债券隐含 CDS 息差。

债券隐含 CDS 息差的计算过程分为两步:首先,假定回收率(Recovery Rate)为 R,从债券的现价 P 得到债券隐含风险中性生存概率(Risk Neutral Survival Probability)随时间的变化函数 Z(t);然后,利用得到的生存概率函数 Z(t)和假定的回收率 R 计算隐含 CDS 息差。

生存概率函数 Z(t)与违约强度(Default Intensity)λ(t)有如下关系:

$$Z(t)=\exp\left(-\int_0^t\lambda(u)du\right)$$

债券价格与生存概率函数 Z(t)的关系为:

$$P = C\sum_{i=1}^{N}\delta_i Z(t_i) + Z(t_N) + R\int_0^{t_N} Q(u)Z(u)\lambda(u)du$$

其中,$Q(t)$是时间 t 的无风险折现因子,t_i 是债券的第 i 个付息时间点,δ_i 是债券第 i 个付息时间点的日算函数。如果对于违约强度 $\lambda(t)$的时间曲线形状作一定的假设(如常数违约强度),就可以从单个债券价格推导出违约强度 $\lambda(t)$和生存概率函数 Z(t)。在债券到期日为 T 的假设下,债券隐含 CDS 息差 ICDS 的公式为:

$$ICDS = \frac{\int_0^T (1-R)\lambda(t)Q(t)Z(t)dt}{\sum_{j=1}^{N} Q(t_j)Z(t_j)\delta_j}$$

(六)债券息差比较

以上债券六种息差从不同角度反映了债券的信用风险溢价,并与市场报价、对冲等环节联系在一起。表 2 从与 CDS 息差的可比性角度比较了这些债券息差。

从无风险利率标杆类别看,国债息差和插值国债息差基于国债,其他息差都基于与 Libor 对应的利率互换曲线。CDS 和其他衍生品的估价也基于 Libor,所以在比较债券和 CDS 时,较多应用基于 Libor 的债券息差,包括 I-息差、资产互换息差、Z-息差、债券隐含 CDS 息差。

下面用一个简单的例子说明 I-息差、资产互换息差、Z-息差、债券隐含 CDS 息差的大小关系。假设利率曲线是水平的,年化 Libor 利率为 5%,有一只 5 年期简单债券的年化票息为 12.5%。首先,由于利率曲线是水平的,即短期、中期和长期利率相同,因此 I-息差和 Z-息差相同。这样,只需要比较资产互换息差、Z-息差、债券隐含 CDS 息差即可,它们随债券价格变化的曲线见图 1。图 1 显示,这三种息差在债券处于平价(面值)时是相等的。当债券偏离平价时,这三种息差出现分化:当债券处于折价(低于面值)时,债券隐含 CDS 息差高于 Z-息差和资产互换息差;当债券处于溢价(高于面值)时,债券隐含 CDS 息差低于 Z-息差和资产互换息差。

表 2　几种常见的债券信用利差比较

名称	是否精确匹配基准利率期限	是否计入利率曲线形状影响	现金流折现利率是否一致	是否对接 CDS 息差分析框架	可比性	复杂度
国债息差	否	否	是	否	⇩	⇩
插值国债息差	是	否	是	否		
I-息差	是	否	是	否		
资产互换息差	是	是	否	否		
Z-息差	是	是	是	否		
债券隐含 CDS 息差	是	是	是	是		

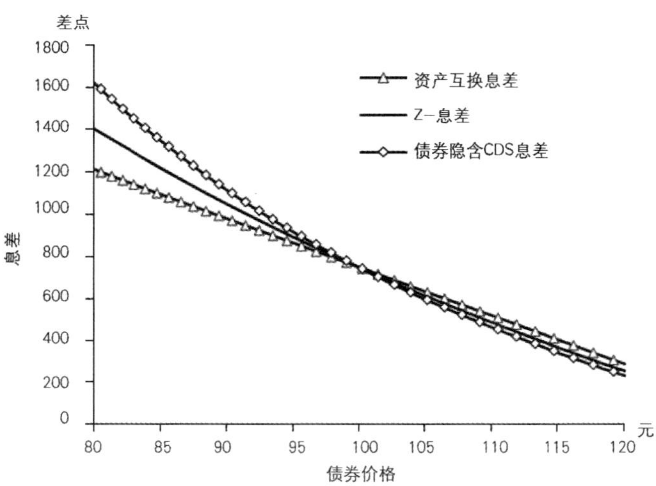

图 1　资产互换息差、Z 息差、债券隐含 CDS 息差随债券价格的变化

影响两者利差偏离的因素

由于 CDS 近似合成了其标的债券的信用风险特征,因此理论上,CDS

息差应与其标的债券的年化信用风险溢价(亦即债券信用利差)相当。但从市场来看,CDS 息差与债券信用利差时常会出现短暂的偏离,甚至某些时候偏离会持续很长的时间。

CDS 息差与债券信用利差发生偏离的成因是极其复杂的。接下来,本文主要从 CDS 与债券在产品结构、市场机制、供需因素等方面来梳理一下可能影响偏离的一些因素。表 3 简要地列出了一些主要因素。

(一)CDS 包含“最廉价交割”选择权

由于在现实中 CDS 通常对应一揽子可交割债券,买家倾向于选择市场价格最低的券种来进行交割,这种“最廉价交割”原则有利于信用保护买方,因而倾向于推高 CDS 息差。

(二)违约事件排除债务重组

2009 年的后危机 CDS 改革在北美市场将债务重组排除于违约事件之外,违约事件定义范围的缩小降低了违约概率,这有利于信用保护卖方,因而倾向于压低 CDS 息差。

(三)债券卖空障碍

正基差套利的投资策略是借助在回购市场卖空债券来实施的,然而债券常难以借到,短期回购的延续也存在很大不确定性,卖空债券有时成本很高,这些困难会妨碍正基差交易的实施,因而会维持正基差的延续。

(四)对手违约风险

当出现违约时,CDS 保护买方面临着 CDS 保护卖方无法赔付的风险,即对手违约风险,因而 CDS 保护买方倾向于压低 CDS 息差。2009 年的后危机 CDS 改革试图通过完善信用衍生品清算机制和其他的一些措施来降低对手违约风险。

表3 影响CDS债券基差的一些主要因素

影响基差方向	源于CDS	源于债券
正向	“最廉价交割” 可转债发行	债券折价 债券卖空障碍
负向	对手违约风险结构化信用衍生品 市场违约事件排除债务重组“轧空”	债券溢价 资金成本

(五)结构化信用衍生品市场

2008年全球金融危机爆发前,结构化信用衍生品发行量的膨胀增加了单体CDS保护的供给,因而倾向于压低CDS息差。危机发生后,结构化信用衍生品市场的大幅萎缩使这一效应明显减弱。

(六)资金成本

做多信用市场的两大途径是购买债券和出售CDS保护。购买债券占用的资金一般远高于提供CDS保护占用的资金。当资金成本升高时,金融机构在做多信用市场时会更倾向于选择出售CDS保护这一方式,这种选择会压低CDS-债券基差。

(七)可转债发行

在信用环境恶化时,进行可转债套利的投资者倾向于购买CDS保护来对冲可转债的信用风险,因而新可转债发行的消息有时会推高CDS息差。

(八)“轧空”(Short Squeeze)

许多CDS保护买方并不持有可交割债务,违约发生后,需要购买现货以完成CDS实物交割,从而推高现货市场价格,给CDS保护买方带来损失,这种在CDS市场中的“轧空”风险倾向于压低CDS息差。“轧空”风险随着CDS市场规模的增大而上升,2005年以来形成的新交割程序将实物交割和现金交割的过程进行合理统筹,在一些超大型企业倒闭的严峻考验中,有效地防范了“轧空”风险,保证了市场的相对平稳和交割的顺利进行。

(九)债券对于平价的偏离

在计算 CDS-债券基差时,最常用的债券息差是资产互换息差、Z-息差、债券隐含 CDS 息差。债券隐含 CDS 息差的计算框架与 CDS 分析框架吻合,所以 CDS 息差与债券隐含 CDS 息差之间的基差不会因债券偏离平价产生误差,但资产互换息差和 Z-息差这些收益率息差则不同。本文关于债券隐含 CDS 息差与收益率息差间大小关系的分析表明,当债券处于折价时,收益率息差低于债券隐含 CDS 息差;当债券处于溢价时,收益率息差高于 CDS 息差。可见,CDS 息差与资产互换息差或 Z-息差之间的基差在债券处于折价时存在正向偏差,在债券处于溢价时存在负向偏差。

除此之外,市场的其他供需因素、信用衍生品市场和现货市场的交易成本差异、流动性溢价、日算函数与付息频率、累计利息等因素都可能会影响 CDS-债券基差,具体影响应视情况而定。

基于两者利差偏离的投资策略建议

由于以上诸多因素,CDS 息差与债券信用利差会出现偏离,两者的差额被称为 CDS-债券基差(CDS-Bond Basis)。信用交易的一种常见策略便是基差交易(Basis Trade):当 CDS 息差显著低于债券息差时,可以通过同时购买债券和 CDS 保护来获取息差收益(假设对手风险很小),这种策略称为 CDS-债券的负基差交易(Negative Basis Trade);当 CDS 息差显著高于债券息差时,可以做空债券同时卖出 CDS 保护来获取收益,这种投资策略被称为正基差交易(Positive Basis Trade)。

结论与启示

债券和CDS是国际信用市场中的基石性产品，是许多投资策略和风险管理手段中必不可少的工具，在债券和CDS之间实施的基差交易就是一种常用的投资策略，而资产互换、国债对冲信用债等手段在交易风险管理中已被广泛应用。虽然与结构化信用衍生品等复杂产品相比，债券和CDS相对简单，但在国际信用市场上基于这两种产品的交易和管理已形成丰富而精细的知识和经验体系，本文论及的债券和CDS的信用利差，在信用产品的投资、交易、风险管理、业务管理领域都占有重要的地位。

本文探讨的分析方法和理念，对于我国信用市场具有一定的参考价值。例如，CDS-债券基差交易就可以在我国应用，在实施中对基差的分析可以借鉴本文的一些思路。本文论及的一些金融技术应用，如资产互换、可转债套利、结构化信用衍生品等，在我国信用市场尚未出现，但从发展的眼光来看，仍值得我国金融机构学习和借鉴。

参考文献

[1]张海云，景兴宇，潘慧峰. CDS：中国式创新[J]. 新财富，2010(10)：118-121.

[2]Wit, J. D. Exploring the CDS-Bond Basis[R], National Bank of Belgium, 2006.

作者单位：周大胜　兴业银行投资银行部

张海云　对外经济贸易大学

戴晓渊　兴业银行投资银行部

(本文原载于《债券》2014年4月刊)

中国违约债券的回收率问题探究

刘逸凡　王志雄　孙海容

摘要：本文对我国 2014 年至 2019 年 8 月的违约债券进行了系统梳理，将违约债券按偿付进程分类，从不同角度分析了违约债券的回收率情况。由于违约债券的处置方式会直接影响回收率，因此本文对现有的处置方式进行了归纳，并分析了相应的回收情况。

关键词：违约债券　回收率　回收时长　处置方式

随着债券市场违约进入常态化阶段，对违约债券回收率问题进行研究显得尤为重要。从公司债券定价和评级角度来看，债券违约率和回收率是很重要的参数。而一旦违约事件发生，回收率又成为投资者非常关注的问题。本文拟从时间维度、违约企业所属行业、企业性质等不同视角，对我国违约债券的回收率情况进行梳理和分析。同时，本文还将对所研究的违约债券按照偿付进程进行分类，研究每种类型违约债券的回收率和平均回收时长，以尽可能地全面展示我国违约债券的回收情况。

样本与计算方法

(一)样本描述

本文样本取自2014年1月1日至2019年8月20日期间违约的信用债。违约债券是指发生过本息展期、触发交叉违约条款、担保违约、提前到期未兑付、未按时兑付本金、未按时兑付利息、未按时兑付回售款等情况的债券,不包括12只技术性违约债券和26只地方股权交易中心托管的违约债券。依此标准共筛选出425起债券违约事件,涉及344只信用债和138个违约主体。按违约债券的偿付进程,本文将违约债券分为结束偿付流程、未结束流程但有偿付记录、未结束流程且无偿付记录三类,并分别统计每种类型的违约债券数量、违约主体数量、违约本息、偿付本息等指标,统计结果见表1。

表1　违约债券统计(2014年1月1日至2019年8月20日)

	结束偿付流程	未结束流程但有偿付记录	未结束流程且无偿付记录	总计
违约债券数量(只)	35	21	288	344
违约主体数量(个)	24	11	103	138
违约本息(亿元)	239.36	163.21	1766.63	2169.20
偿付本息(亿元)	235.50	54.17	0	289.67

资料来源:Wind

(二)回收率计算方法

不同类型违约债券的回收率计算方法不一样。

对于已经结束偿付流程的35只违约债券,最终回收率计算公式为:

$$最终回收率=\frac{偿付本金+偿付利息}{逾期本金+逾期利息}$$

其中,逾期本金和逾期利息是指在违约日未兑付的金额;偿付本金和偿付利息是指在违约日之后回收的金额。这里在计算最终回收率时,没有将分母中违约金额在偿付流程结束之前的时间价值计算在内。

对于未结束流程且无偿付记录的 288 只违约债券,本文借鉴穆迪(Moody's)的方法,利用市场交易和报价数据计算其估算回收率和折价率。计算估算回收率是用债券违约 30 天后最新的成交全价或者买入报价除以面值,这里优先使用成交全价。计算折价率是用债券违约 30 天后市场最低的卖出报价除以面值。折价率反映的是债券持有人能够接受的最低市场价格,一般高于估算回收率。

在下文计算估算回收率和折价率时,会使用主体平均估算回收率和折价率、主体中位数估算回收率和折价率、债券平均估算回收率和折价率三组指标。使用不同指标的出发点在于我国信用债违约时间较短,2018 年和 2019 年的违约债券中很多还没有结束偿付流程,随着时间的推移,一部分会逐渐偿付,如果将所有违约债券放在一起计算,会明显拉低整体回收率。

主体平均估算回收率是先计算单个发行主体所有违约债券的回收率,再将得到的所有发行主体的回收率做算术平均,适合预测等额投资于不同发行主体的组合回收率。主体中位数估算回收率是计算单个发行主体所有违约债券的回收率,再找出得到的所有发行主体回收率的中位数,适合预测单个发行主体最可能的回收率。债券平均估算回收率是计算每个违约债券的回收率,将得到的所有违约债券的回收率做算术平均,适合预测高度分散债券组合的回收率。三个折价率指标可以用同样的方法来计算。

对于未结束流程但有偿付记录的违约债券,由于暂时没有交易和报价数据,无法像未结束流程且无偿付记录的违约债券那样计算估算回收率和折价率,因此按照截至 2019 年 8 月 20 日的回收情况计算回收率。

违约债券回收率情况分析

(一)总体情况

从违约债券偿付进程来看,结束偿付流程和未结束流程但有偿付记录的债券占比低,处置周期长。这是因为债券违约之后,由于银行和其他投资者风险偏好降低,违约主体再融资变得困难。同时,我国关于违约处置的配套法律法规尚不健全,诉讼周期较长,同时地方政府为维持就业和稳定市场一般会引导违约主体进行重组而不是破产清算,因此违约债券处置周期较长。

从违约债券的回收率来看,35 只结束偿付流程的债券涉及的 239. 36 亿元违约本息中有 235. 5 亿元得到回收,最终回收率高达 98. 39%。其中,有 30 只违约债券的回收率超过 100%[①]。与此形成对比的是有 103 个主体的 288 只违约债券始终没有偿付记录,截至 2019 年 8 月 20 日回收金额为零。这显示出违约主体两极分化的偿付情况:具有全额偿付能力和意愿的主体,更可能选择全额兑付;没有全额偿付能力的主体,缺乏偿付的积极性。对于未结束流程且无偿付记录的违约债券,主体平均估算回收率和主体中位数估算回收率均为 25. 60%;债券平均估算回收率略低,为 23. 50%;按照卖出报价计算的折价率在 44%至 47%之间,结果见表 2。

① 回收率在 100%以上,是因为偿付金额中含有展期利息。

表 2　未结束流程且无偿付记录的违约债券估算回收率和折价率

估算回收率(%)			折价率(%)			违约主体数量(个)	违约债券数量(只)	违约金额(亿元)
主体平均	主体中位数	债券平均	主体平均	主体中位数	债券平均			
25.60%	25.60	23.50	44.52	45.23	46.10	103	288	1766.63

资料来源:Wind,作者计算

(二)基于时间维度的回收率分析

从外部条件来看,各年份违约债券的回收情况与该时期经济情况、市场环境及宏观政策等相关,也与监管政策、法律法规等相关。前几项因素的变化对回收率产生周期性影响,后几项因素的完善对回收率的提升产生趋势性影响。

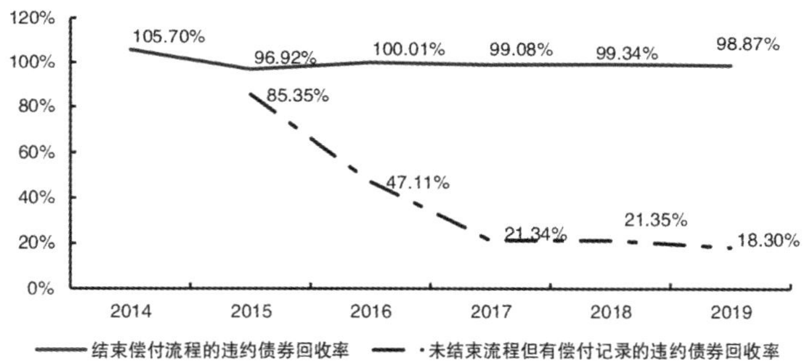

图 1　未结束流程但有偿付记录的违约债券在不同年份的最终回收率

注:2019 年的值是根据截至 2019 年 8 月 20 日数据计算的

资料来源:Wind,作者计算

2014—2019 年,结束偿付流程的违约债券最终回收率一直保持在较高水平;未结束流程但有偿付记录的违约债券最终回收率呈逐年下降趋势,越早违约的债券,其最终回收率越高(见图 1)。从回收时长来看,据笔者统计,结束偿付流程的违约债券平均回收时长是 212 天,未结束流程但有偿付记录的违约债券平均回收时长[①]是 285 天。在信用债刚兑刚刚被打破时,违约主体的还款意愿较强。但随着越来越多的债券违约事件出现,违约主体的还款意愿在下降。

表 3 展示了未结束流程且无偿付记录的违约债券在不同年份的估算回收率和折价率。其中,2016 年和 2017 年的估算回收率一致,2018 年有所下降。2019 年估算回收率上升,是因为违约债券交易数据较少,容易受到特殊值的影响。图 2 反映了债券违约率与折价率的负相关关系。这种负相关性有两种解释:一是高违约率增加了违约债券的供给,压低了卖出报价;二是当市场上违约债券价格下降时,资质差的主体再融资变得更困难,使得债券的违约率进一步上升。

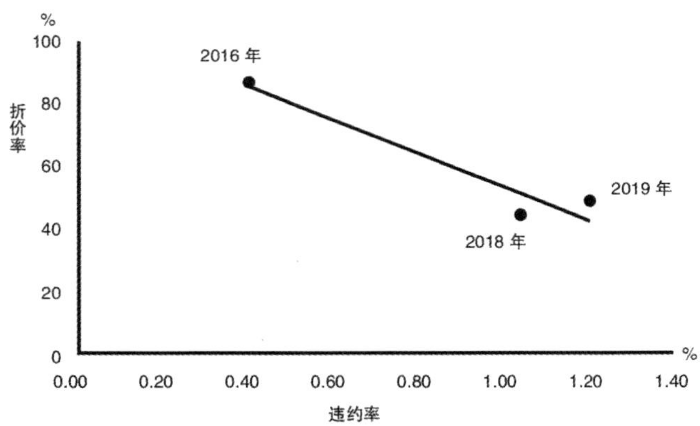

图 2 债券违约率与折价率的关系

资料来源:Wind,作者计算

① 未结束流程但有偿付记录的违约债券平均回收时长,是指从最早违约日到截至 2019 年 8 月 20 日最后一个偿付日这一时段。

表 3　未结束流程且无偿付记录的违约债券在不同年份的估算回收率和折价率

违约年份	估算回收率(%)			折价率(%)			违约主体数量(个)	违约债券数量(只)	违约金额(亿元)
	主体平均	主体中位数	债券平均	主体平均	主体中位数	债券平均			
2014							1	1	0.55
2015							16	17	40.88
2016	16.46	16.46		86.18	86.18	86.18	19	36	233.08
2017	16.46	16.46	30.00				6	13	89.04
2018	13.26	13.26	15.95	43.25	44.39	41.28	40	106	789.43
2019	28.95	28.95	28.24	48.03	48.96	48.42	49	115	655.84

资料来源:Wind,作者计算

(三)基于不同属性的回收率分析

1. 所属行业

从违约企业所属行业来看,结束偿付流程数量最多的是综合性行业,其次是采掘行业,数量较少的是机械设备、化工、商务贸易等行业。综合性行业的估算回收率和折价率最高,主体中位数折价率为 72.81%。机械设备、钢铁、化工等重资产或者周期性行业的回收时长较久,偿付比例低,主要是因为这些行业在违约主体的资产处置上存在所有权关系不清晰等问题,需要较长时间进行所有权梳理。涉及违约本金最多的是商务贸易行业,其中约 90%的主体违约发生在 2018 年下半年和 2019 年,主要原因是受到贸易环境的影响。此外,通信行业有 10 个主体违约,截至 2019 年 8 月 20 日尚无结束偿付流程的主体。

2. 企业性质

本文按照中央企业、地方国有企业、民营企业、外资企业、公众企业、中外合资企业、其他类型企业将所有违约企业分为 7 类。

经统计,中央企业结束偿付流程的比例最高,共 4 家企业违约,3 家已结束偿付流程。该类违约企业均为国资委监管企业的全资或者控股子公司,发生违约后会通过增资或重组等方式进行偿付。其他有代表性的企业类型方面,地方国有企业共 13 家违约,1 家已结束偿付流程;民营企业共 111 家违约,18 家已结束偿付流程。在平均回收时长上,中央企业平均回收时长为 265 天;民营企业为 233 天;地方国有企业平均回收时长最短,为 25 天。

在未结束流程且无偿付记录的违约债券估算回收率上,地方国有企业估算回收率较高,为 30%;民营企业估算回收率较低,为 10%左右。地方国有企业相较民营企业有更低的违约率和更高的回收率,因其在融资渠道上具有优势,有当地银行和地方政府的支持。

从违约主体是否上市来看,在 32 家违约的上市公司中,有 6 家已结束偿付流程;在 106 家违约的非上市公司中,有 18 家已结束偿付流程。二者结束偿付流程的主体比例接近。在平均回收时长上,上市公司是 148 天,非上市公司是 231 天,差距明显。上市公司因具有一定的"壳价值",有较强的清偿意愿,如通过出售子公司、股东增资等方式来盘活资金。

3. 违约类型

在违约企业中,未按时兑付本息的有 78 家,12 家已结束偿付流程;未按时兑付利息的有 32 家,5 家已结束偿付流程;本息展期的有 11 家,3 家已结束偿付流程;未兑付本金的有 11 家,3 家已结束偿付流程。经统计,本息展期和未按时兑付本金的违约类型回收时长较短,在 2 个月左右。未按时兑付利息的违约类型回收时长较久,为 310 天。当违约企业连利息都不能偿付时,说明其财务状况比较严重,因此回收时长会较久。

在未结束流程且无偿付记录的违约债券中,未按时兑付利息的违约债券市场交易价格最高，主体平均估算回收率为 31.5%；未按时兑付本金的违约债券市场交易价格最低，主体平均估算回收率仅为 2.91%。可见，未按时兑付利息的严重程度较小。从折价率来看，未按时兑付利息的违约债券折价率高于未按时兑付本金的违约债券折价率。

4. 债券类型

从债券类型来看，在结束偿付流程的违约债券中，短期融资券的比例较高，15 只中有 5 只已结束偿付流程；定向工具的比例最低，14 只中仅有 1 只。在平均回收时长上，企业债和公司债分别为 279 天和 261 天；中小企业私募债的平均回收时长最长，为 331 天。

在未结束流程且无偿付记录的违约债券中，中期票据估算回收率最高；短期融资券的估算回收率次高，但其折价率则最高。这是因为短期融资券融资期限短，主体的财务状况在短期内不会发生重大变化。另外，从融资角度来考虑，短期融资的目的一般是补充流动性，发生违约后，如果企业经营或流动性改善，偿付比例通常较高。

5. 主体评级

债券违约前的主体评级与回收率之间的关系呈现以下特点：结束偿付流程的违约主体在违约前两年的评级普遍较高，聚集在 A+级至 AAA 级区间，其中以 AA 级最多。而在违约前两年评级为 BBB-级及以下的主体中，截至 2019 年 8 月 20 日尚无结束偿付流程的记录。结束偿付流程的主体在违约前一天，评级集中在 BB+级及以下。从主体平均估算回收率来看，在距离违约时间越近时主体评级越高的债券，其回收率越高。从主体估算平均折价率来看，违约前主体评级越高、卖出报价越高的经验规律没有得到数据支持，高评级主体和低评级主体违约债券折价率没有明显区别。

不同处置方式下的回收情况分析

违约债券的处置方式直接关系到投资者最终得到偿付的比例和回收时长。目前,对违约债券的处置没有统一模式,一般的处置方式有:协商解决,包括筹措资金和协商展期;向担保人求偿;通过资产管理公司收购债权;变现抵质押物;诉讼求偿;资产重组;破产诉讼,如破产重整和破产清算等。具体来看,情况如下。

在结束偿付流程的违约债券中,协商解决的数量较多,有 20 只,占比 57%。该类案例平均回收时长也较短,为 58 天。协商展期的目的在于减少处置成本,提高处置效率,是债券违约后选择较多的处理方式。

向担保人求偿方面,在 344 只违约债券中,72 只有担保人,比例超过 20%,但仅 2 只债券的担保人进行了代偿,代偿率不足 3%,担保人往往“担而不保”。这是因为担保人与发债企业往往是母子公司关系,子公司违约后,母公司无力代偿。另外,很多担保公司自身实力薄弱,缺乏代偿能力。

通过资产管理公司收购债权的处置方式,之前多应用于银行处置不良资产,在处置违约债券方面,因为债券持有人相对分散,不利于债券转卖处置,所以回收时长相对较久。

变现抵质押物方面,目前国内有债券抵质押的违约案例抵质押资产通常是公司股权、集体林地和商业物业等,处置时间长,最终兑付结果也不公开。

诉讼求偿适用于债务人有一定的偿付能力且不满足破产申请的条

件，但可能面临进展缓慢、执行艰难等问题。截至 2019 年 8 月 20 日，还没有通过诉讼求偿完成偿付的案例。

资产重组的方式包括收购兼并、股权转让、资产剥离、资产置换等，回收率和回收时长是多方博弈的结果。2016 年之后，大部分违约债券的处置方式都是资产重组。

破产诉讼方面，进入破产重整往往意味着较长时间的法律程序；若进入破产清算，清算也是一个较为长期的过程，资产可能会流拍，现金回收率较低。

由于我国打破刚兑时间较短，债券违约和回收尚处于初期阶段，大量违约债券还没有结束偿付流程，并且受到 2018 年和 2019 年政策和经济环境的影响，回收率呈现两极分化的现象。随着我国资本市场的市场化进程推移和相关法律体系的完善，违约债券的回收率将更趋合理和稳定，高收益债券的价格发现机制也会越来越完善。

参考文献

[1]孟祥娟. 什么样的企业违约后更容易兑付？——债券违约回收系列专题之三[R]. 申万宏源，2019.

[2]唐跃. 高收益债券投资系列专题三：违约处置与回收研究[R]. 平安证券，2019.

[3]K Emery, et al. Corporate Default and Recovery Rate：1920 – 2008[R]. Moody's Global Credit Policy Special Comment，2009.

[4]P Kelvin. Moving Towards a Market-Driven Chinese Corporate Credit Market Part2[R]. Morgan Stanley Research，2019.

[5]P Varma, R Cantor, D Hamilton. Recovery Rates on Defaulted Corporate Bonds and Preferred Stocks：1982 – 2003[R]. Moody's Global Credit Policy Special Comment，2003.

[6]V Diane, N W Kraemer, E M Gunter. 2018 Annual Global Corporate Default And Rating Transition Study[R]. S&P Global Ratings, April9,2019.

作者单位:平安资管金融工程团队
平安资管金融工程团队
平安资管信用评估部门

(本文原载于《债券》2020 年 3 月刊)

不同债券违约预警信号对比与解析

陈毓敏　林日裕

摘要：为更好地寻找债券违约预警信号，本文构建了财务预警、基金持仓预警、价格预警和舆情预警四种预警方法，并将其实际效果进行了比较与分析。基于比较结果，笔者对构建债券违约预警立体防范体系的具体方法提出了建议。

关键词：债券违约　预警　机器学习　立体防范体系

2019 年，我国共有 155 只债券发生违约，违约金额为 1191.01 亿元，这两个数据均超过 2018 年。对于投资者而言，在经济面临下行压力、企业债务高企的环境下，应当如何寻找债券违约预警信号？如何提前发现债券违约风险，规避违约产品、保住收益？针对以上问题，笔者构建了几种债券违约预警方法。下文将对基于机器学习的财务预警、基金持仓预警、价格预警和舆情预警的效果进行比较，并梳理各种信号之间的关系。

违约预警原理及模型简介

尽管债券市场有外部评级作为参考，有内部评级辅助决策，但是传统的信用评级方法只能解决排序问题,难以有效实现风险预警。国内外信用评级机构都存在信用等级调整滞后的问题。很多企业在发行债券前首次评级时资质不错,但随着内外部经营环境的变化,企业的信用风险发生了变化,其中部分企业逐步走向债务违约。

进入大数据时代,信息壁垒越来越低,信息传播速度越来越快。对于机构投资者而言,以往通过资讯优势赚信息不对称价差的时代将不再。财务信息、价格数据、舆情信息、投资者行为、高频经济数据等,都成为可追踪发掘的预警信号。不过,不同类别的信息在作为预警信号时各有优劣,实践中需要针对其特点找到解决要点,以便进行相应处理。相关分析及解决要点如表1所示。

表1　各种违约预警信号的优劣分析

信号	优势	劣势	解决要点
财务信息	1. 关联性强 2. 财务指标变化反映企业经营情况和偿债能力的变化	1. 财报披露具有滞后性 2. 存在财务造假 3. 非强制披露财报可得性较差	1. 提前进行财务预警 2. 用违约前若干期的财务数据作为判断依据 3. 给出综合违约评分
价格数据	1. 信号明确 2. 容易监测	1. 同步信号,难以提前反映 2. 流动性较低,易导致个券在价格大幅下跌后难以抛出 3. 估值容易受到基准利率、行业利差、情绪等影响	在估值价格波动幅度上设置合理的预警线
舆情	1. 信息及时性好 2. 覆盖面较广 3. 违约原因的解释性强	1. 预警信号过多,较难捕捉有用的信号 2. 早期的信息不够明确,容易误读误判,实际发生重大舆情信息时又已和违约同步	1. 梳理规则,缩减信息量 2. 确定有用信息和违约的时间序列关系
投资者行为	1. 持仓抛售信号领先性较好 2. 有利于持仓调整 3. 体现市场认可度	1. 持仓情况不披露或很少披露 2. 披露的范围有限 3. 披露信息混杂	1. 确定跟踪对象 2. 发现“聪明投资者” 3. 挖掘基金预警规则

续表

信号	优势	劣势	解决要点
高频经济数据	1. 及时性好 2. 领先性早	1. 跟踪难度大 2. 软硬件投入大 3. 宏观→行业→企业风险传导规律不够清晰	1. 寻找各个行业的高频数据源、数据字段 2. 构建筛选后的数据字段和违约时间的序列关系

资料来源：析鲸信息整理

（一）财务预警

笔者设计了基于机器学习的提前财务预警模型，通过该模型对债券市场上全部约7000家发债企业进行监测。具体步骤是：

以2013年以来的财务数据为核心，辅以企业的基本分类特征，包括区域、行业、企业性质、上市与否、是否违约、违约时间等，来构建数据集；

采用机器学习的方法，选择树状模型的各分支模型而非线性模型，对特征逐一进行处理；

从违约企业特征出发，通过横向对比正常企业和违约企业、纵向对比违约企业违约前n年或n季度数据，来提取违约企业的特征和违约临界点；

用二分类方式划分准确率最高的违约临界时点违约企业的特征，并去寻找正常企业中具有这些特征的企业，进行预警。

债券违约预警的目标，是完美区分债券违约和不违约的二分类属性。实践中，笔者通过上述操作对每个企业给出一个违约评分，将其范围设定为[0,1]，评分超过0.5的判为违约预警企业。出于增加预警覆盖面的考虑，对于评分处于[0.4,0.5]的企业进行再梳理，设为违约关注企业。剔除其中一些外部评级已下调的市场已知高风险企业，以及一些财务表现不佳但关系国计民生的中央企业，得到债券违约预警名单，名单每季度一份，一般企业数量在200家以内，约占全部发债企业的4%，将其所发债券作为未来3~6个月可能违约的债券。

依据企业2018年三季度季报至2019年半年报，上述方法共测算出预警企业392家次（不重复主体约294家）。

同时，笔者总结出两个违约特征。

一是较容易发现的传统违约。其主要表现为企业经营业绩变差，财务结构及偿债能力变弱，最终发生违约。在这类违约中，排在第一位的影响指标是净利润。在出现这类违约的企业中，地方国有企业和民营企业占比相差不多。

二是较为隐蔽、容易突发的流动性危机违约。其主要表现为企业短期流动性变差，短期债务占比偏高，货币资产偏少，即使经营正常，筹资活动也因现金净流出而触发违约。在这类违约中，排在第一位的影响指标是货币资金/短期债务。在此类违约的企业中，民营企业占比要远高于国有企业。

（二）基金持仓（投资者行为）预警

在银行、保险公司、证券公司、基金管理公司和私募机构等众多机构投资者中，只有基金管理公司的基金和部分券商资管产品披露债券持仓情况，其他机构均不披露。

笔者通过研究基金的债券持仓行为，设计了基金持仓预警模型，作为财务预警的重要补充，达到了很好的预警效果。

基金持仓预警设定两大目标：一是寻找债券市场中的聪明投资者，即信用债投研能力较强的基金；二是挖掘基金预警规则。

1. 寻找债券市场中的聪明投资者

在130家历史违约债券发行主体中，基金持有者超过39家，约占

30%。通过观察基金持有历史违约债券的持仓变化情况，可以研究违约和基金持仓的关系，并发现确实存在聪明的投资者：约87%的基金实现了违约债券的提前抛售；基金的抛售时间集中在提前5个季度及以上，占比约为1/4（见表2）。

表2　基金持仓对历史违约债券的预警效果

数据	持有	提前1个季度抛售	提前2个季度抛售	提前3个季度抛售	提前4个季度抛售	提前5个季度及以上抛售	未抛售
违约债券数（只）	39	8	8	4	4	10	5
占比（%）	30.00	20.51	20.51	10.26	10.26	25.64	12.82

数据来源：同花顺，析鲸信息整理

在此基础上，寻找债券市场中聪明的投资者，追踪其持仓变动，并找出其中因债券违约风险而减仓的行为。

笔者统计了基金管理公司信用债和利率债的分布情况，用平均市值法、持有债券只数和涉及发行主体家数等三种方法综合确定了20家重仓信用债的基金管理公司名单，作为重点跟踪对象。

2. 挖掘基金持仓预警规则

笔者以持仓基金数量的变化作为跟踪对象，其原理是如果一只债券被众多基金持有，表明其资质优良；临近违约，其持仓基金的数量应是不断减少的，因为历史数据验证基金管理人具备相对较强的投研能力，能够提前抛出。

笔者根据基金持有债券的数量分布、信用等级、企业性质、信用债重仓基金抛售行为等条件进行筛选，在筛选出债券违约预警名单的同时，剔除受债券到期、非信用因素的持仓减少和偶发因素等影响的债券。根据预设的基金持仓预警规则，分别对名单中的债券给出红色预警信号和黄色预警信号。通常,红色信号代表有多只基金被抛售,未来6~12个月该券违约风险较高;黄色信号代表有个别基金被抛售,未来存在一定的违约风险。

由于每季度的基金持仓预警名单数量不等,笔者辅以外部评级和企业性质作为筛选条件的总体原则:一是信用等级越高筛选条件越宽松;二是对国有企业尤其是中央企业的筛选条件略宽松于民营企业。

筛选结果显示,每季度基金持仓预警得到的名单上有债券50~100只。自2018年3月至2019年6月,被预警的发行主体合计448家次、不重复主体391家,其中在被列入后6~12个月发生违约或估值收益率大幅上升(在3个交易日内上升至少50BP)的企业约占50%。如果剔除名单中的城投企业,预警的有效性还会有所提高。

对于2019年新增违约企业,基金持仓预警的覆盖率为75%,略低于历史违约债券总体87%的预警覆盖率,其主要原因是2019年中民投等4家发行人被市场普遍认为不太可能违约,基金未能对其预警。

(三)价格预警

价格预警就是以二级市场上债券成交价格的大幅下跌来作为债券违约风险的预警。我国债券市场是一个流动性较低的市场,并非每只债券每日都有成交价格,多数信用债的成交价格都是不连续的。因此,除了监控二级市场成交价格之外,还要监测债券的估值变化。

一般而言,各机构都会根据自己的风险偏好设定警戒线和止损平仓线,通常分别为-5%和-15%,以规避更大的损失。为了便于观察,本文将估值收益率在连续3个交易日内上升超过50BP作为预警信号。

然而,在实际操作中会遇到两个问题:一是在估值已发生大幅变动后，很难找到抛售被预警债券的交易对手；二是估值常会随着企业情况变化而变化，在跳升后出现下降，难以捕捉到确切的违约时点，而且很多债券估值收益率涨幅超过 10%，最终并不违约。

（四）舆情预警

舆情预警是近年市场关注的热点之一。在大数据时代，不难通过全网监测各种信息，即按照一定的规则，通过技术手段自动抓取网上信息。各大传统资讯商纷纷加入这股潮流，很多科技实力较强的金融机构也在抓取舆情信息，大手笔投资舆情监测系统。

舆情预警的基本原理，是通过舆情中企业信用水平恶化的蛛丝马迹来发现违约风险。但从实践来看，这只是一种理想状态。事实上，舆情数量庞大，但可利用率不高，较难捕捉有用的信号。尽管很多资讯商也做了负面新闻的程度分类，但较难提取与违约相关的关键规则。依靠人工来判别的效率低下，依靠机器判别缺乏有效规则，很多出现轻微负面信息的企业最终并不违约，造成信号混杂。而一旦出现严重负面信息，如财产冻结、法律诉讼等，则会得到快速传播，无法再进行持仓调整。

为了使信号含义更加明确，预警有效性更高，笔者将出现严重负面信息作为舆情预警的信号。从对 39 家 2019 年新增违约企业相关统计来看，大致可以归纳出 10 种类型的严重负面信息，出现较多的 6 种严重负面信息分别为：股份冻结、资产冻结；贷款、非标逾期；被提起法律诉讼；实际控制人出现问题；隐含评级下调，债券价格暴跌，估值收益率大幅上升；出现流动性危机，请求帮助或大量出售资产。以上信息分别出现 10 次、6 次、5 次、4 次、3 次和 3 次。

对预警模型的效果检验

(一)检验对象及评判因素

笔者以2019年新发生违约的39家债券发行主体作为检验对象,对财务预警、基金持仓预警、价格预警和舆情预警这四种预警方法进行回溯检验,比较不同预警信号的效果。

在实践中,笔者主要从以下三个角度来评判预警模型的优劣:

一是预警的领先性,即从发出预警信号到出现违约的时间。不同预警信号的时间刻度不同,定期披露信息(如财务报表和基金持仓情况)一般以季度来衡量,价格估值和舆情信息以日为更新单位,可用天数衡量,但为了方便比较,本文统一以季度来衡量。

二是预警的有效性,即出现预警信号后在一定的时间内(模型设定的预警领先时间内),最终发生违约或者估值收益率大幅上升的企业占比。该指标体现的是模型的准确性,预警的同时希望正常企业被错判为违约企业的比例尽量小。

三是预警的覆盖率,即某段时间内已经违约的企业(本文统计的是2019年新增违约企业)中,违约前已出现预警信号的企业占比。该指标体现的是模型的可用性,实践中希望违约企业能够全部被预警。覆盖率越高,投资者"踩雷"的可能性越小。

预警的有效性和覆盖率在实践中是一对矛盾,最理想的状态就是用最小的预警名单覆盖住最多的违约企业。

(二)新增违约企业概况

在2019年违约债券发行主体中,民营企业占比超过70%,和2018年基本持平；地方国有企业占比从2018年的10%上升到16%；上市公司占比进一步提高，从2018年的33%上升到43%。

其中，有6家地方国有企业的违约较为隐蔽，在违约之前存在一定的博弈过程，因为市场对国有企业获得救助抱有预期。

从外部评级的下调情况可以发现，有13家企业的外部评级在2018年底之前就已下调，各种信号也早已预警，违约只是时间早晚的问题。

（三）各种预警模型效果检验

表3展示了四种预警模型对2019年新增违约企业的部分预警效果。通过对比，得出如下结论：

表3　2019年新增违约企业各种预警模型效果检验

发行人代称	首次债券违约日期	财务预警领先季度（个）	基金持仓预警领先季度（个）	估值预警领先季度（个）	舆情预警领先季度（个）
企业1	2019-12-06	4	无持仓	6	4
企业2	2019-12-06	无财报	无持仓	3	未预警
企业3	2019-12-02	10	未预警	1	1
企业4	2019-11-18	6	8	5	3
企业5	2019-11-11	5	13	3	4
企业6	2019-11-08	5	无持仓	7	5
企业7	2019-11-03	4	7	4	3
企业8	2019-10-28	4	无持仓	6	6
企业9	2019-10-24	2	6	3	2
企业10	2019-10-18	无财报	无持仓	1	1
企业11	2019-10-08	4	13	5	3
企业12	2019-09-30	无财报	无持仓	2	2
企业13	2019-09-30	5	2	3	4
企业14	2019-08-30	无财报	无持仓	未预警	1
企业15	2019-08-16	1	无持仓	未预警	未预警
企业16	2019-07-29	3	未预警	5	4
企业17	2019-07-25	未预警	无持仓	未预警	未预警
企业18	2019-07-17	2	无持仓	3	未预警
企业19	2019-07-15	2	无持仓	未预警	1

续表

发行人代称	首次债券违约日期	财务预警领先季度(个)	基金持仓预警领先季度(个)	估值预警领先季度(个)	舆情预警领先季度(个)
企业 20	2019-07-15	3	4	1	2
企业 21	2019-07-12	无财报	无持仓	未预警	4
企业 22	2019-06-25	3	无持仓	2	3
企业 23	2019-06-17	1	无持仓	1	2
企业 24	2019-06-10	1	无持仓	未预警	2
企业 25	2019-05-15	2	无持仓	2	3
企业 26	2019-04-28	未预警	0	1	1
企业 27	2019-04-22	无财报	无持仓	未预警	未预警
企业 28	2019-04-09	2	无持仓	1	3
企业 29	2019-04-08	4	未预警	3	2
企业 30	2019-03-25	2	无持仓	1	2
企业 31	2019-03-19	1	未预警	1	2
企业 32	2019-03-19	2	3	未预警	2
企业 33	2019-03-18	4	无持仓	1	3
企业 34	2019-03-13	无持仓	1	1	
企业 35	2019-02-20	3	7	未预警	2
企业 36	2019-02-01	3	1	未预警	1
企业 37	2019-01-29	2	无持仓	未预警	1
企业 38	2019-01-15	1	0	1	2
企业 39	2019-01-07	2	无持仓	1	1

资料来源:Wind,析鲸信息整理

一是从预警的领先性而言,基金持仓预警(领先 4~5 个季度)>财务预警(约领先 3 个季度)>价格预警(领先 2~3 个季度)>舆情预警(约领先 2 个季度)。

二是从预警的有效性而言,财务预警(70%)>基金持仓预警(50%)>价格预警(约 40%)>舆情预警(约 20%)。其中价格预警和舆情预警因信号较多、预警频率很高,难以准确统计。

三是从预警的覆盖率而言,剔除无财报、无持仓的情况,财务预警(94%)>舆情预警(87%)>基金持仓预警(75%)>价格预警(72%)。

综合而言，在上述违约预警模型中，通过机器学习挖掘违约因子打造的财务预警表现最佳，通常能够提前3个月进行预警，预警的有效性达到70%，预警的覆盖率达到90%以上。再叠加基金持仓预警，可以使得预警的有效性和覆盖率进一步增加。价格预警和舆情预警尽管覆盖率表现也较好，但一方面基本属于同步信号，预警的领先性较弱；另一方面在众多信息中准确捕捉违约信号较为困难，预警的有效性较低。

构建债券违约预警的立体防范体系

通过以上比较，笔者认为构建债券违约预警立体防范体系，可将财务预警作为核心，在其发出预警信号时需要立即处置，尤其是对于那些被认为"大而不倒"的高评级企业要加以警惕。同时，辅以基金持仓预警，其适用于那些在投资级以上有瑕疵但高收益的品种，如地产债、非制造业或高风险制造业的民营企业债，基金持仓预警发出信号后通常有相对较长的处置期。舆情预警可以用于发现和寻找违约的原因，未来可以进一步研究舆情信号和债券违约之间的关系，从而更加精准高效地使用舆情，提高舆情信息的有效性。

在债券投资策略上，可选取收益相对较高、违约评分相对较低的"错误"定价券种买入，在财务预警评分上升到违约关注区间时卖出，从而获取更高的收益。

作者：陈毓敏　析鲸信息首席执行官兼首席风险官

林日裕　析鲸信息高级算法工程师

（本文原载于《债券》2020年3月刊）

日本债市违约率、信用评级情况及相关启示

艾仁智　李天娇　陈　茵

摘要:本文基于两家日本本土评级机构对违约的定义及违约率情况,分析了其评级结果检验效果良好的原因,并基于所评主体的信用等级分布情况,发现日本本土评级机构和国际评级机构的评级中枢接近,前者对企业评级较高的主要原因是其对日本主权级别的评级较高。最后,本文对提高我国评级机构评级质量提出了相应建议。

关键词:信用评级　违约率　信用等级分布　信息披露

在我国债券市场,发行人和债项的整体信用等级较国外债券市场高,由此出现部分声音质疑国内评级机构的评级结果虚高。这种情况并非我国独有。隔海相望,日本的相关经验可以借鉴。在日本,本土评级机构出具的评级结果通常高于国际评级结果一个大级[①],发行人通常会选择本土评级机构,且选择两家本土评级机构给予双评级。此外,日本债券市场的违约率很低,评级机构评级结果的违约率检验良好。笔者将对日本评级行业的相关情况进行分析,以期从中获取经验,解锁我国评级机构的声誉

① 如国际评级是 A 级,则本土评级是 AA 级。

困局，更好地服务投资人。

日本本土评级机构对违约的定义

目前，日本债券市场上主要有五家评级机构，包括本土最大的两家评级机构——评级和投资信息公司（R&I）与日本信用评级公司（JCR），以及国际三大评级机构标普、穆迪和惠誉的日本公司（以下简称"国际评级机构"）。根据日本监管要求，标普日本和穆迪日本将结构融资产品的评级业务剥离出来，分别由各自全资子公司标普SF（日本）和穆迪SF（日本）单独承做（见表1）。

表1　日本信用评级机构概况

评级机构	成立时间	主要业务
评级和投资信息公司（R&I）	1985年4月	信用评级（全牌照）
日本信用评级（JCR）	1985年4月	信用评级（全牌照）
标普日本公司	2010年4月	信用评级（全牌照）
标普SF（日本）	2010年11月	结构融资产品评级
穆迪日本公司	—	信用评级（全牌照）
穆迪SF（日本）	—	结构融资产品评级
惠誉日本公司	—	信用评级（全牌照）

资料来源：联合资信2017年赴日调研资料

在R&I的定义中，"违约"是指未按承诺履行财务义务的情况。R&I将经历以下任一事件的发行人都视为违约：法定破产、未履行对约定财务义务的付款、请求或实施对债权人不利的金融债务重组等。

在JCR的定义中，"违约"是指不能按照最初商定的合同履行债务本金或利息支付的状态，包括两种情况：一是未履行对约定财务义务的付款，如发行人进入法律破产程序；二是JCR所裁定的违约，例如虽然债务人不履行部分约定的财务义务，但履行其他所约定的财务义务，典型示例是特定债权人授予债务减免。通常出现第一种情况时,JCR 给予“D”等级;出现第二种时,则给予“LD”等级。

整体来看,两家日本评级机构对违约的定义基本一致,一般认为发行人未能按合同约定及时支付债券本金和/或利息、发行人无法按期足额偿还债券本息或者发生不利于债权人的债务重组以及发生债务置换,均可判定为违约。

关于违约率的计算方法,JCR 和 R&I 也一致,均采用动态群组法。群组由各等级的发行人组成,自期初群组建立之时开始,跟踪群组中发行人信用等级的变化和违约情况,以此来统计每个群组中各等级发行人债券的违约率。需要注意的是,群组是动态的,当群组中某一债券发行人评级被撤销时,将追溯至原始的动态群组,并对其进行调整。

日本债券市场的违约状况及违约率较低的原因

(一)整体违约情况

在日本债券市场中,R&I 和 JCR 主要服务日本债券市场中的中央政府、地方政府、企业等各类型发行人,国际评级机构主要服务日本在海外发债的日本政府和相关企业。由于国际评级机构给予日本的主权评级低于本土评级机构,受主权评级上限限制,国际评级机构在日本国内评级市场上不具备竞争优势。这一点反映在市场占有率上,近 10 年两家本土评级机构的客户数量一直遥遥领先于国际评级机构的客户数量。从所评客户数量占比来看,2016 年 JCR 和 R&I 的客户数量占比分别为 38.97%、38.15%,标普、穆迪、惠誉的客户数量占比分别为 10.79%、9.79% 和 2.30%。

对于同一发行人，虽然日本本土评级机构的评级结果相对国际评级机构而言略高，但由于日本债券违约数量较少，近十年各年的违约主体数均未超过3家，本土评级机构的评级结果表现仍然良好。具体来看，R&I的统计结果显示，其所评的发行主体AAA、AA和A级5年期平均累计违约率分别为0.00%、0.06%和0.45%（见表2）；JCR的统计结果显示，其所评的发行主体AAA、AA和A级5年期平均累计违约率分别为0.00%、0.07%和0.43%。

表2　R&I、JCR和穆迪日本公司的5年期平均违约率对比（单位：%）

	穆迪日本公司	R&I	JCR
AAA	0.08	0	0
AA	0.29	0.06	0.07
A	0.73	0.45	0.43
BBB	1.47	1.01	2.57
BB	7.73	—	14.47
B	20.32	—	53.03

注：1. 穆迪违约率统计时间为1970—2019年，R&I违约率统计日期1978—2019年，JCR统计日期为2000—2019年

2. 表中AA级包括AA+、AA和AA-等子级别，其他级别同理；下同

资料来源：各评级机构官网

（二）违约数量较少的原因

1. 国债占比较高，企业债占比较低

日本的债券种类大致可分为政府债券（公共债券）、企业债券和武士债券（非居住者发行的日元计价债券）三大类。日本存在主银行制度，市场环境以间接融资为主。在主银行制度下，企业融资通常首先寻求主银行的帮助，而非依赖资本市场。日本主银行制度在一定程度上限制了债券市场的发展。因此，日本债券市场的结构较为单一，以政府债券为主，企业债券发行规模相对较小。

截至2019年末，日本债券市场发行707期各类型政府债券，共计156.04万亿日元，发行规模占比达89.67%；政府债券存续规模达1105.72万亿日元，占比为92.80%。其中国债存续规模最大，占全部债券存续规模的82.05%。企业债券发行期数较多，达756期，但发行规模和存续规模占比较低，均不足10%。武士债券发行40期，发行规模和存续规模占比均不足1%。

2. 对企业发债的要求较高，企业财务稳定性较高

日本监管部门对企业债券的发行有很高的信息披露要求，普通企业很难满足发债要求。根据日本《金融商品交易法》，申请上市的企业债发行主体必须先向日本金融厅登记注册，在备案的同时在企业债发行申请登记表披露详细信息，并保证至少在5年内向社会公众开放相关信息。此外，为方便投资者掌握发债企业动态，日本《金融商品交易法》还专门对发债主体提出持续性披露要求，披露工作直至该企业债进入金融厅批准的清算程序或从证交所登记注册的清单中撤去时才会终止。

此外，日本央行报告显示，日本中小企业的平均寿命为12年左右，全部企业的平均寿命还要长得多，企业财务稳定性较高，因而评级所使用的基础数据更为稳定可靠。

3. 日本社会信用体系建设较为完善，企业违约成本较高

日本一直有着良好的信用教育基础，社会信用体系较为完善。日本社会信用体系由银行协会建立的会员制征信机构与商业性征信机构共同组成，企业失信成本较高，不仅需要承担相应的法律责任，还会因此失去各关联方信任进而导致破产。因此，企业会尽可能地维护自身信用，力求在金融机构拥有良好信誉。

从融资成本来看，万得（Wind）数据显示，截至2020年6月底，日本AAA级企业债收益率已跌为负值，AA级、A级和BBB级企业债的收益率分别为0.51%、0.47%和0.72%。相较而言，日本近期银行贷款利率为1.00%。可以看到，符合企业债发行条件的高资质企业只要持续经营，即可在债券市场上以较低的成本进行融资。而一旦发生违约，企业信用遭到破坏，失去价格低廉的融资渠道对企业而言是巨大损失。

日本债券发行主体信用等级分布及评级结果分析①

（一）分布情况

从所评主体信用等级的分布来看，国际评级机构和日本本土评级机构所评定的信用等级以投资级（BBB-级及以上）为主，占比均为95%以上（见表3）。具体来看，两家本土评级机构所评信用等级分布较国际评级机构更加分散，70%以上分布于AA-级至BBB+级之间，其中AA-级以上评级主体的占比不超过16%，低于BBB+级的不超过12%。国际评级机构所评主体信用等级有70%以上分布于A-级至A+级之间，其中穆迪日本公司所评的主体信用等级约50%为A+级，惠誉日本公司所评的主体等级超过50%都为A级，标普日本公司所评主体等级分布相对较分散。

表3　日本各评级机构所评主体信用等级分布（单位：%、个）

信用等级	R&I	JCR	标普	穆迪	惠誉
AAA	0	2.87	0	0	0
AA+	4.48	3.48	0	0	0
AA	8.50	8.77	0.55	0	0
AA-	12.83	11.20	9.84	7.23	0

① 本部分数据均来自联合资信2017年赴日调研资料。

续表

信用等级	R&I	JCR	标普	穆迪	惠誉
A+	17.31	14.83	27.87	46.39	7.69
A	18.24	18.91	28.96	10.84	51.28
A-	18.55	16.79	21.31	19.28	30.77
BBB+	10.66	11.20	4.92	6.63	2.56
BBB	6.49	7.72	1.64	4.22	2.56
BBB-	1.85	3.03	1.64	1.81	0
BB+	0.46	0.61	1.09	2.41	2.56
BB	0.15	0.15	0	0	2.56
BB-	0	0	1.09	0.60	0
B+	0.15	0	0	0	0
B	0.31	0	0	0	0
B-	0	0.30	0.55	0	0
CCC+及以下	0	0.15	0.55	0.60	0
合计占比	100.00	100.00	100.00	100.00	100.00
样本总数	647	661	183	166	39
投资级合计占比	98.92	98.79	96.72	96.39	94.87
投机级合计占比	1.08	1.21	3.28	3.61	5.13

注:受原始数据四舍五入影响,表中合计数据与各级别数据之和略有出入

资料来源:联合资信2017年赴日调研资料

(二)同一主体日本本土与国际评级差异及原因

对于同一主体,与国际评级机构相比,日本本土评级机构评定的信用等级通常高2~3个子级。具体来看,R&I所评主体信用等级通常较国际三大评级机构高1~3个子级,其中高2个子级的占比最高,为40%左右;JCR所评主体信用等级通常较国际评级机构高2~4个子级。对于同一主体,本土评级机构所评定信用等级较国际评级机构低的样本数量很少,主要为低1个子级。

进一步分析,日本评级机构评定信用等级高出国际评级机构的部分,正好与二者对于主权评级的差异大致吻合。具体来看,穆迪、标普和惠誉

对日本主权评定的信用等级分别为 A+/稳定、A+/稳定和 A/稳定，R&I 和 JCR 对本国主权评定的信用等级分别为 AA+/负面、AAA/负面，高出国际评级 3~4 个子级，与 R&I 对信用主体的评级高出 1~3 个子级、JCR 对信用主体的评级高出 2~4 个子级相对应。

（三）分布特点小结

整体来看，日本本土评级机构的投资级评级分布更广，从 BBB-级到 AAA 级，级别区分性更强。从中枢来看，两家本土评级机构和国际评级机构对日本企业的信用级别中枢均在 A 级上下，差异不大。从评级结果对比来看，本土评级机构的评级结果虽比国际评级机构要高，但高出部分主要是因为对日本主权级别的评定差异。

思考及启示

综上，日本评级质量较高且受市场信赖，一方面是因为日本信用违约事件相对较少，违约率检验良好；另一方面也与其评级区分度较高密不可分。为提高我国评级机构评级质量，更好地服务投资人，笔者有如下思考及建议。

第一，发行人财务状况和信息披露机制是评级质量的前提。日本企业发行人的准入门槛很高，这是日本信用债违约率较低的重要原因之一。发行人的财务稳健性及较长的生命周期是其穿越债券市场宏观、中观周期波动的重要基础。此外，透明度较高的信息披露机制能有效解决信息不对称导致的市场波动，是市场约束企业行为的重要途径。在此基础上，才能建立起高度市场化的监督机制，促进发行人高质量发展。

第二，中长期违约率检验效果好是投资者认可信用评级的关键。经市场检验,日本本土评级机构的评级结果与国际评级机构大体一致,评级效果良好,因而取得较高声誉。

第三,应逐步完善违约处置机制。与日本相比,我国企业发债主体的信用级别差异较大,违约数量较多。一个成熟的债券市场应允许不同信用水平的发行人融资,然而如果违约成本较低,则难免产生负向激励效应。加强整个社会的信用体系建设、完善违约处置机制,让企业为违约付出较高成本,这条路任重道远。

第四,应提升信用级别区分度,正确认识与国际评级结果的差异。对于评级机构更为重要的,是在各自相互独立的评级体系中,建立起能够反映发行人信用能力差异、有评级区分度的评级体系。

参考文献

[1]联合资信评估有限公司.债市“排雷”——债券市场违约问题研究[M].北京:中国金融出版社,2018.

[2]刘建华,许艳杰,金德淳.日韩信用评级行业发展及对我国的借鉴[J].征信,2015(5):49-54.

[3]孙红,金兵兵.日本征信市场的特点及启示[J].征信,2015(6):63-67.

[4]张自力,林力.日本企业债券市场的结构特征及监管制度[J].证券市场导报,2013(8):50-55.

作者:联合资信副总裁

联合资信技术创新部

联合资信技术创新部研究总监

(本文原载于《债券》2020年12月刊)

技术性违约的界定与案例分析

周美玲　武博夫

摘要：自我国债券市场违约事件发生以来，被市场和媒体定性为技术性违约的信用事件频频出现。然而，受限于国内债券市场起步较晚、违约历史较短等因素，市场对技术性违约的理解不同。本文梳理了国际评级机构对技术性违约的定义，分析了技术性违约与违约的关系，同时对美国公司债券和中资企业境外债券发行人的技术性违约案例和评级机构的相关评级行动进行了分析，以期为国内市场更好地理解上述概念提供参考。

关键词：技术性违约　评级机构　债券市场

技术性违约的界定

（一）定义

国内外评级机构对信用评级中违约的定义阐述均较为详细，却极少有评级机构对技术性违约进行严格定义。

从境外评级机构来看，仅穆迪对技术性违约给出了较为详尽的定义。

穆迪认为,技术性违约是指除了支付本金和利息之外,债务人未能履行债券发行契约所载条款的行为,例如超过最高杠杆率或未达到最低债务覆盖倍数。如果债务人不能修复这些财务指标,或因这些财务指标未达标从而触发债务的加速清偿条款而债务人不能履行时,则该笔债务发生实质性违约。穆迪认为,对于结构化金融证券来说,技术性违约类似于不满足超额抵押测试或发行人法律文件规定的其他事件;技术性违约或临时性的利息支付延期(指条款允许在到期日之前的合法的相关利息延期支付行为)不构成证券违约。

标普和惠誉虽然未明确对技术性违约进行定义,但从二者的评级历史来看,其对技术性违约的界定与穆迪类似,对于未能履行债券发行契约所载条款(不包括支付本金和利息的义务,如未能维持规定的偿债基金等)的,也不算作违约。

我国债券市场起步较晚,债券违约历史较短,尚未发现国内评级机构在其评级技术性文件中对技术性违约进行界定或说明。在国内相关研究中,《信用评级》一书较早地对技术性违约进行定义,认为技术性违约是指除了支付本金和利息外,未能履行债券发行契约所载条款的行为,例如未能维持规定的偿债基金。上述定义与穆迪对技术性违约的定义基本一致。

(二)技术性违约与违约的关系

由各方对技术性违约的定义可见,技术性违约与“技术”的关联性并不明显。技术性违约的“技术”并非实务技术,如操作技术、管理技术、系统技术等,而是更倾向于合同条款的技术性指标,包括净资产、杠杆率、债务覆盖倍数等财务指标,特定账户余额指标,以及压力测试是否通过等。

同时，技术性违约与违约的关联性并不明显。因为违约的判定主要基于本息是否按期足额支付，发债主体是否发生破产、重组等事件。此类事件在技术性违约的定义中均未涉及。那么，技术性违约与违约到底是什么关系？

第一，不能将技术性违约简单地等同于违约。技术性违约的触发条款多为可修复、约束类条款，虽然暂时不达标，但存在协商解决和修复的空间，在短时间内并不直接引发违约，故债券发生技术性违约不等同于债券违约。技术性违约的发生，意味着债务人的确出现了违反债券发行相关财务指标承诺的事实。参考违约的广义界定，《中华人民共和国合同法》第一百零七条规定，“当事人一方不履行合同义务或者履行合同义务不符合约定的，应当承担继续履行、采取补救措施或者赔偿损失等违约责任”。因此，技术性违约是法理层面的违约，属于广义违约。

第二，技术性违约处置不当或将引发实质性违约。技术性违约发生后，债务人负有修复相关财务指标或其他约定事项的义务，或者与债权人达成新的约定以豁免原条款的约束。若债务人和债权人未能取得一致意见，则可能触发本期债券的回售，使得债务人面临立即偿付债券的流动性风险。如遇债务人流动性紧张，则或将导致债券回售困难，演化为实质性违约。

第三，从国际三大评级机构的评级实践来看，技术性违约一般仅被视作受评发行人负面信用事件的一种，与实质性违约并不构成等价关系，且在评级行动方面，根据技术性违约发生的可能性作出的调级行动可能早于技术性违约事实的发生。技术性违约虽然尚未发生，但其显著的可预见性可作为评级下调的依据。一般来说，级别调降至违约级需要基于违约定义中的事实基础,即在违约事件确定发生后,才会将级别调至违约级,也就是事后调级。同时,在上述三大评级机构的违约率统计中,技术性违约事件并不被计入违约率统计样本。

从上述分析来看,目前国内市场上所称的技术性违约事件并不符合国际上对技术性违约的界定范畴。

美国公司债券发行人技术性违约案例与评级行动分析

从近年来美国公司债券市场上的技术性违约案例来看,技术性违约发生的原因可能是财务指标未达标,也可能是未能按时完成季度财务报告编制及披露等。

虽然技术性违约不等同于违约,但技术性违约事件的发生可能是发行人的信用状况与短期流动性状况恶化的标志,技术性违约事件可成为发行人信用评级下调的理由。

从调降幅度来看,技术性违约发生后的评级行动调整幅度通常取决于事件的实质性影响,而非直接调降至违约级,除非在技术性违约后出现了违约特征,评级机构才进一步将级别下调至违约级。

而当技术性违约事件发生后,如果发行人与债权人达成豁免或进一步的约定,最终发行人通过获得外部支持等方式及时改善了流动性紧张的状况,则信用评级依然存在上调的可能。

(一)资本结构恶化导致的技术性违约案例:Empire Generating Co, LLC

Empire Generating Co, LLC(以下简称为“Empire Generating”)为纽约州经营天然气发电业务的项目公司,出资人 Energy Capital Partners(ECP)

对其投入的资本金为4.26亿美元。2018年4月23日,Empire Generating的财务杠杆率上升并超过了公司成立时所约定的杠杆率水平,同时出资人ECP无力补充注册资本。穆迪认定Empire Generating技术性违约发生,并在4月23日将其长期信用评级由B3级下调至Caa2级,评级展望负面。

财务指标作为衡量企业偿债能力的标准,通常也会以附加条款的方式列入债务条款或经营契约,如杠杆率、税息折旧及摊销前利润(EBITDA)等,当发行人无法满足指标要求时会触发技术性违约。从穆迪的调级行动来看,该案例中技术性违约的发生是级别下调的重要考量因素,但级别下调幅度仅为2个子级,可见技术性违约发生不等同于违约,在未发生违约判定指征时,信用评级不会降至违约级。

(二)技术性违约后信用状况改善的案例:Aria Energy Operating LLC

Aria Energy Operating LLC(以下简称为"Aria Operating")为美国能源企业,主要经营沼气发电等可再生能源发电业务,业务范围涉及全美18个州的46个发电项目。2016年5月,Aria Operating未能在120天内按时披露2015年年报,标普认为该事件构成技术性违约。随后,标普将其长期信用评级由B级下调至B-级,并列入评级负面观察名单。2016年6月29日,Aria Operating与贷款人达成一次性豁免协议,从而降低了其面临的流动性压力和违约风险,由此标普于2016年7月11日将其评级展望调整为稳定。

自2016年下半年以来,Aria Operating在渡过短期流动性危机后经营状况得到一定程度的改善。根据标普的预测,截至2016年9月末,该公司未来 12 个月的 EBITDA 将达到 3400 万美元,较上年同期增加 2850 万美元,由此标普于 2016 年 12 月 29 日将其评级展望调整为正面。2017 年 8 月 30 日,基于营业收入大幅提升的预期,标普将其长期信用评级由 B-级上调至 B+级,评级展望稳定。

技术性违约的发生不代表发行主体必然走向违约。当技术性违约发生后,如果发行人可以与债权人达成合理的豁免或展期协议,则可能在短期内扭转流动性恶化状况,改善信用状况。就 Aira Operating 的情况而言,其公司信用状况改善主要是由于获得了有效的外部支持,及时避免了可能出现的流动性压力和违约风险。在一些情况下,技术性违约事件可以成为评估发行人信用状况的重要参考,但发行人未来信用发展走向仍主要依赖于发行人自身信用状况和可获得的外部支持。

中资境外发债企业技术性违约案例与评级行动分析

中资企业在国际债券市场上发行的债券主要是境外美元债和点心债,发行市场以香港债券市场为主。中国香港作为国际金融中心,国际评级机构已在该市场深耕多年,债券市场对技术性违约的认知也相对清晰。中资境外债券发行人与国内债券市场发行人可能存在重合的情况,虽然二者在发行方式、监管要求等诸多方面仍存在很大的区别,但仅就技术性违约而言,中资境外债券发行人的技术性违约案例对国内债券市场仍有一定参考意义。

(一)在未能满足最低利息覆盖率的情况下,因增加借款而发生技术性违约的案例:A 公司

A 公司成立于 1995 年,2006 年 6 月其股票在香港联交所上市发行,

同年 11 月 A 公司发行 4 亿美元债券,票面利率为 9%,穆迪与标普分别给予其 Ba2 级和 BB 级的信用评级。根据 2008 年年报草案,A 公司在未能满足最低利息覆盖率的情况下因增加借款等事件触发美元债券的限制性条款,从而出现技术性违约。

为维持市场声誉、缓解技术性违约事件的负面影响,A 公司在年报披露后宣布将对美元债券进行回购。最终该公司以 85 元的价格(面值 100 元)对 90%以上的存续债券进行回购,从而保证公司在已触发限制性条款的情况下,其向债券投资者取得豁免,规避了潜在的交叉违约条款;同时由于公司回购价格远高于当时公司债券的市场价格,保持了公司在债券市场的再融资能力。

在信用评级方面,随着 A 公司扩张过程中资产负债率持续攀升,上述两家评级机构均下调其信用评级,其中穆迪将其评级下调至 Ba3 级,标普将其评级下调至 BB-级。2009 年 4 月 A 公司宣布债券回购时,标普将其评级再下调一个子级至 B+级,而穆迪则大幅下调至 Caa1 级。对于相同的技术性事件,两家评级机构在评级下调过程中的调整动作并不完全一致,说明评级机构对技术性违约事件的影响存在不同的判断。

(二)年报财务数据不满足维好协议而发生技术性违约的案例:B 公司

2017 年 6 月 12 日,B 公司旗下的离岸特殊目的载体(SPV)C 公司在港交所发布公告称,由于过去两年的人民币汇率波动,债券发行人 C 公司和担保人截至 2016 年底的财务数据不再满足债券维好协议的相关要求,构成了技术性违约。

在技术性违约事件发生前,B 公司已向债券持有人申请对技术性条款进行豁免,同时B公司希望境外债券发行结构由维好协议结构转为担保结构。在6月底召开的持有人会议中,大多数投资者同意了B公司的豁免申请,同时投资者获得了债券本金规模0.15%~0.35%的同意费,实际上相当于B公司上调了美元债券的票面利率。

在信用评级方面,因B公司为当地政府直属的城投企业,评级机构对其给予了相对较高的投资级评级。标普于2015年8月对其评级为A-级,评级展望稳定。2017年5月29日,标普发布声明称,B公司美元债的发行条款变更事宜并未对其信用评级造成影响。虽然在2017年7月28日,标普将B公司的发行人信用评级下调至BBB+级,但根据标普的评级公告,本次级别下调主要是考虑到当地政府信用状况下滑,而不是受B公司发生技术性违约信用事件的影响。

技术性违约事件发生不是评级调整的必然因素,是否进行评级调整,仍要看触发技术性违约事件的根本原因,如若不涉及信用基本面,可能并不会因此而调级。

技术性违约与投资者保护

为保护投资者,防范技术性违约,债券发行相关条款设置多为财务指标承诺。我国债券市场起步较晚,投资者保护机制在违约事件增多后才逐渐引起各方重视,相关协会和交易所相继出台了各种投资者保护政策与制度(见表1)。

表1　相关协会及交易所出台的与技术性违约有关的投资者保护措施

时间	监管机构	名称	内容
2015年5月29日	深圳证券交易所	深圳证券交易所公司债券上市规则（2015年修订）	专设章节规定债券持有人权益保护制度,建立了“偿债保障义务与措施制度”“债券受托管理人制度”“债券持有人会议制度”三重投资者权益保护机制,明确发行人和增信机构的偿债保障义务
2016年8月10日	中国证券投资基金业协会	针对债券违约发表声明	投资者权益维护需设两类条款:“事件发生类条款”和“指标维持类条款”,前者是指发行人等相关主体的具体行为或发生的事件,约定是否可以发生以及发生时需满足的条件;后者则着眼于选定某些财务指标并约定这些指标需维持在某一水平。建议通过设置这两类保障条款来维护投资人的权益
2016年9月8日	中国银行间市场交易商协会	《投资人保护条款范例》（〔2016〕24号）	涵盖了各类投资人保护条款的必备要素和救济程序,首次引入了“违反约定救济工具箱”和“资产池承诺”条款
2017年6月28日	中国证券业协会	起草《公司债券投资者保护条款范例（征求意见稿）》	针对发行人在债券存续期间可能出现的交叉违约、财务指标承诺、限制性事项,进行事先约定,对触发的情形、相应保护机制、构成违约后的处置予以规定

资料来源:新世纪评级整理

上述投资者保护条款设计从事后维权逐步向事前约束方向完善,对发行人的约束力持续增强,发挥了对债券潜在风险的预警作用,同时也给发行人提供相应的补救机会,有助于降低风险,对投资者权益保护具有重要意义。

中国银行间市场交易商协会的投资者保护条款主要分为交叉保护条款、事先约束条款和控制人变更条款,其中事先约束条款分为财务指标承诺和事先约束事项,中国证券投资基金业协会和中国证券业协会的分类也与之类似。目前,债券市场发行的债券设有投资者保护条款的类型仍多以交叉保护条款为主,未来,随着投资者保护意识的增强,其他类型的条款应用可能将逐渐增多,届时将可能会看到国内债券市场上真正意义上的技术性违约案例。

总结

基于对上述技术性违约概念的梳理和国内外企业相关案例的总结,笔者认为技术性违约具有以下主要特征:

第一,技术性违约的“技术”并非指操作技术、管理技术、系统技术等实务技术,而是指合同的技术性条款或技术性指标,例如技术性条款可能是通过压力测试、按期出具财务报告等,技术性指标可能包括净资产、杠杆率、债务覆盖倍数等财务指标上限或下限约束、维持规定的偿债基金等。

第二,技术性违约属于广义的合同违约,不能简单等同于债务违约,因为技术性违约与债务本息偿付不直接挂钩,且发生后存在协商解决和修复的空间,在短时间内不会直接引发违约。

第三,虽然技术性违约并不等同于实质性违约,但可能是企业偿债能力恶化的标志;在某些情况下,如果债务人未能妥善处理,发行人存在信用状况加速恶化的风险。

第四,在国际机构评级实务中,由发行人内部因素导致的技术性违约可能被判定为偿债能力下降、信用风险上升,从而触发评级下调。

第五,由技术性违约事件引发的评级调整主要取决于发行人实际的偿债能力和偿债意愿,事件本身只会作为评级机构的参考,而不是评级变动的必要理由。评级行动有可能先于技术性违约事件发生。

第六,技术性违约条款的设置有利于保护投资者,增强对发行人的约束,对债券潜在风险的发生进行预警,同时也给发行人提供相应的补救机会和空间,降低债券投资风险,对投资者权益保护具有重要意义。

目前,关于技术性违约的定义,国内市场与国际市场存在认知差异。建议评级机构充分发挥服务投资者的作用,在深入研究、准确判断的基础上,正确引导市场言论,为促进我国债券市场的高质量发展贡献力量。

参考文献

[1]谢多.信用评级[M].北京:中国金融出版社,2014.

[2]Kenneth Emery. Moody's Investor Service. Rating Symbols and Definitions [S]. 2021-06-29:32-33.

[3]Moody's Investor Service. Rating Action: Moody's downgrades Empire Generating Co, LLC's senior credit facilities to Caa2 from B3; outlook is negative [EB/OL]. 2018-04-23.[2019-05-31]. https://www.moodys.com/research/Moodys-downgrades-Empire-Generating-Co-LLCs-senior-credit-facilities-to-PR_382395? lang=zh-cn&cy=chn.

[4]S&P Global Ratings. Aria Energy Operating LLC-Related Credit News and Research [EB/OL]. (2017-08-31)[2019-05-31]. https://disclosure.spglobal.com/ratings/en/regulatory/org-details/sectorCode/INFRA/entityId/568972.

作者单位:新世纪评级研发部

(本文原载于《债券》2021年10月刊)